보이지 않는 여자들

INVISIBLE WOMEN

보이지
않는
여자들

편향된 데이터는 어떻게 세계의 절반을 지우는가

캐럴라인 크리아도 페레스 지음
황가한 옮김

웅진 지식하우스

일러두기

1. 원문에서 강조 및 외국어를 나타내는 이탤릭체는 고딕체로 표기했다.
2. 모든 각주는 옮긴이 주다.

끈질긴 여자들에게,

앞으로도 계속 더럽게 까탈스러운 사람으로 남아주길.

이 책을 향한 찬사

단 한 번도 사냥 비슷한 것을 해본 적 없는 남자들이 자신에겐 사냥꾼의 피가 흐른 다고 아무렇지도 않게 말할 때, 그 총체적인 무지에 말을 섞을 의욕이 사라져버리곤 했다. 『보이지 않는 여자들』은 이 거대한 무지와 싸울 의욕을 충만하게 해준다. 가부 장제의 핵심 전략은 차별과 폭력이 아니다. 차별과 폭력이 존재한다는 사실을 '보이 지 않게' 하는 것이다. 그렇게 우리는 여성에 관한 거대하고도 체계적인 무지를 당 연시하는 세계에 살게 되었다. 광범위한 통계 자료와 풍부한 사례, 앞으로의 방향까 지 제시한 야심만만한 책이다. 이 책은 두고두고 성차별에 맞서는 이들에게 무기와 지도가 되어줄 것이다.

— **권김현영**(여성학 연구자, 『늘 그랬듯이 길을 찾아낼 것이다』 저자)

남성이 설계하고 표준인 세상에서 여성은 존재하나 동시에 존재하지 않음을 우리 는 이미 몸으로 느끼고 있다. 『보이지 않는 여자들』은 이 공백의 감각을 '데이터 팩 트 체크'를 통해 방대하고 촘촘하게 증명해낸다. 성별 불균형이 해소되기는커녕 첨 단화되어가는 지금, 사회 전반의 안전과 생산성을 위해 메워야 할 젠더 데이터 공백 이 무엇인지 정확히 아는 건 너무나 중요하다. 알아야 집계하고 분석하고 정책화할 수 있다. 『백래시』만큼 유용한 무기의 등장을 환영한다.

— **김진아**(울프소셜클럽 대표, 『나는 내 파이를 구할 뿐 인류를 구하러 온 게 아니라고』 저자)

얇지 않은 책이다. 책을 읽을수록 독자가 아니라 남자로서 읽어야 한다고 정정하게 되었다. 『보이지 않는 여자들』이 던지는 메시지는 선명하다. 거의 모든 분야에서 사회적 표준이 만들어질 때 여성이 가려지는 남성 디폴트를 문제 삼는다. 사회적으로 무의식화 된 남성 디폴트는 곳곳에서 발견된다. 읽는 내내 놀랍고 부끄러웠다. 남성 디폴트로 인해 가려진 진실을 찾기 위해 크리아도 페레스는 꼼꼼하게 데이터 공백을 찾아낸다. 이 책의 두께는 젠더 데이터 공백이 그만큼 광범위하게 존재함을 의미한다. 읽고 나니 왜 두꺼운 책이 필요했는지 새삼 깨달았다.

— **노명우**(아주대학교 사회학과 교수)

세상에 존재하는 불합리와 불평등을 감추기에 가장 좋은 방법은 디폴트값을 특정 집단에 유리하게 설정하는 것이다. 1990년대 초까지만 해도 미국 여성 상원의원들은 전용 화장실이 없어서 방문객용 화장실을 써야 했다. '상원의원 전용 화장실'에서 '상원의원'은 남성만을 의미했기 때문이다. 이 책은 남성 디폴트 뒤에 숨겨진 차별을 낱낱이 드러낸다. 정보가 세상을 바꿀 무기가 될 수 있다면, 이 책은 거대한 무기고다. 페이지마다 꺼내서 인용하고 싶은 내용들로 가득하다.

— **박상현**(코드 미디어 디렉터, 칼럼니스트)

4차산업혁명에 대처하는 페미니스트를 위한 필수 자료집. '젠더 데이터 공백'이라는 관점에서 과학, 도시계획, 경제, 영화, 뉴스, 문학을 비롯한 세상의 모든 분야가 얼마나 여성에게 불리하게 "기울어진 운동장"으로 작용하는지 일깨워준다. 가능하다면 이 책에서 다뤄진 모든 팩트를 외우고 싶다.

— **이다혜**(《씨네 21》 기자, 『출근길의 주문』 저자)

세계 각국의 정책결정자들이 반드시 읽어야 할 책이다.

— 니컬라 스터전(스코틀랜드 자치정부 수반)

아는 것이 힘이다. 변화를 원한다면 우리 모두 시스템이 어떻게 작동하는지 알아야 한다. 이 책으로 무장해라. 그리고 당신이 아는 모든 사람에게 쥐여줘라. 한마디로 끝내주는 책이다!

— 헬레나 케네디(영국 노동당 상원의원)

『보이지 않는 여자들』은 우리가 무엇을, 왜 모르는가라는 등한시된 주제를 다룬다. 그 결과는 앎과 모름의 젠더 정치에 관한, 강력하고 중요하고 눈이 번쩍 뜨이는 분석이다. 이 책은 첨단기술에서부터 자연재해에 이르는 다양한 사례를 통해 우리 삶의 모든 면에 영향을 미치는 기관의 책임자가 왜 여자여야 하는지를 독창적이고 시의적절하게 상기시킨다.

— 코딜리아 파인(심리학자, 『테스토스테론 렉스』 저자)

완전 최고다. 세상을 바꿀 잠재력을 가진 책이자 기념비적인 연구서다.

— 케틀린 모랜(언론인, 『진짜 여자가 되는 법』 저자)

폭로적이고 공포스럽지만 동시에 희망적이다. 가히 속세의 바이블이라 부를 만하다. 이 책을 읽고 나서도 가부장제가 내 상상의 산물이라고 말해봐라.

— 지넷 윈터슨(소설가, 『오렌지만이 과일은 아니다』 저자)

훌륭하다. 『보이지 않는 여자들』은 남성을 디폴트 인간으로 간주하는 다양한 방식과 이 왜곡된 시각이 미치는 광범위한 영향을 인상적이면서도 자세하게 제시한다.

— 캐사 폴릿(시인)

이렇게 철두철미하게 파헤치는데도 술술 읽힌다. 재미있고 학구적이며 대단히 중요한 책이다. ─ **애덤 러더퍼드**(유전학자, 『우리는 어떻게 지금의 인간이 되었나』 저자)

『보이지 않는 여자들』은 흥미롭고 놀라우면서도 개탄스러운 시사적 사실이 가득 담긴 보물고다. 크리아도 페레스는 남자가 남자를 위해 설계한 세상의 문제점을 보여준다. 남자를 디폴트 인간으로 간주하거나 여자를 크기만 작은 남자로 간주하는 것은 제설 작업에서부터 안전벨트, 의학에 이르는 모든 것 또는 모든 사람에게 영향을 미친다. 훗날 내가 심장마비를 일으키거나 교통사고를 당하거나 극장에서 화장실에 가고 싶을 때 분명 이 책을 떠올릴 것이다.

─ **지나 리펀**(신경과학자)

『보이지 않는 여자들』은 조커 같은 책이다. 무자비한 팩트 폭격을 통해 해답 없는 문제를 제시하지만 그 방식이 가히 천재적이다. 이 책이 야심 차게 아우르는 주제의 폭과 독창성은 어마어마하다. 우리가 인류의 반에 대해 잊어버릴 때 일어나는 일처럼 말이다. 모든 정책가, 정치인, 관리자의 책꽂이에 꽂혀 있어야 할 책이다.

─《**더 타임스**》

이 책은 제도화된 성차별에 대한 충격적인 고소장이자 반격을 위한 강령이다. 『보이지 않는 여자들』은 여자들을 행동에 나서게 만들 것이며 남자들에게도 당연히 필독서다.

─《**더 선데이 타임스**》

차례

머리말 · 015

서론 남성이 디폴트 · 021

1부 일상

1장   **눈 치우기도 성차별적일 수 있는가** : 이동   · 055

2장   **성 중립 화장실** : 도시계획   · 075

2부 직장

3장   **힘든 금요일** : 돌봄노동   · 101

4장   **능력주의 신화** : 고용과 승진   · 127

5장   **남자는 보편, 여자는 특수** : 산업안전   · 151

6장   **신발 한 짝보다도 못한** : 불안정노동   · 169

3부 설계

7장   **방글라데시 여자들이 신식 화덕을 거부한 이유** : 개발계획   · 189

8장   **남자에게 맞는 원 사이즈** : 사회적 표준   · 204

9장   **사내들의 바다** : 기술   · 218

4부 의료

10장   **효과 없는 약** : 의학 연구   • 247

11장   **"이례적" 증상** : 진단과 치료   • 272

5부 공공 생활

12장   **공짜로 착취 가능한 자원** : 노동 가치   • 295

13장   **여자 지갑에서 남자 지갑으로** : 세금   • 312

14장   **여권은 인권이다** : 정치   • 325

6부 재난

15장   **누가 다시 지을 것인가** : 재해복구   • 353

16장   **당신은 재난 때문에 죽는 게 아니다** : 난민   • 361

맺음말 · 377

감사의 말 · 389

옮긴이의 말 · 393

참고 자료 · 399

이 세상이 재현되는 방식은,
세상 자체와 마찬가지로, 남자들의 작품이다.
그들은 자신의 관점에서 세상을 묘사해놓고
그것이 절대적 진실이라고 착각한다.

—시몬 드 보부아르

머리말

　인류 역사의 기록 대부분에는 데이터가 누락되어서 생긴 커다란 구멍이 하나 있다. '인간은 사냥꾼Man the Hunter'이라는 이론부터 살펴보면 과거에 역사의 기록자들은 인류의 진화—문화적이든 생물학적이든 간에—에서 여성의 역할이 차지할 자리를 거의 남겨놓지 않았다. 그래서 남자들의 삶이 인류 전체의 삶을 대변하게 되어버렸다. 인류의 나머지 반에 대해서는 침묵뿐인 경우가 많다.

　이 침묵은 도처에 있다. 우리 문화 전반에 침묵이 산재한다. 영화, 뉴스, 문학, 과학, 도시계획, 경제. 과거, 현재, 미래에 대해 우리가 하는 이야기. 이 이야기는 여자 모양의 '부재'가 남긴 흔적 때문에 훼손되었다. 이것이 바로 젠더 데이터 공백이다.

　젠더 데이터 공백은 침묵만으로 끝나지 않는다. 이 공백은 결과를 초래하고 그 결과는 여자들의 일상생활에 영향을 끼친다. 그 영향은 상대적으로 사소할 수도 있다. 예를 들면 남성 표준 체온에 맞춘 사무실 온도 때문에 덜덜 떨기, 남성 표준 신장에 맞춘 맨 위 선반에 닿기 위해

까치발 하기처럼. 분명 짜증 나고 확실히 부당하다.

하지만 생명을 위협하지는 않는다. 안전 규격이 여성의 체격에 맞지 않는 자동차를 타고 가다 사고가 나거나 병증이 '이례적'으로 간주되어 심장마비라는 진단을 받지 못하는 것과는 다르게 말이다. 이런 상황에 처한 여자들에게는 남성 데이터에 따라 설계된 세상에 사는 것이 치명적일 수 있다.

젠더 데이터 공백에 있어서 가장 중요한 점 중 하나는 그것이 대개 악의적이지도, 심지어 고의적이지도 않다는 것이다. 오히려 정반대다. 그것은 수천 년 동안 존재해온 사고방식의 산물일 뿐이기에 일종의 무념이라 할 수 있다. 남자들은 굳이 언급할 필요가 없고, 여자들은 아예 언급되지 않는다는 점에서 이중 무념이기까지 하다. 우리가 인간이라 통칭하는 것은 남자를 의미하기 때문이다.

이는 새로운 의견이 아니다. 가장 유명한 것은 시몬 드 보부아르가 1949년에 쓴 글이다. "인류는 남성이며 남자는 여자를 그 자체로 정의하는 것이 아니라 자신과 비교해서 정의한다. 여자는 자율적 존재로 간주되지 않는다. (……) 남자는 주체이자 절대다. 여자는 타자다."[1] 여자는 지금도 여전히 "타자"이지만 세상은 이때와 달라졌다. 점점 더 데이터에 의존하고 좌우되고 있다. 이름하여 빅데이터다. 그 옆에는 거대한 컴퓨터를 사용해서 거대한 알고리즘을 통해 도출한 거대한 진실이 있다. 그러나 거대한 침묵으로 오염된 거대한 데이터에서 얻을 수 있는 것은 기껏해야 반쪽짜리 진실일 뿐이다. 게다가 그 반쪽짜리 진실은 여자들에겐 전혀 사실이 아닌 경우가 많다. 컴퓨터공학자들 스스로 이렇게 말하지 않던가. "쓰레기를 넣으면 쓰레기가 나온다."

이 새로운 세상에서 젠더 데이터 공백 메우기는 어느 때보다 시급하다. 의사의 진단을 돕거나, 이력서를 검토하거나, 지원자들을 면접하는 인공지능이 이미 보편화되었다. 그러나 인공지능은 데이터 공백투성이인 데이터세트를 기반으로 훈련된다. 게다가 대부분의 알고리즘이 특허에 의해 보호되기 때문에 사용자들이 이러한 공백을 염두에 두는지조차 조사할 수 없다. 그러나 일단 내가 입수한 증거에 따르면 전혀 염두에 두지 않는 것 같다.

수치, 기술, 알고리즘은 『보이지 않는 여자들』의 핵심이지만 겨우 절반을 차지할 뿐이다. 데이터는 정보의 다른 이름이며 정보의 출처는 다양하다. 통계는 일종의 정보이지만 인간 경험 역시 마찬가지다. 그래서 나는, 모두를 위해 기능하는 세상을 설계할 때 여자도 참여해야 한다고 주장할 것이다. 만약 우리 모두에게 영향을 끼치는 결정을 하는 사람들이 전부 비장애인 백인 남자라면 — 미국의 경우 90%가 그러하다 — 또한 데이터 공백을 형성한다. 의학 연구에서 여성의 신체에 대한 정보를 수집하지 않는 것이 데이터 공백을 형성하는 것과 마찬가지다. 차후에 상술하겠지만 여성의 관점을 포함하지 않는 것은 (대개 선의에서) '성 중립적'인 척하는, 의도치 않은 남성 편향의 큰 요인이다. '남자들은 자신들의 관점이 절대적 진실이라고 착각한다'는 드 보부아르의 말은 바로 이런 경우를 가리킨다.

남자들의 안중에 없는, 여자들만의 관심사는 다양한 영역에 분포하지만 이 책을 읽어나가다 보면 3가지 주제가 계속해서 언급됨을 알게 될 것이다. 여성의 신체, 여자의 무급 돌봄노동, 여자를 대상으로 한 남자의 폭력. 이것들은 너무나 중요한 문제라서 우리 삶의 거의 모든 부분과 연관되고 대중교통부터 정치까지, 일터에서부터 외과수술에까지 이르는 모든 경험에 영향을 끼친다. 하지만 남자들은 그 사실을 잊어버린다. 여성의 신체를 갖고 있지 않기 때문이다. 앞으로 살펴보겠지만 그들은 여자가 하는 무급 노동의 극히 일부만을 한다. 그리고 그들이 씨름하는 남자의 폭력은 여자들이 직면하는 폭력과는 다른 방식으로 표현된다. 그래서 이러한 젠더 간 차이는 계속 무시되고 우리는 마치 남성의 신체와 그에 수반되는 삶의 경험이 성 중립적인 것처럼 살아간다. 이것은 여성에 대한 일종의 차별이다.

이 책에서 나는 성별sex과 젠더gender를 모두 언급할 것이다. '성별'은 한 개인이 남성이냐 여성이냐를 결정짓는 생물학적 특징, 즉 성염색체 XX와 XY를 의미한다. '젠더'는 그러한 생물학적 사실에 부여되는 사회적 의미, 여자가 여성으로 인식되기 때문에 대우받는 방식을 말한다. 하나는 인위적이지만 둘 다 실재한다. 그리고 남성 데이터를 기반으로 세워진 이 세상을 살아가는 여자들에게는 둘 다 중대한 결과를 초래한다.

그러나 이 책 전반에서 성별과 젠더 각각에 대해 이야기하고 있음에도 젠더 데이터 공백은 그 둘을 포괄하는 개념으로 사용할 것이다. 여성이 데이터에서 제외되는 이유는 성별이 아니라 젠더이기 때문이다. 이 현상이 너무나 많은 여자들의 삶에 너무나 큰 피해를 주기에 그 이름에서도 근본 원인을 명확히 밝히고 싶다. 그리고 당신이 이 책에서 읽게 될 많은 주장과는 반대로, 문제는 여성의 신체가 아니다. 문제는 우리가 그 신체에 부여하는 사회적 의미 그리고 그 의미가 어디서부터 유래했는지를 설명할 수 없다는 사실이다.

『보이지 않는 여자들』은 부재에 관한 이야기인데 이에 대해 서술하는 것이 힘들 때도 있다. 여성 전체에 대한 데이터 공백도 있지만—여성 데이터를 아예 수집하지 않거나, 수집하더라도 성별에 따라 구분하지 않기 때문에—유색인 여성, 장애인 여성, 노동계급 여성의 경우에는 사실상 데이터가 존재하지 않기 때문이다. 수집하지 않아서가 아니라 남성 데이터로부터 분리하지 않아서다(반대로 여성 데이터와 남성 데이터를 따로 분리한 것은 '성별 구분 데이터'라고 부른다). 실제로 대표성 통계* 데이터에는 '여성'과 '소수인종' 항목만 있다. '소수인종 여성'의 데이터는 상위집합 속에서 실종된다. 그 데이터가 존재하는 곳에서는 넘겨받았지만 그런 경우는 거의 없었다.

이 책의 목표는 정신분석이 아니다. 젠더 데이터 공백을 영속하는 사람들의 머릿속을 내가 들여다볼 방도는 없다. 다시 말해 이 책이 젠더 데이터 공백이 존재하는 이유에 대한 궁극적 근거를 제시하지는 못한다는 뜻이다. 나는 단지 데이터를 제시하고 당신에게 증거를 봐달라고 부탁할 수 있을 뿐이다. 남성 편향적 도구를 생산하는 사람이 은밀한 성차별주의자인지 아닌지에도 관심이 없다. 개인적인 동기는, 일정 수준을 넘지 않는 이상, 중요치 않다. 중요한 것은 패턴이다. 중요한 것은 내가 이 책에서 제시한 데이터의 경중을 고려했을 때 모든 젠더 데이터 공백이 그저 하나의 큰 우연이라고 결론짓는 것이 과연 합리적인가 하는 물음이다.

---

* 대표성 통계란 대학 교수 중 몇 %가 여성인가 또는 영화 속 등장인물 중 몇 %가 흑인인가 등을 조사한 통계를 말한다. 예를 들어 미국 인구의 13%가 흑인일 때 어느 영화 속 등장인물의 13%가 흑인이라면 이는 대표성이 잘 반영된 예라 볼 수 있다.

나는 그렇지 않다고 주장할 것이다. 젠더 데이터 공백이 인류가 남성만으로 구성됐다고 여기는 무념의 원인이자 결과라고 주장할 것이다. 이러한 편견이 얼마나 빈번하고 만연하며 그것이 우리의 삶을 점점 더 지배하는, 객관적이라고 간주되는 데이터를 어떻게 왜곡하는지 보여줄 것이다. 날이 갈수록 점점 더 초공정한 슈퍼컴퓨터에 의해 통제되는 초합리적인 세계에서도 여성은 여전히 드 보부아르가 말한 제2의 성에 불과하며, 남성의 아류로 격하되는 것이 초래하는 위험은 과거와 마찬가지로 지금도 건재하다는 사실을 보여줄 것이다.

남성이 디폴트

남자를 디폴트 인간으로 간주하는 것은 인간 사회구조의 근간이다.
인간 진화에 관한 이론들만큼이나 오래된, 뿌리 깊은 습관이다. 이미 기
원전 4세기에 아리스토텔레스는 대담하게도, 남자가 디폴트 인간이라
는 것은 반박 불가능한 사실이라고 말했다. 그는 생물학 관련 저서인
『동물의 생성에 대하여On the Generation of Animals』에 이렇게 적었다. "인
간이라는 부류로부터의 첫 이탈은 남성이 아닌 여성 자손을 낳는 것이
다."(그러나 이러한 이탈이 "자연의 필요"에 의한 것이라고 허용하긴 했다.)

그로부터 2000년 이상 지난 1966년 시카고대학교는 원시 수렵채집
사회에 대한 심포지엄을 개최했다. 제목은 "인간은 사냥꾼"이었다. 전
세계에서 75명이 넘는 사회인류학자들이 과연 사냥이 인간의 진화 및
발전에서 중요한가를 논하기 위해 모였다. 대단히 중요하다는 데 다들
동의했다.[1] "우리를 유인원과 구분하는 생물학적 특성, 심리학적 특성,
관습은 모두 과거의 사냥꾼들 덕택이다"라고 이 심포지엄에서 발표되
었던 한 논문은 주장했다. 다 좋은 얘기다. 다만 페미니스트들이 지적했

듯 이 이론은 여성의 진화에 문제를 야기한다. 이 논문집이 명시한 것처럼 사냥은 남자의 활동이었기 때문이다. "우리의 지성, 관심, 감정, 기본적인 사회생활이 모두 사냥이라는 행위에 적응하며 생긴 진화의 산물"이라면 인류의 반인 여성의 진화는 어떻게 설명할 것인가? 인류의 진화가 남자들에 의해 이루어졌다면 여자들이 인간이기는 한가?

이제는 고전이 된 1975년 에세이 「여자는 채집꾼: 인류학의 남성 편향」에서 인류학자 샐리 슬로컴Sally Slocum은 '인간은 사냥꾼' 이론이 가진 권위에 정면으로 도전했다.[2] 그의 주장에 따르면 인류학자들은 "남성의 행동 양식에 부합하는 사례를 열심히 찾은 다음 그거면 충분하다고 생각한다." 그래서 그는 간단한 질문을 던졌다. "남자들이 밖에서 사냥하는 동안 여자들은 뭘 했나?" 답변. "아이가 엄마에게 의존하는 기나긴 기간" 동안 채집하기, 이유식 먹이기, 아이 돌보기. 모두 사냥과 마찬가지로 협동을 필요로 하는 일들이다. 이를 바탕으로 생각해보면 "사냥하고 죽이려는 남자들의 욕구가 인간 진화의 결과라는 결론은 인간을 구성하는 요소 중 하나에 불과한 공격성에 지나친 무게를 부여한다"라고 슬로컴은 반박했다.

슬로컴이 이 같은 비판을 한 지 40년 이상이 흘렀지만 진화론의 남성 편향은 지금도 여전하다. 2016년《디 인디펜던트》에는 "인간은 진화에 의해 치명적인 폭력을 추구하는 본능을 갖게 되었다"라는 제목의 기사가 올라왔다.[3] 이 기사에서 보도한 논문 「인간의 치명적 폭력의 계통발생학적 근원」은 인간이 진화에 의해 동종을 상대로 갖게 된 폭력성은 포유류 평균의 6배라고 주장했다.[4]

인류라는 종이 폭력성을 지닌 것은 분명 사실이다. 그러나 실상 인간을 상대로 치명적 폭력을 행사하는 자는 압도적으로 남성이 많다. 스웨덴에서 30년간 일어난 살인 사건을 분석해보니 10건 중 9건의 범인은 남자였다.[5] 이는 오스트레일리아,[6] 영국,[7] 미국[8]을 포함한 다른 나라들의 통계와도 궤를 같이한다. 2013년 국제연합(이하 UN으로 표기) 조사에 따르면 전 세계 살인자의 96%[9]는 남자였다. 그렇다면 살인 본능을 가진 것은 인간인가 남자인가? 그리고 여성이라는 집단이 살인을 하지 않는다면 여성 '계통발생학'에 대해서는 어떻게 생각해야 하나?

'별도 지표가 없는 이상 남성'이라는 접근 방식은 민족지학民族誌學의 모든 분야에 전염된 듯하다. 예를 들어 동굴벽화는 대개 사냥감 그림이기 때문에 학자들은 사냥꾼, 즉 남자가 그렸을 것으로 추측했다. 하지만 최근 프랑스와 에스파냐의 동굴벽화 옆에 찍힌 손자국을 분석해보니 대부분 여자가 그린 것으로 드러났다.[10]

심지어 인골도 '별도 지표가 없는 이상 남성' 이론을 벗어나지 못한다. 해골의 성별은 객관적으로 남성 아니면 여성으로 판별되니 남성 디폴트적 사고방식으로부터 자유로우리라고 생각들 할 것이다. 하지만 그 생각은 틀릴 수도 있다. '비르카 전사'로 알려진 10세기의 바이킹 해골은 명백하게 여성의 골반을 가졌음에도 100년 넘게 남자로 간주되었다. 그 옆에 무기 일습과 제물로 바친 말 2마리가 묻혀 있었기 때문이다.[11] 이 부장물은 무덤의 주인이 전사였음을 나타냈고[12] 전사는 남자여야만 했다(고고학자들은 바이킹 구전설화에서 수없이 언급되는 여자 전사의 존재를 "신화적 윤색"[13]으로까지 격하했다). 그러나 성별 문제에서는 골반을 이기는 무기도 DNA는 이기지 못하여 2017년 DNA 검사를 통해 이 뼈는 여성의 것임이 증명되었다.

그러나 논쟁은 여기서 끝나지 않았다. 논점만 바뀌었을 뿐이다.[14] 뼈가 뒤섞였거나 여자를 이 부장물과 함께 묻은 다른 이유가 있을지도 모른다고 몇몇 부인론자들이 주장한 것이다. 부인론자들의 주장이 사실일 수도 있다(2017년 논문의 저자들은 부장물이 배치된 방식으로 보아, 있을 수 없는 일이라고 일축했지만). 그러나 유사한 상황에서 발견된 남자 해골에는 "동일한 의문이 제기되지 않는다."[15] 실제로 고고학자들이 무덤을 발굴하면 거의 매번 남자 해골을 발견한다. 이에 대해 저명한 인류학자 필립 워커Phillip Walker는 1995년 저서의 해골 성별 판독에 관한 장에서 이렇게 지적했다. 이 같은 결과는 "우리가 아는 현 인류의 성비와 일치하지 않는다."[16] 바이킹 여자들이 재산을 소유하거나, 유산을 물려받거나, 유력한 상인이 될 수 있었다면 전사가 되는 것이 과연 그렇게 불가능한 일이었을까?[17]

어쨌든 비르카 전사의 뼈는 지금껏 발견된 유일한 여자 전사의 유해가 아니다. "전투 흔적이 있는 다수의 여자 유골이 불가리아에서 몽골에 이르는 유라시아 스텝 전역에서 발견되어왔다"라고 내털리 헤인스Natalie Haynes는 《더 가디언》에서 보도했다.[18] 고대 스키타이인의 경우 활과 화살로 기마전을 벌였기 때문에 남자가 전사로서 여자보다 우세한 점이 없었다. 우크라이나에서 중앙아시아까지 분포한 봉분 1000여 기에 무기와 함께 묻혀 있던 해골의 DNA 검사 결과 스키타이인 여성의 최대 37%가 활발한 전사였던 것으로 밝혀졌다.[19]

'별도 지표가 없는 이상 남성'이라는 사고방식이 우리 의식의 어디까지 침투했는가는 그것이 사회의 가장 기본적인 구성 요소 가운데 하나인 언어에도 포함되어 있음을 깨닫는다면 그리 놀랍지 않을 것이다.

실제로 슬로컴은 인류학의 남성 편향을 비판할 때 이 편향이 "안 그래도 빈약한 데이터가 해석되는 방식뿐 아니라 사용되는 언어에서도" 나타난다고 지적했다. man이라는 단어는 "너무나 모호한 방식으로 사용되어 남성을 가리키는지 인류 전체를 가리키는지 판단할 수 없다"라고 했다. 이러한 의미 붕괴 때문에 슬로컴은 "많은 인류학자들의 머릿속에서 본디 인간을 의미해야 했을 man은 사실 남성과 동의어가 아닌가" 의심하게 되었다. 앞으로 살펴보겠지만 증거에 따르면 슬로컴의 말이 사실인 듯하다.

뮤리얼 루카이저Muriel Rukeyser의 시 「신화Myth」에서 늙고 눈먼 오이디푸스는 스핑크스에게 "내가 왜 어머니를 알아보지 못했나?"라고 묻는다. 스핑크스는 자신의 질문("아침에는 네 발로 걷고, 오후에는 두 발로 걷고, 저녁에는 세 발로 걷는 것이 무엇인가")에 오이디푸스가 했던 대답이 틀렸다고 말한다. "너는 man이라고 대답했다. 여자에 대해서는 아무 말도 하지 않았지." 오이디푸스는 말한다. 하지만 man이라고 하면 "여자도 포함하지 않나. 그건 누구나 안다."

그러나 사실은 스핑크스가 옳고 오이디푸스는 틀렸다. 사람들은 man이라고 할 때 "여자도 포함"하지 않는다. 설령 그 사실을 "누구나 안다" 할지라도. 지난 40년간 다양한 언어권에서 실시된 연구들을 보면 남성형 통칭(he 같은 남성형 명사를 성 중립적으로 사용하는 것)이 실제로는 통칭으로 해석되지 않는다.[20] 그것은 압도적으로 남성으로 해석된다.

남성형 통칭이 사용될 때 사람들은 유명한 여자보다 유명한 남자를 떠올리고,[21] 해당 업종 종사자의 절대다수가 남성이라고 추측하며,[22] 해당 직책이나 공직에 남성 후보가 어울린다고 생각한다.[23] 또한 남성형 통칭을 사용해 구인 광고를 하면 여자들이 지원하거나 면접을 잘 치를 확률이 낮다.[24] 남성형 통칭은 너무나 압도적으로 남성으로 해석되기 때문에 일반적인 경우에는 십중팔구 여성으로 인식하게 만드는 고정관념조차 무시된다. 이를테면 대개 여성으로 인식되는 피부 관리사 같은 직업인을 갑자기 남성으로 인식하는 식이다.[25] 그 결과 일종의 메타 젠더 데이터 공백*이 생겨나 연구 결과까지 왜곡된다. 2015년 발표된 한 심리학 연구 논문에 따르면 질문지에 남성형 통칭을 사용하자 여성 피험자들의 답변이 달라졌다. "테스트 점수의 의미"가 왜곡되었을 것으로 추측된다.[26] 논문의 저자들은 남성형 통칭의 사용이 "실재하지 않는, 여성과 남성 간의 차이를 상상하게 만든 듯하다. 동일한 질문지에 성 중립적 형태를 사용하거나 각각의 성별을 별도로 표시했을 때에는 이런 현상이 나타나지 않았다"라는 결론을 내렸다.

남성형 통칭이 결코 명료한 표현이 아니라는 수십 년분의 증거가 있는데도 많은 국가들의 공식 언어 정책은 여전히 남성형 통칭이 형식에 불과하며 명료성 때문에 계속 사용되어야 한다고 주장한다. 2017년에만 해도 프랑스어에 관한 한, 최고 권위 기관인 아카데미프랑세즈 Académie française가 "양성 포괄적 표현이라는 일탈"을 규탄하며 남성형 통칭의 대안 때문에 "프랑스어가 절체절명의 위기에 처했다"라고 주장했다. 에스파냐[27]와 이스라엘[28]을 비롯한 다른 나라들에서도 비슷한 논란이 있다.

---

* 여기서 데이터가 피부 관리사라면 그것의 메타데이터는 성별, 직업, 미용, 국가자격증 등이라 할 수 있다. 그런데 피부 관리사의 성별을 남성으로만 인식하면 여성이 제외되어 메타데이터에 공백이 생긴다는 뜻이다.

영어는 문법적인 성이 존재하는 언어가 아니기 때문에 현대어에서 남성형 통칭은 상당히 제한적이다. 의사doctor나 시인poet 같은 단어는 과거에는 남성형 통칭이었으나 — 여자 의사와 여자 시인은 (대개 조롱의 의미로) 여의사doctoress와 여류 시인poetess으로 불렸다 — 지금은 성 중립어로 인식된다. 문어체에서 남성형 통칭은 he or she의 의미로 he의 사용을 고집하는 사람들의 글에만 남아 있지만 요즘 구어체에서는 친한 사람을 부를 때 dude와 guys(미국), lads(영국)가 성 중립적 의미로 쓰여 일종의 회귀 현상을 보인다. 2017년 영국에서 있었던 논란도, 어떤 이들에게는 남성 디폴트가 아직도 굉장히 중요하다는 사실을 보여준다. 런던 최초의 여자 소방서장 대니 코튼Dany Cotton은 소방수를 fireman 대신 현재 표준어이기도 한 firefighter — 솔직히 이쪽이 더 멋있지 않나? — 로 부르는 게 어떠냐고 제안했다가 여론의 뭇매를 맞았다.[29]

그러나 프랑스어, 독일어, 에스파냐어 같은 성 굴절어에서 남성과 여성이라는 개념은 언어 자체에 깊이 배어 있다. 일단 모든 명사가 남성 또는 여성으로 나뉜다. 에스파냐어로 탁자는 여성명사지만 자동차는 남성명사다. 빨간 탁자는 la mesa roja, 빨간 자동차는 el coche rojo다. 사람을 가리키는 명사의 경우 남성명사와 여성명사가 모두 존재하지만 기준이 되는 성은 늘 남성이다. 구글에서 독일어로 변호사가 무엇인지 검색해봐라. 그 결과인 Anwalt는 본디 남자 변호사를 뜻하지만 그냥 변호사의 통칭으로도 사용한다. 딱 꼬집어서 여자 변호사라고 하고 싶다면 Anwältin이라고 해야 한다(이 경우에서처럼 남성명사를 변형하여 여성 명사로 만드는 방식이 미묘하게 여성을 남성의 아류, 드 보부아르의 표현처럼 "타자"로 생각하게 만든다). 남성형 통칭은 여러 사람으로 이루어진 무리

026
027

서론 남성이 디폴트

를 가리킬 때도 사용한다. 성별을 알 수 없을 때 또는 성별이 섞였을 때 남성형 통칭을 사용한다. 따라서 에스파냐어로 여자 교사 100명으로 이루어진 집단은 las profesoras이지만 여기에 남자 교사 1명을 더하는 순간 그 집단은 갑자기 los profesores가 된다. 남성 디폴트의 힘이 이렇게 대단하다.

성 굴절어에서는 남성형 통칭이 여전히 만연하다. 구인 광고는 지금도 남성명사로 작성된다. 특히 관리직의 경우에 더욱 그렇다.[30] 최근 오스트리아에서 관리직 구인 광고에 사용된 언어를 분석했더니 남성명사와 성평등형(남성형과 여성형을 모두 사용함) 표현의 비율이 27 대 1이었다.[31] 이에 대한 해결책으로 유럽의회는 2008년부터 성 굴절어로 작성된 구인 광고 끝에 '남/여'를 첨가할 것을 권장해왔다. 여자가 존재한다는 사실을 상기시킴으로써 남성형 통칭을 보다 '성평등' 하게 만든다는 발상이었다. 좋은 생각이긴 하지만 데이터를 바탕으로 한 것은 아니었다. 학자들이 실제로 그 영향을 실험해보니 남성형 통칭만 단독으로 사용했을 때와 아무런 차이가 없는 것으로 드러났다. 데이터를 수집하고 나서 정책을 만들어야 한다는 교훈을 준 사례였다.[32]

그런데 이렇게 언어를 가지고 씨름하는 것이 과연 현실 세계에도 변화를 가져올까? 논란의 여지는 있지만, 그렇다. 2012년 세계경제포럼World Economic Forum의 분석에 따르면 성 굴절어를 사용하는 나라들, 즉 거의 모든 발언에 남성과 여성이라는 개념이 강하게 존재하는 나라들에서 성 불평등이 가장 심한 것으로 나타났다.[33] 그다음이 흥미로우면서도 이상한 부분이다. 그렇다고 해서 헝가리어나 핀란드어 같은 무성어를 쓰는 나라들이 가장 성평등 하지도 않다는 것이다. 영광은 세 번째

그룹인, 영어와 같은 성 첨가어를 사용하는 나라들에게 돌아갔다. 성 첨가어는 '여자 교사', '남자 간호사'처럼 성별을 따로 표시할 수도 있지만 대개 단어 자체에는 성별의 의미가 포함되지 않는다. 어떤 방식으로도 성별을 표시할 수 없다면 단순히 "세상에 여자가 존재한다는 사실"만 강조한다고 해서 언어에 숨겨진 편견을 "교정"할 수는 없다고 논문의 저자들은 말한다. 한마디로, 별도의 언급이 없는 이상 무조건 남자이기 때문에 여자가 언급되느냐 마느냐가 중요하다는 것이다.

당신은 언어에 밴 남성 편향이 구시대의 유물일 뿐이라고 생각하고 싶겠지만 증거를 보면 그렇지가 않다. 세계에서 가장 빠르게 사용자가 증가하는 언어,[34] 전 세계 누리꾼의 90% 이상이 사용하는 언어는 이모티콘이다.[35] 이 언어는 1980년대에 일본에서 생겨났고 여자들이 많이 쓴다.[36] 여성의 78%, 남성의 60%가 이모티콘을 일상적으로 사용한다.[37] 그런데 2016년까지 이모티콘의 세계는 이상하리만치 남성적이었다.

스마트폰에 들어 있는 이모티콘은 왠지 모르게 웅장해 보이는 이름을 가진 유니코드협회Unicode Consortium에 의해 선정된다. 실리콘밸리에 위치한 단체들이 모여서 국제 소프트웨어 표준을 정하는 것이다. 유니코드협회는 어떤 이모티콘—가령 '스파이'—을 새로 추가하기로 결정할 때 거기에 사용될 코드도 함께 결정한다. 각 휴대폰 제조업체—또는 트위터나 페이스북 같은 플랫폼—가 제 나름의 해석에 따라 스파이 이모티콘을 디자인한다. 그러나 서로 다른 플랫폼을 쓰는 사용자들이 서로 소통할 수 있도록 모두 같은 코드를 사용한다. 눈이 하트인 얼굴은 눈이 하트인 얼굴인 것이다.

역사적으로 유니코드협회는 대부분의 이모티콘에 성별을 명시한 적이 없었다. 대부분의 플랫폼에 달리는 남자 그림으로 등재된 이모티콘의 이름은 원래 '달리는 남자'가 아니었다. '달리는 사람'이었다. 마찬가지로 유니코드협회에서 정한 경찰관 이모티콘의 이름은 원래 policeman이 아니라 police officer였다. 이 모든 성 중립적 단어들을 남성으로 해석한 것은 각 플랫폼이었다.

2016년 유니코드협회는 이에 대한 조치를 취하기로 했다. 기존의 성 '중립적' 태도를 버리고 사람을 가리키는 모든 이모티콘의 성별을 명시하기로 한 것이다.[38] 그래서 지금까지 '달리는 남자' 그림이었던 '달리는 사람'을 '달리는 남자'와 '달리는 여자'로 구분해 별개의 코드를 부여했다. 이제는 모든 직업과 운동선수가 남성과 여성으로 표시된다. 작지만 중요한 승리다.

휴대폰 제조업체와 소셜미디어 플랫폼을 성차별적이라고 비난하기는 쉽지만─부지불식간인 경우가 많다 해도 그들은 실제로 성차별적이다─설사 그들이 '성 중립적인' 달리는 사람을 디자인했더라도 대부분의 사용자가 남성으로 인식했을 것이다. 우리는 따로 여성으로 표시되지 않은 이상 대부분을 남성으로 인식하기 때문이다. 따라서 언젠가 성난 문법학자들이 he 대신 he and she(또는 심지어 she and he)를 사용하면 지구 종말이 오는 것처럼 굴지 않는 날이 온다 하더라도 남성형 통칭을 제거하는 것은 절반의 승리일 뿐이다. 남성 편향은 우리 정신에 너무 깊이 뿌리박혀서 정말로 성 중립적인 단어조차도 남성으로 인식한다.

2015년 한 연구진이 인간컴퓨터상호작용human-computer interaction에

관한 2014년 논문에서 사람을 지칭하는 데 가장 많이 사용된 단어 5개를 확인해봤더니 사용자, 피험자, 사람, 디자이너, 연구자였다. 모두 명백하게 성 중립적인 단어들이다.[39] 물론 함정이 있다. 피험자들에게 이 다섯 단어 중 하나에 대해 10초간 생각한 다음 그림으로 그려보라고 했더니 명백하게 성 중립적인 단어들도 남성 대 여성의 비율이 50 대 50이 아닌 것으로 드러났다. 남성 피험자들은 다섯 단어 중 '디자이너'의 경우에만 남성으로 인식한 비율이 80% 미만이었다(그래도 여전히 70%에 가까웠다). '연구자'는 여성으로 인식한 비율보다 무성으로 인식한 비율이 오히려 더 높았다. 여성 피험자들은 남성 피험자들보다 성 편향이 약간 덜했으나 전반적으로는 성 중립적 단어를 남성으로 인식하는 비율이 높았다. 오직 '사람'과 '피험자'—남성 피험자들은 80%가 남성으로 인식했다—에서만 50 대 50으로 나타났다.

다소 실망스러운 이 결과는 수십 년분의 "과학자를 그려보세요" 실험 데이터와 일치한다. 피험자들은 과학자를 압도적으로 남자로 그렸다(이 편향은 옛날부터 너무 심해서 요즘 아이들의 28%가 과학자를 여자로 그린다는 최근 논문에 전 세계 언론이 위대한 발전이라고 축하했을 정도였다).[40] 2008년 연구 결과도 이와 다르지 않았다. 연구진은 9~10세의 파키스탄인 학생들에게 '우리'를 그려보라고 했다.[41] 여자를 그린 학생은 극소수였고 그나마도 전부 여학생이었다.

이 세상이 압도적으로 남성으로 이루어졌다는 인식은 동물을 바라보는 관점에서도 드러난다. 한 논문에 따르면 연구자가 피험자에게 말할 때 성 중립적 동물 인형을 암컷으로 보게끔 계속 여성대명사를 사용했는데도 아이와 부모, 돌보미 모두 동물을 압도적으로 he로 지칭했다.[42] "피험자의 절반이라도 he가 아닌 she로 지칭하게 하려면" 동물이 "극도로 여성스러워야만" 했다.

솔직히 그것이 완전히 불합리한 추측은 아니다. 실제로 he인 경우가 많기 때문이다. 2007년 각국의 어린이 프로에 나오는 캐릭터 2만 5439개를 분석했더니 사람 아닌 캐릭터의 13%만이 여성이었다(사람 캐릭터의 경우는 조금 나았지만 여전히 32%에 머물렀다).[43] 1990~2005년에 개봉한 전체관람가 영화를 분석했더니 대사 있는 배역의 28%만이 여자 캐릭터에게 돌아갔다. 그리고 남자가 디폴트 인간임을 더 효과적으로 보여주는 것은 군중장면의 17%에만 여자가 등장했다는 사실이다.[44]

남자는 더 많은 배역을 차지할 뿐만 아니라 화면에 등장하는 시간도 2배나 된다. 주연이 남자일 때는—대부분의 영화가 그렇지만—거의 3배로 늘어난다.[45] 주연이 여자일 때만 남자와 여자가 등장하는 시간이 비슷해진다(여자의 등장 시간이 대부분이 되는 것이 아니다). 남자는 대사도 더 많이 받는다. 여자의 2배 정도 된다. 주연이 남자일 때는 3배가 된다. 남자와 여자가 공동 주연일 때도 남자의 대사가 2배다. 다시 한번 말하지만 남자 배역과 여자 배역의 등장 시간이라도 비슷한 것은 몇 편 안 되는 여자 주연 영화에서뿐이다.

이러한 불균형은 영화와 텔레비전에서만 발견되는 것이 아니다. 도처에서 발견된다.

첫째는 조각상이다. 영국 공공 기념물 및 조각상 협회Public Monu-ments and Sculptures Association 데이터베이스에 등재된 모든 조각상을 세어봤더니 역사적으로 유명한 인물인데 왕족이 아닌 여자의 조각상을 모두 합친 것보다 존이라는 이름을 가진 남자의 조각상이 더 많았다(여기에 왕족을 더하기만 해도 존을 이기는 이유는 오로지 빅토리아 여왕 때문이다. 자신의 조각상을 세우는 데 대한 그의 열정에 마뜩잖지만 존경을 표한다).

둘째는 지폐다. 2013년 잉글랜드은행은 파운드화 지폐에 들어가는 유일한 여성 위인을 남성으로 바꾼다고 발표했다(나는 이에 반대하는 캠페인을 벌여 성공했고* 캐나다와 미국을 포함한 다른 나라들에서도 비슷한 캠페인이 시작되었다).[46]

셋째는 언론매체다. 글로벌미디어모니터링프로젝트Global Media Monitoring Project는 1995년부터 5년마다 세계의 인쇄매체 및 방송매체에서 여자가 보도되는 양상을 평가해왔다. 가장 최근에 작성된 2015년 보고서에 따르면 "신문, 텔레비전, 라디오 뉴스에서 여자가 보도되는 분량은 전체의 24%밖에 안 된다. 이는 2010년과 정확히 같은 수치다."[47]

넷째는 교과서다. 독일, 미국, 오스트레일리아, 에스파냐를 포함한 여러 나라에서 30년 동안 출간된 언어 및 문법 교과서를 분석했더니 예문에 남자가 등장하는 횟수가 여자를 크게 앞질렀다(평균 3 대 1이었다).[48] 1960~90년에 미국에서 출간된 주요 고등학교 역사 교과서 18종을 분석했더니 유명한 남자 사진과 유명한 여자 사진의 비율이 100 대 18이었으며 색인에 있는 인명 가운데 9%만이 여자였다(이 중 한 교과서는 2002년에 개정판이 나왔지만 이 수치는 변하지 않았다).[49] 보다 최근인 2017년에 정치학 입문 교재 10종을 분석했더니 쪽수로 계산했을 때 평균 10.8%에서만 여자가 언급됐다(어떤 단원에서는 최하 5.3%까지 떨어지

---

* 원래 5파운드 지폐의 엘리자베스 프라이(Elizabeth Fry)를 윈스턴 처칠로 바꾸려다 여성계의 반발에 부딪치자 10파운드화 지폐에 제인 오스틴을 넣기로 했다.

기도 했다).[50] 이와 똑같은 수준의 남성 편향이 아르메니아, 말라위, 파키스탄, 대만, 남아공, 러시아 교과서를 대상으로 한 최근 연구에서 발견됐다.[51]

문화계의 남성 편향은 너무 만연해서 고전 SF 액션 게임 시리즈 〈메트로이드〉의 제작자들이 사용자를 놀랠 때 이용하기도 했다. 한 인터뷰에서 게임 제작자들은 당시를 이렇게 회상했다. "어떻게 해야 다들 깜짝 놀랄까 궁리하다가 (주인공) 사무스 아란의 헬멧을 벗기자는 얘기가 나왔다. 그때 누군가가 말했다. '사무스가 여자로 밝혀지면 충격일 거야!'"[52] 혹시라도 눈치채지 못하는 사람이 있을까 봐 사무스에게 분홍색 비키니도 입히고 엉덩이를 내민 포즈도 취하게 했다.

이 일화는 게임업계에서 이례적인 일이었고 지금까지도 그러하다. 2015년 퓨리서치센터Pew Research Center의 보고서에 따르면[53] 미국 내 게임 사용자는 남성과 여성이 반반이지만 2016년 세계 최대의 게임 엑스포 E3의 기자회견에서 조명받은 게임 중 겨우 3.3%의[54] 주인공만이 여자였다. 이는 온라인 매체 페미니스트 프리퀀시Feminist Frequency에서 조사한 2015년 수치인 9%보다도 낮다.[55] 게다가 사용자가 조종할 수 있는 여자 캐릭터가 게임에 포함되더라도 여전히 속성 중 하나에 불과한 것으로 다뤄지는 경우가 많다. 2015년 E3에서 〈폴아웃 4〉의 디렉터 토드 하워드Todd Howard는 남자 캐릭터에서 여자 캐릭터로 바꾸는 게 얼마나 쉬운지 보여준 다음 곧바로 다시 남자 캐릭터로 바꿔서 데모가 끝날 때까지 시연했다.[56] 페미니스트 프리퀀시는 2016년 E3를 분석한 데이터를 올리면서 "주인공은 남성 디폴트다"라고 말했다.[57]

이렇게 남성 지배적 문화가 깊이 뿌리내린 결과, 남자의 경험과 남자의 관점은 보편한 것으로 받아들여지는 반면 (따지고 보면 세계 인구의 절반인) 여자의 경험은 특수한 것으로 받아들여진다. 남성이 보편이기 때문에, '여성작가들'에 대한 수많은 강의는 소리 소문 없이 지나가는 반면 조지타운대학교Georgetown University의 한 여자 교수가 문학 강의 제목을 "백인 남성 작가들"이라고 지은 일은 신문 헤드라인을 장식한다.[58]

남성이 보편이기 때문에(그리고 여성은 특수이기 때문에), 투표권을 얻기 위한 영국 여자들의 투쟁을 그린 영화 〈서프러제트〉가 1차 세계대전을 다루지 않았다는 이유로 "유별나게 폐쇄적"이라며 비난당한다(그것도 심지어 《더 가디언》에서). 그리하여 유감스럽게도 1929년 『자기만의 방』에서 버지니아 울프의 고찰("비평가는 추측합니다. 이것은 전쟁을 다루니까 중요한 책이다. 이것은 응접실에 앉은 여자들의 감정을 다루니까 시시한 책이다.")이 오늘날에도 여전히 유효함을 증명하고 만다.[59] 그렇기 때문에, V. S. 나이폴은 제인 오스틴의 작품을 '편협하다'고 비판한다. 반면에 영화 〈더 울프 오브 월 스트리트〉가 걸프전을 언급하리라고 기대하는 사람은 아무도 없다. 마찬가지로 노르웨이 작가 칼 오베 크네우스고르의 6권짜리 자서전 『나의 투쟁』이 《더 뉴요커》로부터 "보편적 고뇌"를 표현했다는 극찬을 받았다고 해서 그가 자신이 아닌 다른 사람에 대해 쓰거나 여성작가 1명 이상의 말을 인용했으리라고 기대하는 사람도 아무도 없다.

그렇기 때문에, 위키피디아 "잉글랜드 국가대표 축구팀" 페이지는 남자 축구팀에 대한 것인 반면 여자 팀에 대한 페이지 제목은 "잉글랜드 여자 국가대표 축구팀"인 것이며 2013년에 위키피디아가 소설가를 분류할 때 "미국 소설가"와 "미국 여성 소설가"로 나눈 것이다. 그렇

서론 남성이 디폴트

기 때문에, 2015년에 위키피디아를 언어별로 조사했더니 여자들에 관한 설명에는 '여자', '여성', '숙녀' 같은 단어가 들어간 반면 남자들에 관한 설명에는 '남자', '남성적인', '신사' 같은 단어가 들어가지 않았던 것이다(아무 말이 없으면 당연히 남자이기 때문이다).[60]

우리는 14~17세기를 르네상스기로 분류한다. 그러나 사회심리학자 캐럴 태브리스는 1992년 저서 『여성과 남성이 다르지도 똑같지도 않은 이유』에서 여자들에게는 그것이 르네상스가 아니었다고 지적한다. 그 시대에도 여자들은 여전히 지적, 예술적 생활로부터 대부분 배제되었기 때문이다. 우리는 18세기를 계몽주의 시대라고 부르지만 그 때에도 인권은 확대된 반면 "여권은 오히려 축소됐다. 여자들은 자신의 재산과 수입을 마음대로 관리할 수 없었고 고등교육과 직업교육을 금지당했다." 우리는 고대 그리스를 민주주의의 요람이라고 생각하지만 인구의 절반인 여자들에게는 투표권이 없었다.

2013년 영국 테니스선수 앤디 머리Andy Murray는 윔블던 우승을 향한 영국의 "77년간의 기다림"을 종식했다고 언론의 극찬을 받았다. 하지만 실제로는 1977년에 여자 선수인 버지니아 웨이드Virginia Wade가 이미 우승한 바 있다. 머리가 우승하고 3년 뒤 어느 스포츠 기자가 그에게 "올림픽 최초로 금메달을 두 번 딴 테니스선수"라고 말하자 머리는 이렇게 정정했다. "비너스 윌리엄스Venus Williams와 세리나 윌리엄스Serena Williams 선수는 각각 4개씩 땄다."[61]* 미국인들은 일반적으로 자국의 국가대표 축구팀이 월드컵 우승은커녕 결승 진출조차 한 적이 없는 것으로

---

* 머리는 남자 단식에서 2개를, 윌리엄스 자매는 여자 단식에서 1개, 여자 복식에서 3개를 땄다.

알고 있으나 실상은 그렇지 않다. 여자 축구팀은 네 번이나 우승했다.[62]

최근 들어 문화계의 끈질긴 남성 편향에 반기를 드는 시도가 몇 번 있었으나 대부분은 적대적 반응에 부딪혔다. 마블코믹스가 토르를 여자로 바꿨을 때[63] 팬들은 들고일어났다. 기술지 《와이어드》가 지적한 것처럼, 토르를 개구리로 바꿨을 때는 찍소리도 없었던 사람들이 말이다.[64] 〈스타워즈〉 프랜차이즈에서 주인공이 여자인 영화 2편을 연속으로 내놓았더니 남성 우월주의 웹사이트들이 아우성으로 떠나갈 듯했다.[65] 최장수 영국 드라마 중 하나인 〈닥터 후〉는 변신 능력이 있는 외계인 '닥터'가 주기적으로 몸을 바꾸는 SF 판타지 시리즈다. 이 외계인은 열두 번째 몸까지는 전부 남자였다가 2017년에 처음으로 여자로 변했다. 이에 대해 5대 닥터 피터 데이비슨Peter Davison은 닥터 역에 여자를 캐스팅하는 것이 과연 현명한 일인가에 "의구심"을 표했다.[66] 그는 닥터가 "남자"인 편이 더 좋다면서 "소년들의 롤 모델이 사라지는 것"을 슬퍼했다. 화난 남자들은 트위터로 몰려가 드라마를 보이콧하자며 "PC*충", "좌파"의 착한 척이라고 비난했다.[67]

6대 닥터 콜린 베이커Colin Baker는 전임자와 생각이 달랐다. 소년들에게는 "이미 50년 동안 롤 모델이 있었다." 그는 자문했다. 애초에 롤 모델이 꼭 자신과 같은 젠더여야 하나? "롤 모델은 그냥 사람이기만 하면 되는 것 아닌가?" 그렇진 않아요, 콜린. 왜냐하면 앞서 살펴봤듯이 '사람'은 남성으로 인식되기 때문이다. 어쨌든 여자들은 어느 정도까지는 남자를 롤 모델로 받아들일 수 있다는 증거가 있지만 남자들은 여자

---

* political correctness, '정치적 올바름' 등으로 번역된다. 혐오 표현 배제, 소수자 쿼터제 등을 추구한다.

를 롤 모델로 보지 않는다. 여자들은 남자가 작가거나 주인공인 책을 사지만 남자들은 여자가 작가거나 주인공인 책을 (적어도 여자들만큼은) 사지 않는다.[68] 2014년 모험 비디오게임 시리즈 〈어쌔신 크리드〉에 코옵 모드co-op mode*가 새로 추가됐지만 사용자 캐릭터 중에 여자 어쌔신은 없다는 발표가 나자 일부 남자 사용자들은 환호했다.[69] 여자 캐릭터로 플레이 하면 혼자만 동떨어진 느낌일 것이라고 그들은 주장했다.

언론인 세라 다이텀Sarah Ditum은 이런 헛소리를 잠자코 듣고 있는 대신 칼럼에서 이렇게 꾸짖었다. "이봐, 당신들은 파란 고슴도치**, 인공두뇌학적으로 강화된 우주 해병***, 빌어먹을 용 조련사로 플레이 하는 건 마다하지 않았잖아. (……) 그런데 내적 세계와 활달한 성격을 가진 주인공이 여자라는 건 상상을 초월하나 보지?"[70] 다이텀의 말은 이론적으로는 옳다. 자신이 파란 고슴도치라고 상상하는 것보다는 여자라고 상상하는 것이 더 쉬워야 마땅하다. 그러나 다른 한편으론 다이텀의 말은 틀렸다. 그 파란 고슴도치는 남자 사용자들과, 종의 차이까지도 뛰어넘는, 특별히 중요한 공통점을 갖고 있기 때문이다. 바로 소닉이 수컷이라는 사실이다. 소닉은 분홍색이 아니고, 머리에 리본을 달지도 않았으며, 바보같이 헤실거리지도 않는다. 평범하고, 젠더 표식이 없으며, 이례적인 개체가 아니다. 이 모든 증거가 소닉이 수컷임을 증명한다.

여자가 어딘가에 진입할 때 나타나는 이런 부정적 반응은 문화계

---

* 〈어쌔신 크리드: 유니티〉부터 복수의 사용자가 상호 협력 하여 플레이 하는 코옵 모드가 추가되었다. 최대 4인까지 가능하며 사용자의 캐릭터는 모두 어쌔신이다.
** 〈소닉 더 헤지혹〉 시리즈.
*** 〈둠〉 시리즈.

전반에서 목격된다. 2013년에 내가 파운드화 지폐 뒷면에 여자 위인을 넣자는 캠페인을 벌였을 때 일부 남자들은 너무 화가 나서 나에게 강간, 사지 절단, 살해 협박을 했다. 물론 그 캠페인을 싫어한 모든 남자들이 그렇게까지 하진 않았지만 이보다 점잖은 반응에서도 그들이 느끼는 부당함은 명백했다. 한 남자는 이렇게 말했다. "요즘은 여자들이 어디에나 나오잖아요!" 나는 여자를 1명이라도 포함시키기 위해 그렇게 열심히 캠페인을 해야 했지만 남자들은 그럴 필요가 없음에도 저런 말을 한다는 점에서 다음과 같은 사실을 알 수 있다. 이 남자들은 여자가 아주 조금만 나와도 부당하다고 생각한다. 적어도 그들이 볼 때는 운동장이 기울어 있지도 않고 남자만으로 이루어진 라인업은 단지 남성이 객관적으로 우월하다는 증거인 것이다.

여성계의 압력에 굴복하기 전까지는 잉글랜드은행 또한 철저히 능력주의에 근거해 선발했다고 주장했다. 그들 말에 따르면 위인들은 "객관적인 선정 기준"에 의해 선택되었다. "우리 역사의 주요 인물"이라는 "영광의 명단"에 들기 위해서는 다음 조건을 충족해야 한다. 이름이 널리 알려졌고, 잘 그린 초상화가 있어야 하며, 논란의 여지가 있어선 안 되고, "누구나 알 뿐만 아니라 역사에 길이 남는 공헌"을 한 사람. 이 주관적인 자격 요건을 읽고 나니 잉글랜드은행이 어쩌다가 백인 남자 5명을 꼽게 되었는지 알 수 있었다. 과거의 젠더 데이터 공백 때문에 여자들은 이 "객관적인" 조건 중 어느 하나를 충족하기도 어려웠던 것이다.

1839년 작곡가 클라라 슈만Clara Schumann은 일기에 이렇게 적었다. "한때는 내게 창의력이 있다고 생각했으나 이제는 그 생각을 버렸다. 여자는 작곡을 하고 싶어 해서는 안 된다. 그럴 수 있었던 사람은 이제

껏 아무도 없었다. 그런데 내가 뭐라고 할 수 있겠는가?" 안타깝지만 슈만의 생각은 틀렸다. 이전에도 작곡하는 여자들은 존재했고 17~18세기에 가장 성공하고 다작하고 영향력 있었던 작곡가 중에도 여자가 있었다.[71] 다만 "이름이 널리 알려"지진 못했다. 여자는 세상을 채 떠나기도 전부터 이미 잊히기 시작하기 때문이다. 또는 그의 작품을 남자 것이라고 해버림으로써 젠더 데이터 공백에 집어넣어버리기 때문이다.

펠릭스 멘델스존은 자신의 누나 파니 헨젤Fanny Hensel의 작품 6곡을 자기 이름으로 발표했다. 2010년에는 지금껏 멘델스존의 작품으로 알려졌던 또 다른 악보가 헨젤 것으로 밝혀지기도 했다.[72] 고전학자들은 오랫동안 로마의 시인 술피키아Sulpicia의 서명이 있는 시들을 그가 썼을 리 없다고 주장했다. 여자가 썼다고 하기엔 너무 훌륭하고 외설적이라는 이유에서였다.[73] 네덜란드 화가 길드 최초의 여성 회원 중 1명인 유딧 레이스터르Judith Leyster는 당대에 유명했지만 1660년 사망 후 역사에서 지워졌고 그의 작품들은 남편 것으로 탈바꿈했다. 2017년에는 19세기 캐나다 화가 캐럴라인 루이자 데일리Caroline Louisa Daly의 새로운 작품들이 발견되었다. 그 전까지 여러 남자들의 작품으로 알려져 있었는데 그중에는 심지어 화가조차 아닌 남자도 있었다.[74]

왕립학회상Hughes Medal을 수상한 영국 공학자이자 물리학자, 발명가인 허사 에어턴Hertha Ayrton은 20세기 초에 이렇게 말했다. 오류란 전반적으로 "없애기 힘들다. (……) 특히 여자의 업적이 남자의 업적으로 알려진 오류는 고양이보다도 없애기 힘들다."* 맞는 말이다. 아직도 교과서에는 성별을 결정하는 요소가 환경이 아니라 염색체임을 밝힌 사람이 토머스 헌트 모건Thomas Hunt Morgan이라고 나온다. 그러나 실제로

거저리 실험을 통해 이 사실을 밝힌 사람은 네티 스티븐스Nettie Stevens이며 모건이 스티븐스에게 실험 내용을 자세히 알려달라고 보낸 편지도 남아 있다.[75] 태양의 주성분이 수소임을 발견한 사람은 서실리아 페인거포슈킨Cecilia Payne-Gaposchkin이지만 지도교수인 헨리 노리스 러셀Henry Norris Russell로 표기되는 경우가 많다.[76] 이런 유의 부당한 사례 중 가장 유명한 것은 아마 로절린드 프랭클린Rosalind Franklin일 것이다. 그는 X선 실험과 단위격자 측정을 통해 DNA가 2개의 사슬과 인산 뼈대로 이루어졌음을 밝혀냈다. 그러나 그의 사망 후 DNA를 "발견"한 공로로 노벨상을 수상하여 유명해진 것은 제임스 왓슨James Watson, 프랜시스 크릭Francis Crick과 모리스 윌킨스Maurice Wilkins였다.

이런 사례들이 잉글랜드은행이 고의로 여자를 배제하려 했다는 증거가 되진 않는다. 단지 겉으로는 객관적으로 보이는 것이 실제로는 굉장히 남성 편향적일 수 있음을 의미할 뿐이다. 이 경우에는 예부터 여자의 업적을 남자의 것으로 돌리는 관행 때문에 여자가 잉글랜드은행의 요건에 부합하기 어려웠다. 그러나 애초부터 자격 유무는 주관적 의견이며 의견은 문화에 의해 결정된다. 그 문화가 남성 편향적이라면 여자들에게는 당연히 불리할 수밖에 없다. 그 상태가 디폴트인 것이다.

잉글랜드은행의 주관적인 선정 기준 역시 남성 디폴트가 젠더 데이터 공백의 원인이자 결과임을 보여준다. 잉글랜드은행의 위인 선정 절차는 과거의 젠더 데이터 공백의 원인을 등한시함으로써 전형적인 남자들의 성공 사례 위주로 설계되었다. 해당 인물이 논란의 여지가 있어

---

* "고양이는 목숨이 9개"라는 영어 속담을 빗댄 말이다.

서는 안 된다는, 일견 무해해 보이는 요건도 사실은 이러한 남성 편향의 일부다. 역사학자 로럴 새처 울릭Laurel Thatcher Ulrich의 유명한 말처럼 "온순한 여자는 역사에 남는 경우가 거의 없"기 때문이다. 그 결과 잉글랜드은행은 과거의 젠더 데이터 공백을 교정하는 데 실패했을 뿐 아니라 영속하는 데에도 기여했다.

객관성으로 가장한 이런 주관적인 자격 요건은 도처에서 발견된다. 2015년 영국 고등학생 제시 매케이브Jesse McCabe는 음악 교과서에 실린 63곡 가운데 여자 작곡가의 작품이 하나도 없음을 발견했다. 에덱셀Edexcel*에 문의하자 다음과 같은 답변이 돌아왔다. "서양 (혹은 다른 지역에서도) 고전음악계에서는 여자 작곡가의 활약이 두드러지지 않았기 때문에 정전正典에 포함될 만한 여자 작곡가가 거의 없었을 것이다." 여기서 그들이 사용한 표현이 중요하다. 에덱셀은 여자 작곡가가 아예 없다고 하지 않았다. 물론 『세계 여자 작곡가 백과사전International Encyclopaedia of Women Composers』에만 해도 5000명이 넘는 작곡가가 실려 있으니 당연한 얘기지만. 여기서 언급된 정전이란, 서양 문화를 형성하는 데 지대한 영향을 끼쳤다고 사회적으로 합의된 작품 목록을 말한다.

정전은 음악시장의 객관적 경제 논리에 의해 구성되는 것으로 간주되나 실제로는 불평등한 사회에서 이뤄지는 다른 모든 가치판단과 마찬가지로 주관적이다. 과거에 여자들은 작곡가로서 성공하는 것이 거의 불가능했기 때문에 정전 형성 시장에 아예 진입하지도 못했다. 어쩌다

---

* 한국에 수학능력시험이 있듯이 영국에는 A 레벨 시험이 있다. A 레벨 시험을 주관하는 기관은 총 5곳인데 그중 하나가 에덱셀이다. 주관 기관에 따라 사용하는 교과서도 다르다.

작곡하는 것을 허락받더라도 가정 내에서 소수의 관객에게만 선보일 수 있었다. 작곡가의 명성을 높이는 데 중요한 교향곡 작곡은 대개 금지되었고 "부적절한" 것으로 간주되었다.[77] 여자에게 음악은 "장신구"이지 직업이 아니었다.[78] 심지어 20세기에 들어서서도 영국작곡가길드Composers' Guild of Great Britain 최초의 여자 회장이었던 엘리자베스 머콩키Elizabeth Maconchy는 "여자가 쓴 시시한 노래는 절대 받아들일 수 없"었던 레슬리 부시Leslie Boosey 같은 출판업자들에 의해 야망을 저지당했다.

여자들이 작곡하는 것이 허락되었던 "시시한 노래"가 설사 정전에 포함되었더라도 여자들에게는 자신의 유산을 보전할 재원이나 지위가 없었다. 애나 비어Anna Beer는 자신의 저서 『음악과 아름다운 아리아: 클래식의 잊힌 여자들Sounds and Sweet Airs: The Forgotten Women of Classical Music』에서 "당대의 어떤 작곡가보다도 생전에 출판한 악보가 많았던" 17세기 이탈리아 작곡가 바르바라 스트로치Barbara Strozzi와 동시대 남자 작곡가 프란체스코 카발리Francesco Cavalli를 비교한다. 카발리는 당시 여자는 될 수 없었던 베네치아 산마르코대성당의 음악감독이었기 때문에 (생전에 출판하지 못한 많은 작품을 포함한) 모든 작품을 보전할 재력과 지위가 있었다. 그는 자신의 악보를 관리할 담당자를 고용했고 본인의 기일에 자신이 작곡한 미사곡을 부르라고 돈을 줬다. 스트로치가 이러한 재력의 차이를 뛰어넘어 카발리와 동등한 위상으로 기억될 가능성은 없었다. 그러므로 스트로치와 같은 여자들을 배제하는 정전의 중요성을 계속해서 주장하는 것은 과거의 부당한 남성 편향을 지속하는 행위다.

과거에 여자가 권력을 가질 수 없었다는 사실은 문화사에 여자가 등장하지 않는 이유를 설명하는 데 도움이 되기도 하지만 아이들에게 역사를 가르칠 때 남자들에 대해서만 가르치는 핑계가 되기도 한다. 2013년 영국에서는 '역사'의 의미가 무엇이냐에 대한 논쟁이 일었다. 이 논쟁이 시작된 이유는 당시 교육부 장관 마이클 고브Michael Gove가 내놓은 "기초에 충실한" 영국사 교육과정 개혁안 때문이었다.[79] 고브와 그 추종자들은 아이들이 "사실"을 배워야 한다고,[80] "기초 지식"을 배워야 한다고 주장했다.

이 "기초 지식" 또는 모든 아이들이 알아야 할 "사실"을 구성하는 "기초"에는 다양한 공백이 존재하지만 그중에서도 거의 모든 여자를 배제했다는 점이 눈에 띈다. 7~11세 교육과정에는 여왕 2명 외엔 여자가 하나도 나오지 않는다. 11~14세 교육과정에는 여자가 겨우 5명 나오는데 그중 4명(플로렌스 나이팅게일, 메리 시콜Mary Seacole, 조지 엘리엇 George Eliot, 애니 베선트Annie Besant)은 "변화하는 여성의 역할"이라는 제목으로 묶여 있어 나머지 교육과정이 전부 남자들에 관한 것임을 암시한다.

2009년 영국의 저명한 역사학자 데이비드 스타키David Starkey는 여자 역사학자들이 헨리 8세보다 아내들에게 너무 집중한다고 비난하며 헨리 8세가 "중심"에 있어야 한다고 분개했다.[81] 종교개혁 같은 공식적 통치의 결과에 비하면 "막장 드라마" 같은 사생활은 부차적인 것이라고 일축하면서 이렇게 주장했다. "마지막 5분을 제외한 유럽사를 한마디로 정리하면 백인 남자들의 역사다. 그들이 권력자였으니까. 그 외의 학설은 모두 조작이다."

스타키의 관점은 사적영역에서 일어나는 일은 중요하지 않다는 가정을 바탕으로 한다. 하지만 정말로 그럴까? 1320년대에 출생한 아그네스 헌팅턴Agnes Huntington의 사생활은 두 번의 결혼과 관련된 소송서류를 통해 단편적으로 엿볼 수 있다.[82] 그는 가정폭력의 피해자였고 가족이 첫 번째 남편을 마음에 들어 하지 않아서 법적 다툼이 있었다. 1345년 7월 25일 저녁, 두 번째 남편의 습격을 받은 아그네스는 달아났다. 그런데 그날 밤 남편은 칼을 들고 아그네스의 오빠 집에까지 나타났다. 14세기 여자가 당한 가정폭력과 빼앗긴 선택의 자유는 사적인 일에 불과한가 아니면 여성 종속의 역사의 일부인가?

세상을 자의적으로 사적영역과 공적영역으로 나누는 것은 어떤 경우에도 잘못된 구분이다. 그 둘은 예외 없이 뒤섞이기 때문이다. 마이클 고브의 교육개혁에 반대운동을 벌이고 있던 역사 교사 캐서린 에드워즈Katherine Edwards는 미국 남북전쟁에서의 여성의 역할에 관한 최근 논문을 언급했다. "여자들과 스스로의 역할에 대한 그들의 인식은 아메리카남부연합의 전시 동원에 막대한 지장을 초래했다."

자신이 무력하다는 신화를 철썩같이 믿고 자란 상류층 여자들은 일을 하는 것이 본질적으로 여성스럽지 않다는 생각을 극복하지 못했다. 그들은 징집된 남자들의 빈자리를 채우지 못하고 남편에게 편지를 보내서, 탈영하고 집으로 돌아와 자신을 보호해달라고 애원했다. 가난한 여자들은 아예 문제를 사전에 차단했다. 그들은 아메리카남부연합의 정책에 조직적으로 저항했다. "기본적으로 늘 배를 곯고 있어서 가족을 먹여 살려야 했기 때문이다." 남북전쟁의 결과를 분석할 때 여자를 제외하는 것은 젠더 데이터 공백을 만들 뿐 아니라 미국이란 나라의 형성 과정에 대한 이해에도 데이터 공백을 만든다. 이것은 분명 알 가치가 있는 '사실'로 보인다.

인류의 역사. 미술, 문학, 음악의 역사. 진화의 역사. 이 모든 것은 지금껏 우리에게 객관적 사실로서 제시되어왔으나 실제로는 거짓말에 불과했다. 인류의 반이 무시되었고 특히 우리가 반쪽 진실을 전달하기 위해 사용하는 언어에 의해 왜곡되었기 때문이다. 인류의 반에 대한 설명이 누락되면서 데이터에는 공백이 생겼다. 우리가 스스로에 대해 안다고 생각하는 지식은 오염됐고 남성 보편의 신화를 부채질하는 결과를 낳았다. 그것이 진실이다.

남성 보편의 신화를 고집하는 것은 오늘날 우리가 스스로를 보는 방식에 지속적으로 영향을 미친다. 지난 몇 년간 우리가 얻은 교훈은 우리가 스스로를 보는 방식이 사소한 문제가 아니라는 것이다. 정체성은 무시하거나 오해하면 우리의 목숨을 위협하는 강력한 힘이 된다. 최근의 대표적인 3가지 예인 트럼프, 브렉시트, 이라크시리아이슬람국가(이하 ISIS로 표기)는 세계질서를 뒤집어놓은 국제적 현상인데 그 핵심은 모두 정체성과 관련된 문제들이다. 그런데 정체성에 대한 오해와 무시는 정확하게 성 중립적 보편성의 탈을 쓴 혼란스러운 남성성에 의해 초래된다.

내가 잠깐 만났던 한 남자는 내가 이데올로기에 눈멀었다는 말로 나와의 말싸움에서 이기려 들었다. 내가 페미니스트라서 모든 것을 페미니스트의 시각에서 보기 때문에 세상을 객관적으로 또는 합리적으로 보지 못한다는 것이었다. 내가 그것은 당신도 마찬가지라고 지적하자 ─ 그는 자칭 자유의지론자였다 ─ 그는 아니라고, 페미니스트가 세상을 합리적으로 보지 못한다는 것은 객관적 사실이자 상식이라고 했다. 바로 드 보부아르가 말한 "절대적 진실"이었다. 그가 생각하기에 자신이 세상을 보는 방식은 보편적인 반면 페미니즘(세상을 여자의 관점에서 보는 것)은 특수하고 이데올로기적인 것이었다.

내가 다시 그 남자를 떠올린 것은 2016년 미국 대선이 끝난 뒤에 대개 백인 남자들이 트위터와 연설, 논평에서 "정체성 정치"의 해악을 부르짖는 것을 보고도 아무런 공감을 느끼지 못했을 때였다. 도널드 트럼프가 당선된 지 10일째 되던 날《뉴욕 타임스》는 컬럼비아대학교 인문학부 교수 마크 릴라Mark Lilla가 쓴 칼럼을 게재했다. 그는 힐러리 클린턴이 "아프리카계 미국인, 히스패닉, 성소수자, 여성 유권자를 특정해서 호명한 것"을 비판했다.[83] "백인 노동자계급"을 빠뜨렸다는 것이었다. 릴라는 클린턴의 "다양성 수사修辭"가 "넓은 시야"와 배치된다며 대학생들에게서나 보이는 "좁은" 시야라고 말했다. 오늘날 대학생들은 지나치게 다양성에 초점을 맞춘 나머지 "계급, 전쟁, 경제, 공공선 같은 영원한 문제에 대해서는 깜짝 놀랄 만큼 아무 생각이 없다"라고 그는 주장했다.

이 칼럼이 나가고 이틀 후, 전 민주당 예비경선 주자 버니 샌더스Bernie Sanders는 책 홍보차 보스턴에 들렀다가[84] 힐러리 클린턴을 겨냥해 이렇게 말했다. "'나는 여자니까 뽑아주세요!'라고 말하는 것만으론 부족하다."[85] 오스트레일리아 최대 일간지《디 오스트레일리언》의 편집장 폴 켈리Paul Kelley는 트럼프의 승리를 "정체성 정치에 대한 반란"으로 칭한 반면[86] 영국 노동당 하원의원 리처드 버건Richard Burgon은 트럼프의 취임이 "중도 및 좌파 정당들이 경제체제의 변화를 포기하고 정체성 정치에 의존할 때 벌어질 수 있는 일"이라고 트위터에 올렸다.[87]

《더 가디언》의 칼럼니스트 사이먼 젱킨스Simon Jenkins는 소수자들을

"과보호"하다가 진보주의를 망쳐버린 "정체성 사도들"을 향한 비판과 함께 끔찍한 해였던 2016년을 끝맺었다. "나는 어느 무리에도 속하지 않는다"라고 그는 말했다. 그는 "현 사회를 지배하는 히스테리에 동참"할 수 없었으며 "1832년의 영광스러운 개혁*을 재현"하길 원했다.[88] 그 개혁의 결과로 영국의 선거권이 남성 유산자有産者 수십만 명에게 확대되었으니 그에겐 참으로 호시절인가 보다.

이 백인 남자들의 공통점은 다음과 같은 의견을 갖고 있다는 것이다. 정체성 정치는 인종이나 성별에 관한 것일 때만 정체성 정치다. 인종과 성별은 '경제' 같은 '광범위한' 문제와는 관련이 없다. 여성 유권자나 비백인 유권자의 관심사를 특정해서 말하는 것은 '편협'하다. 노동자계급이란 백인 남자 노동자들을 말한다. 그런데 미국 노동통계국에 따르면 2016년 선거운동 기간 동안 (암묵적으로 남성) 노동자계급이 종사하는 직종의 대명사가 된 석탄 채굴 산업이 제공하는 일자리는 총 5만 3420개, 중위소득은 연간 5만 9380달러(한화 약 6947만 원)다.[89] 이것과 여성 노동자가 대부분인 사무실 청소 및 가사 도우미를 비교해보자. 일자리는 92만 4640개이고 중위소득은 2만 1820달러(한화 약 2553만 원)다.[90] 자, 둘 중에 누가 진짜 노동자계급인가?

이 백인 남자들의 또 다른 공통점은 그들이 백인 남자라는 사실이다. 내가 이 부분을 강조하는 이유는 백인이나 남자가 아닌 사람들에게만 정체성이 존재한다는 어불성설을 진지하게 발언하는 태도가 정확

---

* 영국의 1차 선거법 개정. 이전까지는 부유한 농민에게만 선거권이 있었으나 산업혁명으로 도시인구가 증가하자 선거법 개정을 통해 도시 중산층에게까지 선거권을 확대했다.

하게 그들이 백인이고 남자라는 데에서 연유하기 때문이다. 백인 남자로 태어나 살면서, 아무 말 없으면 당연히 백인이고 남자라는 사실에 너무 익숙해지면 '백인'과 '남자'도 정체성이라는 사실을 잊어버리는 것이다.

프랑스 사회학자 피에르 부르디외Pierre Bourdieu는 1972년 저서에 이렇게 적었다. "기본적인 것은 말할 필요가 없다. 말하지 않아도 알기 때문이다. 전통을 말하는 사람은 없다. 특히 이것이 전통이라고 말하는 사람은 더더욱 없다."[91] 백인이라는 점과 남자라는 점은 말해지지 않는다. 굳이 말할 필요가 없기 때문이다. 백인이라는 점과 남자라는 점은 내포되어 있다. 아무도 의문을 갖지 않는다. 그것이 디폴트이기 때문이다. 이것이 말할 필요가 없는 정체성을 가지지 않은 사람, 자신의 관점과 필요로 하는 바가 늘 무시당하는 사람, 자신을 중심으로 설계되지 않은 세상과 부딪치는 데 익숙한 사람이 벗어날 수 없는 현실이다.

백인이라는 점과 남자라는 점을 말할 필요가 없다는 이야기는 아까 그 남자―아니, 그런 남자들―를 생각나게 한다. 그것이 본질적으로 백인의, 남성의 관점이 객관적이고 합리적인 (법학자 캐서린 매키넌Catharine Mackinnon의 표현을 빌리면) "범관점point-of-viewlessness"이라는 잘못된 믿음과 연결되기 때문이다. 그 관점이 백인의, 남성의 것이라고 명시되지 않기 때문이다(그럴 필요가 없기 때문에). 그것이 표준이며 주관적이지 않다고 간주되기 때문이다. 그것은 객관적이라고 간주된다. 심지어 보편적이라고 간주되기까지 한다.

이러한 추정은 타당하지 않다. '백인'과 '남성'은 '흑인'이나 '여성'과 마찬가지로 하나의 정체성이다. 백인 미국인의 성향과 그들이 선호하는 후보의 상관관계를 분석한 연구에 따르면 트럼프의 성공은 "백인 정체성 정치"의 부상을 반영한다. 연구자들은 그것을 "투표제도를 통해 백인 유권자들의 집단 이익을 보호하려는 시도"로 정의했다.[92] 그리고 백인 정체성이 "트럼프 선호로 이어질 가능성이 대단히 높다"라고 결론지었다. 남성 정체성 역시 마찬가지였다. 젠더가 트럼프 지지에 미치는 영향을 분석해보니 "여성에게 적대적인 유권자일수록 트럼프를 지지할 확률이 높았다."[93] 실제로 적대적 성차별주의는 지지 정당만큼이나 트럼프 선호 여부와 일치할 가능성이 높았다. 우리가 이 결과를 보고 놀라는 이유는 남성 보편의 신화에 너무 익숙해져 있기 때문이다.

남성이 보편이라는 추정은 젠더 데이터 공백의 직접적인 결과다. 백인이라는 점과 남자라는 점을 말할 필요가 없는 이유는 다른 정체성이 아예 언급되지 않기 때문이다. 그러나 남성 보편은 젠더 데이터 공백의 원인이기도 하다. 여자들이 보이지 않고 기억되지 않기 때문에, 남성 데이터가 우리 지식의 대부분을 차지하기 때문에, 남성이 보편으로 보이게 된 것이다. 그 결과 세계 인구의 절반을 차지하는 여성이 소수자의 위치로 끌어내려진다. 특수한 정체성, 주관적 관점의 취급을 받게 된다. 이러한 설계를 통해 여자들은 문화에서, 역사에서, 데이터에서 잊어도 되는 존재, 무시해도 되는 존재, 없어도 되는 존재로 만들어진다. 그래서 여자는 투명 인간이 된다.

『보이지 않는 여자들』은 우리가 인류의 반에 대해 기록하지 않을 때 어떤 일이 일어나는가에 관한 이야기다. 젠더 데이터 공백이 그런대로 평범하게 사는 여자를 (도시계획에서, 정치에서, 직장에서) 어떻게 해치는지에 관한 폭로다. 또한 뭔가가 잘못됐을 때 — 여자가 아플 때, 홍수에 집이 떠내려갔을 때, 전쟁 때문에 피란을 가야 할 때 ─ 남성 데이터를 바탕으로 세워진 세상에 사는 여자들에게 무슨 일이 일어나는지에 관한 이야기다.

그러나 이 이야기에는 희망도 있다. 여자들이 어둠 속에서 나와 자신의 몸과 목소리를 당당히 드러낼 수 있을 때 세상이 바뀌기 시작하기 때문이다. 공백이 메꿔진다. 그래서 『보이지 않는 여자들』은 내심 변화에 대한 요구이기도 하다. 우리는 너무 오랫동안 여자를 표준 인류에서 벗어난 존재로 여겨왔다. 그것이 여자들이 투명 인간이 된 이유다. 지금은 관점을 바꿔야 할 때다. 여자들이 보여야 할 때다.

1부

일상

INVISIBLE WOMEN

눈 치우기도 성차별적일 수 있는가

모든 것은 농담 한마디에서 시작되었다. 2011년 스웨덴 칼스코가 시의 공무원들은 성평등 지침에 따라 모든 정책을 성인지적 관점에서 재평가해야 했다. 이 엄정한 잣대에 의해 정책 하나하나가 평가받는 동안 한 불운한 공무원이 웃으면서, 적어도 제설 작업은 "젠더 감시단"이 건들지 않을 문제 아니냐고 말했다. 안됐지만 그의 말을 듣고 젠더 감시단은 다음과 같은 의문을 갖게 됐다. 제설은 성차별적인가?

당시 칼스코가의 제설 작업은 다른 지역과 마찬가지로 주도로에서 시작해 인도와 자전거도로에서 끝났다. 그러나 이것은 남자와 여자에게 각각 다른 영향을 미치고 있었다. 남자와 여자의 이동 성향이 다르기 때문이다.

장기간에 걸친 성별 구분 데이터는 어느 국가에서도 구하지 못했지만 우리가 입수한 데이터에 따르면 여자들은 국적에 상관없이 남자들보다 걷거나 대중교통을 이용하는 경향이 높다.[1] 프랑스에서는 대중교통 이용자의 3분의 2가 여자다. 미국 필라델피아와 시카고의 경우 그 수치는 각각 64%[2]와 62%[3]다. 한편 남자들은 국적에 상관없이 직접 운전하는 경향이 높고[4] 자가용을 소유한 가구에서는 남자가 거의 독점적으로 자동차를 사용한다.[5] 페미니스트의 이상향이라 불리는 스웨덴에서도 마찬가지다.[6]

이동 방식만 다른 것이 아니다. 남자와 여자가 이동하는 이유 또한 다르다. 남자들은 아주 단순한 이동 패턴을 보인다. 하루에 두 번, 시내로 들어왔다가 시외로 나간다. 하지만 여자들의 이동 패턴은 좀 더 복잡하다. 여자가 세계 무급 돌봄노동의 75%를 담당한다는 사실이 이동 패턴에 영향을 미친다. 예를 들면 여성의 전형적인 이동 패턴에는 출근길에 자녀를 학교에 데려다주기, 노인 가족을 병원에 데려다주기, 퇴근길에 장보기가 포함된다. 이것을 연쇄 이동trip-chaining이라고 한다. 여러 번의 짧은 이동이 꼬리에 꼬리를 무는 패턴으로, 전 세계 여자들에게서 관찰된다.

런던에서는 여자가 자녀를 학교에 데려다줄 확률이 남자의 3배이며[7] 연쇄 이동을 할 확률은 25% 높다.[8] 이 수치는 아이가 9세가 넘을 경우 39%까지 올라간다. 남녀 간 연쇄 이동의 차이는 유럽 전역에서 발견된다. 맞벌이가정의 여자는 출퇴근길에 자녀를 학교에 데려다주거나 데려올 확률이 남자의 2배다. 이러한 경향은 아이가 어린 가정에서 가장 확연하다. 직장여성에게 5세 미만의 자녀가 있다면 연쇄 이동을 할 확률은 54% 증가한다. 반면에 같은 상황의 직장남성이 연쇄 이동을 할 확률은 19%밖에 증가하지 않는다.[9]

이 모든 차이가 칼스코가에 가르쳐준 교훈은 겉으로는 성 중립적인 것처럼 보이는 제설 순서가 사실은 전혀 성 중립적이지 않다는 것이었다. 그래서 시의원들은 보행자와 대중교통 이용자를 우선시하도록 제설 순서를 바꿨다. 어차피 비용의 차이는 없을 테고 8cm 두께의 눈 속에서 유모차(또는 휠체어나 자전거)를 미는 것보다는 8cm의 눈 속에서 운전을 하는 편이 더 쉽다고 그들은 판단했다.

이때 그들이 미처 알지 못했던 점은 이 결정이 실제로 비용 절감 효과를 가져오리라는 사실이었다. 스웨덴 북부에서는 1985년부터 외상 환자 데이터를 수집하고 있는데 이 데이터베이스의 대부분을 보행자가 차지한다. 보행자는 미끄럽거나 얼어붙은 도로에서 다칠 확률이 운전자의 3배나 되고[10] 교통 관련 부상자 전체가 병원에서 소비하는 시간의 50%를 차지한다.[11] 그리고 이 보행자의 대부분은 여자다. 스웨덴 우메오 시의 보행자 사고를 분석했더니 79%가 겨울에 발생했고 1인 사고(다른 사람이 다치지 않은 사고)로 다친 사람의 69%가 여자였다. 부상자의 3분의 2는 얼어붙거나 눈 쌓인 표면에서 미끄러져 넘어졌고 단순 경상 이상의 환자가 48%였는데 골절상과 탈골이 가장 많았다. 부상 정도에서도 여자가 남자보다 심각했다.

스웨덴 스코네 군을 대상으로 한 5년 연구에서도 동일한 경향이 나타났다. 그리고 이러한 부상으로 인해 의료비가 발생하고 생산성이 떨어진다는 사실이 발견됐다.[12] 한 해 겨울 동안 보행자 낙상으로 발생하는 비용만 해도 3600만 크로나(한화 약 43억 원)에 달했다. (이것은 적게 어림잡은 수치다. 많은 보행자들이 전국 교통사고 집계에 통계를 제공하지 않는 병원을 방문하거나, 개인병원을 찾아가거나, 그냥 집에서 쉬기 때문이다. 따라서 실제 의료비와 생산성 손실액은 이보다 더 클 것이다.)

이렇게 최소한으로 잡은 추산치에서도 겨울 보행자 사고 비용은 겨울 도로관리 비용의 약 2배에 달했다. 스톡홀름 근교의 솔나 시에서는 3배였고 몇몇 연구에서는 그보다 더 높았다.[13] 정확한 차이가 얼마이건 간에 제설 순서에서 보행자를 우선시함으로써 부상을 방지하는 편이 훨씬 경제적인 것만은 확실하다.

끝마무리는 대안 우파 블로그계에서 가져오도록 하겠다.[14] 그들은 2016년 스톡홀름이 성평등한 제설 순서로 전환하는 데 차질을 빚자 환호했다. 그해에 이례적인 폭설이 내려 차도와 인도가 모두 눈으로 뒤덮이는 바람에 통근자들이 출근하지 못했던 것이다. 그러나 이 우파 논평자들이 조급하게 페미니즘 정책의 실패를 축하하느라 놓친 것은 이 체계가 칼스코가에서는 이미 3년째 성공적으로 운영되고 있다는 사실이었다.

게다가 그들의 보도는 정확하지도 않았다. 뉴스 사이트 히트 스트리트Heat Street는[15] "병원에 가야 할 만큼 심각한 부상이 급증"했기 때문에 이 정책이 부분적으로 실패했다고 주장했다. 그러나 "급증"한 것은 보행자 부상[16]이었으므로 보행자를 우선시한 게 문제가 아니라 전반적인 제설 작업이 효과적으로 수행되지 못했던 것이다. 운전자들이 불편을 겪었는지도 모르지만 다른 사람들 역시 마찬가지였다.

이듬해 겨울은 훨씬 성공적이었다. 스톡홀름 교통위원회 소속 시의원 다니엘 헬덴Daniel Helldén에 따르면 "여름 도로만큼 깨끗하게 청소해 주는" 특수 기계로 총 길이 200km의 자전거 및 보행자 도로를 제설하자 사고 발생률이 절반으로 줄었다고 한다. "그러니까 효과가 정말 좋은 거다."

칼스코가의 기존 제설 순서가 일부러 여자를 희생해서 남자에게 혜택을 주려고 고안된 것은 아니다. 이 책에 나오는 다른 많은 예처럼 젠더 데이터 공백의 결과였을 뿐이다. 이 경우에는 관점에 공백이 있었다. 이 순서를 최초로 고안한 남자들은 — 당연히 남자들이었다 — 자신의 이동 패턴에 따라 필요에 맞게 순서를 정했다. 일부러 여자를 배제한 것은 아니었다. 단지 여자들에 대해 생각하지 않았을 뿐이다. 여자들에게 필요한 것은 다를 수도 있다는 사실을 반영하지 않았다. 즉 이 데이터 공백은 계획 단계에 여자를 포함하지 않은 결과였다.

마드리드공과대학교 도시계획학과 교수 이네스 산체스데마다리아가Inés Sánchez de Madariaga는 이것이 교통계획 전반의 문제라고 말한다. 교통이라는 업종이 "대단히 남성 지배적"이기 때문이라는 것이다. 에스파냐의 "교통부는, 정치직에서도 기술직에서도, 여성 직원의 수가 모든 부처 가운데 가장 적다. 그래서 개인적 경험에 의한 편향이 존재한다."

엔지니어들은 대개 "노동 관련 이동성"에 초점을 맞춘다. 근무 시간이 고정되어 있기 때문에 러시아워가 생겨나고 계획자들은 인프라가 감당할 수 있는 최대 교통량을 알아야 한다. "그러니까 러시아워에 대비해 계획을 하는 데는 실질적인 이유가 있는 것이다"라고 산체스데마다리아가는 인정한다. 그러나 러시아워 대비 계획 때문에 (러시아워와는 무관한, 즉 "최대 교통 수용량에 영향을 미치지 않는") 여성 이동 패턴이 무시되는 것은 아니다.

기존 연구들은 명백히 전형적인 남성 이동 패턴에 편향되어 있다. UN경제사회이사회 여성지위위원회는 교통계획이 "남성 편향"되어 있으며 "체계 구성"에 젠더라는 요소가 빠져 있음을 발견했다.[17] 유럽

1장 눈 치우기도 성차별적일 수 있는가

인들의 도시교통 만족도에 대한 2014년 유럽연합(이하 EU로 표기) 보고서는 유럽의 대중교통체계가 여자들에게 적절한 서비스를 제공하지 못한다고 비난하면서도 동시에 남성 이동 패턴을 "표준"으로 지칭한다.[18] 더욱 분노를 유발하는 것은 "필수적 이동성" 같은 교통계획 용어가 (산체스데마다리아가의 설명에 따르면) "노동 및 교육 목적으로 발생하는 모든 이동"이라는 의미로 흔히 사용되는 포괄적 개념이라는 사실이다.[19] 마치 돌봄을 위한 이동은 필수적인 게 아니라 한가한 사람들이 소모하는 "나만의 자유 시간"인 것처럼.

이러한 편향은 정부지출 우선순위에서도 명백하다. 《뉴 스테이츠먼》 정치부 기자 스티븐 부시Stephen Bush는 2017년 7월 기사에서, 영국 보수당 정부가 계속 긴축재정에 대한 장광설을 늘어놓고 있음에도 전현직 재무부 장관들*은 도로 건설에 돈을 물 쓰듯 했다고 지적했다.[20] 국민들의 생활수준은 점점 저하하고 도로 인프라는 이미 충분히 갖춰진 상황에서 보다 현명한 투자를 할 수 있는 분야가 엄청나게 많은데도 어째선지 두 번 다, 두 남자에게는 도로가 당연한 선택으로 보인 모양이다. 한편 2014년까지 (가장 여성 친화적 교통수단인) 버스 예산을 삭감한 지자체 수는 전체의 70%에 달해 2013년 한 해에만 1900만 파운드(한화 약 292억 6000만 원)가 삭감되었고 버스 요금은 매년 인상되었다.[21]

영국 정치인들만 이런 것은 아니다. 2007년 세계은행 보고서에 따르면 세계은행이 지원하는 교통 예산의 73%는 도로 건설, 그중에서도 일반국도 및 고속국도 건설에 대부분 사용된다.[22] 설사 도로 건설이 반

---

* 조지 오즈번(George Osborne)과 필립 해먼드(Philip Hammond).

드시 필요한 경우라도 도로의 목적지를 어디로 정하는가는 성 중립적
으로 결정할 수 있는 문제가 아니다. 성별 구분 데이터를 바탕으로 도
로 개발 프로젝트를 계획하는 것이 왜 중요한지 예를 들어보겠다. 아프
리카 레소토의 한 마을에 도로를 건설하는데 의견 충돌이 발생했다. 여
자들은 "기본적인 편의시설을 갖춘 가장 가까운 마을 쪽으로" 길이 나
길 원했지만 남자들은 "말을 타고 갈 수 있는 더 큰 마을과 시장이 있는
쪽", 즉 여자들과 반대 방향을 원했기 때문이다.[23]

　이동 데이터의 젠더 공백은 여러 교통조사에서 도보 및 그 밖의 "무
동력" 단거리 이동이 고의적으로 누락되기 때문에 생겨난다.[24] 이러한
이동은 "인프라 정책 결정과 무관한 것으로 간주"된다고 산체스데마다
리아가는 말한다. 여자들은 대개 (돌봄 의무 때문에, 가난 때문에) 남자들
보다 더 많이, 더 오래 걷는다. 따라서 정책 결정 과정에서 무동력 이동
이 배제되면 여자들이 더 큰 영향을 받는다. 단거리 도보 이동을 무시하
면 연쇄 이동 데이터에도 공백이 늘어난다. 대부분의 연쇄 이동에는 도
보 이동이 적어도 한 번은 포함되기 때문이다. 한마디로 단거리 도보 이
동이 인프라 정책과 무관하다는 말은 여자가 인프라 정책과 무관하다
는 말과 다름없다.

　하지만 실상은 그렇지 않다. 남자들은 맨몸으로 이동하는 경향이 높
은 반면 여자들은 장 본 것, 유모차, 자신이 돌보는 자녀 또는 노인과 관
련된 짐을 들고 이동한다.[25] 2015년 조사에 따르면 런던 여자들은 "도
보 이동을 한 후에 도로나 인도에 만족할 확률이 남자들보다 현저히 낮
았다." 여자들이 남자들보다 걷거나 유모차를 미는 경우가 많아서, 좋
지 않은 보행로의 영향을 더 많이 받기 때문일 것이다.[26] 보도가 울퉁불

1장 눈 치우기도 성차별적일 수 있는가

퉁하거나 좁거나 깨져 있고, 도로 설치물을 잘못 배치해서 동선이 복잡하고, 중간중간에 있는 계단이 좁고 가파르면 유모차를 밀고 도시를 돌아다니는 것이 "극도로 힘들다." 이동 시간이 최대 4배까지도 걸릴 수 있다고 산체스데마다리아가는 말한다. "그러니 어린 자녀를 둔 젊은 엄마들은 어떡하겠는가?"

　　보행자보다 자동차를 우선시하는 것은 불가피한 일이 아니다. 오스트리아 빈의 이동 방식 가운데 도보 이동이 60%를 차지하는 가장 큰 이유는 이 도시가 젠더 계획을 진지하게 다루기 때문이다. 빈의 젠더 계획부장 에바 카일Eva Kail은 1990년대부터 도보 이동 데이터를 수집하여 다음과 같은 개선안을 시행했다. 횡단보도 개선 및 신호등 설치(거기에 추가로 횡단보도 40개 증설), 유모차와 자전거를 위한 경사로가 있는 계단 설치, 총 길이 1km의 인도 폭 넓히기, 보행자용 가로등 증설.[27]

　　에스파냐 바르셀로나 시장 아다 쿨라우Ada Colau 역시 도시를 보행자들에게 되돌려주기 위해 수페리예스superilles, 즉 '슈퍼블록'이라는 구역을 지정했다. 이것은 도시 한가운데에 지정된 정사각형 모양의 구역으로, 거주자 차량만 아주 느린 속도로 진입할 수 있으며 자동차와 보행자가 동등한 통행권을 가진다. 여성 이동 패턴에 적합한, 간단한 제도 개선의 또 다른 예는 런던에서 나왔다. 바로 2016년에 도입된 버스 무료 환승hopper fare 제도다.[28] 예전에는 승객이 버스에 탈 때마다 요금을 결제해야 했지만 지금은 1시간 안에 최초 1회 환승까지는 추가 요금을 지불하지 않아도 된다. 이 변화는 특히 여자들에게 유익하다. 구제도하에서는 여자들이 남자들보다 훨씬 많은 요금을 지불했기 때문이다. 여자는 남자보다 연쇄 이동을 할 확률이 높을 뿐 아니라 (버스가 지하철보다 저렴하고 아동 친화적이라서) 런던 버스 승객의 57%를 차지하므로 환승할 확률 또한 높다.

여성 환승률이 높은 또 다른 이유는 전 세계 대부분의 도시처럼 런던의 대중교통체계 역시 방사형으로 설계되어 있기 때문이다.[29] 다시 말해 도시의 가운데에 '중심가'라는 구역이 있고 대부분의 노선이 그곳을 향한다는 뜻이다. 그리고 소수의 원형 노선이 중심가에 집중되어 있다. 전체적인 형태가 거미줄과 비슷한데 이러한 체계는 시내로 들어왔다가 시외로 나가기만 하는 통근자들에게 대단히 유용하다. 그러나 그 외의 모든 이동 패턴에는 유용하지 않다. 그리고 이러한 유용함 대 무용함의 이분법은 남자 대 여자라는 이분법과 분명하게 맞아떨어진다.

그런데 런던의 무료 환승 같은 방법은 분명 개선안임에도 모든 나라에서 표준으로 받아들여지고 있지는 않다. 미국만 해도 몇몇 도시는 환승 과금을 폐지했지만—로스앤젤레스는 2014년에 폐지했다—어떤 도시들은 여전히 시행 중이다.[30] 예를 들어 시카고는 여전히 대중교통 환승에 요금을 부과한다.[31] 시카고의 교통체계가 전형적인 여성 이동 패턴에 얼마나 불리하게 만들어졌는지를 밝힌 2016년 논문을 고려할 때 이 과금제는 특히 지독해 보인다.[32] 이 연구에 따르면 우버풀(우버 합승)과 시카고의 대중교통을 비교했더니 중심가로 갈 때는 시간 차가 평균 6분으로 차이가 거의 없었다. 그러나 바로 옆 동네를 갈 때, 즉 여자가 볼일이나 돌봄 의무 때문에 자주 하는 이동의 경우 우버풀은 28분이 걸렸는데 대중교통은 47분이 걸렸다.

여성의 시간 빈곤을 고려하면 — 유급 노동과 무급 노동을 합치면

1장 눈 치우기도 성차별적일 수 있는가

여자의 노동 시간이 남자보다 길다— 우버풀은 매력적으로 보일 수 있다.[33] 그러나 비용이 3배나 들 뿐 아니라 여자는 남자에 비해 현금이 부족하다. 전 세계적으로 여자는 남자보다 가계 재원에 대한 접근성이 낮은 반면 남녀 임금격차의 세계 평균은 현재 37.8%다(이는 국가별 차이가 크다. 영국은 18.1%, 오스트레일리아는 23%, 앙골라는 59.6%다).[34]

재원 문제를 일단 차치하더라도 태도와 우선순위라는 문제가 있다. 다국적 컨설턴트회사 맥킨지는 세계 여성의 무급 돌봄노동이 국내총생산(이하 GDP로 표기)에서 차지하는 비중을 연간 미화 10조 달러(한화 약 1경 1700조 원)로 추산하지만[35] 여전히 유급 노동을 위한 이동의 가치가 무급 돌봄노동보다 높게 책정된다.[36] 런던이나 마드리드 같은 도시에서 여성의 돌봄 의무에 적합한 교통을 제공하자는 주장이 있느냐고 묻자 산체스데마다리아가가 즉시 대답한다. "물론이다. 여성의 노동은 GDP에서 대단히 중요한 부분을 차지한다. 여성 취업률이 1% 증가할 때마다 GDP는 훨씬 더 많이 상승한다. 하지만 여자들이 취업하기 위해서는 시 당국의 지원이 필요하다." 이를 위한 확실한 해결책 중 하나는 여자들이 무급 노동을 하면서도 직장에 제시간에 도착할 수 있게 해주는 교통체계를 설계하는 것이다.

지하철이나 기차와 같은 고정 인프라의 경우에는 쉽거나 값싼 해결책이 없다고 산체스데마다리아가는 설명한다. "접근성을 높일 수는 있다." 하지만 그게 전부다. 반면 버스는 유동적이므로 노선과 정류장을 "필요에 따라 이동하거나 조정"할 수 있고 또 그렇게 해야 한다. 이를 위해 아다 쿨라우는 이미 바르셀로나에 새로운 직교형(거미줄 형태 대신, 연쇄 이동에 더 유용한 장방형) 버스 노선을 도입했다. 또 산체스데마다리아가는 "승용차와 버스 사이의 무언가, 중간 단계의 대중교통"을 개발해야 한다고 주장한다. 예를 들어 멕시코에는 테르세로스terceros라는 정말 작은, 미니 미니 미니버스가 있다. 그리고 택시 합승이 가능하다. 이런 교통수단들은 기존 수단보다 훨씬 유연하며 여성의 이동성을 높이기 위해 개발될 수 있고 개발되어야 한다.

과거에 교통계획의 젠더 데이터 공백은 (대부분이 남자였던) 계획자들이 여자가 필요로 하는 바가 남자와 다를 수도 있다는 생각을 하지 못했기 때문에 발생했다. 그런데 이보다 용서하기 어려운 또 하나의 이유는 단지 여성 데이터가 남성 데이터보다 집계하기 어려워 보여서 안 하기 때문이라는 것이다. 실제로 "여자는 남자보다 훨씬 복잡한 이동 패턴을 보인다"라고, 여자들의 돌봄 이동을 집계할 수 있는 조사를 고안한 산체스데마다리아가가 말한다. 게다가 교통 당국은 대체로 여자들의 '이례적인' 이동 습관에 관심이 없다. UCLA 도시계획학과 교수 애너스테이지아 루카이투시데리스Anastasia Loukaitou-Sideris는 말한다. "교통 관리자들은 모든 사람이 필요로 하는 바가 똑같다고 생각하는 경우가 많다. 남자와 여자가 모든 면에서 똑같다는 것이다. 그러나 실제로는 전혀 그렇지 않다." 그는 화가 나서 헛웃음을 짓는다. "여성 승객들에게 물어보면 현 교통체계로는 해결되지 않는 수요가 얼마나 많은지 알 수 있다."

설상가상으로 교통 당국은 이미 보유한 데이터조차도 성별 구분 하지 않음으로써 젠더 데이터 공백을 더욱 악화시키고 있다. 영국 교통부가 발간하는 교통 통계 연보[37]에는 단 하나의 통계 — 운전면허 시험의 남녀 합격률로, 2015~16년에는 여성 응시자의 44%, 남성 응시자의

51%가 합격했다 — 와 정부 웹사이트로 연결되는 링크 하나가 들어 있다. 이 웹페이지에 올라와 있는, 성별과 걷기에 관한 보고서에는 예를 들면 버스나 기차 이용에 관한 남녀별 통계는 없다. 모든 이용자에게 제대로 된 서비스를 제공하는 교통체계를 계획하기 위해서는 꼭 필요한 정보인데도 말이다.

인도의 대중교통 당국도 데이터를 성별 구분 하지 않는다.[38] 반면에 최근 발간된 EU 보고서는 성인지 감수성이 높은 교통 데이터의 부재를 개탄하며 "대부분의 유럽 국가에서는 이런 종류의 데이터가 정기적으로 수집되지 않는다"라고 말했다.[39] 미국의 교통 통계 연보는 영국과 마찬가지로 여성을 단 두 번 언급할 뿐이다. 한 번은 운전면허와 관련해서, 다른 한 번은 걷기와 관련해서다.[40] 영국과 다른 점은, 활용 가능한 통계조차 없이 개괄적 서술로만 제시된다는 것이다.

더 은밀한 데이터 공백은 각국의 교통 당국이 데이터를 제시하는 방식에 의해 생겨난다. 대체로 유급 노동을 위한 모든 이동은 하나의 범주로 묶이는 데 반해 돌봄노동은 더 작은 범주들로 세분된다. 그중 일부는 (예를 들어 쇼핑은) 여가 활동과 구분되지 않는다. 이렇게 간접적으로 성별 구분을 없애버리는 것이다. 산체스데마다리아가는 마드리드의 돌봄 관련 이동 데이터를 수집하면서 돌봄 목적의 이동 횟수와 노동 목적의 이동 횟수가 거의 비슷하다는 사실을 발견했다. 이 데이터를 다시 성별 구분 했더니 돌봄은 "여자들에게 가장 중요한 이동 목적이었다. 노동이 남성 이동의 주목적인 것처럼." 모든 이동 조사를 이런 식으로 한다면 교통계획자들은 돌봄 이동을 노동 이동만큼이나 심각하게 다뤄야 하게 될 것이라고 산체스데마다리아가는 주장한다.

우리가 정말로 여자들에게도 제대로 된 서비스를 제공하는 교통체계를 설계하고 싶다면 교통 인프라만 단독으로 설계하는 것은 무의미하다고 산체스데마다리아가는 경고한다. 여성의 이동성은 대단히 중요한 도시계획 정책의 문제, 특히 '혼용' 지구 설정과 관련 있기 때문이다. 혼용 지구는 전통적인 도시계획 방식에 위배된다. 전통적인 도시계획 방식이란 도시를 상업지구, 주거지구, 산업지구와 같은 단일 용도 구역으로 나누는 '지구제'를 말한다.

지구제의 기원은 아주 오랜 옛날로 거슬러 올라가지만 우리가 '거주하는 구역'과 '근무하는 구역'을 법적으로 구분하여 그곳에 어떤 건물을 지을 것인가를 명확하게 정하기 시작한 것은 산업혁명 때부터라고 할 수 있다. 그리고 이 같은 지구제는 지나치게 단순한 범주화와 함께 남성 편향을 전 세계의 도시 형태에 불어넣었다.

지구제는 아침에 출근하고 저녁에 교외의 집으로 퇴근해서 휴식하는 외벌이 이성애자 기혼 남성을 기준으로 하며 그들에게 필요한 것을 우선시한다. 산체스데마다리아가의 설명에 따르면 이것은 "이 분야 결정권자 대부분의 개인적 경험"이며 집이 여가 선용을 위한 곳이라는 생각은 "세계 각국에서 기존의 도시계획 방식을 유지하는 근간이 된다."[41]

그러나 이 결정권자들이 생각하는 "유급 노동으로부터의 휴식"이자 "여가 선용 장소"로서의 집은 여자들의 삶에서 집이 갖는 역할과 거리가 멀다. 전 세계 여성의 무급 돌봄 노동량은 남성의 3배다.[42] 국제통화기금(이하 IMF로 표기)이 이것을 세분했더니 자녀 돌봄 노동량은 2배, 가사 노동량은 4배였다.[43] 세계은행에서 우간다 중부의 마을 카테베를 조사해보니 가사, 자녀 돌봄, 땅파기, 음식 준비, 연료 및 물 찾기에 15시간가량을 소비한 여자들에게 주어지는 일일 여가 시간은 30여 분에 불과했다.[44] 반면 남자들은 땅파기 시간이 여자들보다 1시간 적었고, 가사와 자녀 돌봄 시간은 거의 없었으며, 연료 및 물 찾기 시간은 전혀 없었기에 여가 시간이 하루 4시간가량이나 됐다. 남자에게는 집이 여가 선용 장소였는지 몰라도 여자에게는? 전혀 그렇지 않았다.

어쨌든 대부분의 가족에서는 부부가 맞벌이를 하고 이성애자 커플에서는 주로 여자가 자녀와 노인을 돌보는 의무를 맡기 때문에 집과 직장을 법적으로 분리하는 정책은 생활을 극도로 힘들게 만들 수 있다. 정책 결정권자들은 대중교통 인프라가 열악한 교외에서 아이와 환자를 데리고 다녀야 하는 사람들의 존재를 잊어버린다. 사실 대부분의 지구제 법령은 여자들의 생활을 (심지어는 많은 남자들의 생활까지도) 반영하지 않는다.

집을 여가의 장소로 상정하는 게으른 사고방식은 심각한 결과를 초래할 수 있다. 2009년 브라질은 내 집, 내 삶Minha Casa Minha Vida(이하 MCMV로 표기)이라는 공공주택건설계획에 착수했다. 이 계획의 목적은 (당시 5000만 명으로 추산된) 거주에 부적합한 주택에 사는 사람들을 돕는 것이었다.[45] 그러나 결과는 예상과 달랐다.

브라질의 파벨라favela라고 하면 열악한 빈민가, 가난과 무법으로 상징되는 우범지대, 주눅 든 주민들이 동네를 어슬렁거리는 건달들을 두려워하며 사는 곳이 연상된다. 이 고정관념이 완전히 틀린 것은 아니지만 많은 파벨라 주민들의 현실과는 큰 차이가 있으며 그들이 사는 집도 연방정부 대신 지역단체에서 지어준 공영주택일 뿐이다. 이 집들은 필요에 의해 생겨났기 때문에 대개 일자리가 많고 교통이 편리한 장소에 위치한다.

그런데 MCMV 단지는 그렇지 않다. 그것은 대부분 리우데자네이루 시의 서쪽 지구 끄트머리에 건설되었는데 그곳은 2010년에 리우데자네이루 주택부장 안토니우 아우구스투 베리시무Antônio Augusto Veríssimo 가 (일자리가 없어서) 잠자는 지역região dormitório이라고 부른 곳이다.[46] 사실 베리시무는 이 구역에 공공주택 건설하는 것을 반대했다. 더 많은 빈민가mais guetos de pobreza를 만들게 될까 봐 우려했기 때문이다. 런던정치경제대학의 조사에 따르면 MCMV 주민 대다수가 이주한 거리(옛집과 새집 간 거리)는 브라질 법이 허용하는 7km보다 훨씬 멀었다.[47]

42세 루이자는 원래 리우데자네이루의 부촌인 남쪽 지구의 파벨라에 살았다. 남쪽 지구는 중앙 지구, 북쪽 지구와 함께 리우데자네이루의 일자리 대부분이 있는 곳이다. "그때는 문밖을 나서면 바로 직장이었다." 그가 하인리히뵐재단Heinrich Böll Foundation 연구원에게 말한다.[48] "대중교통으로 어디든 갈 수 있었다. 버스 정류장까지 몇 km를 걸어갈 필요가 없었다." 그는 지금 리우데자네이루의 서쪽 지구에 속하는 캄푸그란지의 MCMV 아파트에 산다. 옛집으로부터 50km 넘게 떨어진 곳이다.

인근에서 일자리를 구할 수 없기 때문에 주민들은 기껏해야 '제한적'인 대중교통 인프라를 이용하여 최대 3시간이 걸리는 북쪽 지구나 중앙 지구까지 가야 한다. 신주택단지의 60% 이상이 기차나 지하철역으로부터 도보 30분 거리에 위치해 있다.[49] 리우데자네이루 중심지에서 변두리로 이주당한 사람들이 이용할 수 있는 적절한 대중교통이 없다는 사실은 특히 여자들에게 영향을 미친다. 세계적 추세와 마찬가지로

1장 눈 치우기도 성차별적일 수 있는가

리우데자네이루에서도 자가용 소유자의 대부분, 71%가 남자이기 때문이다. 남자가 개별 차량으로 이동할 확률은 여자의 2배다.[50]

또한 여자들은 무급 돌봄 의무 때문에 남자들보다 큰 영향을 받는다. 랭커스터대학교의 도시미래학자 멜리사 페르난데스 아리고이티아Melissa Fernández Arrigoitia는 최근 MCMV 이주 통보를 받은, 한 여자의 당혹에 대해 이야기했다. 이미 두 아이의 엄마이면서 현재도 임신 중인 그가 일할 수 있었던 이유는 아이들을 어머니에게 맡길 수 있었기 때문이었다. 그런데 이제 어머니와 직장으로부터 70km 떨어진 곳으로 이주하게 되면 더 이상 직장에 다닐 수 없을 것이다. 원래도 부족했던 새 MCMV 단지의 탁아소는 "신규 유입 주민들을 위해 개선되거나 확대되지 않았다."[51]

탁아 문제는 신주택단지의 디자인 때문에 더욱 악화된다. 이 아파트들은 전통적인 핵가족에 맞게 설계되었다. 하지만 파벨라에서는 핵가족이 절대 일반적인 가족 단위가 아니다. "파벨라에서는 어떤 집에 들어가도 3대가 같이 살지 않는 경우가 드물다." 리우데자네이루에서 활동하는 도시계획학자 테리사 윌리엄슨Theresa Williamson은 말한다. 그리고 "파벨라에서는 노인이 혼자 사는 것을 한 번도 본 적이 없다"라고 덧붙인다. 마찬가지로 아리고이티아가 방문한 가구 대다수에서는 자녀를 둔 싱글 맘과 그 부모가 같이 살고 있었다. 그러나 이 "초소형" 아파트의 표준화된 디자인은 "가족 형태의 잠재적 다양성을 전혀 반영하고 있지 않았다." 그 결과 파벨라에서 탁아 문제의 해결책이었던 3대 가족이 MCMV에서는 설계 단계에서부터 배제되었다.

공용공간도 (자가용 소유자가 거의 없음에도 불구하고) "넓은 주차장"

과 "관리가 전혀 안 되는—놀이 기구가 너무 싸구려여서 두어 달이면 고장 나고 새것으로 교체되지 않는—놀이터"로 한정된다. 이 주택단지들은 공동생활보다는 개별 생활에 맞게 설계된 것 같다. 윌리엄슨이 설명한다. "주민 모두가 항상 아이들을 지켜보고 있기 때문에 아이가 어느 정도 자라면 따로 돌볼 필요가 없는" 파벨라의 돈독한 이웃 관계에 익숙한 가족들에게 이러한 주거 환경은 고립과 범죄 우려로 다가온다. 그 결과 "아이들은 예전만큼 밖에 나가 놀지 않고 집 안에 머문다." 그리고 "갑자기 여자들이 파벨라에서는 하지 않던 방식으로 애들을 봐야 한다." 그래서 갑자기 탁아 서비스가 필요하지만 하나도 없다.

이것은 재원의 문제가 아니다. 우선순위의 문제다. 브라질은 2014년 월드컵과 2016년 올림픽을 준비하면서 대중교통 인프라에 수백만 헤알을 썼다. 돈은 있었다. 다만 엉뚱한 데 쓰였을 뿐이다. 런던정치경제대학 도시연구소에 따르면 새로운 간선급행버스체계* 노선은 "가난한 신주택단지와 시내 간의 통근 수단 문제는 해결하지 않은 채" 올림픽 관련 시설이 위치한 구역에만 특혜를 주는 경향이 있었다.[52] MCMV 주민들은 정부의 강제 이주 계획이 그들에게 양질의 주택을 제공하는 것보다는 월드컵과 올림픽에 대비한 인프라 개발을 용이하게 하기 위해서인 것 같다고 말했다.

그리고 그 대가를 치르는 것은 여자들이다. 크리스치니 산투스 Cristine Santos는 캄푸그란지에 위치한 MCMV 단지로 이주한 뒤에 노바이

---

* 버스전용차로제, 버스의 교차로 우선 통행, 모든 버스의 저상버스화 등 급행버스 운행을 위한 체계 전반을 일 컫는다.

구아수에 있는 시장의 일자리를 잃었다. "버스를 두 번 갈아타야 했다"라고 그는 말했다.[53] 또 다른 여자는 최대 6시간 걸리는 출퇴근에 너무 지친 나머지 치명적인 교통사고를 일으켰다.[54] 다른 선택지가 거의 없었기 때문에 여자들은 새집에서 음료수나 점심 도시락을 팔거나 손님들의 머리를 잘라주기 시작했다. 이것이 지구제 규정 위반이기 때문에 발각되면 퇴거당한다는 사실을 알면서도 하는 것이다. 파벨라에서는 자기 집을 직장으로 바꿔도 괜찮다. 엄밀히 말하면 구역 전체가 이미 불법이라 지구제 규정이 적용되지 않기 때문이다. 그러나 정부 소유의 공공주택은 주거지구에 속하기 때문에 집에서 사업하는 것이 엄격히 금지된다.

한마디로 브라질 정부는 여자들을 공식적 직장과 비공식적 직장—브라질 일반 가정의 피고용인 720만 명 중 대부분은 여자다—에서 멀리 떨어뜨려놓고는 적절한 대중교통도, 탁아소도 제공하지 않았다.[55] 그것은 여자들에게 자기 집을 직장으로 만들라고 강요한 것이나 다름없다. 현실적으로 가능한 유일한 선택지이기 때문이다. 하지만 정부는 그것을 불법으로 규정했다.

공공주택이 반드시 이래야 할 필요는 없다. 하지만 그 대안을 생각해내는 데는 상당한 고민이 필요하다. 1993년 빈의 공무원들은 신주택단지 건설이 결정됐을 때 우선 "그 공간을 사용할 사람들에게 무엇이 필요한가"를 정의한 다음 거기에 맞는 기술적 해결책을 찾았다고 에바 카일은 설명한다.[56] 말인즉슨 그들이 데이터, 그중에서도 성별 구분 데이터를 수집했다는 뜻이다. 이 주택단지가 여자들에게 혜택을 주기 위해 만들어졌기 때문이다.

당시 오스트리아 통계청의 조사에 따르면 여자는 남자보다 가사와 자녀 돌봄에 소비하는 시간이 많았다.[57] 최근 세계경제포럼 수치를 봐도 오스트리아 여자가 무급 노동에 쓰는 시간은 남자의 2배고 유급과 무급을 합친 노동 시간은 남자보다 많다.[58] 그래서 여자들 일 도시 I Frauen-Werk-Stadt I(이하 FWS I로 표기) 주택단지 — 이후에 II단지, III단지가 건설되었다 — 는 여자들의 돌봄노동에 맞게 설계되었다고 카일은 설명한다.

우선 위치부터 여자들이 돌봄 의무를 수행하기 쉽도록 신중하게 선택됐다. 주택단지 바로 옆에 전차 정류장이 있고, 단지 내에 유치원이 있으며, 학교에서도 굉장히 가깝다. 즉 아이들이 어렸을 때부터 혼자 등하교 할 수 있다(여자들이 가장 시간을 많이 뺏기는 원인 중 하나가 "아이들을 학교에, 병원에, 과외활동에 데려다주는 것"이라고 산체스데마다리아가는 말한다). 개인병원, 약국, 그 밖의 점포들을 위한 상업 공간이 모두 단지 내에 포함되어 있고 근처에 대형 슈퍼마켓이 있다. 이것이야말로 궁극의 혼용 설계다.

FWS I의 디자인은 사실 인공적으로 조성한 파벨라라고 할 수 있다. 그것은 공동체와 공용 공간을 우선시한다. 층당 최대 네 가구가 있는 아파트 동들이 서로 연결되어 있는데 이 동들은 (잔디밭과 놀이터로 이루어진) 공용 마당을 둘러싸고 있으며 이 마당은 단지 내 어느 동에서도 보인다. 밖에서 훤히 들여다보이는 투명한 계단실, 공용 공간의 높은 조도, 아파트를 통해서만 출입할 수 있는 환한 주차장 또한 주민들의 안전감을 높이기 위해 설계된 것이다.[59] 빈의 또 다른 주택단지인 차 없는 시범 단지Autofreie Mustersiedlung는 통합된 주차 공간을 제공함으로써 가구당 1대의 주차 공간을 제공하라고 명시되어 있는 지구제 규정을 피해 갔다.[60] 그 대신 그 비용을 공용시설과 추가적 놀이 공간에 사용했다. 이 주택단지는 특별히 여자들을 위해 설계되지는 않았다. 단지 여자가 남자보다 운전할 확률이 낮고 자녀를 돌볼 가능성이 높다는 점을 반영했을 뿐이다. 그런데도 결과적으로는 여자들이 필요로 하는 것을 충족하는 주택단지가 되었다.

돌봄노동은 FWS I 아파트의 벽 없는 구조에도 반영되었다. 집 한가운데에 부엌이 있고 부엌에서 집 전체를 볼 수 있다는 점은 공용 마당의 설계를 그대로 반영한다. 이러한 구조 덕분에 여자가 부엌에서 일하면서도 아이를 지켜볼 수 있을 뿐 아니라 가사가 집의 중심에 위치하게 된다. 가사가 여자만의 책임이라는 생각에 대한 은밀한 도전이다. 이것을 한 필라델피아 공무원의 사례와 비교해봐라. 이 여성 공무원은 엘리베이터가 없는 주택의 3층에 부엌을 설치하려는 부동산 개발업자들을 수없이 저지해야 했다. 그는 지적한다. "당신은 정말로 장 본 것과 유모차를 들고 3층까지 올라가고 싶은가?"[61]

성 중립 화장실

2017년 4월 BBC 베테랑 기자 사미라 아메드Samira Ahmed는 화장실
에 가고 싶었다. 그는 런던의 유명한 바비컨센터에서 영화 〈아이 엠 낫
유어 니그로〉* 시사회에 참석 중이었고 그때는 중간휴식 시간이었다.
극장에 가본 적 있는 여자라면 이 말이 무슨 뜻인지 알 것이다. 상영관
의 조명이 켜지자마자 로비에 구불구불 늘어설 줄을 피하기 위해 냅다
뛰어야 한다는 뜻이다.

여자들은 외출할 때 줄 서는 데 익숙하다. 그것은 짜증 나고 김새는
일이다. 휴식 시간 동안 한잔하면서 친구들과 여유롭게 수다 떠는 대신
재미없고 지루한 줄 서기를 해야 한다는 뜻이다. 가끔은 함께 기다리는
여성 동지들과 이심전심의 눈빛을 주고받으며 생기를 얻기도 하지만.

그러나 이날 저녁은 달랐다. 줄이 평소보다도 심했다. 훨씬 심했다.

---

* 미국 작가 제임스 볼드윈(James Baldwin)의 미완성 원고를 바탕으로 1960년대 공민권운동과 그 주요인물
들을 다룬 다큐멘터리영화.

바비컨센터가 남자 화장실과 여자 화장실을 성 중립 화장실로 바꾼다면서 실제로는 "남자"와 "여자" 표지판만 "소변기가 있는 성 중립 화장실"과 "칸막이가 있는 성 중립 화장실"로 바꿔 달았기 때문이다. 여성에 대해 눈곱만큼도 생각하지 않았다는 사실이 헛웃음이 나올 만큼 노골적이었다. 그리고 결과는 예상대로였다. 자칭 "소변기가 있는 성 중립 화장실"에는 남자만 들어가고 "칸막이가 있는 성 중립 화장실"에는 남녀가 다 들어가는 상황이 발생한 것이다.

결국 바비컨센터가 실제로 한 일은 성 중립 화장실을 만드는 것이 아니라 남자를 위한 화장실만 늘려준 것이었다. 일반적으로 여자는 소변기를 사용할 수 없는 반면 남자는 당연히 소변기와 칸막이를 둘 다 사용할 수 있다. 게다가 "소변기가 있는 성 중립 화장실"에는 생리용품을 버릴 쓰레기통도 없었다. "아, 바비컨센터에 〈아이 엠 낫 유어 니그로〉를 보러 가서 차별이 무엇인지를 설명해야 하는 아이러니라니!"라고 아메드는 트위터에 올렸다. 그리고 이 문제의 해결책은 "남자 화장실만 성 중립 화장실로 바꾸는 것이다. 그쪽에는 한 번도 줄이 늘어선 적 없다는 사실은 당신들도 잘 알 것이다"라고 말했다.[1]

남성 지배적인 바비컨센터의 운영진은 물론이거니와 일반 남자들도 분명 여자 화장실의 만성적인 줄 서기 문제에 대해 알고 있다. 화장실 밖까지 줄이 늘어서는 경우가 많기 때문에 아무리 눈치 없는 남자라도 못 보긴 힘들다.[2] 그러나 남자든 여자든 왜 그런 현상이 일어나는지 정확히 아는 사람은 거의 없다. 대개는 늘 그렇듯 남성 편향적 설계보다 여자들을 비난한다. 그러나 남성 편향적 설계야말로 문제의 근원이다.

겉보기에는 남자 화장실과 여자 화장실에 똑같은 면적을 부여하는 것이 공정해 보이고 지금껏 그렇게 설계되어왔다. 위생공사 기준에도 면적을 50 대 50으로 분할하라고 명시되어 있다. 그러나 남자 화장실에 소변기와 칸막이가 같이 있다면 동시에 용변볼 수 있는 인원수는 여자 화장실보다 남자 화장실이 훨씬 많다. 아까까지 동등했던 면적이 갑자기 동등하지 않은 면적이 된다.

그러나 설사 남자 화장실과 여자 화장실에 동수의 칸막이가 있다고 해도 문제는 해결되지 않는다. 여자의 화장실 사용 시간이 남자의 2.3배이기 때문이다.[3] 노인과 장애인의 대다수가 여성인데 이 두 그룹은 화장실 사용 시간이 길다. 또 여자들은 아이나 장애인, 노인을 동반할 확률이 높다.[4] 그리고 여성 인구의 20~25%는 가임기 여성으로 언제든 생리 중일 수 있으며 그 경우 탐폰이나 생리대를 갈아야 한다.

또 여자는 남자보다 화장실에 자주 가야 할 가능성이 높다. 임신은 방광의 용량을 급격하게 감소하며 여자는 요로감염에 걸릴 확률이 남자의 8배나 된다. 이 또한 화장실에 가는 빈도를 증가시킨다.[5] 이러한 신체적 차이를 알면서도 동일 면적 화장실이 공정하다고 계속 주장하는 사람은 형식적인 평등만 외치는 독불장군일 것이다.

지금부터는 겉으로는 성평등 해 보이지만 사실상 남성 편향적인 화장실보다 더 심각한 이야기를 하겠다. 세계 인구의 3분의 1에게는 제대로 된 화장실이 없다.[6] UN에 따르면 여자 3명 중 1명은 안전한 화장실을 사용하지 못하며[7] 비영리단체 워터에이드WaterAid에 따르면 전 세계 여자들이 용변하기에 안전한 곳을 찾느라 소비하는 시간은 1년에 970억 시간에 달한다.[8] 적절한 화장실의 부재는 남녀 모두에게 보건상 문제가 되지만(예를 들어 인도에서는 인구의 60%가 아예 화장실을 사용하지 못하며[9] 지표수의 90%가 오염수다[10]) 특히 여자들에게 심각한 영향을 끼친다. 남자는 "아무 데서나 눠도 되지만"[11] 여자가 소변보는 모습을 남에게 보이는 것은 수치스러운 일이라는 통념 때문이다. 여자들은 소변이나 대변을 볼 수 있는, 상대적으로 외진 장소를 찾아 나서기 위해 동트기 전에 일어나고 저물녘까지 기다린다.[12] 이는 가난한 나라만의 문제가 아니다. 인권감시기구Human Rights Watch가 미국의 담배밭에서 일하는 젊은 여자들을 인터뷰했더니 그들은 "낮에는 웬만하면 용변하러 갈 필요가 없도록 음료수를 마시지 않는데 그 결과 탈수증과 온열병에 걸릴 확률이 증가한다."[13]

이것은 여자들의 유급 노동에 영향을 미친다. 인도인의 86%가 비공식적경제*에 종사하는데 이 중 91%가 여자다. 대부분 상인으로 일하는 이 여자들은 시장에 공중화장실이 없기 때문에 근무일에는 화장실에 가지 못한다.[14] 아프가니스탄 여자 경찰관들은 짝을 지어 화장실에 간다. 이들의 탈의실과 화장실 ― 인권감시기구의 국제 고문이 "학대의 현장"이라고 표현한―에 엿보는 구멍이 있거나 문이 잠기지 않는 경우가 많기 때문이다. 안전한 화장실의 부재는 실제로 여자들이 경찰에 지원하는 데 장애물이 되고 이는 결국 경찰이 여성 대상 범죄에 대응하는 방식에 지대한 영향을 미친다.[15]

공중위생 시설은 여자들에게 훨씬 많이 필요한데도 실제로는 남성용이 더 많은 편이다. 뭄바이 시 거주 여성 500만 명 중 절반 이상의 가정에는 실내 화장실이 없고 무료 공중 여자 화장실은 아예 존재하지

---

* 세무서에 신고되지 않는 노동. 공식적인 고용 구조 바깥에서 일어나는 노동 전반을 가리킨다.

않는다. 반면 남성용 무료 소변기는 수천 개에 이른다.[16] 전형적인 뭄바이 빈민가에는 여자 8000명당 화장실이 6개 있고[17] 2014년 정부 통계 수치에 따르면 뭄바이 전역에는 "남녀 공용 공중화장실이 3536개 있지만 여성 전용 화장실은 하나도 없다. 심지어 일부 경찰서와 법원에 조차도."[18]

2015년 조사에 따르면 뭄바이 빈민가 거주 여성의 12.5%는 밤에 실외에서 대변을 본다. 그쪽을 "58m를 걸어가는 위험을 무릅쓰는 것보다 선호한다. 58m는 그들의 집과 공용 화장실 간의 평균 거리다."[19] 그러나 실외에서 대변보는 것이 썩 안전하지는 않다. 여자들이 용변할 때 사용하는 것으로 알려진 구역 근처 또는 그곳으로 가는 길목에 숨어 있던 남자들에게 성폭행당할 위험이 있다.[20] 폭력의 정도는 엿보기 — 엿보면서 자위하기 포함 — 에서부터 강간, 극단적인 경우에는 살인에까지 이른다.

여자들이 본디 일상적 행위여야 마땅한 용변을 해결하려 하는 동안 직면하는 성희롱과 성폭행의 수준에 대한 정확한 데이터는 구하기 힘들다. 원인은 이 문제를 둘러싼 수치심 때문이다. "범죄를 부추긴다"라고 비난당할 가능성이 높은 문제에 대해 기꺼이 얘기하려는 여자는 거의 없다.[21] 하지만 적으나마 존재하는 데이터를 살펴보면 적절한 위생 시설의 부재가 페미니즘 문제임이 확실해진다.

2016년 연구에 따르면 야외에서 용변하는 인도 여자가 자기 파트너가 아닌 사람에게 성폭력을 당할 확률은 자기 집 화장실을 사용하는 여자의 2배다.[22] 2014년 우타르프라데시주州에서 12살, 14살 소녀가 살해당한 후[23] 적절한 여자 화장실의 부재를 둘러싸고 전국적으로 짧은 동요가 일었다. 2014년 12월 뭄바이 고등법원은 주도로 주변에 안전하고 깨끗한 여자 화장실을 건설하라는 명령을 모든 지자체에 내렸다.[24] 96개의 부지가 예정되었고 뭄바이 지방정부는 새 화장실 건설 예산으로 5000만 루피(한화 약 8억 원)를 약속했다. 그러나 1년 뒤 온라인 매체 브로들리 Broadly는 화장실 건설이 시작된 적조차 없다고 보도했다.[25] 할당되었던 예산은 2016년에 무효가 되었다.[26]

공중화장실 건설을 취소한 지방정부는 예산을 절감했다고 믿을지 모르나 2015년 예일대학교 연구에 따르면 이것은 허위 절감false economy* 이다. 이 논문의 저자들은 "성폭행당할 위험과 위생 시설의 수, 여자가 화장실까지 걸어가는 데 걸리는 시간" 사이의 상관관계를 산출하는 수학모형을 개발한 뒤 성폭행에 의해 발생하는 유형 비용(상실 소득, 의료비, 소송비, 수감비)과 무형 비용(정신적 고통, 살해 위험)을 계산해서 화장실 설치비 및 유지비와 비교했다.

그리고 이 모형을 남아프리카공화국의 카옐릿샤 시에 적용했다. 이 도시의 인구는 240만 명인데 화장실 수는 5600개로 추산된다. 그 결과 매년 635건의 성폭행이 일어나서 미화 4000만 달러(한화 약 468억 원)의 비용이 발생한다고 저자들은 주장했다. 직접비 1200만 달러(한화 약 140억 원)를 들여서 화장실 수를 1만 1300개로 늘리면 화장실까지의 평균 거리가 반으로 줄어들기 때문에 성폭행이 30% 감소할 것이다. 이 수학모형에 따르면 감소한 사회적비용과 치안 비용이 화장실 설치 비용을 상쇄하고도 남아서 카옐릿샤는 500만 달러(한화 약 56억 원)의 수익

---

* 겉으로는 절감한 것처럼 보이지만 실제로는 더 많이 지출한 경우.

을 얻게 된다. 이 수치는 최소한으로 잡은 것이라고 그들은 말한다. "제한적 재원을 가진 도시지역의 위생을 개선함으로써 부가적으로 생기는 건강상 이득"은 포함하지 않았기 때문이다.[27]

부가적인 건강상 이득은 당연히 존재한다. 특히 여자들에게 많다. 여자는 소변을 너무 참으면 방광염 및 요로감염에 걸린다. 반대로 물을 너무 적게 마시면 탈수증과 만성변비로 고생한다.[28] 실외에서 대변보는 여자들은 골반염, 기생충병, 간염, 설사, 콜레라, 소아마비, 수인성전염병 등 다양한 감염 및 질병에 걸릴 위험이 있다. 이 질병들 중 일부는 매년 인도에서만 수백만 명─특히 여자들과 아이들─을 사망케 하는 원인이다.[29]

공중위생 시설의 부재로 발생하는 건강상 문제는 저소득국가에만 한정되지 않는다. 캐나다와 영국의 연구에 따르면 요로감염, 방광 팽창, 그 밖의 여러 가지 비뇨부인과 질병이 공중화장실 폐쇄에 비례하여 증가해왔다. 마찬가지로 생리용품으로 인해 독성쇼크증후군에 걸릴 확률은 "생리 중에 탐폰을 교체할 수 있는 화장실이 없을 경우" 증가한다.[30] 그리고 화장실은 점점 사라지고 있다. 2007년 연구에 따르면 미국의 공중화장실 폐쇄는 50년 이상 지속돼왔다.[31] 그리고 영국에서는 1995~2013년에 공중화장실의 50%가 폐쇄되거나, 런던 우리 집에서 가장 가까웠던 공중화장실처럼, 유명한 최신 유행 술집으로 바뀌었다.[32]

여자가 성폭행당할 위험을 해결하지 못하는 도시계획은 공공장소를 이용할, 여성의 동등한 권리에 대한 명백한 침해다. 그리고 부적절한 위생 시설은 도시계획자들이 성인지 감수성이 낮은 설계로 여자를 배제하는 수많은 방법 가운데 하나일 뿐이다.

여자는 공공장소를 두려워하는 경우가 많다. 사실 남자의 2배 정도 두려워한다. 다른 경우들과 달리 이번에는 그것을 증명할 데이터가 있다. "세계 각국의 범죄 조사 및 경험적연구에 따르면 대다수의 여자들은 공공장소에 있을 때 폭력의 피해자가 될까 봐 두려워한다"라고 애너스테이지아 루카이투시데리스는 말한다. 미국과 스웨덴의 범죄 데이터를 분석해보면 양국 모두에서 유사한 상황에 남녀가 다르게 반응함을 알 수 있다. 여자는 "위험 신호, 사회적 무질서, 낙서, 지저분한 폐건물에 남자보다 민감하다."

영국 교통부의 연구는 남녀 간 위기 인식의 극명한 차이를 보여준다. 여자의 62%는 주차빌딩 안을 걷는 것을 두려워하고, 60%는 기차 승강장에서 기다리는 것을 두려워하며, 49%는 버스 정류장에서 기다리는 것을 두려워하고, 59%는 버스 정류장이나 기차역에서 집까지 걸어가는 것을 두려워한다. 남자의 경우에는 그 수치가 각각 31%, 25%, 20%, 25%다.[33] 범죄에 대한 공포는 특히 저소득층 여성에게서 높게 나타난다. 한편으로는 그들이 범죄율이 높은 지역에 살기 때문이고, 다른 한편으로는 그들의 근무 시간이 9~6시가 아닐 확률이 높아서[34] 한밤중에 귀가하는 경우가 많기 때문이다.[35] 소수인종 여성의 경우에는 방금 언급한 이유들에 인종혐오범죄의 위험까지 더해져 더 큰 공포를 느끼는 경향이 있다.

이 공포는 여성의 이동성과 (그들의 기본권인) 도시에 갈 권리에 영향을 미친다.[36] 핀란드, 스웨덴, 미국, 캐나다, 대만, 영국의 연구를 보면 여자들은 하나같이 이 공포를 기준으로 자신의 행동과 이동 방식을 결정한다.[37] 그들은 특정한 경로, 시간대, 교통수단을 피한다. 그중에서도 특히 밤 외출을 피한다. 캐나다의 한 연구에서는 여성 피조사자의 절반이 "공포 때문에 대중교통이나 주차장 사용을 피한다고 말했다."[38] 그리고 세계 각국의 연구에 따르면 범죄 공포는 "여자들이 대중교통을 이용하지 않는 가장 큰 이유 중 하나다."[39] 경제적 능력만 있다면 그들은 직접 운전하거나 택시를 탄다.

문제는 그럴 형편이 안 되는 여자들이 많다는 것이다. 대부분의 승객은 "대중교통의 포로", 즉 한 장소에서 다른 장소로 이동할 때 대중교통 외에 사용할 수 있는 수단이 없다.[40] 이러한 선택지 결여는 특히 저소득층 여성과 제3세계 여성에게 영향을 미친다. 예를 들어 인도에서는 여자들이 자가용을 이용할 수 있는 기회가 제한적이기 때문에[41] 남자들보다 훨씬 더 대중교통에 의존한다.[42] 이들은 멀리 우회하는 경로를 택하거나 동행이 있을 때만 대중교통을 이용하는 등의 전략을 택한다. 일부는 직장을 그만두기까지 한다. 그런데 저소득층 여성만 퇴사를 택하는 것은 아니다.[43] 내가 여자들이 대중교통에서 겪는 성희롱에 대해 트위터에 올렸더니 어떤 남자가 댓글을 보냈다. 자기가 아는 "대단히 똑똑하고 유능한 여자"도 "지하철에서 성추행당하는 것이 지겨워서 시티오브런던*의 정말 좋은 직장을 포기하고 런던 밖으로 이사했다"는 것이었다.

여기에는 분명 불의가 존재한다. 그러나 비난은 여자들이 도시 공간과 대중교통 환경을 불안전하다고 느끼게끔 디자인한 설계자들이 아니라 두려워하는 여자들에게 향하는 경우가 많다. 그리고 늘 그렇듯 이 모

* 뉴욕의 월가에 해당하는 런던의 금융가.

든 것 뒤에는 젠더 데이터 공백이 있다. 공식 통계를 보면 대중교통을 포함한 공공장소에서 실제 범죄 피해자가 될 가능성이 높은 것은 남성이다. 루카이투시데리스는 말한다. 이 모순은 "여성의 범죄 공포가 비이성적이고 범죄 자체보다도 큰 문제라는 결론에 이른다." 그러나 공식 통계는 사건의 전말을 제대로 이야기하지 않는다고 그는 지적한다.

여자들은 공공장소를 탐색할 때 대량의 위협적인 성행동도 탐지한다. 성폭행 같은 심각한 행위를 일단 차치하더라도 여자들은 매일같이 여자를 불편하게 만드는—대개 불편하게 만들도록 계산된—남자들의 행동과 씨름하고 있다. 그것은 캣콜링에서부터 음흉하게 쳐다보기, "성적 욕설과 이름을 가르쳐달라는 요구"에 이르기까지 다양하다. 이 중 어느 것도 범죄 구성요건을 충족하진 못하지만 하나같이 성적 위협감을 가중한다.[44] 감시당한다는 느낌. 위험하다는 느낌. 그리고 이러한 행동들은 실제로 쉽게 악화한다. 여자들은 "웃어, 아가씨, 아무 일도 일어나지 않을 거야"가 얼마나 갑작스럽게 "쌍년아, 네가 뭔데 나를 무시해?" 또는 '집까지 따라와 폭행'으로 변할 수 있는지를 충분히 경험해봤기 때문에 낯선 남자의 "무해한" 발언 따위는 존재하지 않는다는 것을 안다.

그러나 여자들은 이러한 행위를 알리지 않는다. 그도 그럴 것이, 누구한테 알린단 말인가? 에브리데이섹시즘Everyday Sexism이나 할러백!Hollaback!처럼 여자들이 매일같이 공공장소에서 직면하는 '위협적이지만 범죄 구성요건에는 미달하는' 행동에 대해 얘기하는 공간을 제공하는 단체들이 생기기 전까지는 이런 행위에 대한 대중의 인식은 없음에 가까웠다. 영국 노팅엄 경찰이 (성기노출에서부터 성추행, 치마 속 촬영에 이르는) 모든 여성혐오 행위를 혐오범죄—또는 그 행위가 엄밀히 말해 범죄가 아닐 경우 혐오 사례 — 로 기록하기 시작하자 갑자기 신고가 급증했다. 남자들이 갑자기 사악해져서가 아니라 여자들이 경찰이 자기 말을 진지하게 들어줄 거라고 느꼈기 때문이다.[45]

여자들이 공공장소에서 직면하는 위협적 행위가 마치 존재하지 않는 것처럼 보이는 이유 중 하나는 남자들이 남자 일행이 있는 여자에게는 그런 짓을 하지 않기 때문이다. 남자 일행이 있는 여자는 이런 종류의 행위를 경험할 가능성이 훨씬 낮다. 최근 조사에 의하면 브라질 여성의 3분의 2가 교통수단으로 이동 중에 성희롱이나 성폭력을 경험했는데 그중 절반이 대중교통에서 일어났다. 남자의 경우는 18%에 불과했다.[46] 따라서 성폭력 가해자도 피해자도 아닌 남자는 어디선가 그런 일이 일어나고 있음을 알지 못한다. 그리고 여자들의 그런 이야기를, "나는 한 번도 못 봤는데?"라는 무의미한 말로 너무나 쉽게 일축해버린다. 이 또한 젠더 데이터 공백이다.

젠더 데이터 공백은 우리가 데이터를 수집하는 방식 때문에 악화된다. 2017년에 쓰인 한 논문은 "성희롱이 얼마나 만연한가에 관한 대용량 데이터가 없다"라고 말한다. 저조한 신고율 때문이 아니라 그것이 "범죄 통계에 포함되지 않는 경우가 많"기 때문이다.[47] 여기에 덧붙여서 성희롱은 "제대로 분류되지 않는 경우가 많다"는 문제가 있다. 많은 연구들이 "성희롱을 정의하거나 성희롱의 유형을 명확히 구분"하는 데 실패한다. 2014년 오스트레일리아연구소Australia Institute는 여성 피조사자의 87%가 거리에서 언어적 또는 육체적 성희롱을 경험한 적이 있으나 "각 사례의 정도나 유형에 관한 데이터는 수집되지 않았다"는 사실을 발견했다.

여성이 실생활에서 느끼는 공포와 여성이 경험하는 폭력의 공식 통계치가 명백히 불일치하는 이유는 단순히 여자들이 인지하는 위협이 잗다하기 때문만은 아니다. 여자들이 더 심각한 행위조차도 신고하지 않기 때문이다. 2016년 워싱턴시 지하철의 성희롱 조사에 따르면 성희롱 피해자의 77%는 신고하지 않았다. 이는 멕시코 국립여성연구소 Inmujeres의 조사 결과와 비슷한 수준이다.[48]

뉴욕시의 신고율은 더욱 낮아서 지하철에서 발생한 성희롱의 96%, 성추행의 86%가 신고되지 않는다. 런던에서는 여성 5명 중 1명이 대중교통에서 성추행을 당했지만 2017년 연구에 따르면 "원치 않는 성행동을 경험한 사람의 90%가량이 신고하지 않았다."[49] 아제르바이잔의 수도 바쿠에서 여성 지하철 이용자를 대상으로 한 비정부기구의 조사에 따르면 성희롱당한 여자들 중 누구도 관계 당국에 신고하지 않았다.[50]

따라서 경찰 데이터는 확실히 전모를 보여주지 못한다. 그러나 비록 공공장소에서 일어나는 여성 대상 성범죄의 "정확한 성격, 장소와 시간"에 대한 데이터는 세계 어디에서도 구할 수 없지만 여자가 사실은 비이성적이지 않음을 보여주는 논문은 점점 더 많이 나오고 있다.[51]

리우데자네이루를 비롯한 여러 도시의 남자들은 버스에서 (운전사가 즐겁게 노선을 따라 운행하는 동안) 여자들을 강간해왔다.[52] "사실 나는 집을 나설 때마다 두렵다"라고 34세 멕시코 여성 빅토리아 후아레스Victoria Juárez는 말한다. 멕시코에서는 여성 10명 중 9명이 대중교통에서 성희롱을 경험한 적이 있고[53] 여성 직장인들은 "여자들이 버스를 타거나 내릴 때 납치하려고" 차로 주위를 맴도는 남자들에 대해 이야기한다.[54] 직장에 출퇴근할 때가 하루 중 가장 위험한 순간이라고 그들은 말한다.

2016년 연구에 따르면 프랑스 여성의 90%는 대중교통에서 성희롱을 경험한 적이 있다.[55] 그해 5월 두 남자가 파리 지하철에서 윤간을 시도하다 검거됐다.[56] 2016년 워싱턴 지하철의 조사에 따르면 여자는 대중교통에서 성희롱당할 확률이 남자의 3배였다.[57] 그해 4월[58] 워싱턴 지하철에서 성기를 노출한 용의자의 신원이 확인됐다. 그로부터 한 달 후 그는 지하철에서 여자를 칼로 위협하여 강간했다.[59] 2017년 9월 또 다른 상습범이 워싱턴 지하철에서 체포됐다. 그는 같은 피해자를 두 번 노렸다.[60]

스웨덴왕립공과대학교 도시계획학과 교수 바니아 세카토Vania Ceccato는 학술지 《범죄 예방과 공동체 안전》의 2017년 특집호* 후기에 "이 특집호에 실린 모든 논문이 말하는 메시지는 하나다"라고 썼다. 그것은 "대중교통의 여성 대상 성범죄 — 쳐다보기, 만지기, 주물럭거리기, 사정, 성기노출, 강간—는 신고율이 대단히 낮은 범죄라는 사실이다."[61]

여자들이 신고하지 않는 이유는 다양하다. 그중 일부는 사회적 이유 —낙인, 수치심, 사람들이 자신을 비난하거나 믿어주지 않을 거라는 걱정—다. 이 부분에 대해서는 관계 당국이 할 수 있는 일이 거의 없다. 그러한 변화는 사회 내에서 자체적으로 시작되어야 한다. 그런데 많은 여자들은 훨씬 쉽게 해결할 수 있는 사소한 이유로 신고를 하지 않는다.

우선은 정확히 "무엇이 성희롱에 해당하는지"를 알지 못하고 "당국

---

* 2017년 특집호의 주제는 "여성 피해자와 대중교통 환경의 안전(Women's Victimization and Safety in Transit Environments)"이었다.

의 반응을 두려워하는" 경우가 많다.[62] 두 번째로, 자신에게 일어난 일이 범죄임을 깨달은 사람들 중에는 누구에게 신고해야 하는지 모르는 경우가 많다.[63] 국가를 막론하고 여자들에게는 대중교통에서 성희롱이나 성추행을 당했을 때 어떻게 대처해야 하는지에 대한 정보가 명백히 부족하다(반면 수상한 물건을 발견했을 때 어떻게 해야 하는지에 대한 안내문은 잘 보이게 설치되어 있다). 때로는 이에 해당하는 절차가 정말로 없기 때문에 안내문이 없는 경우도 있다.[64] 그리고 이러한 절차의 부재는 다음 문제, 신고를 하는 여자들이 겪게 되는 일로 이어진다.

2017년 한 영국인 여자는 버스에서 자신을 성희롱한 남자를 신고했을 때 있었던 일을 트위터에 올렸다.[65] 버스 기사는 피해자에게 어떻게 했으면 좋겠냐고 물은 후에 "당신은 미인이니 이런 일은 당연하지 않냐"라고 했다. 똑같은 일이 인도 델리 시에서 버스를 타고 가던 26살 여자에게도 있었다. "저녁 9시경이었다. 뒤에 선 남자가 내 몸을 더듬었다. 나는 소리를 질렀고 그 남자의 멱살을 잡았다. 운전사에게 버스를 세우라고 했다. 그러나 운전사는 다른 손님들을 기다리게 할 수 없으니 나더러 버스에서 내려서 알아서 해결하라고 했다."[66]

우리 선거구의 시의원이었던 세라 헤이워드Sarah Hayward도 자신의 말이 묵살당할 거라는 두려움 때문에 신고하지 않았다. "나는 22살 때 만원 지하철에서 성추행을 당했다. 그때 느낀 압도적인 공포는 말로 표현할 수 없을 정도다. 그러나 내가 무슨 말을 한들 사람들은 만원 지하철이라서 그렇다고 생각하리라는 것을 알았다." 아이러니한 것은 만원 지하철이 실제로 성범죄의 원인 중 하나라는 사실이다. 우리가 가진 데이터에 따르면 성범죄는 러시아워에 가장 많이 일어난다.[67] 헤이워드는 지금도 "러시아워에는 지하철 타는 것을 피한다"라고 말했다.

성폭력 신고 절차의 부재는 비행기에서도 문제가 된다. 2016년 온라인 매체 슬레이트Slate는 데이나 T.의 이야기를 보도했다. 그는 미국에서 독일로 가는 비행기 안에서 누가 자신의 가슴을 움켜쥐는 바람에 잠에서 깼다.[68] 그것은 옆자리에 앉은 남자였다. 승무원은 처음에는 데이나를 그냥 그 자리에 계속 앉히려고 했다. 그러나 데이나가 계속 항의하자 결국 비즈니스 클래스로 옮겨줬다. 대부분의 승무원이 데이나의 처지에 공감했지만 이럴 때 어떻게 해야 하는지를 아는 사람은 아무도 없었다. 비행기가 목적지에 도착하자 남자는 그대로 비행기를 내려서 제 갈 길을 갔다. 비슷한 사건은 2017년에도 있었다. 여성 승객이 옆자리 남자가 자위한다고 알렸을 때 아메리칸항공의 승무원은 좌석을 바꿔달라는 요구를 묵살했다.[69]

꼭대기부터 말단까지 압도적으로 남성 지배적인 교통 당국이 첫 번째로 해야 할 일은 문제가 있다는 사실을 인정하는 것이다.[70] 미국의 운수회사들이 대중교통에서의 여성 안전 문제를 어떻게 다루는지 알아보려 했을 때 루카이투시데리스는 젠더 데이터 공백을 발견했다. 1990년대에 쓰진 단 2편의 논문 중 여성 승객의 안전 문제를 다룬 논문은 없었으며 911테러사건 이후 안전 규정이 대대적으로 개편되었음을 고려하면 그나마도 무의미했다. 보다 최근인 2005년 논문이 하나 있었으나 테러 위협에 대한 대응을 중점적으로 다뤘고 "여성들의 우려나 여성에게 필요한 안전 조치에 대해서는 조사하지 않았다."

그래서 루카이투시데리스는 스스로 조사를 시행했는데 대부분 남성 직원들로 이루어진 대상 업체들의 저항이 있었다. "당신은 세상이 여자들에게 덜 안전하다고 가정하고 있다"라고 어느 회사의 남자 최고 운영책임자는 답했다. 또 다른 업체들에서는 남자 안전 보안 담당자가 "안전 및 보안 문제는 젠더와 무관하다"라고 주장하거나 "우리 회사의 통계 데이터에 따르면 여자들이 남자들보다 딱히 더 위험하지는 않다"라는 이유로 젠더 계획의 필요성을 부인했다. 하나같이 젠더 데이터 공백이 만드는 명확한 피해 사례에 해당한다.

일단 문제가 있음을 인정하고 나서 교통 계획자들이 두 번째로 해야 할 일은 증거를 바탕으로 해결책을 강구하는 것이다. 루카이투시데리스의 조사에 응답한 131개의 운수회사—미국 내 중대형 운수업체의 절반 이상— 중 "겨우 3분의 1만이 정말로 뭔가 조처를 취해야 한다고 생각했"고 이를 실천한 곳은 3곳뿐이었다. 교통수단 내에서 여성의 안전에 대한 데이터 및 연구의 만성적 부재를 생각하면 별로 놀랍지 않은 일이다. 또 루카이투시데리스는 "안전 및 보안과 관련된 여성 승객들의 필요와 욕구, 그리고 운수회사들이 사용하는 방안의 유형과 위치 사이에서 심각한 불일치"를 발견했다.

그가 조사한 업체 대부분은 자사 버스에 대한 안전 방안이 있었다. 80%에는 CCTV가 있었다. 76%에는 비상 버튼이 있었다. 73%에는 장내 방송설비가 있었다. 그러나 버스 정류장에 안전설비를 설치한 적이 있거나 설치할 의사가 있는 회사는 거의 없었다. 이는 여자들이 실제로 원하는 것과 정반대다. 그들은 버스에 타고 있을 때보다 어두운 버스 정류장에서 기다릴 때 두려움을 느낄 확률이 높다. 그리고 그렇게 느끼는 게 당연하다. 한 연구에 따르면 사람들이 정류장 또는 정류장 근처에서 범죄를 당할 확률은 교통수단에 타고 있을 때의 3배 이상이었다.[71]

운수회사들이 설치하는 안전설비의 종류도 중요하다. 그런데 여기에도 불일치가 있다. 운수회사들은, 아마도 비용 문제 때문에, 보안원을 고용하는 것보다 기술적인 해결책을 훨씬 선호한다. CCTV가 성희롱에 미치는 영향에 대한 데이터는 거의 없지만 여러 연구에 따르면 여자들은 CCTV 사용에 대단히 회의적이며 차장이나 보안원의 존재, 즉 예방책을 (수 km 밖에서 누가 보고 있는지 안 보고 있는지 모를) 구석에서 깜빡이는 빨간 불보다 훨씬 선호한다.[72] 흥미로운 점은 남자들은 보안원보다 기술적 해결책을 선호한다는 것이다. 아마 그들이 주로 경험하는 범죄가 여자들만큼 사적인 성격의 것이 아니기 때문인 듯하다.[73]

풀타임 보안원을 고용하는 데 돈이 너무 많이 든다면 — 설사 그렇다 해도 이로 인해 여성의 대중교통 이용이 증가한다면 그 비용은 충분히 상쇄될 것이다 — 더 저렴한 해결책도 얼마든지 있다.[74] 루카이투시데리스는 "미국 포틀랜드 시의 버스 정류장에는 전광판이 있어서 다음 버스가 언제 오는지 알 수 있다"라고 말한다. 여자들이 다음 버스가 30분 후에 도착한다는 사실을 모른 채 어둠 속에서 하염없이 기다릴 필요가 없다는 뜻이다. 그러나 나는 이 이야기가 극단적 해결책이라는 말을 들었을 때 충격을 받았다. 런던에서는 전광판이 없는 버스 정류장을 찾기가 훨씬 어렵기 때문이다.

증거를 바탕으로 한[75] 또 다른 해결책으로는 버스 정류장의 투명 칸막이와 밝은 조명이 있다. 버스 정류장과 지하철역만이 아니라 그곳까지 가는 경로에도 설치하는 것이다.[76] 버스 정류장의 위치도 중요하다. "버스 정류장을 출입인이 많은 건물 앞으로 옮기기만 해도" 커다란 차이를 만들 수 있다고 루카이투시데리스는 말한다. 내가 개인적으

로 제일 좋아하는 방안은 야간 버스에서 승객이 요청하면 정류장 사이
사이에서도 내려주는 것이다. 전체 버스 이용객의 대다수를 차지하는
것은 여성이지만 야간 버스에서는 여성이 소수에 속한다. 이런 차이가
정확히 왜 존재하는지에 관한 데이터는 없으나 우리가 가진 데이터를
바탕으로 추론하면 밤에는 여자들이 안전하지 않다고 느끼기 때문인
듯하다.[77]

교통 계획자들에게 좋은 소식은, 보안원 고용과 조명 증설을 제외한
방법들에는 큰 비용이 들지 않는다는 것이다. 그리고 루카이투시데리
스가 로스앤젤레스에서 조사한 바에 따르면 젠더 기반 범죄가 많이 일
어나는 버스 정류장은 정해져 있다. 따라서 문제 지역에만 이와 같은 조
치를 취한다면 더 많은 예산을 절약할 수 있을 것이다.[78] 각 운수회사에
필요한 것은 데이터, 그리고 데이터를 수집하려는 의지다. 그러나 그 의
지가 없다는 것이 문제다. 미국에는 운수회사가 데이터를 수집하게 만
드는 "연방정부 차원의 장려책이 없다"라고 루카이투시데리스는 말한
다. "그렇다고 강제하는 법이 있는 것도 아니라서 안 하는 것이다." 그
는 돈이 없다는 운수회사들의 "핑계"는 믿지 않는다.

인도에서는—델리는 2014년 세계에서 네 번째로 여자가 대중교통
을 이용하는 것이 위험한 도시로 뽑혔다—"델리 윤간"으로 알려진 사
건이 일어난 후로 여자들이 직접 데이터를 수집하고 있다.[79] 전 세계 헤
드라인을 장식한 이 성폭행은 2012년 12월 16일 저녁 9시 직후에 델리
남부에서 시작됐다. 23살의 물리치료학과 여학생 조티 싱Jyoti Singh과 남
사친 아바닌드라 판데이Avanindra Pandey는 영화관에서 〈라이프 오브 파
이〉를 보고 나와 델리에서 흔한 개인 버스에 올라탔다.[80] 그들은 집에

갈 작정이었지만 그 계획은 결국 좌절됐다. 두 친구는 처음에 녹슨 쇠막대로 심하게 구타당했다. 그다음에는 여섯 남자가 싱을 윤간하기 시작했다. (싱의 몸에 금속 막대를 강제로 삽입하는 것이 포함된) 이 폭행은 거의 1시간 동안 계속됐고 너무나 잔인해서 싱의 결장에 구멍이 뚫렸다.[81] 결국 제풀에 지친 강간범 6명은 의식이 오락가락하는 두 사람을, 그들이 버스에 올라탄 곳으로부터 8km 떨어진 길가에 버렸다.[82] 13일 후 싱은 사망했다. 이듬해에 세 여자가 세이프시티SafeCity라는 크라우드소싱 매핑 플랫폼을 만들었다.[83] 여자들은 "다른 여자들이 성범죄가 자주 발생하는 '요주의 장소'를 지도에서 볼 수 있도록" 자신이 성폭력을 당한 장소, 날짜와 시간뿐 아니라 무슨 일이 있었는지도 제보할 수 있다. 지금까지 수집된 데이터를 보면 대단히 흥미롭다. 가장 흔한 성희롱 유형은 주물럭거리기다. 심지어 캣콜링보다도 많다. 그리고 가장 많이 발생하는 장소는 공공 버스다(만원일 때가 많아서인 듯하다).

이 같은 혁신적인 해결책은 환영할 만하지만 전문 연구자들이 수집하고 분석한 데이터의 대안이 되기에는 충분치 않다. 그리고 이런 유의 데이터는 대중교통뿐 아니라 도시계획의 모든 분야에서 심각하게 부족하다. "우리는 왜 남자들만이 아니라 여자들을 위해서도 기능하는 도시를 설계하지 않는가?"라는 2016년 《더 가디언》 기사는 "젠더에 관한 추적 및 추이 데이터"를 포함하는 데이터세트의 수가 제한적이기 때문에 "여자들에게 필요한 것을 반영하는 인프라 프로그램의 개발을 어렵게 만든다"라고 경고한다.[84] 운 좋게 데이터 수집을 시작하더라도 영원히 할 수 있다는 보장은 없다. 2008년 젠더와 건축에 관한 연구 데이터베이스인 젠더사이트Gendersite가 영국에서 만들어졌지만 2012년 자금 부족으로 폐쇄됐다.[85] 그러나 우리가 성별 구분 데이터를 수집하지 않는다면, 도시계획에 사용하지 않는다면, 의도치 않은 남성 편향이 의외의 곳에서 불쑥 튀어나오게 될 것이다.

헬스클럽을 이용하는 대부분의 여자들은 웨이트트레이닝기구 구역으로 걸어 들어가기 전에 마음을 가다듬는다. 그 공간을 차지한 남자들 중 다수가 골칫거리 내지는 괴물을 보는 표정으로 자신을 쳐다보리라는 걸 알기 때문이다. 물론 그냥 걸어 들어가면 되긴 하지만 남자들은 부딪힐 일이 없는 정신적 장애물을 뛰어넘어야 하고 거기에 개의치 않기 위해서는 특별한 종류의 자신감이 필요하다. 어떤 날은 그냥 그러고 싶지가 않다. 우리 동네 공원에 있는 실외 운동기구도 마찬가지다. 거기에 남자들이 잔뜩 있으면 사용을 포기할 때가 많다. 내가 올 곳이 아니라는 눈총을 받는 것은 즐거운 일이 아니기 때문이다.

몇몇 장소에 대해 그런 불만이 존재할 때 어떤 사람들은 꼭, 여자들이 그렇게 온실 속의 화초처럼 굴면 안 된다고 말한다. 또 페미니스트들은 여자들을 그렇게 온실 속의 화초로 그리지 말라고 한다. 물론 그런 음흉한 시선과 남자들의 허세에 개의치 않는 여자들도 있다. 그러나 그런 공간을 피하는 여자들이 비이성적인 것은 아니다. 원칙적으로 성 중립적인 남녀 공용 운동 공간으로 용감하게 들어가는 여자들은 남자들에게서 적대적인 말을 많이 듣기 때문이다.[86] 교통 환경과 마찬가지로 헬스클럽도 겉으로는 남녀에게 동등한 것처럼 보이지만 실제로는 남성 편향적인 공공장소의 전형적인 예다.

좋은 소식은, 이런 유의 남성 편향은 설계 단계에서 제거할 수 있고 데이터도 이미 어느 정도 수집되어 있다는 것이다. 1990년대 중반에 빈의 공무원들이 조사한 바에 따르면 여자아이들은 10살 때부터 공원이나 공공 운동장에 나타나는 빈도가 "현저하게 줄어든다."[87] 그런데 '여자애들이 좀 더 강해져야지' 하고 넘겨버리는 대신 이 공무원들은 공원의 디자인에 뭔가 문제가 있지 않나 고민했다. 그래서 시험적 프로젝트를 몇 개 기획하고 데이터를 수집하기 시작했다.

그들이 발견한 사실은 흥미로웠다. 하나의 커다란 열린 공간이라는 점이 문제인 것으로 드러났다. 이 경우 여자아이들이 남자아이들과 하나의 공간을 놓고 경쟁해야 했기 때문이다. 여자아이들은 남자아이들과 싸울 자신이 없었으므로—사회화가 그렇게 만든다—그냥 남자아이들이 그곳을 차지하게 내버려두는 경향이 있었다. 그러나 공원을 더 작은 구역들로 세분하자 여자아이들이 급감하지 않게 되었다. 공무원들은 공원의 운동시설도 손봤다. 원래 이 공간은 사방이 철조망으로 둘러싸이고 입구가 하나밖에 없었다. 그 입구 주위에는 남자아이들이 모여들곤 했다. 그러면 여자아이들은 남자아이들의 공격을 뚫고 들어가기 싫어서 포기했다. 그때 클라우디아 프린츠브란덴부르크Claudia Prinz-Brandenburg가 간단한 해결책을 내놓았다. 입구의 너비와 개수를 늘리자는 것이었다.[88] 그리고 잔디밭과 마찬가지로 스포츠 공간 또한 세분했다. 야구 같은 정식 스포츠도 계속 지원했지만 이제는 (여자아이들이 많이 참여하는) 약식 활동을 위한 공간도 생겼다. 모두 미묘한 변화들이지만 효과가 있었다. 1년 후에는 공원을 사용하는 여자아이들이 늘어났을 뿐 아니라 "약식 활동"의 수 또한 증가했다. 지금은 빈에 새로 건설되는 모든 공원이 같은 원칙에 따라 설계되고 있다.

2장 성 중립 화장실

스웨덴 말뫼 시는 자신들이 지금껏 "청소년" 도시 재개발을 설계해온 방식에 줄곧 비슷한 남성 편향이 있었음을 발견했다. 통상적 절차는 스케이팅, 암벽등반, 그라피티를 위한 공간을 만드는 것이었다.[89] 문제는, 이러한 활동에 참가하는 것이 "청소년" 전부가 아니었다는 사실이다. 청소년용 여가 공간 및 시설 사용자의 대부분이 남학생이었고 여학생은 10~20%밖에 안 됐다. 이번에도 공무원들은 '이런 공간을 사용하고 싶어 하지 않는 여자애들이 이상한 거야' 하고 넘겨버리는 대신 데이터를 수집하기 시작했다.

2010년에 공무원들은 주차장을 여가 공간으로 바꾸는 새로운 재개발 프로젝트를 시작하기 전에 여학생들에게 무엇을 원하냐고 물었다.[90] 그 결과 그곳은 빈의 공원들처럼 조명이 환하고, 다양한 크기의 공간들로 세분된 장소가 되었다.[91] 이 프로젝트에 참여했던, 말뫼 교통부 소속 공무원 크리스티안 레세보Christian Resebo는 말한다. 그 후에 "특별히 여학생과 젊은 여성을 대상으로 한 곳이 2곳 더 개발됐다."

성인지 감수성이 높은 접근법의 혜택은 여학생들만 느낄 수 있는 것이 아니다. 공공사업예산에서도 느낄 수 있다. 스웨덴 예테보리 시에서는 매년 스포츠 동호회 및 단체에 8000만 크로나(한화 약 96억 원)를 지원한다. 물론 이 예산의 혜택은 모든 시민에게 동등하게 돌아가야 한다. 그러나 시 공무원들이 데이터를 조사해보니 그렇지가 않았다.[92] 예산의 대부분은 단체 스포츠에 돌아가고 있었고 그 대상자는 거의 다 남학생이었다. 후원금을 받는 44개 종목 중 36개가 남자 스포츠였다. 총액을 계산하면 예테보리는 여자 스포츠보다 남자 스포츠에 1500만 크로나(한화 약 18억 원)를 더 쓰고 있었다. 이는 여자 스포츠에 대한 지원이 적다는 것만을 의미하지 않는다. 때로는 지원을 전혀 못 받는 경우도 있고, 그 말은 여학생들이 사비를 들여서 운동해야 한다는 뜻이다. 경제적 여건이 안 된다면 아예 운동을 할 수 없었다.

대부분의 독자들은 '여자 스포츠에 투자하지 않았더니 여학생들의 정신 건강이 나빠졌다'는 이 보고서의 결론에 놀라지 않을 것이다. 그러나 '여자 스포츠에 투자를 하면 골다공증으로 인한 골절 비용이 감소할 수도 있다'는 주장에는 놀랄 것이다. 운동을 하면 젊은이들의 골밀도가 높아져서 노년기에 골다공증에 걸릴 위험이 낮아진다. 연구에 따르면 특히 사춘기 전부터 운동을 시작하는 것이 중요하다.

매년 예테보리에서 낙상에 의한 1000여 건의 골절―그중 4분의 3이 여자 환자다―로 인해 발생하는 비용은 약 1억 5000만 크로나(한화 약 180억 원)다. 이 중 여자 환자가 차지하는 비중은 1억 1000만 크로나(한화 약 132억 원)가 넘는다. 보고서의 결론은 "만약 시에서 여자 스포츠에 대한 지원을 1500만 크로나 늘려서 향후 골다공증으로 인한 골절을 14% 감소할 수 있다면 투자금은 충분히 벌충될 것"이다.

설계자가 젠더를 고려하지 않을 때 공공장소는 남성 디폴트가 된다. 그런데 현실은 세계 인구의 절반이 여성의 신체를 갖고 있다는 것이다. 세계 인구의 절반은 매일같이 그 신체에 가해지는 성적 위협과 싸워야 한다. 세계 인구 전체는 돌봄을 필요로 하는데 현재 그 돌봄노동은 주로 여자들이 무급으로 한다. 이것들은 특수한 관심사가 아니라 보편적 관심사다. 그리고 공공장소가 정말로 모두를 위한 곳이 되려면 지금부터라도 세계 인구의 나머지 절반을 배려하기 시작해야 한다. 이제껏 살펴본 것처럼 이는 정의의 문제만이 아니다. 간단한 경제문제이기도 하다.

도시계획에 여성의 돌봄 의무를 반영하면 여자들이 더 쉽게 유급 노동에 전력투구할 수 있다. 다음 장에서 살펴보겠지만 이는 GDP 증가의 중요한 견인차다. 여자들이 직면하는 성폭력에 관심을 갖고 (충분한 단일 성별 공중화장실 공급 같은) 예방책을 도입함으로써 여성 대상 범죄로 인해 발생하는 비용을 줄이면 장기적으로 예산을 절감할 수 있다. 공공장소와 공공 활동 설계에 여성의 사회화를 반영하면 여성의 정신 건강 및 신체 건강이 보장되어 또 한번 장기적 비용이 절약된다.

한마디로, 공공장소를 설계할 때 세계 인구의 절반인 여성을 빼놓는 것은 재원의 문제가 아니다. 그것은 우선순위의 문제이며 현재는 고의든 아니든 여자를 우선시하지 않고 있다. 이것은 명백한 불의이자 경제적 무지다. 여자들은 공공자원을 이용할 동등한 권리가 있다. 우리는 설계 단계에서부터 여자를 제외하는 것을 멈춰야 한다.

2부

직장

INVISIBLE WOMEN

3장

힘든 금요일

결국 1975년 10월 24일은 아이슬란드 남자들에 의해 "힘든 금요일"로 알려지게 되었다.[1] 슈퍼마켓에서는 "당대 최고로 인기 있는 즉석식품"인 소시지가 품절되었다. 사무실에는 갑자기 (말을 듣게 하려고 뇌물로 준) 단것을 먹고 흥분한 아이들이 우글우글했다. 학교, 어린이집, 생선 공장이 모두 문을 닫거나 일부만 가동했다. 그렇다면 여자들은? 음, 여자들은 그날 모두 휴일이었다.

UN이 1975년을 여성의 해로 선포하자 아이슬란드 여자들은 이를 제대로 기념하기로 했다. 아이슬란드 5대 여성단체의 대표들이 모여 위원회를 만들었다. 그들은 얼마간의 논의 끝에 파업이라는 아이디어를 내놓았다. 10월 24일에는 아이슬란드의 어떤 여자도 일하지 않을 것이다. 유급 노동은 물론이고 요리, 청소, 아이 돌봄까지도. 이 나라가 제대로 돌아가게 하기 위해 여자들이 매일 해왔던 보이지 않는 노동이 사라지면 어떻게 되는지 아이슬란드 남자들이 스스로 깨닫게 하자.

아이슬란드 여성의 90%가 파업에 참여했다. 2만 5000명의 여자들이 집회를 위해 수도 레이캬비크의 중심 광장에 모였다(전국에서 열린 집회 20여 건 중 최대 인파였다). 당시 인구 22만밖에 안 되던 나라에서 믿기 힘든 수치였다.[2] 1년 뒤인 1976년 아이슬란드는 직장과 학교에서의 성차별을 금지하는 「성평등법 Lög um jafnrétti kvenna og karla」을 통과시켰다.[3] 5년 후인 1980년에는 비그디스 핀보가도티르Vigdís Finnbogadóttir가 남자 후보 셋을 제치고 세계 최초로 민주적으로 선출된 여자 대통령이 되었다. 현재 아이슬란드 국회는 쿼터제가 없는데도 세계에서 가장 성평등하다.[4] 2017년에는 세계경제포럼의 세계 성 격차 지수Global Gender Gap Index에서 8년 연속 1위를 기록했다.[5]

또한 아이슬란드는 《이코노미스트》가 선정한, 일하는 여자가 가장 살기 좋은 나라다.[6] 물론 축하할 일이지만 《이코노미스트》의 표현에는 문제가 있다. 아이슬란드의 파업은 "일하는 여자"라는 말이 잉여적 표현임을 가르쳐줬다. 일하지 않는 여자란 존재하지 않는다. 다만 일을 하고도 급여를 받지 못하는 여자가 존재할 뿐이다.

전 세계적으로 여자는 무급 노동의 75%를 담당한다.[7] 여자의 일일 무급 노동 시간이 3~6시간인 데 반해 남자는 평균 30분~2시간이다.[8] 이 불균형은 일찍 시작되어—5살 여자아이조차도 남자 형제보다 집안일을 훨씬 더 많이 한다—나이가 들수록 심해진다. 세계에서 남성의 무급 노동 시간이 가장 긴 나라(덴마크)와 여성의 무급 노동 시간이 가장 짧은 나라(노르웨이)를 비교해도 여전히 남자가 여자보다 짧다.[9]

남녀 간 무급 노동의 불균형 문제를 끄집어낼 때마다 나는 똑같은 말을 듣는다. "하지만 확실히 나아지고 있지 않나? 남자들이 점점 더 많이 하지 않나?" 개인 차원에서는 물론 전보다 많이 하는 남자들이 있다.

하지만 국가 차원에서는? 전혀 아니다. 남자의 무급 노동이 차지하는 비중은 꽤나 요지부동이다. 오스트레일리아의 한 연구에 따르면 가사 도우미를 고용한 부유한 커플의 경우에도 나머지 무급 노동을 남녀가 분업하는 비율은 똑같다. 여전히 여자가 대부분의 일을 한다.[10] 그리고 여자가 유급 노동에 참여하는 비율은 점점 증가하지만 남자가 무급 노동에 참여하는 비율은 그만큼 증가하지 않고 있다. 단순히 여자들의 총 노동 시간만 증가했을 뿐이다. 지난 20년간 수많은 연구에 의하면 여자들은 그들이 벌어들이는 돈이 가계수입에서 차지하는 비중과 상관없이 대부분의 무급 노동을 한다.[11]

설사 남자들이 무급 노동을 예전보다 많이 한다 해도 일상적인 집 안일을 하는 않는다.[12] 노동량의 대부분을 차지하는 것은 빨래, 청소, 설거지 같은 일인데도 말이다.[13] 그 대신 아이 돌봄 같은, 비교적 즐거운 일만 쏙쏙 뽑아 간다. 평균적으로 여자는 가사 노동의 61%를 담당한다. 예를 들어 인도 여자의 하루 무급 노동 시간은 6시간인데 그중 5시간이 집안일에 사용된다. 반면 인도 남자가 집안일하는 시간은 고작 13분이다.[14] 또한 노인 돌봄 노동 중에 사적이고 지저분하고 감정 소모가 심한 부분을 남자가 맡는 경우는 드물다. 영국에서는 무급으로 치매 노인을 돌보는 사람의 최대 70%가 여자다.[15] 목욕, 옷 입히기, 대소변 받기, 실금 뒤처리 같은 일은 여자가 할 확률이 높다.[16] 여자가 누군가를 24시간 간호하거나 치매환자를 5년 넘게 돌볼 확률은 남자의 2배 이상이다.[17] 또한 아픈 가족을 돌보는 여자는 같은 경우의 남자보다 주위의 도움을 못 받는 경향이 있어서 소외감을 느끼거나 우울증에 걸릴 확률이 높은데 이것이 또 치매를 일으킬 수 있는 위험 요소가 된다.[18]

반면 남자들은 텔레비전을 보거나, 운동을 하거나, 컴퓨터게임을 하면서 줄곧 여가를 즐겨왔다. 미국 남자의 일일 여가 시간은 여자보다 1시간 이상 길다.[19] 통계청 조사에 따르면 영국 남자의 여가 시간은 여자보다 일주일에 5시간이 길다.[20] 오스트레일리아의 한 조사에 따르면 여자의 얼마 안 되는 여가 시간은 남자에 비해 "파편화되어 있고 다른 일과 겹치는 경우가 많다."[21]

그 결과 극소수의 예외를 제외하면 전 세계적으로 여자는 남자보다 오랜 시간 일한다. 성별 구분 데이터가 모든 나라에 존재하진 않지만 존재하는 나라에서는 이러한 경향이 뚜렷하다. 한국에서는 여자가 남자보다 하루에 34분 더 일한다. 포르투갈에서는 90분, 중국에서는 44분, 남아공에서는 48분이다.[22] 격차의 크기는 나라별로 다르지만—세계은행의 추산에 따르면 우간다 여자는 하루 평균 15시간을 일하는 데 반해 남자는 9시간 일한다—격차가 존재한다는 점은 일관적이다.[23]

남녀 과학자 간 무급 노동량의 불균형에 대한 2010년 미국 논문에 따르면 여자 과학자들은 주당 약 60시간을 일하고 나서도 자기 집에서 요리, 청소, 빨래의 54%를 함으로써 10시간 이상을 더 일했다. 반면 남자 과학자들은 집안일의 28%를 했고 무급 노동 시간 역시 여자 과학자의 반밖에 안 됐다.[24] 또한 이 데이터세트에서 여자 과학자는 자녀 돌봄의 54%를 한 반면 남자 과학자는 36%를 했다. 인도에서는 여성 노동 시간의 66%가 무급 노동에 소비된 반면 남자의 경우는 12%밖에 안 됐다. 이탈리아에서는 여자는 61%, 남자는 23%였다. 프랑스에서는 여자는 57%, 남자는 38%였다.

이 모든 추가적 노동은 여성의 건강에 영향을 미친다. (특히 55세 미만의) 여자가 남자보다 심장 수술 예후가 나쁘다는 것은 오래전부터 알려진 사실이다. 하지만 2016년에 캐나다에서 한 논문이 나오기 전까지는 학자들도 여성의 돌봄노동 부담이 이 차이의 원인 중 하나라고 생각하지 못했다. "관상동맥우회수술을 받은 여자들은 곧바로 돌봄노동에 복귀하는 경향이 있으나 남자들은 자신을 돌봐줄 사람이 있는 경우가 많았다"라고 이 논문의 주 저자인 콜린 노리스Colleen Norris는 말한다.[25]

이 연구 결과는 다른 현상들의 원인을 설명하는 데도 어느 정도 도움이 될 것이다. 핀란드의 한 연구에 따르면[26] 심장마비를 겪은 여성 가운데 싱글 여성은 기혼 여성보다 회복률이 높았다. 마찬가지로 미시간대학교의 연구에 따르면[27] 여자들은 남편이 생기면 가사 노동 시간이 일주일에 7시간 늘어났다. 오스트레일리아의 연구도 유사한 결과를 보여준다. 싱글 남성과 싱글 여성은 집안일을 하는 시간이 비슷했다. 그런데 여자가 남자와 동거하기 시작하자 "여자의 가사 노동 시간은 증가하고 남자의 가사 노동 시간은 감소했다. 취업 여부와는 관계가 없었다."[28]

"일"에 대해 얘기할 때 여성의 무급 노동에 대해 잊어버리는 것은 《이코노미스트》만이 아니다. 《잉크》 같은 경제 잡지들이 사설에서, "과학"적 연구 결과에 따르면 "당신"은 일주일에 40시간 넘게 일하면 안 된다고 할 때[29] 또는 《더 가디언》이, 만약 당신이 일주일에 39시간 넘게 일하고 있다면 "일 때문에 죽을 수도 있다"라고 할 때 그 "당신"은 여자가 아니다. 여자에게 "만약"은 없기 때문이다.[30] 여자들은 항상 일주일에 40시간 넘게 일한다. 그리고 그 때문에 죽어가고 있다.

시작은 스트레스다. 2017년 영국 산업안전보건청 Health and Safety Executive이 직장 내 스트레스에 관한 보고서를 발표했는데 나이대에 상관없이 여자가 남자보다 업무 관련 스트레스, 불안, 우울을 경험할 확률이 높았다.[31] 종합적으로 여자는 스트레스를 받을 확률이 남자보다 53% 높지만 이 차이는 특히 35~44세에서 두드러졌다. 남자의 경우 스트레스 환자가 10만 명당 1270명인 반면 여자는 10만 명당 2250명으로 거의 2배에 가까웠다.

산업안전보건청은 이 격차가 여자들이 주로 일하는 부문 — 스트레스는 교육, 보건, 사회복지 같은 공공서비스업계에 더 만연하다 — 과 "남녀가 스트레스라는 주제에 대해 갖는 태도와 생각의 차이" 때문이라고 결론지었다. 물론 그것도 이유 중 하나겠지만 산업안전보건청의 분석이야말로 심각한 젠더 데이터 공백을 위풍당당하게 보여주고 있다.

국제노동기구 International Labour Organization는 1930년 이래 누구도 일주일에 48시간 넘게 일해서는 안 된다고 규정해왔는데 이때의 "일"은 유급 노동을 의미했다.[32] 48시간 넘게 일하면 의료비가 들기 시작한다. 그러나 실제로는 그보다 조금 더 복잡한 원인이 있다는 주장이 점점 더 설득력을 얻어가고 있다.

1997~2004년에 영국 공무원을 대상으로 수집한 데이터를 분석한 2011년 논문에 따르면 주당 55시간 넘게 일하는 여자는 우울과 불안이 생길 확률이 현저히 높았다. 그러나 남자의 경우에는 통계적으로 유의미한 영향이 없었다.[33] 주당 41~45시간만 일해도 여자는 정신 건강에 문제가 생길 위험성이 증가했다. 이는 1999년 캐나다의 연구[34]와 오스트레일리아의 가구, 소득, 노동 역학 조사 Household, Income and Labour

Dynamics of Australia Survey에서 수집한 6년간의 데이터를 분석한 2017년 논문[35]과도 비슷했다. 여자는 남자보다 유급 노동시간이 훨씬 적어도 정신 건강이 악화되기 시작했다.

정신 건강만이 문제는 아니다. 스웨덴의 여러 연구에 따르면 중간 정도의 초과근무는 여성의 입원율 및 사망률을 증가시키지만 남성에게는 보호 효과가 있었다.[36] 32년에 걸친 장시간 노동의 영향을 분석한 2016년 미국 논문도 비슷한 남녀 간 차이를 발견했다.[37] 중간 정도의 초과근무(주당 41~50시간)는 남성이 "심장병, 만성 폐질환, 우울증에 걸릴 확률의 감소와 관련"이 있었다. 반대로 여성이 비슷한 시간 동안 일했을 때는 심장병과 암을 포함한 치명적 질병에 걸릴 확률이 지속적으로 "우려스러울 만큼 증가"했다. 여자가 이런 병에 걸릴 확률은 주당 40시간 넘게 일하면 증가하기 시작했다. 30년 넘게 주당 평균 60시간을 일하면 이런 병에 걸릴 확률은 3배로 뛰었다.

그렇다면 대체 무슨 일이 일어나고 있는 건가? 이 모든 것은 여자가 남자보다 약하다는 증거인가?

그렇진 않다. 사실 오스트레일리아의 연구에 따르면 일반적인 남자는 일반적인 여자보다 훨씬 오랜 시간을 일해야 정신 건강에 악영향을 받기 시작한다. 그러나 남녀 간 차이가 훨씬 작은 집단이 있다. 바로 "돌봄 의무가 없는 자"다. 이 집단에서는 건강이 악화되기 시작하는 지점이 남녀 모두 국제노동기구에서 규정한 주당 48시간에 훨씬 가까웠다. 문제는, 여자들은 돌봄 의무가 없는 것이 아니라 단지 그들이 하는 일이 눈에 보이지 않을 뿐이라는 것이다.

라이언 고슬링은 2017년 골든글로브상 시상식에서 사실혼 파트너인 에바 멘데스의 무급 노동에 감사를 표하며 멘데스의 희생이 없었다면 자신이 상을 받지 못했을 거라고 말함으로써 흔치 않은 남자가 되었다.[38] 보통은 《더 가디언》 칼럼니스트 헤들리 프리먼Hadley Freeman이 얘기한 것처럼, 아주 인상적일 만큼 생각 없는 남자가 대부분이다. "매주 월요일부터 목요일에만 근무하고 싶다는 내 친구에게 남자 상사는 이렇게 말했다. '나도 자식이 있지만 풀타임으로 일하잖나?' 내 친구는 '네, 그 대신 당신 아내가 애들을 키우기 위해 직장을 관뒀죠'라고 말하고 싶었지만 차마 그러지 못했다."[39]

이 남자는 자기 주위에서 이뤄지는 모든 무급 노동을 보지 못했다 (혹은 보고 싶지 않았는지도 모른다). 그가 자식이 있는데도 아무 문제 없이 풀타임 유급 노동을 할 수 있게 해주는 무급 노동 말이다. 그가 금요일에 쉴 필요가 없는 이유는 여자 동료보다 유능해서가 아니라 전업주부 아내가 있기 때문이라는 사실이 보이지 않는 모양이다.

물론 대부분의 남자 상사에게는 전업주부 아내가 없다. 아내가 일을 완전히 그만둬도 될 만큼 경제적 여건이 좋지 않기 때문이다. 그 대신 여자들은 파트타임과 돌봄노동을 병행한다. 영국에서는 여자의 42%, 남자의 11%가 파트타임으로 일하며 파트타임 노동자의 75%가 여자다.[40] 파트타임은 풀타임보다 시급이 낮다. 그 이유 중 하나는 고위직이 교대근무거나 탄력 근무인 경우는 드물기 때문이다. 결국 여자들은 자신이 가진 자격보다 낮은 직책으로 일하게 된다. 그렇게 해서 탄력적인 근무 시간을 얻는 대신[41] 낮은 급여를 받는다.[42]

2016년 스코틀랜드 평균 시급의 남녀 임금격차는 15%였다. 하지만 이 평균에는 풀타임과 파트타임이라는 중요한 차이가 숨어 있다.[43]

풀타임 노동자만 따지면 남녀 임금격차는 11%로 내려가지만 풀타임 남성 노동자와 파트타임 여성 노동자의 임금격차는 32%였다. 2017년 영국 풀타임 노동자 시급의 중앙값이 14파운드(한화 약 2만 1560원)였던 반면[44] 파트타임 노동자 시급의 중앙값은 9.12파운드(한화 약 1만 4045원)였다.[45]

여자들이 저임금 노동을 선택하는 거라는 사람도 있다. 그러나 현실적으로 '아이 돌보지 않기'와 '집안일 안 하기' 외에는 선택지가 없는 상황에서 선택이라고 말하는 것은 우스운 일이다. 50년간의 미국 인구조사 데이터에 따르면[46] 여자들이 한꺼번에 어떤 업종에 진출하면 그 업종은 임금이 내려가고 "위세"를 잃는다.[47] 즉 여자가 저임금 노동을 선택하는 것이 아니라 저임금 노동이 여자를 선택하는 것이다.

이 '선택 아닌 선택'은 여자를 가난하게 만든다. 경제협력개발기구(이하 OECD로 표기)의 최근 연구에 따르면 여자가 남자보다 많은 시간을 무급 돌봄노동에 쓰는 나라일수록 남녀 시급의 임금격차가 심했다.[48] 영국에서는 최저생활비 미만을 버는 사람의 61%가 여자다.[49] 영국 조세재정연구소Institute for Fiscal Studies에 따르면 남녀 임금격차는 자녀가 태어난 뒤 12년 동안 최대 33%까지 벌어진다. 여자의 경력과 임금이 정체하기 때문이다.[50] 미국에서 유자녀 남녀의 임금격차는 무자녀 남녀의 3배나 된다.[51]

이 격차는 시간이 흐를수록 점점 더 벌어진다. 자녀가 하나인 독일 여자는 45살이 될 때까지, 경력 단절 없이 풀타임으로 쭉 일한 여자보다 미화로 최대 28만 5000달러(한화 약 3억 3345만 원)를 덜 벌 수도 있다.[52] 프랑스, 독일, 스웨덴, 터키의 데이터에 따르면 무급 돌봄노동을 통한 여성의 사회 기여도를 임금에 반영하는 나라에서조차도 여자의 평생 수입은 남자보다 31~75%가 적었다.[53]

이 모든 것으로 인해 여자는 노년기에 극심한 가난을 겪게 된다. 그 원인 중 하나는 젊었을 때 저축할 돈 자체가 없기 때문이다. 또 하나의 원인은 정부가 연금제도를 설계할 때 (남성보다 낮은) 여성의 평생 수입을 반영하지 않기 때문이다. 이는 정확히 말하면 데이터 공백이 아니다. 데이터는 대부분 존재한다. 하지만 데이터를 수집해도 정부가 사용하지 않으니 소용이 없다.

세계은행 같은 국제 금융기관의 조언에 따라 세계 각국은 지난 20년간 사회보험에서 (대개 민간 부문에서 관리하는) 개인 자산 계좌 제도로 점차 전환해왔다.[54] 연금 수령자가 받는 돈은 그가 과거에 납부한 금액과, 연금을 수령할 것으로 예상되는 기간을 기준으로 정해진다. 이 말은, 여자는 무급 돌봄노동 때문에 유급 노동을 하지 못한 것, (몇몇 국가 및 직종에서 법으로 강제되는) 조기퇴직, 남자보다 긴 예상 수명, 이렇게 3가지로 인한 불이익을 받는다는 뜻이다.

다른 정책들도 여자보다 남자에게 혜택을 준다. 여기에는 최근 도입된, 오스트레일리아의 연금기금에 대한 감세 제도 ― 남자가 여자보다 고액 연금자일 가능성이 높으므로 감세 혜택도 더 많이 받는다 ― 와 영국의 퇴직연금 자동 가입 제도가 포함된다.[55] 퇴직연금 자동 가입 제도는 다른 여러 나라의 연금제와 마찬가지로, 여자가 무급 돌봄노동을 하기 위해 유급 노동을 중단할 수밖에 없는 기간을 보상하지 않는 전형적인 오류를 범한다. 그 결과 여자들은 "노년 대비에 필수적인 연금 불입을 하지 못한다."[56] 이보다 더 용서할 수 없는 것은 여자들이 유급 노동과 무급 노동을 병행하기 위해 파트타임을 여러 개 할 가능성이 높다는 사실을 반영하지 않는 영국의 잘못된 제도다.[57] 퇴직연금에 자동으로 가입하려면 연 수입이 최소 1만 파운드(한화 약 1540만 원)는 되어야 한다. 많은 여자들이 이 이상을 벌지만 여러 고용주에게서 나눠 받는다. 그런데 수입 합계로는 자격 요건 통과가 안 된다. 이 말은 "일하는 여성의 32%(270만 명)가 퇴직연금에 가입하지 못한다는 것이다. 같은 경우 남성의 비율은 14%다."[58]

브라질, 볼리비아, 보츠와나의 연금제는 이와 대조적이다. "불입 없이도 연금을 수령할 수 있는 경우가 다양해서" 거의 전 국민이 연금에 가입되어 있고 연금액의 남녀 격차도 더 작다.[59] 볼리비아 여자는 아이를 하나 낳을 때마다 (최대 3명까지) 1년 치 연금 불입액을 정부가 대신 내준다. 주 양육자의 연금 불입액을 정부가 지원하자 부수익으로, 남자들이 무급 돌봄노동에 더 많이 참여하는 효과까지 나타났다(이는 여성 빈곤에 대한 더 장기적인 해결책이기도 하다).[60] 여기에서 의문이 생긴다. 여성의 무급 노동은 우리가 보지 못하기 때문에 저평가되는 것인가, 아니면 우리가 저평가하기 때문에 보이지 않는 것인가?

연금제의 남성 편향 제거 외에도 정부는 여자가 유급 노동을 계속할 수 있게 만드는 정책을 통해 여성의 노년 빈곤을 해결해야 한다. 이는 적절한 임금을 지급하는 출산휴가에서 시작된다(하지만 거기서 끝나진 않는다).

맞벌이 부모를 위한 종합 지원제도가 있는 EU 국가에서는 여성 취업률이 높다.[61] 전 세계적으로 수많은 연구에 따르면 출산휴가는 여성의 유급 노동 시장 참여에 긍정적인 영향을 미친다.[62] 그 영향은 취업자 수뿐 아니라 근무시간과 수입에서도 나타나는데 특히 저임금 여성에게 이로운 것으로 드러났다.[63]

그러나 주의해야 할 점이 있다. 모든 출산휴가 제도가 동등하지는 않다는 것이다. 출산휴가 기간과 급여가 다르다. 출산휴가 기간이 충분 치 않으면 여자들이 아예 퇴직하거나[64] 파트타임으로 전환할 위험이 있 다.[65] 구글은 막 출산한 여성 직원의 퇴사율이 전체 퇴사율의 2배임을 알았을 때 출산휴가를 '3개월, 급여 일부 지급'에서 '5개월, 급여 전액 지급'으로 바꿨다. 그러자 퇴사율이 50% 감소했다.[66]

미국을 제외한 모든 선진국에서는 유급 출산휴가를 보장한다.[67] 그 러나 대부분의 국가에서는 급여나 휴가 기간, 둘 중 한쪽이 노동자들을 만족시키지 못한다. 둘 다 만족시키는 경우는 아예 없다. 최근 오스트레 일리아의 연구에 따르면 여자들이 유급 노동에 계속 참여하기 위한, 유 급 출산휴가의 이상적인 기간은 7개월~1년인 것으로 드러났다.[68] 그러 나 그렇게 오랫동안 적절한 임금을 지급하는 나라는 단 하나도 없다.

OECD 회원국 중 12개국은 임금을 전액 지급하지만 이 국가들 가 운데 출산휴가를 20주 넘게 주는 곳은 없으며 평균 기간은 15주다. 예 를 들어 전액 지급국 중 하나인 포르투갈은 겨우 6주를 제공한다. 반대 로 오스트레일리아는 18주의 출산휴가를 제공하지만 임금을 42%만 지 급한다. 아일랜드는 26주, 34%다. 그렇기 때문에 이 나라들에서 여자가 원칙적으로 쓸 수 있는 휴가를 다 쓰는 것은 불가능하다.

영국 정치인들은 (특히 브렉시트 찬반 국민투표를 앞뒀을 때) 영국이, 1992년에 발효된 EU의 임신 노동자 지침이 규정한 14주보다 "더 관대한" 출산휴가를 제공한다고 으스대길 좋아한다.[69] 이론상으로는 그렇지만 영국 여자들이 유럽 여자들보다 조건이 더 좋지는 않다. EU 유급 출산휴가의 평균 기간은 22주다.[70] 이 수치에는 급여와 휴가 기간이 나라에 따라 천차만별이라는 사실이 숨어 있다. 크로아티아는 전액 급여로 30주를 제공하지만 영국은 평균 30%의 급여로 39주를 제공한다. 사실 2017년 분석에 따르면 영국이 여성 노동자에게 제공하는 "충분한 급여가 나오는 출산휴가"의 기간은 1.4개월로, 유럽 24개국 가운데 22위였다.

이제 영국은 EU를 탈퇴하게 되었으니 다른 유럽 국가들보다 한참 더 밑으로 떨어질 예정이다. EU는 2008년부터 출산휴가 규정을 전액 급여, 20주로 늘리려고 노력해왔다.[71] 수년 동안 교착상태였던 이 방안은 2015년에 결국 폐기되었다. 끈질기게 반대 로비를 해온 영국 때문이다.[72] 이제 영국으로부터 자유로워진 EU의 여자들은 진보적인 휴가 혜택을 누리게 될 것이다. 현재 브렉시트 담당 장관인 마틴 캘러낸Martin Callanan은 2012년 유럽의회 연설에서 "우리가 폐기할 수 있는, 실질 고용의 장애물" 목록에 임신 노동자 지침을 포함한 바 있다.[73]

영국에는 이미 출산휴가가 전혀 없는 여자들이 있다. 임신 노동자 지침에 여성 정치인은 포함되지 않기 때문이다. 여자 국회의원은 출산 휴가를 쓸 수 있지만 국회에 직접 출석하지 않고도 투표할 수 있게 하는 조항이 없다. 일종의 편법으로 페어링pairing이라는 방법이 있는데 페어링이란 한 하원의원이 자신과 반대표를 던질 의원과 짝을 이루어 둘 다 투표를 하지 않는 것이다. 그러나 2018년 7월 우리는 이 방법이 어떻게 악용될 수 있는지를 봤다. 당시 출산휴가 중이던 자유민주당의 조

스윈슨Jo Swinson과 짝인 보수당 의원 브랜던 루이스Brandon Lewis가 알 수 없는 이유로 자신이 페어링 중이라는 사실을 '깜빡하고' 출석하여 브렉시트 법안에 찬성표를 던진 것이다. 이날 정부는 아주 근소한 차이로 승리했기 때문에 2표 차이가 중요했다.

그런데 지방정부로 가면 엎친 데 덮친 격이 된다. 「1972 지방정부법Local Government Act 1972」 85절에 따르면 "시의원이 의회의 승인을 받지 않은 채 6개월 동안 회의에 출석하지 않으면 의원직을 상실한다." 이 '승인'에 당연히 출산휴가가 포함될 것 같겠지만 여성 자선단체 포셋소사이어티Fawcett Society의 후원으로 발간된 보고서에 따르면 잉글랜드의 지방의회 가운데 12곳(4%)에만 정식 출산휴가 정책이 있고 몇몇 곳에는 비공식적 조치가 있으나 4분의 3에서는 아무것도 제공하지 않는다.[74] 그리하여 인류의 반이 출산을 할 수 있고 출산하는 경우가 많다는 사실을 잊어버린 사람들이 만든 정책 때문에 여자들은 직장을 잃는다.

2015년 시의원 샬린 매클린Charlene McLean은 조산으로 인해 수개월 동안 입원해야 했다. 그동안 의회와 계속 연락을 주고받았고 자신에게 일반적인 노동자의 권리가 있다는 말을 들었음에도 실제로 복귀했을 때에는 6개월 동안 출석하지 않았으니 재선을 기다리라는 말을 들었다. 이 사건이 있은 후에도 뉴엄 시의회는 여성의 신체적 특징을 반영하도록 규칙을 개정하지는 않았다. 그 대신 모든 임부에게, 그들에게 없는 권리가 무엇인지에 관한 올바른 정보를 전달하기로 했다.[75] 이듬해에 버밍엄 시의원 브리지드 존스Brigid Jones는 만약 그가 임신한다면 아동복지 보좌관이라는 직책을 사임해야 할 것이라는 말을 들었다.

미국 여자들의 상황은 더 나쁘다. 전 세계에서 최소한의 유급 출산휴가조차 보장하지 않는 4개국 가운데 하나이기 때문이다.[76] 「1993 가족 돌봄 휴가 및 병가법Family and Medical Leave Act of 1993」은 12주의 무급 휴가를 보장한다. 그러나 다른 제약들을 모두 무사통과하더라도 50인 초과 사업장에서 12개월 이상 근무한 사람만 이 휴가를 쓸 자격이 된다.[77] 그 결과 무급 휴가조차도 전체 직장 여성의 60%만 사용할 수 있다.[78] 나머지 40%가 해고되는 것을 막을 길은 없다. 그리고 물론 무급 휴가를 쓸 만한 경제적 여건이 되는 여자의 수는 그보다 더 적다. 미국의 산모 4명 가운데 1명은 출산 후 2주 안에 직장에 복귀한다.

물론 주정부나 회사 차원에서 이런 문제를 해결해주는 경우도 간혹 있다. 2016년 1월 버락 오바마 대통령은 연방정부 직원들에게 가족 돌봄을 위한 6주간의 유급 휴가를 줬다.[79] 4개 주(캘리포니아, 로드아일랜드, 뉴욕, 뉴저지)와 워싱턴시는 사회보험을 통해 마련한 재원으로 유급 돌봄 휴가를 제공한다.[80] 운 좋게 출산휴가를 제공하는 회사에 다니는 여자들도 있다. 그러나 이런 예를 다 합치더라도 미국 여성의 85%가량은 어떤 형태의 유급 휴가도 갖지 못한다.[81]

법을 통해 이 문제를 해결해보려다 실패한 사례는 많다. 최근에는 트럼프가 2018년 연방 예산에서 산모들에게 6주간 고용보험금을 지급하자고 제안했던 적이 있었다.[82] 이 법안은 통과하지 못했지만 설사 통과했더라도 이 정도 기간과 금액은 여자들을 유급 노동에 참여하도록 만드는 데 부족했을 것이다. 다른 선진국들과 달리 미국의 여성 취업률은 실제로 낮아지고 있기 때문에 해결 방안이 절실하다. 2013년 연구에 따르면 여성 취업률 감소분의 약 3분의 1은 가족 친화적 정책의 부재 때문이다.[83]

그래서 미국 정부는 이 까다로운 문제의 해결책을 찾기 위한 시도를 계속하고 있다. 그러나 가장 최근에 나온 묘안은 성인지 감수성이 낮은 정책이 어떻게 부지불식간에 여성을 차별하는지를 보여준 또 하나의 예에 지나지 않는다.[84] 내가 이 글을 쓰고 있는 2018년에 공화당 하원의원들은 국민들이 출산휴가 때 사회보장 연금의 일부를 당겨 받게 하고, 그 비용을 벌충하기 위해 퇴직연금의 수령 시기는 늦추는—더 늦게까지 불입하도록—아이디어에 흥분해 있다. 이 방안이 매력적으로 보이는 이유는 간단하다. 적어도 정부 입장에서는 새로운 비용이 전혀 들지 않기 때문이다. 그러나 여자 입장에서는 그렇지 않다. 남녀 임금격차와 여자가 아이를 돌보느라 유급 노동을 하지 못하는 기간 때문에 이미 작아진, 여성의 연금 수령액을 더 작게 만드는 정책이기 때문이다.[85] 여자가 남자보다 오래 살기 때문에 건강하지 않은 상태로 사는 기간이 더 길다는 점을 감안할 때 여자는 퇴직 후에 남자보다 더 많은 돈이 필요하다.[86] 이 정책이 가져올 결과는 여성의 노년 빈곤 악화가 될 것이다.

미국의 대학들은 성인지 감수성이 낮은 휴가 정책이 여성 차별이라는 결과를 낳는 또 다른 예를 보여준다. 테뉴어 트랙*을 밟는 미국의 학자들은 처음 대학에 취직한 뒤 7년 안에 종신 재직권을 받지 못하면 해고된다. 이 제도는 여성에게 불리하다. 특히 자녀를 낳으려고 하는 여자들에게 불리하다. 박사학위를 받고 종신 재직권을 얻기까지의 기간(30~40세)과 대부분의 여자들이 임신을 시도하는 시기가 겹치기 때문

---

* 종신 재직권을 받고자 하는 조교수가 밟는 과정. 이 기간 동안의 연구 성과와 강의 실적을 심사하여 종신 재직권을 부여한다. 초빙교수나 객원교수, 겸임교수는 여기에 해당하지 않는다.

이다.[87] 그 결과는? 어린 자녀가 있는 엄마가 테뉴어 트랙 조교수로 일할 확률은 어린 자녀가 있는 아빠보다 35% 낮다.[88] 남자 종신 재직 교수 가운데 결혼해서 자식이 있는 사람은 70%지만 여자 종신 재직 교수 중에서는 44%뿐이다.[89]

대학들이 이 문제를 해결하기 위해 한 일은 거의 없다. 시도를 했던 곳들도 성인지 감수성이 낮아서 결국 문제를 더 악화시키고 만다.[90] 1990~2000년대 초까지 몇몇 대학은 가족 친화적 정책(을 의도한 것)을 도입했다. 자식을 하나 낳을 때마다 종신 재직권 심사 기한을 1년씩 연장해준 것이다. 그러나 추가 기한이 필요한 사람은 성 중립적인 '부모'가 아니다. 엄마들이다. 미시간대학교 로스경영대학장 앨리슨 데이비스블레이크Alison Davis-Blake가 《뉴욕 타임스》에서 지적했듯이 "출산은 성 중립적 사건이 아니다."[91] 추가된 1년 동안 여자들이 (다양한 방식으로) 토하고, 5분마다 화장실에 가고, 기저귀를 갈거나 유축기를 차고 있는 동안 남자들은 더 많은 시간을 연구에 할애한다. 그래서 이 정책은 부모를 돕는 대신 여자를 희생해서 남자만 도와주는 결과를 낳는다. 1985~2004년에 미국 경제학과 순위에서 1~50위를 차지한 학교에 고용된 조교수들을 조사했더니 이 정책을 시행한 뒤에 여자가 첫 학교에서 종신 재직권을 받을 확률은 22% 감소했다. 반면 남자는 19% 증가했다.[92]

이 분석은 아직 진행 중인 연구에서 나온 것이었기 때문에 이 표본 집단의 사례를 전체의 것인 양 확대해석해도 되냐는 이의가 제기되었다.[93] 그러나 종신 재직 교수진의 아빠 대 엄마 비율을 이미 아는 상황에서, 이 데이터가 실제로 돌봄노동 — 임신, 출산, 수유까지는 갈 것도 없이 ─ 을 하는 사람이 누구인지를 말해주는 상황에서, 이러한 정책은 실제로 아이를 낳고 돌보는 사람을 기준으로 만드는 것이 당연해 보인다. 그러나 아직까지 그런 일은 일어나지 않았다.

남자 육아휴직이 중요하지 않다는 말을 하려는 것이 아니다. 남자 육아휴직은 중요하다. (아빠도 자식의 삶에 관여할 권리가 있다는) 형평성이라는 단순한 문제를 넘어서, 우리가 가진 데이터에 따르면, 적절한 급여를 받는 남자 육아휴직은 여성 취업률에 긍정적인 영향을 미친다. 스웨덴은 2016년에 거의 80%에 가까운 여성 취업률로 EU 1위를 기록했다.[94] 남자 육아휴직 사용률 또한 세계에서 가장 높은 나라 중 하나여서 10명 중 9명이 평균 3~4개월의 육아휴직을 사용한다.[95] 이는 좀 더 전형적인 OECD 평균 ─ 육아휴직을 조금이라도 사용하는 남자가 5명 중 1명인 ─ 과 비교된다. 최저 사용률은 오스트레일리아, 체코, 폴란드로, 50명 중 1명이 사용한다.[96]

이 차이는 놀랍지 않다. 스웨덴은 세계에서 가장 관대한 (그리고 이 제도가 도입되었을 때는 혁신적이었던) 남자 육아휴직 제도를 시행하는 나라 중 하나다. 1995년에는 아빠의 의무 육아휴직 기간을 1개월로 정하고 급여의 90%를 지급했다. 이 한 달은 엄마에게 양도할 수 없다. 반드시 아빠가 써야 하며 그러지 않으면 부모가 쓸 수 있는 전체 육아휴직 기간에서 한 달을 뺀다. 이 의무 육아휴직 기간은 2002년에 두 달이 되었고 2016년에는 석 달로 늘어났다.[97]

"안 쓰면 없어지는" 아빠 육아휴직이 도입되기 전에는, 1974년부터 육아휴직 제도가 존재했음에도, 스웨덴 남자의 6%만이 육아휴직을 사용했다. 바꿔 말하면 정부가 강제하기 전까지는 있는 휴가도 쓰지 않왔다. 이 패턴은 아이슬란드에서도 반복되었다. "아빠 쿼터제"를 도입하자 남자들이 신청하는 육아휴직 기간이 2배로 늘어났다. 한국에서는 2007년에 "아빠 육아휴직"이 생기자 남자들의 육아휴직 사용률이 3배 이상 늘었다.[98] 그러나 이 모든 사례에도 불구하고 영국은 2015년에 남자에게만 할당된 기간이 따로 없는 부모 육아휴직 제도를 도입했다. 예상대로 사용률은 "끔찍할 정도로 저조했다." 이 제도가 시행된 후 12개월 동안 남자 육아휴직을 신청한 사람은 100명당 1명에 불과했다.[99]

　일본에서는 아빠 쿼터제가 뚜렷한 성공을 거두지 못했지만 이는 남녀 임금격차나 여성의 신체를 반영하지 않은 제도 설계 때문이다. 아빠가 육아휴직을 두 달 이상 사용하면 최대 14개월의 부모 육아휴직을 쓸 수 있지만 6개월이 지나면 급여가 3분의 2에서 2분의 1로 줄어든다. 여자는 임신 및 출산 후에 몸을 회복해야 하고 모유수유를 할 수도 있기 때문에 육아휴직을 먼저 사용할 가능성이 높다. 그렇게 되면 둘 중에 더 많이 버는 쪽—일본 남자의 급여는 일본 여자보다 평균 27% 높다—이 휴직했을 때 더 많이 깎인 금액을 받게 된다.[100] 따라서 일본 남자의 2%만이 육아휴직을 사용하는 것은 놀랍지 않다.[101] 일본의 극단적인 노동문화도 상관이 있다. 휴가만 써도 상사가 얼굴을 찌푸리는 나라에서 남자 육아휴직을 쓴다고 하면 창피나 불이익을 당한다고 아빠들은 말한다.

　그래도 인내심을 갖고 버틸 가치는 있다. 어쨌든 두 사람이 만든 아이에게 부모가 동등한 책임이 있음을 명시하는 법은 장기적인 혜택을 가져오기 때문이다. 육아휴직을 사용한 아빠는 나중에도 아이 돌보기에 더 적극적으로 참여하는 경향이 있다.[102] 이 사실이 다음 현상의 원인인지도 모른다. 2010년 스웨덴의 연구에 따르면 아빠가 사용하는 육

육아휴직이 한 달 늘어날 때마다 훗날 엄마가 받게 되는 급여가 평균 7%씩 상승한다.[103]

물론 증거를 바탕으로 한 육아휴직 정책이 모든 문제를 해결해주진 않는다. 여자의 무급 노동이 신생아에서 시작되어 신생아에서 끝나는 것도 아닌 데다 전통적인 직장은 가상의 '돌볼 가족이 없는' 직장인의 삶에 맞춰져 있기 때문이다. 이 남자—늘 남자로 가정되어 있다—는 자식이나 노인 가족 돌보기, 요리, 청소, 아이 병원에 데려가기, 장보기, 학교폭력, 아이 숙제 봐주기, 목욕시키고 재우기, 이 모든 일을 내일이 되면 처음부터 다시 시작해야 한다는 사실에 신경 쓸 필요가 없다. 그의 삶은 단순하고 쉽게 두 부분, 일과 여가로 나뉜다. 그러나 여자는 직원이 매일 직장에 나올 수 있다고 가정하는 회사, (자녀가 다니는) 학교나 어린이집이나 병원이나 슈퍼가 어디에 있고 몇 시에 문을 여는지와 상관없이 직원이 언제든 어디로든 출퇴근할 수 있다고 가정하는 회사에는 다닐 수 없다.

전통적인 직장과 근무일에 숨겨진 남성 편향을 제거하려고 애쓰는 회사도 있다. 캠벨수프는 사내에 직원 자녀들을 위한 방과후교실과 여름 프로그램이 마련돼 있다.[104] 구글은 직원 자녀가 태어난 뒤 석 달 동안 배달 음식비를 제공하고, 탁아비를 보조하며, 세탁소 같은 편의시설이 회사 부지 내에 있어 근무일에도 직원들이 볼일을 볼 수 있다.[105] 소니에릭손과 에버노트는 여기에서 한 걸음 더 나아가 집 청소 서비스를 부를 비용을 준다.[106] 미국에서는 수유실이 있는 회사가 점차 늘어나는 추세다.[107] 아메리칸익스프레스는 심지어 모유수유 중인 직원이 출장

을 가면 모유를 집에 부치는 비용까지 내준다.[108]

그러나 이런 회사들은 예외적이다. 애플이 2017년에 "세계에서 제일 좋은 사옥"이라고 발표한 미국 본사 건물에는 병원, 치과, 고급스러운 스파가 들어설 예정이었지만 탁아소는 없었다.[109] 그럼 남자한테만 세계에서 제일 좋은 사무실인 건가?

사실 세계의 여자들은 남자들에게 필요한 것이 보편적이라는 이데올로기적 믿음을 바탕으로 한 직장 문화에 계속 피해를 입고 있다. 최근 여론조사에 따르면[110] (97%가 여자인) 미국 전업주부의 대다수는 집에서 일할 수 있다면(76%) 또는 근무 시간이 탄력적이라면(74%) 다시 일하겠다고 말했다. 다시 말해 대부분의 미국 회사가 겉으로는 탄력근무제를 제공한다고 주장하나[111] 실제로는 그렇지 않다는 뜻이다. 사실 미국의 탄력 근무자 수는 2015~16년에 감소했으며 몇몇 대기업은 원격 근무제를 철회하고 있다.[112] 영국에서는 직장인의 절반이 탄력 근무를 하고 싶어 하지만 탄력 근무를 제공한다는 구인 광고는 9.8%밖에 안 된다.[113] 특히 탄력 근무를 요구하는 여성은 불이익을 당한다.

또한 회사들은 여전히 늦게까지 근무하는 것을 업무량과 동일시하여 초과근무 하는 직원에게 관례대로 과잉 보상 하는 경향이 있다.[114] 이것은 남자들에게 보너스가 된다. 통계학자 네이트 실버Nate Silver는 1984년 이래 미국에서 주당 50시간 이상 일하는 직원—70%가 남자인—은 평범하게 주당 35~49시간 일하는 직원보다 시급 인상 속도가 2배 빠르다는 사실을 발견했다.[115] 이런 보이지 않는 남성 편향은 초과수당을 면세해주는 몇몇 나라에서 더욱 악화된다.[116] 돌볼 가족이 없으면 보너스를 받는 셈이다.[117] 이는 스웨덴에서 가사 도우미 사업에 대한 감세 제도가

시험 중인 것과 극명한 대조를 이룬다.[118]

초과근무 편향은 직원들이 자정 너머까지 남아 있는 일이 흔한 일본에서 특히 심하다. 승진 심사 기준이 근무시간과 근속연한이라는 점도 원인 중 하나다.[119] "노미니케이션nomination"에 참여하는 것도 점수를 따는 방법이다. 노미니케이션은 음주를 뜻하는 일본어 노무飲む와 영어 커뮤니케이션communication의 합성어다.[120] 물론 여자들도 이 모든 것을 할 수는 있지만 남자보다 훨씬 힘들다. 일본 여자들이 하루 평균 5시간을 무급 노동에 쓰는 데 반해 일본 남자는 1시간가량을 쓴다. 그러니 회사에 늦게까지 남아서 상사에게 좋은 인상을 남기고, 동네 스트립 바에서 상사가 등 두들기며 따라 주는 술을 마시는 사람이 누구일지는 너무나 명확하다.[121]

일본 여자들이 더욱더 무급 노동으로 내몰리는 이유 중 하나는 대부분의 대기업에 있는 투 트랙 제도―커리어 트랙과 비非커리어 트랙을 나누는―다. 비커리어 트랙은 대개 행정직이고, 진급 기회가 거의 없으며, 비공식 "엄마" 트랙으로 알려져 있다. "엄마들"은 커리어 트랙에 있는 사람에게 요구되는 직장 문화에 맞지 않기 때문이다.[122] 게다가 자녀를 갖게 되면 오랜 근속연한으로 회사에 충성심을 보여야 얻을 수 있는 승진 기회가 날아가기 때문에 첫아이를 낳고 퇴사한 일본 여자가 10년 이상 재취업하지 않는 비율이 70%나 되고―미국 여자는 30%다―그중 대부분이 영원히 복귀하지 않는다는 사실은 놀랍지 않다.[123] 또한 OECD 회원국 가운데 일본의 남녀 취업률 격차는 6위, 임금격차는 3위라는 사실도 놀랍지 않다.[124]

초과근무 문화는 학계에서도 문제다. 승진제도가 전형적인 남성의 생활 패턴을 중심으로 설계되어 있기 때문이다. 유럽 대학에 관한 EU 보고서는 연구원 연령제한이 여자를 차별한다는 점을 지적했다. 여자는 남자보다 경력 단절을 경험할 가능성이 높다. 즉 "'학문적' 나이보다 실제 나이가 더 많다"는 뜻이다.[125] 『아기가 정말 중요한가: 상아탑 안의 젠더와 가족Do Babies Matter: Gender & Family in the Ivory Tower』의 공저자 니컬러스 울핀저Nicholas Wolfinger는《디 애틀랜틱》에 기고한 글에서, 대학에 파트타임 테뉴어 트랙 조교수 자리를 만들어야 한다고 말했다.[126] 자녀의 주 양육자가 파트타임으로 테뉴어 트랙에 남아 있다가—그렇게 되면 사실상 종신 재직권 심사까지 시간이 2배가 걸린다—풀타임으로 전환할 수 있을 때 전환하는 것이다. 몇몇 대학에는 이미 이 제도가 있지만 여전히 드문 데다 다른 직종에서 파트타임으로 일할 때와 마찬가지로 빈곤이 따라온다.

이 문제 해결에 직접 나선 여자도 있다. 노벨상을 수상한 독일의 발생생물학자 크리스티아네 뉘슬라인폴하르트Christiane Nüsslein-Volhard는 자녀가 있는 박사과정 여학생들이 남학생들보다 얼마나 불리한지를 깨닫고 재단을 만들었다.[127] 이 여학생들은 "헌신적인 연구자"였으며 그들의 자녀는 탁아소 종일반에 다녔다. 그러나 이것만 가지고는 초과근무 문화로 기울어진 운동장을 수평으로 만들 수 없었다. 아이들 퇴원 시간이 지나면 이 학생들에게는 다시 돌봐야 할 사람이 생겼다. 반면 남학생들과 자녀가 없는 여학생들은 "조금이라도 짬을 내서 연구를 더 했다." 그래서 자녀가 있는 여학생들은 대단히 헌신적인 연구자였음에도 중도 포기 하고 말았다.

뉘슬라인폴하르트의 재단은 이 '파이프에 난 구멍'을 막는 것을 목표로 한다. 1년 동안 매달 일정한 금액을 지급하여 청소 서비스, 식기세척기나 빨래건조기처럼 시간을 절약해주는 기계, 탁아소가 문 닫은 밤이나 주말에 부를 보모 등 "가사 부담을 줄여주는 것이라면 무엇에든" 쓰게끔 한다. 수령자가 갖춰야 할 조건은 반드시 독일 대학에서 대학원 과정을 밟거나 박사후연구원으로 일하는 사람이어야 한다는 것이다. 그리고 가장 중요한 점은, 미국 대학의 성 중립적 테뉴어 연장 제도와 달리, 수령자가 여자여야만 한다는 것이다.

이데올로기적 남성 편향은 직장 차원에서 저절로 생겨나는 것이 아니다. 회사가 어떻게 운영되어야 하는지를 지시하는 법에 스며 있다. 예를 들면 '무엇을 노동비용으로 간주하는가'가 그렇다. 이 결정은 생각만큼 객관적이거나 성 중립적이지 않다. 회사가 허용하는 비용 청구 항목은 대개 그 나라 정부가 노동비용으로 정한 항목과 일치한다. 그리고 그것은 다시 남자 직원이 청구할 만한 항목과 일치한다. 예를 들면 유니폼과 연장은 포함되지만 긴급 탁아비는 포함되지 않는다.[128]

미국에서 청구 가능한 노동비용을 결정하는 곳은 국세청이다. "대체로 사적인, 일상생활과 관계된, 가족 관련 비용은 공제받을 수 없다"라는 말이 왜 나왔는지 알 수 있다.[129] 그러나 '무엇이 사적인 비용인가'는 논란의 여지가 있다. 여기서 등장하는 사람이 돈 보바소Dawn Bovasso다. 보바소는 미국 광고계에 몇 안 되는 여성 크리에이티브 디렉터다. 또한 싱글 맘이기도 하다. 회사에서 디렉터들을 위한 만찬을 연다는 통지를 받았을 때 보바소는 결정을 내려야 했다. 과연 이 만찬에 탁아비와 교통비로 사용될 200달러(한화 약 23만 4000원)만큼의 가치가 있는가?[130] 보바소의 남성 동료들은 대부분 그런 계산을 할 필요가 없었다.

물론 남자도 싱글 대디일 수 있지만 대단히 드물다. 영국 싱글 부모의 90%는 여자다.[131] 미국은 80% 이상이다.[132] 보바소의 남성 동료들은 그냥 스케줄을 확인하고 초대를 수락하거나 거절하면 됐다. 대부분은 수락했다. 사실은 수락만 한 게 아니라 마음 놓고 술 마시려고 식당 옆 호텔을 예약하기까지 했다. 그리고 이 비용은 보바소의 탁아비와 달리 회사에 청구가 가능했다.

여기에 숨은 전제는 명백하다. 직원에게는 집에서 집안일과 아이들을 돌보는 아내가 있다는 것이다. 이 노동은 값을 지불할 필요가 없다. 여자의 일이고 여자는 이에 대한 급여를 받지 않기 때문이다. 보바소는 말한다. "야근을 하면 (아내가 회사에 와서 저녁을 요리해줄 수 없기 때문에) 배달 음식비 30달러(한화 약 3만 5100원)를 회사에 청구할 수 있다. 코가 비뚤어지게 술을 마시고 싶으면 위스키 값 30달러를 청구할 수 있다. 하지만 탁아비 30달러는 안 된다. 아이는 무급 노동자인 아내가 보기 때문이다." 결국 보바소는 탁아비를 회사로부터 받아낼 수 있었지만 "나의 요청은 예외적인 일이었다"라고 지적한다. 즉 모든 여자는 항상 디폴트가 아니라 예외다.

어쨌든 모든 회사가 이런 예외를 승인하지는 않는다. 잉글랜드와 웨일스의 지방정부에 대한 2017년 포셋소사이어티 보고서에 따르면 2003년에 만들어진 "모든 지방의회는 의원의 공무수행 중에 발생한 탁아비를 지불해야 한다"라는 규정이 실제로는 잘 지켜지지 않는 것으로 드러났다.[133] 어떤 의회들은 전혀 지불하지 않았고, 지불하는 곳도 금액의 "일부"만을 지원했다. 로치데일 시의회는 "시간당 5.06파운드(한화 약 7792원)를 지불하며 '탁아비 전액 지불이 아니라 일부 지원'이라는 점을 명시한다. 그런데 교통비는 여기에 해당되지 않는다." 즉 재원이 없는 것이 아니라 우선순위 문제라는 뜻이다. 여기에 덧붙여 대부분의 지방정부 회의는 (탁아소가 문을 닫아 탁아비가 필요한) 저녁에 열리고, 의원들이 원거리에서 회의에 참석하거나 투표하는 것이 미국에서 스웨덴에 이르는 많은 나라에서 관행임에도 현행법은 탁아비라는 더 저렴한 대안을 허용하지 않는다.

유급 노동 문화 전반에 근본적인 정비가 필요하다는 사실은 명백하다. 전통적인 직장은 '돌볼 가족이 없는 노동자'에 맞게 설계되었지만 여자는 여기에 해당되지 않는다는 점, 남자가 그런 이상에 잘 들어맞을 확률이 높지만 더 이상 그러고 싶어 하지 않는 남자가 늘어나고 있다는 점을 고려해야 한다. 우리 중 그 누구도 혹은 어떤 회사도 양육자의 보이지 않는 무급 노동 없이 살 수 없다는 것은 단순한 사실이다. 따라서 이제 무급 노동을 하는 여자들에게 불이익 주는 것을 멈춰야 한다. 그 대신 무급 노동을 인정하고, 가치를 제대로 매기고, 그 점을 고려하여 직장을 설계하기 시작해야 한다.

능력주의 신화

    뉴욕필하모닉에는 20세기 내내 여성 연주자가 거의 없었다. 1950~ 60년대에 1~2명 고용된 적이 있었지만 그때를 제외하고는 여성의 비율은 끈질기게 0에 머물렀다. 그런데 어느 날 갑자기 뭔가가 달라졌다. 1970년대부터 여성 연주자의 숫자가 올라가기 시작한 것이다.

    오케스트라의 이직률은 대단히 낮다. 단원 수는 100여 명으로 일정하며 한번 고용되면 대개 평생 고용이다. 해고되는 일은 드물다. 따라서 이 오케스트라의 여성 비율이 10년 동안 통계상 0%에서 10%로 늘었다는 것은 뭔가 놀랄 만한 일이 일어나고 있다는 의미였다.

    그 뭔가는 블라인드 오디션이었다.[1] 한 소송사건 이후 1970년대 초에 도입된 블라인드 오디션은 그 이름이 의미하는 바와 똑같다. 고용 위원회가 지금 오디션에서 연주하는 사람이 누구인지 볼 수 없는 것이다. 그들과 연주자 사이에 가림막이 있기 때문이다.[2] 이 가림막은 즉각적인 효과를 가져왔다. 1980년대 초에 이르자 여성이 신규 고용자의 50%를 차지하기 시작했다. 오늘날 뉴욕필하모닉의 여성 연주자 비율은 45%

126
127

를 상회한다.[3]

가림막 설치라는 간단한 조치는 뉴욕필하모닉의 오디션 과정을 능력제로 바꿔놨다. 그러나 이것은 예외적인 경우다. 전 세계에서 이루어지는 대부분의 고용 결정에서 능력주의는 암암리에 퍼지고 있는 신화에 불과하다. 그것은 제도화된 백인 남자 편향을 가리기 위한 신화다. 몇십 년을 거슬러 올라가는 수많은 반박 증거, 능력주의가 명백히 환상임을 보여주는 증거가 있는데도 놀라울 만큼 끈질기게 버티는 신화다. 이 신화를 없애려면 단순한 데이터 수집만으로는 불가능할 것이다.

능력주의가 신화라는 사실은 사람들에게 환영받지 못한다. 선진국 사람들은 능력주의가 옳은 방식일 뿐 아니라 실제로 유효한 방식이라고 믿는다.[4] 특히 미국인들은 다른 선진국들보다 미국이 능력주의를 덜 채택한다는 증거가 있는데도[5] 능력주의를 신조로 삼아 지난 수십 년간 점점 더 능력주의에 맞게 고용 및 승진 절차를 설계하고 있다. 미국 기업들을 대상으로 한 조사에 따르면 2002년에는 95%가 업무평가제를 시행했고―1971년에는 45%에 불과했다―90%가 성과급제를 시행 중이었다.[6]

문제는, 이 방법이 실제로 효과가 있다는 증거가 거의 없다는 것이다. 오히려 효과가 없다는 강력한 증거가 있을 뿐이다. 미국 내의 다양한 기술업체로부터 수집한 248개의 업무평가를 분석했더니 여자들은, 남자들은 아예 받을 일이 없는 부정적인 인성 비판을 받는 것으로 나타났다.[7] 여자들은 '말투를 고쳐라', '뒤로 물러나라'라는 말을 듣는다. '강압적이다', '거칠다', '직설적이다', '공격적이다', '감정적이다', '비이성적이다'라는 말을 듣는다. 이 모든 단어 중에 남자의 업무평가에 한 번이라도 나온 단어는 '공격적이다'뿐이었는데 "더 공격적이 되라는 격려와 함께 두 번 나왔다." 더 화나는 얘기는, 성과급이나 급여 인상에 관한 여러 연구에 따르면 똑같은 성과를 낸 여자나 소수인종보다 백인 남자가 보상받는 비율이 더 높았다는 것이다. 어느 금융회사에 대한 연구는 똑같은 업무를 맡고 있는 여자와 남자 사이에 성과급액이 25%나 차이 난다는 사실을 밝혀내기도 했다.[8]

능력주의 신화는 미국 기술업계에서 절정을 맞는다. 2016년 조사에 따르면 신생 벤처기업 창립자들의 가장 큰 고민은 "좋은 직원을 뽑는 것"이었다. 반면 (인종이나 성별 면에서) 다양한 직원을 뽑는 것은 10가지 우선 과제 중 7위를 기록했다.[9] 창립자 4명 중 1명은 다양성이나 워라밸(일과 삶의 균형)에 전혀 관심이 없다고 답했다. 이 사실들을 모두 종합하면 "최고의 직원"을 찾고 싶은 사람은 구조적 불균형을 무시하라는 믿음으로 연결된다. 필요한 건 능력주의에 대한 믿음뿐이다.

정말로 능력주의에 대한 믿음만으로 **충분할지도 모른다**. 편향된 사람이 되고 싶은 거라면 말이다. 여러 연구에 따르면 스스로의 객관성에 대한 믿음 또는 자신이 성차별주의자가 아니라는 믿음은 그 사람을 덜 객관적으로, 더 성차별적으로 행동하게 만든다.[10] 직원을 뽑을 때 자신이 객관적이라고 믿는 남자들은—여자들에게서는 이런 편향이 발견되지 않았다—똑같은 조건을 가진 여자 지원자보다 남자 지원자를 고용할 확률이 높다. 그리고 능력주의를 표방하는 조직의 관리자는 같은 능력을 가진 여자 직원보다 남자 직원을 선호한다.

빅데이터의 잠재력에 그토록 경도된 기술업계가 능력주의 신화에 푹 빠져 있다는 사실은 참으로 아이러니하다. 이 경우에는 보기 드물게 실제 데이터가 존재하기 때문이다. 그러나 실리콘밸리의 종교가 능력주의라면 그들이 믿는 신은 하버드대학교를 중퇴한 백인 남자일 것이다. 그 신봉자들 역시 마찬가지다. 기술업계 종사자 가운데 여자가 차지하는 비중은 25%, 중역 중에서는 11%밖에 안 된다.[11] 미국 학부 졸업생의 반 이상이 여자, 화학과 졸업생의 반이 여자, 수학과 졸업생의 거의 반이 여자인데도 그러하다.[12]

기술업계에 들어온 지 10년이 지나면 여자의 40% 이상이 그만두지만 남자가 그만두는 확률은 17%에 불과하다.[13] 재능혁신센터Center for Talent Innovation의 보고서에 따르면 여자들이 기술업계를 떠나는 이유는 가족 때문도 아니고 일이 싫어서도 아니었다.[14] 그들은 "근무조건", "상사의 무시하는 행동", "커리어가 정체된 느낌" 때문에 떠났다. 《로스앤젤레스 타임스》도 여자들이 떠나는 이유는 승진에서 자꾸만 누락되고 프로젝트가 기각되기 때문이라고 보도한 바 있다.[15] 이것이 능력주의처럼 들리는가? 아니면 제도화된 편향처럼 들리는가?

이런 통계 앞에서도 능력주의 신화가 살아남았다는 사실은 남성 디폴트의 힘을 보여주는 증거다. 남자들에게 '사람'을 떠올리라고 했을 때 80%가 남자를 떠올리는 것과 마찬가지로 기술업계에 종사하는 많은 남자들은 단순히 그곳이 얼마나 남성 지배적인지를 알아차리지 못하는 것일 수도 있다. 다른 한편으로는 능력주의의 혜택을 누리는 자들에게 그들의 모든 업적이 스스로의 힘으로 얻은 거라고 말하는 능력주의 신화가 그만큼 매력적이라는 뜻이기도 하다. 이 신화를 믿을 가능성이 가장 높은 사람이 젊은 상류층 백인 미국인이라는 사실은 우연이 아니다.[16]

백인 상류층 미국인이 능력주의 신화를 믿을 가능성이 제일 높다면 학계 역시 이 종교의 신실한 추종자라는 사실이 놀랍지 않을 것이다. 학계의 상층, 그중에서도 특히 과학, 기술, 공학, 수학science, technology, engineering, maths(이하 STEM으로 표기) 학자는 대부분 백인 중상류층 남자다. 즉 능력주의 신화가 번식하기에 완벽한 배양접시다. 이를 증명하는 사례로, 최근 연구에 따르면 남자 학자들, 특히 STEM 학자들은 학계에 성 편향이 있음을 증명한 진짜 연구보다 성 편향이 없다고 주장하는 가짜 연구에 더 높은 평점을 줬다.[17] 그러나 사실 성 편향은 만연하고 그에 대한 데이터도 충분하다.

전 세계의 수많은 연구에 따르면 여학생과 여학자는 비슷한 조건의 남학생과 남학자보다 연구비를 받거나, 교수와 면담을 하거나, 멘토링 제안을 받거나, 심지어 직장을 구할 확률까지도 현저히 낮았다.[18] 엄마들은 남자보다 능력도 부족한 것으로 간주되고 급여도 더 적게 받는 일이 흔하지만 반대로 아빠라는 사실은 남자에게 유리하게 작용하기도 한다(이는 학계 밖에서도 발견되는 성 편향이다).[19] 학계가 사실은 능력주의와 거리가 멀다는 것을 증명하는 데이터가 많은데도 대학들은 여전히 남학생과 여학생이, 남학자와 여학자가 평평한 운동장에서 동등하게 경쟁하는 것처럼 아무런 조치도 취하지 않는다.

학계에서의 출세는 논문이 상호 심사 학술지에 얼마나 많이 실리냐에 달려 있으나 학술지에 실리는 것은 남자와 여자에게 똑같은 업적이 아니다. 여러 연구에 따르면 여자가 저술한 논문은 일반적인 심사보다 이중 블라인드 심사(저자와 심사자를 모두 비밀로 하는 심사)에서 더 자주 채택되고 더 높은 평점을 받는 것으로 나타났다.[20,21] 이에 대한 증거는 다양하지만 학계에서 이미 확인된 남성 편향을 고려할 때 이러한 형태의 블라인드 심사를 도입하지 않을 이유는 없어 보인다. 그러나 대부분의 학술지와 학술회의는 여전히 이 방식을 채택하지 않고 있다.

물론 여자 학자들의 논문도 학술지에 게재된다. 하지만 그것은 절반의 승리다. 연구의 영향력을 결정하는 기준은 다른 논문에 얼마나 많이 인용되느냐이고 이 피인용도가 출세를 결정한다. 그런데 여러 연구에 따르면 여자의 논문은 체계적으로 남자보다 적게 인용된다.[22] 지난 20년간 남자가 남자를 인용할 확률은 남자가 여자를 인용할 확률보다 70% 높았다.[23] 그리고 남자가 여자를 인용하는 경우는 여자가 여자를 인용하는 경우보다 적다.[24] 즉 남녀 간 논문 게재 격차가 일종의 잔인한 순환 고리를 만들어낸다는 뜻이다. 여자가 쓴 논문이 적게 게재되면 여자 논문의 피인용도가 낮아진다. 그러면 출세하는 여자가 그만큼 적어지고 그 결과 게재되는 여자 논문 수도 줄어드는 것이다. 남녀 간 인용 격차는 남성 디폴트적 사고방식 때문에 악화된다. 학계에서는 풀 네임보다 이니셜을 사용하는 것이 관례라서 학자의 성별을 곧바로 알 수 없는 경우가 많은데 이것이 여성 학자가 남성으로 오인되는 결과를 낳는다. 한 연구에 따르면 논문 인용 시에 여성 학자가 남성으로 오인되는 경우는 ― 예를 들면 P를 폴린이 아니라 폴로 추측하여 ― 남성이 여성으로 오인되는 경우의 10배가 넘었다.[25]

경제학자 저스틴 울퍼스Justin Wolfers는 《뉴욕 타임스》에 기고한 글에서, 언론계에서도 학계와 같은 종류의 남성 디폴트적 사고방식이 발견된다고 지적했다. 실제로는 주 저자가 여자인 경우에도 기자들이 으레 남성 저자를 주 저자로 칭하더라는 것이다.[26] 이러한 남성 디폴트적 사고방식의 게으른 산물은 언론보도에서는 물론이거니와 학계에서는 더 더욱 용납할 수 없는 일인데도 양쪽 모두에서 심심치 않게 발견된다. 경제학계에서는 공동 논문이 일반적인데 여기에도 남성 편향이 숨어 있다. 남자들은 단독 논문과 공동 논문에서 똑같은 수준의 인정을 받지만 여자들은, 공저자가 여성이 아닌 이상, 공동 논문에 대해서는 남자의 반도 안 되는 인정을 받는다. 미국의 한 논문이 주장한 바에 따르면 이것은 여성 경제학자들이 남성 경제학자들만큼 많은 논문을 발표하는데도 남성 경제학자가 종신 재직권을 받을 확률이 여성의 2배인 이유를 설명해준다.[27] 남자가 한 연구라고 추정되는 것이 "더 큰 학문적 가치"를 가졌다고 간주되는 현상 뒤에도 남성 디폴트적 사고방식이 있는지도 모른다.[28] 이것은 순수한 성차별주의의 산물일 수도 있지만 남성이 보편이고 여성은 특수라는 사고방식의 산물일 수도 있다. 또한 강의계획서에 여성의 저서가 포함되는 경우가 적은 이유를 설명하는 데도 도움이 된다.[29]

여자들은 이러한 숨은 장애물을 직면하기 전에 일단 연구할 시간부터 마련해야 하는데 이 또한 쉬운 일이 아니다. 우리는 이미 직장 밖에서의 무급 노동이 여자의 연구 능력에 미치는 영향에 대해 이야기했다. 그러나 직장 내의 무급 노동도 도움이 안 되기는 마찬가지다. 학생들은 심적 문제가 있을 때 남교수가 아니라 여교수한테 도움을 청한다.[30] 기한을 연장해달라거나, 성적을 올려달라거나, 자기만 예외적으로 봐달라는 부탁도 여교수한테 할 확률이 높다.[31] 이런 종류의 부탁은 개별적으로 보면 많은 시간이나 정신적 에너지를 빼앗지 않는다. 하지만 여러 건이 쌓이면 상당한 시간을 뺏는데 남교수는 대개 그런 게 존재하는지

조차 알지 못하고 대학도 여교수의 사정을 고려해주지는 않는다.

또 여자는 저평가되는 행정 업무를 남자보다 많이 부탁받는다.[32] 거절하면 '비호감'이 돼서 불이익을 당하기 때문에 승낙할 수밖에 없다. (이는 학계뿐 아니라 다양한 직장에서 발생하는 문제다. 여자들, 특히 소수인종 여자들은 집에서뿐만 아니라 회사에서까지도 '살림' ─ 메모하기, 커피 타기, 청소하기 ─ 을 한다.[33]) 남자 동료보다 많은 강의를 할당받는다는 사실도 논문 실적에 영향을 미친다.[34] 게다가 강의는 행정 업무처럼 연구보다 덜 중요하고, 덜 진지하고, 덜 가치 있는 것으로 간주된다. 여기서 또 하나의 악순환이 등장한다. 여자들은 강의 부담 때문에 충분히 많은 논문을 발표하지 못하고 그 결과 더 많은 강의 시간을 할당받게 되는 것이다.

덜 가치 있는 일을 여성에게 떠안기는 부당함은 강의 평가제 때문에 악화된다. 평가 제도 자체가 여자에게 불리하게 설계되어 있기 때문이다. 강의 평가 양식은 고등교육기관에서 널리 쓰이는데 '데이터가 있지만 그냥 무시하는' 또 다른 예라고 할 수 있다. 세계 각국에서 시행된 수십 년간의 연구에 따르면[35] 강의 평가 양식은 실제로 강의를 평가하는 데 도움이 되기는커녕 오히려 해롭다. 게다가 "대단히, 통계적으로 유의미하게 여교수에게 불리하다."[36] 그러나 성 편향을 평가하는 데는 아주 효과적이다. 이 편향 중 하나는 "남자가 디폴트 인간이다"라는 것인데 여교수가 백인 남자 이외의 주제로 빠질 때 이의 제기의 형태로 나타난다. "나는 이 수업에서 남녀 갈등과 인종 갈등 외에는 배운 게 하나도 없다"라고 한 학생은 불평했다. 그는 분명 젠더와 인종이 이 수업의 주제인 캐나다 연방*과 무관하다고 생각했음에 틀림없다.[37]

우리가 서론에서 다뤘던, '사람들'이 '남자들'만큼이나 '여자들'도 의미한다는 사실을 깨닫지 못하는 함정에 빠진 또 다른 학생은 이렇게 말했다. "교수님이 첫날 '사람들'의 관점에 대해 가르치겠다고 말씀하시긴 했지만 이렇게 원주민과 여성의 역사에 편중될 줄은 몰랐습니다." 그런데 이 교수가 "원주민과 여성의 역사"에만 초점을 맞췄다는 듯한 암시는 한번 의심해볼 필요가 있다. 내 친구도 자신의 정치철학 수업에서 페미니즘에 "지나치게" 초점을 맞췄다는 불만을 남학생에게서 들은 적이 있다. 내 친구가 페미니즘을 다룬 것은 열 번의 수업 중에 한 번뿐이었다.

덜 유능한 남교수는 으레 더 유능한 여교수보다 강의 평가에서 높은 점수를 받는다. 학생들은 (그것이 불가능한 경우에조차도) 남교수가 과제물을 더 빨리 채점해서 돌려준다고 생각한다. 한 온라인 강의에서 학생의 절반에게는 담당 교수가 남자라고 알리고 나머지 절반에게는 여자라고 알린 실험에서 나온 결과다. 여교수는 충분히 다정하고 친절하지 않다고 생각되면 불이익을 당한다. 하지만 다정하고 친절하면 권위적이거나 전문가다워 보이지 않는다고 불이익을 당할 수 있다. 반대로 권위적이고 박식해 보이는 여자는 학생들이 싫어할 수 있다. 성역할 기대에 어긋나기 때문이다.[38] 반면에 남자는, 여자라면 당연하게 여겨질 만큼만 친절해도 보상을 받는다.

내 교수 평가하기Rate My Professors라는 웹사이트에 올라온 1400만 건의 평가를 분석해봤더니[39] 여교수는 "못됐다", "가혹하다", "불공평하

---

* 1867년에 영국 식민지였던 캐나다주, 노바스코샤주, 뉴브런즈윅주가 결성한 연방.

다", "엄하다", "짜증 난다"라는 평을 들을 가능성이 높았다. 그런데 여기서 끝이 아니다. 여교수들은 "학생들의 글이 점점 더 공격적이고 때로는 폭력적으로까지 변해서" 평가를 안 읽기 시작했다. 어느 캐나다 대학교의 정치사 교수는 학생에게서 다음과 같은 피드백을 받았다. "젖꼭지가 비쳐 보이는 게 마음에 들어요. 고맙습니다."[40] 해당 교수는 이제 "패드가 있는 브라"만 입는다.

'내 교수 평가하기'의 강의 평가 분석에 따르면 남교수들은 "탁월하다", "지적이다", "똑똑하다", "천재다"라는 말을 들을 가능성이 높았다. 그러나 이 남자들이 정말로 여자 동료들보다 재능이 뛰어났을까? 아니면 이 단어들이 겉보기와 달리 성 중립적이지 않은 것일까? 천재를 떠올려봐라. 당신은 남자를 떠올렸을 가능성이 높다. 괜찮다. 이런 무의식적 편견은 누구에게나 있으니까. 나는 아인슈타인을 떠올렸다. 그가 산발을 한 채 혀를 쑥 내밀고 있는 유명한 사진 말이다. (내가 '총명 편견'이라고 부르기 좋아하는) 이 편견은 현실에서 남교수가 으레 더 유식하고, 객관적이고, 천부적인 재능을 타고났다고 여겨지는 것을 의미한다. 그런데 강의 평가만으로 승진을 결정하는 방식은 이 점을 전혀 반영하지 않는다.

총명 편견은 대부분 데이터 공백의 결과다. 여자 천재들은 역사에서 너무 많이 지워졌기 때문에 금방 떠오르지 않는다. 그 결과 어떤 직업에 '총명'이 필요하다고 여겨질 때 그 말이 정말로 의미하는 바는 '남근'이다. 여러 연구에 따르면, 성공하는 데 "총명"이나 "타고난 재능"이 필요하다고 여겨지는 분야일수록 — 예를 들면 철학, 수학, 물리학, 작곡, 컴퓨터공학처럼 — 그 학문을 공부하거나 그 분야에서 일하는 여자가 적다.[41] 사람들이 여자는 선천적으로 똑똑하다고 생각하지 않기 때문이다. 오히려 여성은 총명의 반대라고 생각하는 듯하다. 피험자에게 미국 명문대의 남녀 교수 사진을 보여준 연구에 따르면 어떤 남자가 과학자로 보이는가를 판단하는 데 외모는 영향을 미치지 못하는 것으로 나타났다.[42] 그러나 여자의 경우에는 여성스러운 외모의 소유자일수록 과학자라고 생각할 확률이 낮았다.

우리는 아이가 어렸을 때부터 총명 편견을 가르친다. 최근 미국 연구에 따르면 초등학교에 입학하는 5살 때는 여자아이도 남자아이도 여자가 "정말 정말 똑똑할" 수 있다고 생각한다.[43] 그런데 6살이 되면 달라진다. 여자아이는 여자라는 성별의 능력을 의심하기 시작한다. 사실은 너무 의심한 나머지 스스로에게 한계를 두기 시작한다. 어떤 게임이 "정말 정말 똑똑한 아이"를 위한 거라고 소개하면 5살 여자아이는 남자아이와 마찬가지로 그 게임을 하고 싶어 한다. 하지만 6살 여자아이는 갑자기 흥미를 잃는다. 학교가 여자아이들에게 총명은 여자의 것이 아니라고 가르치기 때문이다. 그렇다 보니 대학교에서 강의 평가 양식을 작성할 때 여교수가 남교수보다 자질이 떨어진다고 단정하는 것도 놀라운 일은 아니다.

학교는 남자아이들에게도 총명 편견을 가르친다. 서론에서 살펴봤듯이 "과학자를 그려보세요" 실험에서 아이들이 수십 년 동안 압도적으로 남자를 많이 그리다가 최근 여자를 그리는 비율이 증가하자 온갖 언론매체가 마침내 우리가 덜 성차별주의적이 되었다는 증거라며 축하했다.[44] 1960년대에는 여자 과학자를 그린 아이의 비율이 1%였는데 지금은 28%이기 때문이다. 물론 이것도 발전이지만 여전히 현실과는 거리가 멀다. 실제로 영국에서는 다양한 과학 분야의 전공자 수에서 여자가 남자를 앞선다. 고분자화학 전공자의 86%, 유전학 전공자의 57%, 미생물학 전공자의 56%가 여자다.[45]

어쨌든 이 연구 결과는 헤드라인에서 말하는 것보다는 훨씬 복잡하며 여전히 학교 교과과정의 데이터 공백이 아이들에게 편견을 가르치고 있다는 우울한 증거를 제시한다. 아이들이 초등학교에 입학하는 5살 때는 남자아이와 여자아이를 합쳐서 평균을 내면 남자 과학자와 여자 과학자를 그리는 비율이 비슷하다. 그런데 아이들이 7~8살이 되면 남자 과학자 수가 여자 과학자를 훨씬 앞선다. 14살이 되면 남자 과학자가 여자 과학자의 4배가 된다. 즉 예전보다는 여자 과학자를 그리는 아이가 많아졌지만 그 증가분은 대부분 교육과정이 데이터 공백에 의한 성 편견을 심어주기 전인 미취학어린이들에게서 나타난다.

게다가 이 변화에도 중대한 남녀 차이가 있다. 1985~2016년에 여자아이가 여자 과학자를 그릴 확률은 평균 33%에서 58%로 상승했다. 남자아이의 경우는 2.4%에서 13%로 상승했다. 이 차이는 다음의 2016년 연구 결과의 원인을 찾는 데 도움이 될지도 모른다. 이 연구에 따르면 여학생들은 동료 학생을 평가할 때 실제 능력만을 근거로 등수를 매긴 반면 남학생들은 일관되게, 실제 성적이 좋은 여학생보다 동료 남학생이 더 똑똑하다고 평가했다.[46] 총명 편견은 끊기 힘든 습관 같은 것이며 학생이 교수나 동료 학생을 평가하는 데서 그치지 않는다. 교수도 학생을 잘못 평가한다는 증거가 있다.

지난 10여 년간 시행된 여러 연구에 따르면 추천서 또한 겉으로는 성 중립적인 것처럼 보이지만 실제로는 전혀 그렇지 않은 것으로 드러났다.[47] 미국의 한 연구에 따르면 여자 지원자의 추천서에는 남자 지원자보다 관계성을 나타내는 단어 — 다정하다, 친절하다, 자상하다 — 가 많이 쓰이고 활동성을 나타내는 단어 — 야심만만하다, 자신감이 넘친다 — 는 적게 쓰인다. 그런데 추천서에 관계성 단어가 많이 쓰인 사람은 채용될 확률이 낮다.[48] 특히 지원자가 여자인 경우에는 더욱 그렇다. "협동적"이라는 말을 남자에게 쓰면 지도자의 자질로 해석되지만 여자에게 쓰면 "추종자처럼 보이게 만들 수 있다."[49] 또한 여자 지원자의 추천서는 연구(높은 지위)보다 강의(낮은 지위)를 강조했고[50] 의심을 불러일으키는 단어 — 얼버무리기, 모호한 칭찬 — 가 많았으며[51] "뛰어난"이나 "특출한" 같은, 비범함을 나타내는 형용사는 거의 없었다. 그리고 "성실한"처럼 "노력"을 강조하는 단어로 묘사되는 경우가 많았다.

대학이 강의 평가와 추천서를 성 중립적인 것처럼 사용하는 원인은 데이터 공백 때문이다. 그러나 능력주의와 마찬가지로, 데이터가 없어서라기보다는 있는데도 무시하는 것에 가깝다. 온갖 반박 증거에도 불구하고 추천서와 강의 평가는 마치 객관적 가치판단처럼 채용, 승진, 해고에 계속해서 널리, 중요하게 쓰이고 있다.[52] 영국에서는 2020년에 교육 우수성 및 학생 성과 평가제Teaching Excellence and Student Outcomes Framework가 도입되면 학생들의 평가가 지금보다도 더 중요해질 전망이다. 이 제도는 각 대학교에 제공될 재정지원의 규모를 결정하는 데 사용되는데 그중에서도 전국 학생 설문조사National Student Survey가 "해당 대학의 교육이 성공적인지를 판단하는 주요 기준"이 될 것이다. 이 '우수한 교육'의 신세계에서 여자들은 크나큰 불이익을 당하게 될 수도 있다.

만약 우리가 학계에서 나오는 연구의 질에 신경 쓴다면 진정한 능력주의의 부재는 우리 모두가 걱정해야 할 문제다. 여러 연구에 따르면 여학자가 남학자보다 남성 디폴트적 분석에 이의를 제기할 가능성이 높기 때문이다.[53] 즉 논문을 발표하는 여자가 많을수록 학술 연구의 젠더 데이터 공백이 빨리 사라질 것이다. 우리는 학술 연구의 질에 관심을 가져야 한다. 이것은 상아탑 안에 사는 사람들에게만 국한된 문제가 아니다. 학술 연구는 정부 정책에, 의료 행위에, 산업위생법에 지대한 영향을 미친다. 우리 모두의 삶에 직접적 영향을 미친다. 여기서 여자가 배제되지 않는 것이 중요하다.

총명 편견이 학교에서 배우는 것이라면 이런 가르침을 중단하기란 당연히 쉬울 것이다. 최근 연구에 따르면 여학생들은 교과서에 여자 과학자 사진이 나오기만 해도 과학 과목에서 더 좋은 성적을 낸다.[54] 따라서 여학생들에게 여자가 총명하지 않다고 가르치는 것을 멈추려면 대표성을 제대로 반영하기만 하면 된다. 그만큼 쉽다.

이미 배운 총명 편견을 고치는 쪽이 훨씬 더 어렵다. 게다가 총명 편견을 배운 아이들이 자라서 사회에 진출하면 스스로 그것을 재생산하기 쉽다. 총명 편견은 사람이 직접 채용 결정을 할 때도 충분히 악영향을 끼치는데 알고리즘 기반 채용이 상용화되면 문제는 더욱 악화될 것이다. 우리의 결정을 대행하는 인공지능에도 부지불식간에 총명 편견이 입력되어 있다고 의심할 만한 이유가 충분하기 때문이다.

1984년 미국 기자 스티븐 레비는 베스트셀러『해커, 광기의 랩소디: 세상을 바꾼 컴퓨터 혁명의 영웅들』을 출간했다. 레비의 영웅들은 모두 똑똑했다. 하나같이 외골수였고 전부 남자였다. 그리고 섹스를 별로 해

보지 못했다. "해킹을 하고 해커 윤리에 따라 살다 보니 여자처럼 끔찍하게 비효율적이고 낭비적인 것들은 너무 많은 CPU 사이클을 필요로 하고 너무 많은 메모리를 차지한다는 것을 알게 됐다"라고 레비는 썼다. "지금도 여자는 극도로 예측 불가능하다고 생각한다"라고 그의 영웅 중 1명은 말했다. "어떻게 (디폴트 남성인) 해커가 (여자처럼) 불완전한 존재를 참을 수가 있나?"

이렇게 노골적인 여성혐오를 기록한 뒤 두 단락이 지나고 나서도 레비는 여전히 해커 문화가 왜 "남성만의 것"인지 설명하지 못한다. "슬픈 사실은 스타성을 가진 여자 해커가 1명도 없었다는 것"이라고 그는 적었다. "이유는 아무도 모른다." 나도 몰라요, 스티브. 그러니까 우리 한번 찍어보죠.

공공연하게 여성혐오적인 문화와 여성의 부재라는 수수께끼 사이의 명백한 연관성을 발견하지 못함으로써 레비는 '타고난 천재 해커는 무조건 남자'라는 신화 구축에 기여했다. 오늘날 컴퓨터공학보다 더 총명 편견에 경도된 분야를 떠올리기는 어렵다. "프로그래밍을 좋아하는 여학생들은 대체 어디에 있나?" 고등학교 컴퓨터 교사들을 위한 카네기멜론대학교 여름 프로그램에 참가한 남교사가 물었다. "나는 컴퓨터를 정말 좋아하는 남학생들을 많이 봐왔다." 그는 말했다.[55] "몇몇 학부모는 나에게, 만약 자기 아들이 밤새울 수 있다면 밤새도록 프로그래밍만 할 거라고 말했다. 그런데 그런 여학생은 아직 만나본 적이 없다."

그 말은 사실일지도 모른다. 그러나 그의 동료 여교사가 지적했듯이 그런 행동을 하지 않는다고 해서 여학생들이 컴퓨터공학을 좋아하지 않는 것은 아니다. 이 여교사는 자신이 대학교 첫 수업에서 프로그래밍과 "사랑에 빠졌던" 경험을 회상했다. 그러나 그는 밤을 새우지도 않았고 심지어 대부분의 시간을 프로그래밍 하며 보내지도 않았다. "뭔가를 하느라 밤을 새우는 것은 그 대상을 향한 사랑 외에도 외골수적인 면과 미성숙의 표시이기도 하다. 여학생들은 컴퓨터와 컴퓨터공학에 대한 사랑을 아마 굉장히 다르게 표현할 것이다. 당신이 찾는 집착적 행동은 전형적인 남자아이의 행동이다. 그런 행동을 하는 여자아이도 있을지 모르지만 대부분은 그렇지 않다."

전형적인 남성의 행동을 컴퓨터공학에 맞는 적성이라고 규정하는 것의 문제는, 여성의 사회화를 전혀 고려하고 있지 않다는 점—여자아이는 남자아이처럼 반사회적 성향을 보이면 불이익을 당한다—그리고 코딩은 원래 여자의 일로 여겨졌다는 점이다. 사실 여자들은 원조 "컴퓨터", 즉 계산하는 사람이었다. 이들의 이름을 딴 기계가 나와서 여자들을 대체해버리기 전까지는 군軍을 위해 복잡한 수학 문제를 손으로 풀었다.[56]

(기계) 컴퓨터가 등장하고 난 뒤에도 수십 년이 지나서야 여자는 남자로 대체되었다. 세계 최초의 전자식 컴퓨터 에니악ENIAC이 1946년에 공개되었을 때 프로그래밍을 했던 사람은 6명의 여자였다.[57] 1940~50년대에 여자는 프로그래밍 분야에서 지배적 성별이었다.[58] 1967년에 《코스모폴리탄》은 여자들에게 프로그래머가 되라고 독려하는 기사 "컴퓨터 걸스The Computer Girls"를 실었다.[59] "저녁 식사 메뉴를 짜는 것과 비슷하다"라고 프로그래밍의 선구자 그레이스 호퍼Grace Hopper는 말했다. "필요할 때 모든 것이 준비되어 있도록 미리 계획하고 스케줄을 짜둬야 한다. 프로그래밍에는 인내심과 세심함이 필요하다. 여자들은 컴퓨터

프로그래밍의 재능을 '타고난' 사람들이다."

그러나 사실 이 무렵부터 고용주들은 프로그래밍이 그들이 생각했던 미숙련 사무직이 아님을 깨닫기 시작했다. 그것은 타자나 문서 정리와는 달랐다. 고도의 문제해결력을 필요로 했다. 그런데 총명 편견은 객관적 현실 — 여자들은 이미 프로그래밍을 하고 있었으므로 당연히 그런 능력을 갖고 있었다 — 보다 강했으므로 업계 선두주자들은 남자들을 훈련하기 시작했다. 그리고 겉으로는 객관적인 것처럼 보이지만 실제로는 여성에게 불리하게 설계된 채용 도구를 개발했다. 이 테스트는 오늘날 대학에서 사용되는 강의 평가처럼 "지원자들이 해당 업무에 적합한지보다는 정형화된 특징을 갖고 있는지 아닌지"를 말해준다고 비판받아왔다.[60] 이 채용 도구가 (자신이 지원자에게서 찾는 특징이 남성 편향적이라는 사실을 깨닫지 못하는) 젠더 데이터 공백의 결과인지, 의도적 성차별의 결과인지를 알기는 어렵지만 어쨌거나 남성 편향적이라는 점은 부인할 수 없다.

한편 "어떤 뉘앙스나 특정 상황에 맞는 문제해결력"을 요구하는 다지선다형 적성검사는 업계 선두주자들조차도 점점 더 프로그래밍과 상관없다고 생각하기 시작했던 수학 퀴즈에 초점을 맞췄다. 이 검사는 당시 남자들이 학교에서 배웠을 가능성이 높은 수학 지식과 지원자의 인맥이 얼마나 좋은지를 테스트하는 데 효과적이었다. 이 검사의 답은 남학생 사교 클럽이나 엘크스회Benevolent and Protective Order of Elks* 같은 인맥을 통해 쉽게 구할 수 있었기 때문이다.[61]

---

* 프리메이슨과 비슷한 남성 사교 단체.

성격 프로필*은 카네기멜론대학교의 여름 프로그램에 참가했던 남 교사가 수긍했을 법한 프로그래머의 전형 — 사회성과 위생 관념이 떨어지는 외톨이 오타쿠—을 만들었다. 널리 인용되는 1967년 심리학 논문은 "타인에 대한 무관심"과 "사람들 간의 긴밀한 상호작용을 포함하는 활동"에 대한 반감을 "프로그래머의 두드러지는 특징"으로 규정했다.[62] 그 결과 기업들이 이런 사람을 찾아내서 프로그래머로 고용했고 이들이 당대 최고의 프로그래머가 되었으므로 성격 프로필은 자기 충족적 예언**이 되었다.

상황이 이렇다 보니 오늘날 채용 과정에서 점점 더 많이 사용되는 알고리즘에 의해 은밀한 남성 편향이 부활하고 있는 것은 놀라운 일이 아니다. 미국의 데이터과학자이자 『대량살상수학무기』의 저자인 캐시 오닐은 《더 가디언》에 기고한 글에서 기술업계의 온라인 채용 플랫폼인 길드Gild가 — 지금은 투자회사 시터덜 LLCCitadel LLC에 흡수합병되었다[63] — 지원자의 "소셜 데이터", 즉 온라인상의 흔적을 샅샅이 뒤져서 이력서 이상의 정보를 고용주에게 전달한다고 말한다.[64] 이 데이터는 "사회 자본"에 따라 지원자에게 순위를 매기는 데 사용된다. 사회 자본이란 한마디로 이 프로그래머가 디지털 커뮤니티에서 얼마나 중요한 존재인가를 가리키는데 그가 깃허브GitHub나 스택 오버플로Stack Overflow 같은 개발 플랫폼에서 코드를 공유하거나 개발하는 데 얼마나 많은 시간을 사용하는가를 통해 측정할 수 있다. 그러나 길드가 검토하는 엄청

---

* 직원이 업무 능력을 최대화할 때 드러나는 인성, 성격을 평가하는 지식 관리 도구.
** 긍정적이든 부정적이든 어떠한 예언을 들었을 때 무의식적으로 그에 부응하는 행동을 하여 예언을 현실로 만드는 현상.

난 양의 데이터는 다른 종류의 패턴도 드러낸다.

예를 들어 길드의 데이터에 따르면 특정 일본 만화 사이트를 자주 방문하는 것은 이 지원자가 "코딩에 강함을 나타내는 확실한 예측 변수"다.[65] 따라서 이 사이트를 자주 방문하는 프로그래머는 높은 점수를 받는다. 그러나 오닐의 지적에 따르면 이것은 다양성을 중요하게 생각하는 사람에게는 즉각 경고음을 울리는 이야기다. 여자들은, 앞서 살펴봤듯이 전 세계 무급 돌봄노동의 75%를 담당하기 때문에, 한가하게 온라인에서 만화 얘기로 몇 시간 동안 수다 떨 여력이 없을지도 모른다. 오닐은 또 지적한다. "기술업계가 대부분 그렇듯 만약 그 만화 사이트가 남성 지배적이고 성차별적인 곳이라면 대부분의 여성 프로그래머는 아마 그곳을 피할 것이다." 한마디로 길드는 카네기멜론대학교에서 만난 남교사의 알고리즘 버전과 같다.

길드가 일부러 여자를 차별하는 알고리즘을 만들었을 리는 없다. 원래 의도는 인간의 편견을 제거하는 것이었다. 그러나 이러한 편견이 어떻게 작동하는지를 알지 못한다면, 데이터를 수집하기만 하고 증거에 기반한 절차를 만들지 않는다면, 자기도 모르게 기존의 악습을 답습하게 될 것이다. 길드의 프로그래머들은 온라인과 오프라인에서 여자의 삶이 남자의 삶과 어떻게 다른지를 고려하지 않음으로써 무심코 여자를 은밀히 차별하는 알고리즘을 만들고 말았다.

그러나 가장 우려스러운 부분은 그것이 아니다. 가장 우려스러운 부분은 우리가 정확한 실태를 모른다는 점이다. 이런 유의 알고리즘은 대부분 저작권에 의해 비밀이 엄수되고 보호받는다. 즉 어떻게 해서 이런 결정이 내려지며 어떤 편견이 숨어 있는지 알 수 없다는 뜻이다. 우리가 길드의 알고리즘에 숨겨져 있을지도 모르는 편견을 아는 유일한 이유는 그 개발자 중 1명이 직접 말해주었기 때문이다. 따라서 이것은 이중 젠더 데이터 공백이다. 첫째는 알고리즘을 설계하는 프로그래머가, 둘째는 사회 전체가 인공지능이 얼마나 차별적인지 모른다는 것이다.

의도치 않게 남성 편향적인 인사 절차는 채용뿐 아니라 승진에서도 문제가 된다. 전형적인 예는 구글로, 여자는 승진 신청(진급 셀프 추천제)을 하는 비율이 남자보다 낮았다. 놀라운 일은 아니다. 여자들은 어렸을 때부터 겸손해지도록 훈련받고, 정해진 성규범을 벗어나면 불이익을 당하기 때문이다.[66] 그러나 구글은 이에 놀랐고 (하나 칭찬해주자면) 그것을 고치려는 시도에 나섰다. 불행히도 고치려는 방식이 전형적인 남성 디폴트적 사고를 바탕으로 했지만 말이다.

구글이 여성에게 부과되는 문화적 기대에 관한 데이터를 가지고 있지 않았는지, 아니면 있는데도 신경 쓰지 않은 것인지는 확실치 않다. 어쨌든 그들의 해결책은 남성 편향적 제도를 고치는 것이 아니라 여자를 고치는 것이었다. 2012년 구글의 인사 담당 수석 부사장 라즐로 복 Laszlo Bock은 《뉴욕 타임스》와의 인터뷰에서 여성 임원들이 "승진 신청을 하라고 여자 직원들을 독려하는" 워크숍을 열기 시작했다고 말했다.[67] 바꿔 말하면 여자들에게 더 남자 같아지라고 격려하는 워크숍을 개최한 것이다. 그러나 왜 우리가 남자들이 행동하는 방식, 남자들이 자평하는 방식이 옳다고 생각해야 하나? 최근 연구에 따르면 여자들은 자신의 지능을 정확하게 평가하는 편인 반면, 평균 지능을 가진 남자들은 자기 밑에 인류의 3분의 2가 있다고 생각한다.[68] 그런 관점에서 보면 승진 신청을 한 여자의 비율이 너무 낮았던 게 아니라 남자의 비율이 너무 높았던 건지도 모르겠다.

복은 구글의 워크숍이 성공했다고 주장했으나 — 그는《뉴욕 타임스》에 이제는 여자들이 남자들만큼 승진하고 있다고 말했다 — 그 말이 사실이라면 왜 그것을 증명할 데이터를 내놓지 않는가? 2017년 미국 노동부는 구글의 급여 관행 분석에서 "전 직원에 걸친, 체계적인 남녀 임금격차"를 발견했다. "거의 모든 직종에서 남녀 급여 간의 표준편차가 6~7이었다."[69] 구글은 그 후로도 몇 달 동안 법정 싸움을 하면서까지 더 상세한 데이터를 노동부에 제출하는 것을 계속 거부해왔다. 남녀 임금격차는 없다고 그들은 주장했다.

거의 오롯이 데이터를 기반으로 세워진 회사인 구글의 이 같은 태도는 의아해 보일 수 있으나 의아한 일이 아니다. 소프트웨어엔지니어 트레이시 저우Tracy Chou는 2013년부터 미국 기술업계의 여자 엔지니어 수를 조사하면서 "모든 회사에 데이터를 숨기거나 뒤죽박죽으로 만드는 방법이 있다"는 사실을 발견했다.[70] 또한 이 회사들은 "노동환경을 보다 여성 친화적으로 만들려는, 또는 이 업계에 새로 들어오거나 계속 종사하는 여자 수를 늘리려는 계획"의 성공 여부를 평가하는 데 관심이 없어 보였다. "계획이 성공했는지, 따라 할 만한 가치가 있는지를 판단할 방법은 없다. 그중 어느 하나에도 계량적분석이 첨부되어 있지 않았기 때문이다"라고 저우는 말한다. 그리고 그 결과, "아무도 이 문제에 대해 솔직하게 얘기하지 않는다."

기술업계가 자사 직원에 대한 성별 구분 데이터를 왜 그렇게 겁내는지는 명확하지 않지만 능력주의 신화 애호와 관계있을지도 모른다.

만약 "최상의 인재"를 구하는 데 필요한 것이 능력주의에 대한 믿음뿐이라면 데이터가 무슨 쓸모가 있겠는가? 아이러니한 점은, 만약에 능력주의 신봉 단체들이 정말로 종교보다 과학을 우선시한다면 기존의 증거 기반 해결책을 사용하면 된다는 것이다. 예를 들어 최근 런던정치경제대학의 연구에 따르면 여성인재쿼터제는 일반적인 오해와 반대로 자격 미달인 여자를 승진시키는 데가 아니라 "무능한 남자를 제거하는 데" 사용되었다.[71]

이 업체들이 자사의 채용 절차가 스스로 생각하는 것만큼 성 중립적인지 알아보고 싶다면 데이터를 수집해서 분석하면 된다. 매사추세츠공과대학교는 그렇게 했다. 그들이 30년분의 데이터를 분석했더니 여자들은 "통상적인 학과별 채용 과정"에서 불이익을 받았으며 "기존의 학과별 구인 위원회의 방법으로는 특출한 여자 후보를 찾지 못할 가능성이 높았다."[72] 구인 위원회가 학과장에게 뛰어난 여자 후보의 이름을 알려달라고 따로 부탁하지 않는 이상, 여자를 추천하지 않는 경향이 있기 때문이다. 일부러 여자 후보를 찾으려는 노력을 통해 결국 채용된 많은 여자들은 주위의 격려가 없었다면 지원 자체를 하지 않았을 것이다. 이 논문에 따르면, 런던정치경제대학의 연구 결과와 마찬가지로, 특별히 여자를 채용하기 위해 노력하는 과정에서 채용 기준이 낮아진 적은 없었다. 사실 채용된 여자들은 "남자 동료들보다 외려 더 뛰어났다."

좋은 소식은 단체들이 실제로 데이터를 보고 실천에 옮기면 극적인 변화가 나타난다는 것이다. 유럽의 한 회사가 기술직 구인 광고를 내면서 남자 사진 옆에 "공격성과 경쟁력"을 강조하는 카피를 썼더니 지원자의 5%만이 여자였다. 그들이 사진을 여자로 바꾸고 열정과 혁신에 관한 문구를 쓰자 여자 지원자의 비율이 40%로 치솟았다.[73] 디지털 디자인 회사 메이드바이메니Made by Many도 팀장급 디자이너를 구하는 광고에서 허풍스러운 외곬의 자기중심성을 빼고 협동과 사용자 경험을 강조했을 때 비슷한 변화를 경험했다.[74] 직무는 똑같았지만 표현이 달라지자 여자 지원자 수가 2배 이상 늘었다.

지금 예로 든 것은 일화 2개에 불과하지만 구인 광고의 어휘가 여성 지원율에 영향을 미친다는 증거는 많다. 4000건의 구인 광고를 분석한 연구에 따르면 여자들은 "공격적", "야심만만한", "끈질긴"처럼 전형적인 남성성과 연관된 단어로 묘사된 일자리에는 잘 지원하지 않았다.[75] 중요한 것은, 여자들이 의식적으로 그런 표현에 주목하거나 자기가 거기에 영향받았다는 사실을 깨달은 게 아니었다는 점이다. 그들은 그 일자리가 별로라고 합리화하거나 개인적인 이유를 들어가며 포기했다. 즉 스스로 차별당하고 있음을 인식하지 못하는 경우에도 실제로는 차별을 당한다는 것이다.

몇몇 신생 벤처기업은 뉴욕필하모닉을 따라 블라인드 채용 제도를 개발했다.[76] 갭점퍼스GapJumpers는 지원자들에게 직무에 맞는 간단한 과제를 내준 다음 좋은 성적을 기록한 지원자들을 아무런 신상 정보 없이 채용 담당자에게 보냈다. 결과는? 선발된 사람의 60%가량이 소수집단에서 나왔다. 기술업계 헤드헌터 스피크위드어기크Speak with a Geek도 똑같은 5000명의 후보를 서로 다른 상황에서 똑같은 고용주들에게 소개했을 때 비슷한 결과가 나왔다. 첫 번째 경우에는 이름, 경력, 출신배경 같은 정보를 제공했다. 그랬더니 면접에 올라간 사람의 5%만이 여자였

다. 두 번째 경우에는 그런 정보를 숨겼더니 면접에 올라간 사람의 54%
가 여자였다.

　블라인드 심사는 채용 과정에서는 효과가 있을 수 있지만 그것을
승진에 어떻게 적용할 것인가는 더 어려운 문제다. 그러나 여기에도 해
결책이 있다. 근거 제시와 투명성이다. 한 기술업체는 팀장들이 임금 인
상 결정을 할 때 그에 대한 실질적인 근거를 제시하게 만들었다. 그들의
결정과 관련된 데이터를 수집해서 위원회가 감사監査하게 한 것이다.[77]
이 방식을 채택하고 5년이 지나자 남녀 임금격차가 거의 사라졌다.

5장

남자는 보편, 여자는 특수

페이스북의 최고운영책임자 셰릴 샌드버그는 첫아이를 임신했을 때 구글에 다니고 있었다. 그의 베스트셀러 『린 인』에 따르면 "임신 생활은 쉽지 않았다." 열 달 동안 입덧에 시달렸고 배만 나온 것이 아니라 온몸이 부었다. 발은 두 사이즈나 커져서 "거실 탁자에 올려놨을 때만 볼 수 있는 이상한 모양의 덩어리로 변했다."

때는 2014년이었고 구글은 이미 (큰 주차장이 딸린) 큰 회사였다. 그런데 몸이 붓다 보니 그 주차장을 가로지르는 게 점점 더 힘들어졌다. 샌드버그는 몇 달 동안 꾹꾹 참다가 마침내 구글의 창립자 중 1명인 세르게이 브린Sergey Brin에게 가서 "가능하면 최대한 빨리 (건물 바로 앞에) 임부용 주차장을 설치해야 한다고 선언했다." 브린은 즉시 동의하면서 "지금껏 그게 필요하다는 생각을 한 번도 못 했다고 말했다." 샌드버그 자신도 "직접 아픈 발로 걸어보기 전까지는 임부용 주차 공간이 필요하다는 사실"을 깨닫지 못했던 게 "부끄러웠다."

샌드버그가 임신하기 전까지 구글이 겪고 있었던 것은 데이터 공백이다. 구글의 남자 창업자들도 샌드버그도 임신해본 적이 없었기 때문이다. 그들 중 1명이 임신하자 데이터 공백은 메워졌다. 그리고 그 후 구글의 모든 임부는 그 혜택을 누리게 되었다.

구글은 여자 임원이 임신할 때까지 가만있지 말았어야 했다. 그 전에도 임신한 여성 직원은 존재했기 때문이다. 그들은 사전에 데이터를 찾아서 대책을 세울 수 있었고 세웠어야 했다. 그러나 현실에서는 이런 문제가 해결되려면 대개 여자 임원이 나서야 한다. 그런데 기업의 임원들은 대부분 남자이므로 오늘날 모든 직장에는 이런 유의 공백이 산재한다. 예를 들면 평균 체격의 여자가 쉽게 열기 힘들 정도로 무거운 문에서부터, 밑에서 올려다보면 치마 속이 들여다보이는 유리 계단과 유리 바닥, 하이힐 굽이 끼기에 안성맞춤인 홈이 파인 보도에 이르기까지. 너무 사소하고 하찮아서 그거 하나 놔둔다고 세상이 끝나는 건 아니지만 그래도 여전히 짜증 나는 문제들이다.

그리고 표준 사무실 온도가 있다. 표준 사무실 온도를 결정하는 공식은 1960년대에 40세 70kg 남자의 기초대사율을 기준으로 만들어졌다.[1] 그러나 최근 연구에 따르면 "가벼운 사무를 처리 중인 젊은 성인 여자의 신진대사율은" 같은 종류의 활동을 하고 있는 남자의 기준치보다 "현저히 낮다." 사실 그 공식은 여자의 신진대사율을 실제보다 35%까지 높게 평가할 수 있다. 즉 현재의 사무실 온도는 여자에게 적정한 온도보다 평균 5도가 낮다는 것이다. 그 결과 뉴욕의 한여름에 여자 사무원들은 담요로 몸을 둘둘 싸고 있는 반면 남자 동료들은 여름옷을 입고 돌아다니는 이상한 풍경이 연출되는 것이다.[2]

이 데이터 공백은 불공평할 뿐 아니라 사업적으로도 좋지 않다. 불편한 노동환경은 직원의 생산성 저하로 이어지기 때문이다. 그러나 직장의 데이터 공백은 단순한 불편과 그로 인한 비능률보다 훨씬 나쁜 결과를 가져온다. 때로는 만성질환을 불러오고 때로는 여자들이 죽는다.

지난 100년 동안 일터는 전반적으로 상당히 안전해졌다. 1900년대 초 영국의 근무 중 사망자는 매년 4400명가량이었다.[3] 2016년에는 그 수치가 137명으로 떨어졌다.[4] 미국에서는 1913년에 전국 노동자 3800만 명 가운데 근무 중 사망자가 2만 3000명가량이었다.[5] 2016년에는 전국 노동자 1억 6300만 명 가운데 근무 중 사망자는 5190명이었다.[6] 사망 사고의 현저한 감소는 노조가 안전기준을 개선하라고 고용주와 정부를 압박한 덕택이 크다. 「1974 산업안전보건법 Health and Safety at Work etc. Act 1974」이 제정된 후로 영국의 근무 중 사망률은 85% 감소했다. 그러나 이 좋은 소식에는 맹점이 있다. 근무 중 중상을 입는 남자는 줄어들고 있지만 여자는 오히려 증가하고 있다는 것이다.[7]

여성 노동자의 중상 증가는 젠더 데이터 공백과 관계있다. 산업위생 연구가 전통적으로 남성 지배적 업종에 초점을 맞춰왔기 때문에 여자들의 부상을 방지하는 법에 대한 지식은 좋게 말해도 들쑥날쑥하다. 건설 현장에서 무거운 물건 들기에 관해서는 중량 제한이 얼마인지, 어떻게 해야 안전하게 들 수 있는지 등등 너무나 잘 안다. 그러나 돌봄노동으로 말하자면, 뭐, 여자들의 일이잖나. 누가 그런 일에 훈련을 필요로 하나?

베아트리스 불랑제 Béatrice Boulanger도 아무런 훈련도 받지 않았다.[8] 노인 가정 간병인으로서 "모든 것을 일하면서 배웠다." 그런데 일하다가 뭔가를, 특히 과체중인 사람을 들어야 할 때가 많았다. 하루는 여자 환자를 욕조에서 일으키다 어깨가 망가졌다. "관절 주위의 모든 게 부

서졌다"라고 그는 산업위생 전문지 《해저즈》에 말했다. "의사들이 내 위팔뼈 상단부를 잘라내야 했다." 불랑제는 결국 어깨 전체를 인공뼈로 바꾸는 수술을 받아야 했고 더 이상 간병인으로 일할 수 없게 됐다.

불랑제만 이런 일을 겪은 것은 아니다. 간병인이나 청소부로 일하는 여자들은 근무 중에 뭔가를 들어 올려야 할 일이 건설노동자나 광부보다도 많을 수 있다.[9] "3년 전에야 비로소 위층에 싱크대가 생겼다." 프랑스의 한 문화센터에서 일하는 청소부가 뉴스 사이트 이퀄 타임스Equal Times에 말했다.[10] "그 전에는 물이 든 양동이를 위층까지 들고 올라갔다가 물이 더러워지면 다시 아래층으로 들고 내려와야 했다. 다른 사람은 아무도 몰랐다." 게다가 이 여자들은 건설노동자나 광부와 달리 집에 가서도 쉬지 못하고 무급 노동을 해야 한다. 밖에서보다 더 많이 들고, 나르고, 쪼그려 앉고, 박박 문질러야 한다.

유전학자이자 퀘벡대학교 몬트리올캠퍼스 생물학과 명예교수인 캐런 메싱Karen Messing은 여성 산업위생을 연구하며 보낸 평생을 정리하는 2018년 문집에, 뉴펀들랜드메모리얼대학교 해부병리학과 교수 앤절라 테이트Angela Tate가 1990년대 생체역학 연구들이 얼마나 남성 편향적인지를 과학자들에게 알렸음에도 "여전히 허리 통증과 관련하여 유방의 크기가 무거운 물건을 드는 방식에 미치는 영향에 관한 생체역학 연구가 없다"라고 썼다.[11] 또한 여자와 남자의 통증 기제가 다르게 기능한다는 연구 결과가 나날이 늘어가는데도 여자들의 업무 관련 근골격 통증에 관한 보고서는 여전히 회의적인 시선을 받는다는 점도 지적했다.[12] 한편 우리는 거의 모든 통증 연구에서 수컷 생쥐를 대상으로만 실험한다는 사실을 발견했다.

산업위생의 젠더 데이터 공백은 때로 남자가 근무 중에 사망할 확률이 여자보다 높기 때문이라는 사실에 기인하기도 한다. 그러나 끔찍한 사고로 사망하는 사람이 대부분 남자라는 점이 이야기의 전부는 아니다. 근무 중 사고가 일 때문에 죽는 유일한 방식은 아니기 때문이다. 심지어 가장 많은 사람이 죽는 방식도 아니다. 근무 중 사망 사고는 소수에 불과하다.

매년 8000명이 직업과 관련된 암으로 사망한다.[13] 이 분야의 연구는 대개 남성만을 대상으로 해왔지만[14] 그 영향을 받는 사람이 대부분 남성인지는 확실치 않다.[15] 지난 50년간 선진국의 유방암 발병률은 급격히 증가해왔다.[16] 그러나 여성의 신체와 직업과 환경에 대해 연구하지 않았기 때문에 무엇이 이렇게 급격한 증가를 유발하는가에 관한 데이터가 없다.[17] "우리는 광부의 분진 질환에 대해서는 모르는 게 없다"라고 리버풀대학교 법사회정의대학 교수 로리 오닐Rory O'Neill은 말한다. "그러나 '여자들'이 근무 중에 물리적, 화학적으로 무엇에 노출되는지에 대해서는 아는 게 없다."

이것은 부분적으로는 역사적인 문제다. "암처럼 잠복기가 긴 질병의 경우, 결론을 도출하기에 충분한 사망자가 나오려면 수십 년이 걸릴 수도 있다"라고 오닐은 말한다. 전통적인 남자 업종 — 광업, 건설업 — 에서는 몇 세대 동안 사망자 수를 집계해왔다. 구체적으로는 '남자' 사망자 수를 집계해왔다. 여자가 그 업종에서 일하거나 비슷한 물질에 노출됐을 때는 "'혼란 변수'라며 통계에서 제외하는 일이 많았다." 반대로 여성 지배적 업종에 관한 연구는 아예 존재한 적이 없다. 따라서 지금 연구를 시작한다고 해도 쓸 만한 데이터를 구하려면 적어도 한 세대는 지나야 한다고 오닐은 말한다.

여전히 연구는 시작되지 않았다. 그 대신 남자 대상 연구의 데이터에 (마치 그것이 여자에게도 적용되는 것처럼) 계속 의존하고 있다. 구체적으로 말하면 나이 25~30세, 몸무게 70kg의 백인 남자다. 이름하여 "표준 남성Reference Man"인데 그의 초능력은 인류 전체를 대표할 수 있다는 것이다. 물론 실제로는 대표하지 못하지만.

남자와 여자는 면역계와 호르몬이 다르기 때문에 화학물질을 흡수하는 방식도 다를 수 있다.[18] 여자는 대체로 남자보다 체구가 작고 피부가 얇으므로 노출되어도 안전한 독소의 수치가 남자보다 낮을지도 모른다. 그리고 이 낮은 허용량은 여자의 높은 체지방률로 인해 더욱 낮아진다. 어떤 화학물질은 체지방에 축적되기 때문이다.

그 결과 표준 남성에게는 안전한 방사능 수치가 여성에게는 전혀 그렇지 않은 것으로 드러난다.[19] 흔히 사용하는 화학물질도 마찬가지다.[20] 그런데도 남성 디폴트로 정해진 단일 수치가 모든 것을 좌우하는 방식은 계속 유지된다.[21] 화학물질 실험 방법도 상황을 악화시킨다. 우선 화학물질은 한 번에 하나의 물질에만 노출된다는 가정하에 여전히 단독으로 실험된다. 그러나 여자들은 집에서든—세제와 화장품을 통해—직장에서든 그런 식으로 화학물질을 접하지 않는다.

대부분의 직원이 여자(이자 이민자)인 네일 숍에서 직원들은 "업무의 핵심인 네일폴리시, 네일리무버, 젤네일, 코팅제, 소독약, 접착제에 으레 포함된" 다양한 화학물질에 매일 노출된다.[22] 암, 유산, 폐질환과 관계있는 물질도 많다. 일부는 신체의 정상적인 호르몬 기능을 바꿔놓기도 한다. 이 여자들은 가게에서 근무를 마친 뒤에 집에 가서 또 무급 노동을 시작하는데 여기서 대부분의 세제에 공통적으로 들어 있는 또 다른 종류의 화학물질에 노출된다.[23] 이 화학물질들이 뒤섞였을 때 나타나는 효과는 거의 알려져 있지 않으나[24] 혼합된 화학물질에 노출되면 각각의 화학물질에 따로따로 노출되는 것보다 독성이 훨씬 강할 수 있다는 연구 결과는 있다.[25]

대부분의 화학물질 연구는 피부를 통한 흡수에 초점을 맞춰왔다.[26] 두꺼운 남자 피부를 통해 흡수되는 양이 여자와 같지 않다는 점을 차치하더라도 애초에 피부를 통한 흡수는 네일 숍에서 일하는 여자들이 화학물질을 흡수하는 유일한 방식이 아니다. 많은 화학물질은 극도로 휘발성이 강하다. 즉 실온에서 공기 중으로 증발하여 흡입될 수 있다. 거기에 아크릴 네일을 네일버퍼로 갈았을 때 발생하는 상당량의 먼지가 추가된다. 이런 물질들이 직원에게 미칠 수 있는 영향에 대한 연구는 사실상 존재하지 않는다.

그러나 데이터는, 수많은 공백이 있긴 하지만, 늘어나고 있다. 여성 보건학자 앤 로션 포드Anne Rochon Ford가 캐나다에 문제가 있을지도 모른다는 사실을 어떻게 깨닫게 되었는지 설명한다. "차이나타운에서 가까운 토론토 중심가의 보건소에 화학물질로 인한 일련의 증상을 보이는 여자들이 굉장히 많이 찾아왔다." 알고 보니 그들은 모두 네일 숍 직원이었다. 여러 연구에 따르면 네일 숍의 공기 질이 산업위생 기준을 넘는 곳은 거의 없었지만 이 기준은 장기간에 걸친 노출은 반영하지 않은 데이터를 근거로 한다. 이 사실은 특히 내분비교란물질과 관련해서 문제가 된다. 대부분의 독소와 달리 내분비교란물질은 소량으로도 몸에 해로울 수 있고 다양한 종류의 플라스틱, 화장품, 세제에서 발견되기 때문이다.[27]

내분비교란물질은 성호르몬을 흉내 내어 교란함으로써 "세포와 장기의 기능을 변화시키고 다양한 신진대사, 성장, 생식 과정에 영향을 미친다."[28] 내분비교란물질과 그것이 여성에게 미치는 영향에 대한 데이터는 제한적이다.[29] 그러나 우리가 이미 아는 것만으로도 제동을 걸기에는 충분하고 전수 데이터 수집 프로그램을 시작하기에 충분해야만 한다.

내분비교란물질은 유방암과 관계있는 것으로 알려져 있으며 여러 연구에 따르면 미용사는 호지킨병, 다발골수종, 난소암에 걸릴 확률이 눈에 띄게 높다.[30] 산업위생학자 짐 브로피Jim Brophy와 마거릿 키스Margeret Keith는 자동차 플라스틱 공장(자동차에 들어가는 플라스틱 부품을 생산하는 곳)에서 사용되는 화학물질을 조사했을 때 유방암 유발 물질 그리고/또는 내분비교란물질로 "의심되지 않는 물질을 하나도 찾을 수 없었다. 캠프파이어를 하다가 누가 플라스틱병이나 스티로폼 컵을 불 속에 던지면 사람들이 달아나지 않나"라고 브로피는 지적한다. "냄새만 맡아도 유독하다는 것을 알 수 있기 때문이다. 그런데 이 여자들은 매일 그런 일을 하고 있다. 온갖 종류의 내분비교란물질이 들어 있는 작은 플라스틱 알갱이들을 조형기에 붓고 가열하는 것이다."

유방암 유발 물질이나 내분비교란물질에 노출되는 일을 10년 동안 하면 유방암에 걸릴 확률이 42% 증가한다. 그러나 브로피와 키스는 자동차 플라스틱 업계에서 10년 동안 일한 여자가 유방암에 걸릴 확률은 3배로 증가한다는 것을 발견했다. "그리고 50세 미만인 여자, 즉 완경完經 전인 여자가 유방암에 걸릴 확률은 5배가 넘었다." 이 업종에 1년만 종사해도 유방암에 걸릴 확률이 9% 증가하는 것으로 추산됐다.[31]

세계보건기구(이하 WHO로 표기), EU와 내분비학회Endocrine Society
는 모두 내분비교란물질의 위험성에 대한 주요 보고서를 발간했다. 특
히 내분비학회는 내분비교란물질의 사용과 선진국 유방암 발병률의 현
저한 증가를 관련지었다.[32] 그런데 아직도 많은 나라에서는 내분비교란
물질에 대한 규제가 기껏해야 들쑥날쑥하다. 몇몇 종류에서 내분비를
교란하는 성질이 나타나는 프탈레이트는 플라스틱을 부드럽게 만드는
데 사용되는 화학물질이다. 그것은 "아이들 장난감에서부터 샤워커튼
에 이르는 다양한 제품에서 발견된다. 네일폴리시, 향수, 로션에도 사용
되며 내복약 겉면의 코팅제, 의료기에 사용되는 튜브에서도 발견된다."

캐나다에서는 "부드러운 비닐로 만든 아동용 제품에만 엄격하게
규제된다. 화장품에의 사용은 대체로 규제되지 않는다." EU에서는
2015년부터 특정한 목적으로 승인받지 않은 이상 내분비교란물질을
생산할 수 없다. 그러나 수입을 규제하지는 않는다. 미국 연방법에는 세
제 전성분표시제가 없다(미국에서는 자기 집 청소의 70%를 여자가 담당하
며 대부분이 소수인종인 청소부의 89%가 여자다). 최근 보고서에 따르면
자칭 "친환경" 세제에서도 내분비교란물질이 검출된다.[33] 다국적기업
피앤지의 올웨이즈 생리대를 2014년에 검사했더니 "스티렌, 클로로폼,
아세톤을 포함한 여러 가지 화학물질이 들어 있었다. 이 성분들은 발암
물질 또는 생식 독소 및 발달 독소로 확인된 것들이다."[34]

우리에게는 화학물질이 여성 신체에 미치는 영향에 관한 더 많은,
더 좋은 데이터가 필요하다. 생식 가능 여부를 포함한, 성별 구분 데이
터 분석도 필요하다.[35] 그리고 기존 논문들처럼 태아나 신생아가 받는
영향만 연구하는 것이 아니라 여성 본인의 몸이 받는 물리적 영향을 측

정해야 한다.[36] 연구자들은 여자들이 무급 노동의 부담 때문에 입사와 퇴사를 반복하거나 투잡 이상을 뛰는 경우가 많다는 사실 — 로리 오닐의 표현에 따르면 이는 "화학물질 칵테일에의 노출"로 이어질 수 있다 — 따라서 현재 다니고 있는 직장 하나만을 추적한다면 심각한 젠더 데이터 공백이 생길 가능성이 높다는 사실을 알아야 한다.[37]

여자들이 산업위생 연구의 젠더 데이터 공백 때문에 죽어간다는 데에는 의심의 여지가 없다. 또한 직업이 여성 신체에 미치는 영향에 대한 데이터의 체계적인 수집이 시급하다는 데에도 의심의 여지가 없다. 그러나 이 이야기에는 두 번째 줄거리가 있다. 능력주의 신화의 끈질김에서 볼 수 있듯 젠더 데이터 공백 메우기는 1단계에 불과하기 때문이다. 중요한 두 번째 단계는 정부와 단체들이 실제로 그 데이터를 이용해서 정책을 만드는 것이다. 이 단계는 현재 일어나고 있지 않다.

캐나다에서는 화학물질 노출에 대한 성별 구분 데이터가 존재하는 분야에서조차도 정부가 "표준 남성의 일일 허용량을 많은 성분에 계속 적용하고 있다."[38] 영국에서는 매년 2000명가량의 여성이 교대근무로 인해 유방암에 걸리지만 "교대근무로 인한 유방암은 국가 지정 질병 목록에 없다."[39] 석면으로 인한 난소암도 마찬가지다. 이 경우는 국제암연구기관International Agency for Research on Cancer의 암 위험 순위에서 상위에 올라 있고 영국에서 가장 흔한 여성암인데도 그러하다. 사실 석면에 의한 난소암은 산업안전보건청이 추적 집계 하고 있지도 않다.

전통적으로 여성 지배적인 업종의 위험성을 연구하지 않는 이유 중하나는 이 직업들이 대개 여자가 집에서 하는 일의 연장이기 때문이다

(물론 규모가 더 크기 때문에 훨씬 더 힘들지만). 그러나 일터의 여성에 대한 데이터 공백은 여성 지배적 업종에만 존재하는 것이 아니다. 앞서 살펴본 것처럼 남성 지배적 업종에서 일하는 여자는 "혼란 변수"로 간주되어 데이터에서 누락된다.

그 결과 지금껏 산업보건 안전 데이터가 잘 수집되어온 업종에서조차 여자는 여전히 배제당하고 있다. 2007년 미국의 여성 농장 운영자는 거의 100만 명에 달했는데도 "사실상 미국 시장에 나와 있는 모든 도구와 장비가 남성에 맞게 또는 키, 몸무게, 근력 등이 표준 남성의 영향을 강하게 받은 미상의 '평균' 사용자에 맞게 설계되었다."[40] 이것은 여성에게는 너무 무겁거나 긴 도구, 균형이 안 맞는 연장, 크기나 위치가 안 맞는 손잡이(여성의 손은 남성의 손보다 평균 2cm 짧다), 너무 무겁거나 사용하기 어려운 기계(예를 들면 페달이 좌석에서 너무 멀리 설치되어 있는 트랙터)라는 결과를 낳는다.

건설업에 종사하는 여자의 부상에 대한 데이터는 거의 없지만 뉴욕산업안전보건위원회New York Committee for Occupational Safety & Health(이하 NYCOSH로 표기)는 목수 노조에 관한 연구를 언급한다. 이 연구에서 여자들은 손목이나 아래팔이 삐거나 신경에 문제가 생길 확률이 남자보다 높았다. 데이터가 없기 때문에 정확한 원인을 알긴 어렵지만 적어도 여성의 부상률이 더 높은 원인 중 하나는 남성 신체에 맞게 설계된 "표준" 건설 장비일 가능성이 높다.

여성을 위한 설계Women's Design Service*의 전 대표인 웬디 데이비스Wendy Davis는 표준 크기의 시멘트 포대에 의문을 제기한다. 그것은 남자가 들기에 편한 무게다. 그러나 꼭 그 크기여야 할 필요는 없다고 그는

지적한다. "포대가 좀 더 작다면 여자도 들 수 있을 것이다." 데이비스
는 표준 벽돌 크기에도 문제를 제기한다. "(성인인) 내 딸이 벽돌을 들고
있는 사진이 있다. 그 애는 한 손으로 벽돌을 완전히 감싸지 못한다. 그
러나 남편 대니의 손에는 딱 맞는다. 왜 벽돌이 꼭 그 크기여야 하나? 그
크기여야 할 필요는 없다." 건축가가 흔히 들고 다니는 A1 크기의 포트
폴리오 역시 남자의 팔길이에는 딱 맞지만 대부분의 여자는 한 팔로 들
수 없다는 점도 지적한다. 그리고 그 증거로 이번에도 딸과 남편의 사진
을 보여준다. NYCOSH 역시 "렌치 같은 일반적인 연장도 여자 손으로
꽉 잡기에는 너무 큰 편"이라고 지적한다.[41]

　여자 군인도 남체를 기준으로 설계된 장비의 영향을 받는다. 나는
관련 조사를 하던 중에 촉각 상황 인지 시스템tactile situation awareness system
이라는 인상적인 이름을 발견했다. 그것은 공군 조종사를 위한 조끼로,
조종사(she)가 비행기의 위치를 수정해야 할 때가 되면 32개의 센서가
진동한다. 조종사는 때때로 자신이 공간상으로 어디에 있는지를 잊어
버리거나 지금 위로 올라가고 있는지 아래로 내려가고 있는지를 모를
수 있기 때문이다. 내가 굳이 "she"라고 쓴 이유는 「촉각 양상: 촉각 감
도 및 인간 촉각 인터페이스에 대한 검토」라는 논문에 "촉각 상황 인지
시스템은 비행기가 지표를 기준으로 어느 방향을 향하고 있는지를 항
상 조종사(he)에게 알려준다"라는 문장이 나오기 때문이다.[42] 이 "he"
가 남성형 통칭이 아니라고 생각한 이유는 논문 뒷부분에서 가벼운 투

---

* 2장에서 언급된 공중화장실처럼 건물 설계나 도시계획에 숨어 있는 남성 편향을 없애기 위한 캠페인을 벌였
　던 영국의 비영리단체.

로 "이 센서의 진동은 털이 많고 딱딱한 피부 위에서는 잘 감지되는 반면 피부가 매끈하고 말랑말랑한 부위에서는 잘 감지되지 않는다"라는 말이 나오기 때문이다. 여자 군인은 미 공군의 20%를 차지한다. 그런데 여성은 털이 별로 없고 말랑말랑한 유방을 가지고 있다는 점이 논문의 저자들에게는 뭔가 불만스러웠던 모양이다.[43]

남체용 군 장비가 초래하는 결과는 여성의 불편에서 끝나지 않는다. 여자가 부상을 입을 수도 있다. 영국 여자 군인은 "남자와 같은 유산소성 체력과 근력"을 갖고 있더라도 근골격 부상을 입을 확률이 최대 남자의 7배인 것으로 나타났다. 엉덩이뼈와 골반뼈에 피로골절*을 입을 확률은 남자의 10배다.[44]

여성 골반뼈의 높은 피로골절률은 내가 '헨리 히긴스Henry Higgins 효과'라고 명명한 것과 관계가 있다. 뮤지컬 〈마이 페어 레이디〉에서 음성학자 헨리 히긴스는 제자 겸 피해자인 일라이자 둘리틀Eliza Doolittle이 그의 호통과 멸시를 수개월 동안 참다가 마침내 맞받아치자 당황한다. "왜 여자는 남자처럼 못하는 거야?"라고 그는 투덜댄다. 그것은 흔한 불평이며 이에 대한 흔한 해결책은 여자를 뜯어고치는 것이다. 남성은 보편적이고 여성은 '이례적'으로 보는 세상에서 별로 놀라운 일은 아니다.

역사적으로 영국군 수뇌부는 딱 헨리 히긴스 같은 사람들이 모인 곳이었다. 그런데 2013년에 공군 신병 3명 — 그중 1명은 골반뼈가 4군데나 부러져서 의병제대 했다[45] — 이 법원에 소를 제기했다. 그 전까지

---

* 한 번의 외력에 의해 부러지는 것이 아니라 미세한 힘이 같은 부위에 반복적으로 가해져서 미세한 골절이 일어나는 것.

여자 군인은 남자의 보폭에 맞춰 걸으라고 강요당했다(남성의 평균 보폭은 여성보다 9~10% 길다).[46] 오스트레일리아 육군이 여자 군인의 보폭을 76cm에서 71cm로 줄이자 골반뼈 피로골절이 감소했다. 이와 더불어 남자와 같은 속도로 행진하라는 강요도 중단했지만 아직까지 세상이 망한 것처럼 보이지는 않는다.

병사들이 메어야 하는 무거운 군장도 상황을 악화시킨다. 군장이 무거워져도 남성의 보폭은 "유의미한 변화"를 보이지 않지만 여성의 보폭은 줄어들기 때문이다.[47] 미국의 한 연구에 따르면 여자는 자기 몸무게의 25%가 넘는 짐을 메고 있을 때 부상 위험이 5배로 증가한다.[48] 배낭이 여체에 맞게 만들어졌다면 무거운 군장도 큰 문제가 안 됐을 수도 있지만 당연히 남체용으로 디자인되었다. 여자들은 ("주로 남성의 신체 치수에 맞게 디자인된") 륙색이 불안정하고, 권총띠는 잘 안 맞고, 배낭끈은 불편하다고 느낄 가능성이 높다.[49] 여러 연구에 따르면 "패드가 들어간 엉덩이 띠는 하중을 엉덩이로 분산하므로" 여자들이 상체보다 튼튼한 다리근육을 사용하여 무게를 버틸 수 있다.[50] 여자의 상체 힘은 남자의 50%이지만 하체 힘은 75%이기 때문이다. 그러나 현실에서는 남자의 상체 힘에 맞게 만들어진 배낭을 메어야 하기 때문에 목을 지나치게 쭉 빼고 어깨를 한껏 앞으로 내밀어서 보폭이 좁아지고 부상을 입기 쉽다.

여체에 맞게 만들어지지 않는 것은 배낭만이 아니다. 미국 사관학교에서는 여자의 입학이 처음 허가된 지 35년 만인 2011년에 최초로 여성의 엉덩이와 가슴에 맞는 교복이 만들어졌다.[51] 그 밖에도 교복의 무릎 패드는 남자보다 짧은 여자의 다리에 맞게 더 아래로 옮겨졌으며 (아마 대중이 가장 관심을 가질) 사타구니 부분도 새롭게 디자인되었다. 소문에 의하면 "일반적인" 지퍼를 버리고 특별하게 디자인되어 여자들이 바지를 입은 채로 소변을 볼 수 있다고 한다. 그러나 미군이 마침내 여체의 존재를 인정했어도 공백은 여전히 남아 있다. 남자보다 발볼이 좁고 발등이 높은 여자의 발에 맞게 디자인된 군화는 이번 교복 변경에 포함되지 않았다. 그런데 《더 워싱턴 타임스》에 따르면 미 육군은 "더운 날씨와 추운 날씨, 산과 사막과 비에 알맞은 군화를 따로따로" 구입한다고 한다.[52] 단지 이례적인 성별용만 사지 않을 뿐이다.

소변보기는 실외에서 시간을 보내야 하는 여자들에게 반복적으로 발생하는 문제다. 영국의 모든 해안경비대원에게는 점프슈트가 지급된다. 그리고 그 위에 악천후용 의류, 구명조끼, 등산용 하니스 같은 다양한 개인보호장비personal protective equipment(이하 PPE로 표기)를 착용해야 한다. 점프슈트 앞에 달린 이중 지퍼는 남자에게는 유용하지만 그것 때문에 여자에게는 소변보기가 "대작전"이 된다고, 2017년 영국 노동조합회의Trades Union Congress(이하 TUC로 표기) 보고서에서 한 여자가 말한다. PPE를 전부 벗고 나서 점프슈트를 또 벗어야 하기 때문이다.[53] "우리가 정기적으로 호출받는 사건 중에는 몇 시간 동안 수색을 해야 하는 경우도 있다"라고 그는 말한다. "그때 여성 해안경비대원이 경험하는 불편을 상상할 수 있을 것이다. 우리는 현재의 점프슈트를 상·하의가 분리된 옷으로 교체하자는 건의를 해왔다. 그러면 상체에 입은 것들을 벗지 않은 채 바지만 벗을 수 있기 때문이다. 상부는 이 아이디어의 이점을 인정했지만 그것을 시행하기 위해 지금까지 한 건 아무것도 없다."

알래스카주에서 기후변화를 연구하는 여성 과학자도 남체용 점프슈트 때문에 고생한다.[54] 극도의 추위에는 점프슈트가 가장 합리적인 옷이지만 여기에도 지퍼가 달려 나온다. 실내 화장실이 있을 때는 이 옷이 불편하고 소변 한번 보려면 옷을 상체부터 다 벗어야 해서 시간이 오래 걸린다. 그러나 실내 화장실이 없을 때는 동상에 걸릴 위험이 있기 때문에 문제가 훨씬 더 심각해진다. 해당 여성은 이 문제를 해결하기 위해 고무 깔때기가 달린 음경처럼 생긴 도구를 샀지만 결국 소변에 흠뻑 젖고 말았다. 왜 여자는 남자처럼 못하는 걸까?

영국의 고용주들은 직원에게 상태가 양호한 PPE를 무상으로 지급할 법적 의무가 있다. 그런데 대부분의 PPE는 유럽과 미국 남성의 사이즈와 특징을 기준으로 한다. TUC에 따르면 고용주들은 대개 여성 직원에게 작은 사이즈의 PPE를 사 주기만 하면 된다고 생각한다.[55] 2009년 여성엔지니어협회Women's Engineering Society의 조사에 따르면 PPE의 74%는 남성용으로 디자인되었다.[56] 2016년 프로스펙트노조Prospect Union가 구급대원에서부터 건설노동자, 에너지업계 종사자에 이르는 다양한 부문에서 일하는 여자들을 조사했더니 겨우 29%만이 여성용 PPE를 착용했고[57] 2016년 TUC 보고서에 따르면 "에너지 부문에서 일하는 여자의 10% 미만, 건설업에서 일하는 여자의 17%만이 현재 여성용 PPE를 착용하고 있다."[58] 한 철도업계 종사자가 한마디로 요약했다. "스몰 사이즈는 거의 없고 있다 해도 남성용밖에 없다."

PPE에 대한 이 "남녀 공용"식 접근법은 "심각한 문제"를 낳을 수 있다고 TUC는 경고한다. 가슴, 엉덩이, 넓적다리 둘레의 차이는 하니스 끈이 딱 맞게 조이는지와 상관이 있다. "표준" 미국 남자 얼굴형에 맞는 방진 마스크나 방독면을 사용한다는 것은 대부분의 여자 얼굴에 (그리고 흑인을 비롯한 소수인종 남자들에게도) 안 맞는다는 뜻이다. 안전화도 문제가 될 수 있다. 한 여자 경찰관은 여자 현장감식반용 신발을 구하려 했던 이야기를 TUC에 했다. "경찰에서 지급하는 PPE 신발은 남성용과 같다. 여자가 신기에는 불편하다. 너무 무거워서 아킬레스건에 부담을 준다. 그러나 제복 지급처는 대화를 거부했다."

이는 단순한 불편의 문제가 아니다. 몸에 안 맞는 PPE는 업무에 방해가 되고 그 자체가 위험 요소가 될 수 있다. NYCOSH는 헐렁한 옷이나 장갑이 기계에 낄 수 있고 너무 큰 안전화 때문에 넘어질 수 있다는 점을 지적한다.[59] 2016년 <u>프로스펙트노조</u>의 피조사자 중 57%는 PPE가 "가끔씩 또는 심각하게 업무에 방해가 된다"라고 말했다.[60] 여성엔지니어협회의 피조사자 중 60% 이상도 같은 말을 했다. 철도업계에 종사하는 한 여성은 자신이 지급받은 ("표준" 사이즈인) 13사이즈 장갑이 "열차에 올라타거나 내릴 때 위험하다"라고 상사에게 말했다. 그는 상부에서 그에게 맞는 장갑을 주문해줄 때까지 얼마나 걸렸는지 밝히지 않았다. 그러나 마찬가지로 13사이즈를 지급받은 또 다른 여성은 상사를 설득해서 자신에게 맞는 사이즈의 장갑을 주문할 때까지 2년이 걸렸다고 <u>프로스펙트노조</u>에 말했다.

2017년 TUC 보고서에 따르면 사이즈가 안 맞는 PPE는 구급대원에게 가장 큰 문제다. 여성 대원 중 PPE가 방해된 적이 없다는 사람은 5%에 불과했다. 방탄복, 자상 방지 조끼, 형광 조끼와 재킷이 모두 안 맞았다.[61] 이 문제는 세계 각국에서 일어나는 듯하다. 2018년에 에스파냐의 여성 경찰관은 지급받은 남성용 방탄조끼가 안 맞아서 사비로 500유로(한화 약 64만 5000원)를 주고 구입한 방탄조끼를 입었다는 이유로 징계처분을 받았다.[62] 과르디아시빌노조Asociación Unificada de Guardias Civiles*의 여성 대표 필라르 비야코르타Pilar Villacorta는 너무 큰 방탄조끼는 여성 경찰관을 이중으로 위험하게 만든다고《더 가디언》에 말했다. 몸이 제대로 가려지지 않을 뿐 아니라 "권총, 수갑, 3단 봉을 꺼내는 데 방해가 되기 때문이다."[63]

몸에 안 맞는 PPE는 위험한 현장에서 일하는 노동자들에게 치명적일 수 있다. 1997년에 영국의 여자 경찰관은 아파트 문을 부수려고 수격펌프를 사용하다 칼에 찔려 사망했다. 방탄복을 입은 채로는 펌프를 사용하기가 어려워서 벗었기 때문이다. 2년 후 또 다른 여성 경찰관은 방탄복 때문에 건강 이상이 생겨 유방축소술을 받았다고 밝혔다. 이 사례가 보도되자 700명의 여성 경찰관이 방탄조끼에 대한 불만을 토로했다.[64] 그러나 지난 20년간 꾸준히 불만이 나오고 있는데도 시정 조치가 이루어진 것 같진 않다. 영국의 여성 경찰관들은 경찰 벨트 때문에 멍이 든다. 자상 방지 조끼가 안 맞아서 물리치료를 받는 사람도 많다. 또 다수의 경찰관은 조끼 안에 가슴이 들어갈 공간이 없다고 말한다. 이는 불편할 뿐 아니라 자상 방지 조끼가 위로 들려서 허리를 무방비하게 만든다. 조끼를 입은 이유 자체가 무의미해지는 셈이다.

---

* 에스파냐의 경찰 조직은 과르디아시빌(Guardia Civil), 폴리시아나시오날(Policía Nacional), 폴리시아무니시팔(Policía Municipal) 이렇게 세 그룹으로 나뉜다.

6장

신발 한 짝보다도 못한

비스페놀A 공포가 심각해진 것은 2008년의 일이었다. 이 합성 화학 물질은 1950년대부터 깨끗하고 오래가는 플라스틱을 만드는 데 사용되었고 젖병에서부터 통조림통, 수도관에 이르는 수백만 가지 소비재에서 찾아볼 수 있었다.[1] 2008년 전까지는 전 세계에서 매년 270만 톤이 생산됐고 너무나 많은 곳에 사용되어 6세 초과 미국인 93%의 소변에서 검출되었다.[2] 그런데 갑자기 미연방 보건당국이 우리가 매일 접하는 이 물질이 암, 염색체이상, 뇌 이상, 이상행동, 신진대사 장애를 일으킬 수 있다고 발표했다. 결정적으로 이 모든 의학적 문제들은 규제적 표준 이하로 비스페놀A에 노출되더라도 나타날 수 있었다. 당연히 아비규환이 벌어졌다.

비스페놀A의 일화는 어떤 면에서는, 여성 보건의료 데이터를 무시할 때 무슨 일이 일어날 수 있는가에 관한 교훈적인 이야기다. 우리는 1930년대 중반부터 비스페놀A가 여성호르몬 에스트로겐을 흉내 낼 수 있다는 것을 알고 있었다. 그리고 적어도 1970년대부터는 합성 에스트

로겐이 여성암을 유발할 수 있음을 알고 있었다. 30년 동안 수백만 명의
임부에게 처방됐던 합성 에스트로겐인 디에틸스틸베스트롤이 1971년
에 금지됐기 때문이다. 엄마 자궁 안에 있을 때 디에틸스틸베스트롤에
노출되었던 젊은 여자들이 희귀 암인 질암에 걸린다는 보고에 따른 조
치였다.[3] 그러나 비스페놀A는 수십만 톤의 소비재 플라스틱에 계속 사
용됐다. 1980년대 후반에는 미국 내 비스페놀A 생산량이 "폭증하여 매
년 45만 톤에 가까웠다. 폴리카보네이트가 CD, DVD, 물병, 젖병, 실험
및 의료 기구라는 새로운 시장을 찾았기 때문이다."[4]

　　그러나 비스페놀A의 일화는 젠더에 관한 이야기만은 아니다. 계급
에 관한 이야기이기도 하다. 혹은 적어도 젠더 안의 계급에 관한 이야기
다. 대부분의 젖병 생산업체는 대규모 불매운동이 두려워서 자발적으
로 비스페놀A 사용을 중단했다. 미국 정부의 공식 입장은 '비스페놀A
는 해롭지 않다'인 가운데 EU와 캐나다는 비스페놀A 사용 전면 금지로
나아가고 있다. 그러나 현행법은 소비자만을 대상으로 한다. 직장에서
의 노출에 대해서는 어떤 규제적 표준도 있었던 적이 없다.[5] "내가 보기
에는 아이러니했다." 산업위생학자 짐 브로피가 말한다. "임산부에게는
그토록 위험하다면서 이 제품들을 생산하는 여자들에 대해서는 한마디
도 없었다. 일반적인 환경에서는 절대 경험할 수 없는 양에 노출되고 있
었는데도 말이다. 이 제품들을 생산하는 임부에 대한 논의도 없었다."

　　이것은 실수라고 브로피는 말한다. 노동자의 건강은 공중보건의 우
선 과제여야 한다. "노동자는 사회 전체의 카나리아 역할을 하기 때문
이다."* 만약 플라스틱업계 종사 여성의 유방암 발병률이 기록되고 보
고되었더라면, "우리가 이 물질을 매일 사용하는 노동자들의 건강에 무

슨 일이 일어나고 있는지 신경 썼더라면, 비스페놀A가 주류 상업에 진출하는 데 엄청난 영향"이 있었을 것이다. "공중보건에 엄청난 영향"이 있었을 것이다.

그러나 우리는 충분히 신경 쓰지 않는다. 여성보건학자 앤 로션 포드가 일하는 캐나다에서는 1990년대부터 운영되어온 여성보건 연구소 5곳 — 포드의 연구소를 포함한 — 에 대한 정부지원금이 2013년에 삭감되었다. 영국도 마찬가지다. "공공연구기관 예산이 대폭 줄었다"라고 로리 오닐은 말한다. 그래서 "재원이 훨씬 풍부한" 화학산업과 그 파생산업들이 수년째 규제를 성공적으로 막아왔다. 그들은 정부의 금지 및 규제와 싸워왔다. 어떤 화학물질을 자발적으로 제품에서 배제했다고 주장하나 무작위 검사에서는 여전히 검출된다. 그들은 자신의 제품이 사람들의 건강에 미치는 악영향의 증거와 그에 대한 연구를 일축해왔다.[6] 1997~2005년에 전 세계 연구소에서 시행된 비스페놀A 연구는 115건이다. 정부 지원 연구의 90%는 인체가 비스페놀A에 기준치 이하로 노출되어도 악효과가 나타난다고 밝혔다. 그러나 산업체 지원 연구 11건은 아무런 악효과도 나타나지 않는다고 주장했다.[7]

그 결과 일터는 여전히 위험한 상태로 남아 있다. 브로피는 대부분의 자동차 플라스틱 공장에 존재하는 환기장치는 "실링팬"뿐이었다고 말한다. "따라서 유독한 증기는 말 그대로 사람들이 숨 쉬는 구간을 지나서 천장으로 향한다. 그들은 여름에 너무 더워서 증기가 눈에 보일 때

---

* 옛날 광부들이 유해가스에 민감한 카나리아를 탄광에 데려가 카나리아가 이상행동을 보이면 탈출했다는 데서 나온 표현이다.

에만 창문을 연다." 캐나다의 네일 숍도 마찬가지라고 로션 포드는 말한다. "이곳은 거의 무법 지대다. 아무나 네일 숍을 열 수 있다. 허가가 필요해진 것도 극히 최근이다." 그러나 그 허가 기준도 "꽤 느슨하다." 환기장치 규정도, 직원 훈련 규정도 없다. 장갑과 마스크 착용에 관련된 법도 없다. 게다가 이미 존재하는 규정도 지켜지는지 확인하는 사람이 없다. 누가 민원을 제기하지 않는 한.

그러나 여기서 또 다른 어려움에 직면하게 된다. 누가 민원을 제기할 것인가? 직원들은 확실히 아니다. 네일 숍이나 자동차 플라스틱 공장, 다양한 종류의 위험한 직장에서 일하는 여자들은 가장 약하고 힘없는 노동자들이다. 그들은 가난한 노동계급이며 불법체류자인 경우도 많다. 이러한 조건들이 그들을 착취하기 좋은 대상으로 만든다.

자동차 플라스틱 공장은 포드 같은 대기업의 일부가 아닌 경우가 많다. 대개는 "노조도 없고 표준 근로계약을 위반하고도 아무런 처벌도 받지 않는" 하청업체들이라고 로션 포드는 말한다. 캐나다 자동차산업의 중심지인 온타리오주 윈저가 전국에서 실업률이 가장 높은 도시 가운데 하나라는 사실도 도움이 되진 않는다. 노동자들은 안다. 그들이 더 높은 보호 장치를 요구하면 "좋아, 그럼 넌 해고야. 네 자리를 원하는 여자가 문 밖에 10명은 있다고"라는 대답이 돌아오리란 걸. "우리는 공장 노동자들이 정확히 저렇게 말하는 것을 들었다"라고 로션 포드는 말한다.

저 상황이 불법처럼 들린다고? 아마 그럴지도 모른다. 지난 100여 년 동안 노동자의 권리라는 체계가 만들어졌다. 나라별로 조금씩 다르긴 하지만 유급 병가와 출산휴가를 쓸 권리, 정해진 시간 동안 노동할 권리, 부당한 그리고/또는 갑작스러운 해고로부터 보호받을 권리가 거기에 포함된다. 그러나 이 권리들은 당신이 그 회사의 직원일 때에만 적용된다. 그런데 직원이 아닌 노동자가 점점 더 늘어나고 있다.

많은 네일 숍의 기술자들은 엄밀히 말하면 독립된 도급업자다. 이 시스템은 고용주들의 삶을 훨씬 쉽게 만든다. 고객 수요에 기반한 회사를 운영하는 데 수반되는 위험이 노동자들에게 떠넘겨진다. 이들은 근무시간도 보장받지 못하고 고용 안정성도 없다. 오늘 손님이 없다? 그러면 출근하지 마. 급여는 없어. 경미한 사고가 있었다고? 넌 해고야. 퇴직수당은 잊어버려.

2015년에《뉴욕 타임스》는 47세의 네일리스트 칭 린Qing Lin의 이야기를 보도했다. 그는 실수로 고객의 프라다 에나멜가죽 샌들에 네일리무버를 쏟았다.[8] 고객이 보상을 요구하자 사장이 고객의 손에 쥐여준 270달러(한화 약 31만 6000원)는 린의 급여에서 나온 돈이었다. 그리고 린은 해고됐다. "나는 신발 한 짝보다도 못한 사람이다"라고 그는 말했다. 린의 이야기는《뉴욕 타임스》의 네일 숍 탐사보도 기사에서 소개되었다. 이 기사는 노동자들이 겪는 "온갖 종류의 모욕", 즉 사장의 CCTV 감시, 언어 학대, 신체 학대 등을 폭로했다.[9] 고용주를 상대로 뉴욕 법원에 제기된 소송에는 네일리스트들이 마신 물값까지 공제하면서 시급 1.50달러(한화 약 1760원)로 주당 66시간을 근무시키고 손님이 없는 날은 급여를 아예 주지 않은 혐의까지 포함되었다.

《뉴욕 타임스》의 기사가 보도된 뒤 뉴욕에는 네일 숍 허가제가 도입되었다. 이제는 노동자에게 최저임금 이상을 지급해야 하고 각국 언어로 번역한 "권리장전"을 네일 숍 벽에 걸어놔야 한다.[10] 그러나 미국 내 다른 지역, 세계 다른 지역의 노동자들은 이들만큼 운이 좋지 못하다. 영국의 네일 숍에 대한 규제와 허가는 거의 자율에 맡기고 있다.[11] 현실적으로 존재하지 않는다는 뜻이다. 2017년의 한 보고서는 영국 네일리스트의 대부분을 차지하는 베트남 여성을 "현대판 노예제도의 피해자"로 묘사했다.[12]

노동법의 맹점을 악용하는 고용주들로 말하자면 네일 숍은 제대로 규제되지 않는 노동시장이라는 빙산의 일각에 불과하다. 제로아워 계약,* 단기계약, 파견 계약은 마치 노동자에게 이로운 계약인 것처럼 실리콘밸리에 의해 "긱경제"**라는 매혹적인 브랜드로 다시 태어났다. 그러나 긱경제란 사실 고용주가 노동자의 기본 권리를 피해 가기 위한 수단에 지나지 않는다. 임시 고용은 악순환을 낳는다. 애초에 보장되는 권리가 너무 적기 때문에 노동자들이 보장된 권리조차 요구하지 않는다. 그래서 결국은 보장되는 권리조차도 무시되기에 이르는 것이다. EU에서 임시직 증가율이 가장 빠른 나라 중 하나인 영국에서[13] TUC가 발견한 것은 불법적으로 노동자의 권리를 약화하기 위해 임시 고용계약을 악용하는 고용주로 가득한 노동환경이었다.[14]

국제노동조합총연맹International Trade Union Confederation(이하 ITUC로 표기)이 명명한, 임시 고용의 "초고속 성장"의 영향은 당연히 젠더로 분석된 적이 거의 없다.[15] ITUC는 임시 고용의 초고속 성장이 여성에게 끼치는 영향이 "공식 통계와 정부 정책에 제대로 반영되지 않는다"라고 보고한다. "노동시장의 발달을 측정하는 데 사용되는 기준 지표와 데이

---

* 정해진 노동시간 없이 일한 만큼만 시급을 받는 노동계약. 최소 근무시간과 최소 임금을 보장하는 파트타임보다도 못한 노동조건 때문에 노예 계약으로 불리기도 한다.
** 정규직이 아닌 계약직, 임시직, 일용직 따위를 필요에 따라 고용하는 경제 형태.

터"의 성인지 감수성이 낮고 언제나 그렇듯 성별 구분 데이터가 아닌 경우가 많아 "여성의 총 인원수를 집계하기 어려울 때가 있기 때문이다." 그 결과 "임시직 종사 여성 수에 관련된 세계 차원의 수치가 없다."

그러나 이미 존재하는 지역별, 부문별 연구에 따르면 임시직에 종사하는 "여성 수는 지나치게 많다." 영국 최대 노조 유니슨Unison에 따르면 2014년까지 여성이 저임금 노동자의 약 3분의 2를 차지했는데[16] 그중 다수가 "허비되는 시간을 벌충하기 위해 임시직 일을 여러 개 하고 있었다."[17] 포셋소사이어티의 최근 보고서에 따르면 영국 여성 8명 중 1명은 제로아워 계약으로 고용되어 있다.[18] 런던에서는 그 수치가 거의 3명 중 1명까지 올라간다.

임시직은 대개 노동시장의 하층에 속할 거라 추측되지만 실제로는 점점 더 많은 부문과 다양한 계층에서 나타나고 있다.[19] 영국 교수노조 University and College Union에 따르면 엘리트 직업으로 간주되는 고등교육 교원은 영국에서 두 번째로 임시직이 많은 업종이다.[20] 영국 교수노조 의 데이터는 성별 구분 되어 있지 않지만 영국의 고등교육통계국Higher Education Statistics Agency에 따르면[21] 여자는 남자보다 기간 한정 단기계약 으로 고용될 확률이 높다. 독일과 유럽의 통계에서도 같은 경향이 보 인다.[22]

EU 전체를 보면 지난 10년간 여성 고용은 대부분 파트타임과 임시 직에서 증가했다.[23] 오스트레일리아에서는 여성의 30%, 남성의 22%가 임시직이다. 일본 여성은 비정규직의 3분의 2를 차지한다.[24] 2005~15년 에 미국 내의 "대안적 노동 형태" 증가에 대한 하버드대학교 연구에 따 르면 이러한 비정규임시직에서 여성이 차지하는 비율은 "2배 이상 늘었다." 즉 "현재 여자는 남자보다 대안적 노동 형태로 고용될 확률이 높다."[25]

이것은 문제다. 임시직은 누구에게도 이상적인 고용 형태는 아니지만 특히 여자에게 심각한 영향을 미칠 수 있다. 우선 남녀 임금격차를 악화시킬 수 있다. 영국에서 제로아워 계약 노동자는 정규직근로자보다 시급이 34%, 임시직 노동자는 39%, 파견직 노동자는 20%가 적다. 그런데 공공서비스가 점점 외주화됨에 따라 비정규직 노동자가 증가하고 있다.[26] 그러나 이런 현상이 여자들에게 어떤 영향을 끼치는지에 관심 있는 사람은 아무도 없는 듯하다. 유럽의 임금정책을 분석한 한 논문은 이러한 외주화가 "젠더별 영향에 대한 고려 없이 시행된 것"으로 보인다며 비판한다.[27] 젠더별 영향이 상당함을 증명하는 데이터는 이미 존재한다.

우선 파견직은 "단체협상의 범위가 제한적이다." 이는 모든 노동자에게 문제지만 특히 여자들에게 더 큰 문제일 수 있다. (개별 임금협상의 반대인) 단체협상이 여자들에게 특히 중요하다는 증거가 있다. '여자는 겸손해야 한다'는 성규범 때문이다. 따라서 파견직처럼 단체협상이 불가능한 일자리의 증가는 남녀 임금격차를 메우려는 시도에 장애물이 될 수 있다.

임시직이 여성에게 미치는 부정적 영향 가운데 의도치 않은 부작용만 있는 것은 아니다. 긱경제 본연의 축소된 노동자 권리도 있다. 영국에서 여성 노동자는 그 회사에 소속된 직원이어야만 출산휴가를 쓸 권리가 있다. 만약 그가 단기 계약직이거나 제로아워 계약직이라면 어떤 휴가를 쓸 권리도 없다. 즉 직장을 관두고 출산 후에 재취업해야 한다는 뜻이다. 또한 여성 노동자는 최근 66주 가운데 26주를 그 회사에서 근무했고 평균임금이 주당 116파운드(한화 약 17만 9000원) 이상이어야 법에서 정한 출산 급여를 받을 권리가 있다.

여기서 문제가 생길 수 있다. 출산휴가 후에 복직할 권리가 없기 때문에 대학교 연구원인 홀리는 출산 후에 전보다 두 등급 낮은 임금을 받게 되었다.[28] 또 다른 대학 연구원 마리아는 출산예정일 6주 전부터 갑자기 알 수 없는 이유로 근무시간이 반으로 줄었다. 마리아가 받아야 할 출산 급여도 그에 맞춰 인하되었다. 똑같은 일이 레이철에게도 일어났다. 펍 레스토랑에서 일하는 레이철이 고용주에게 임신했다고 말하자 근무시간이 갑자기 줄었다. 그는 이제 출산 급여를 받을 자격이 아예 안 될지도 모른다.

출산 후 마리아는 주당 3시간 미만 일하는 새로운 계약을 하게 됐다. 비어 있는 자리가 그것뿐이었다. 대체인력으로 일할 수 있고 이미 일하고 있지만 이런 일은 갑자기 통보되는 경우가 많다. 여기에서 여성에게 훨씬 큰 영향을 미치는 두 번째 문제가 등장한다. 예상 밖의 갑작스러운 스케줄 변동이다.

앞에서 살펴봤듯이 여자들은 여전히 전 세계 무급 돌봄노동의 대부분을 담당한다. 그런데 자녀 돌봄 때문에 불규칙적인 근무 시간에 맞추기가 힘들다. 그 원인 중 하나는, 이번에도 데이터가 있지만 사용하지 않는 경우인데, 영국의 탁아소가 여자들의 변화하는 노동 방식을 따라잡지 못하기 때문이다. 우리는 영국 중하위 소득 가정의 75%가 통상 근무 시간(9~6시) 외에 일한다는 것을 알고 있다. 그러나 대부분의 탁아소는 여전히 8~6시에만 이용할 수 있다. 이용하려면 미리 예약하고 지불도 해야 하나 언제 필요할지 모른다면 당연히 예약을 할 수가 없다. 이것은 특히 싱글 부모 — 영국 싱글 부모의 90%는 여자다[29] — 에게 예민한 문제인데 이들의 임시직 취업률은 27% 증가했다.[30] 영국이 유럽에서 탁아비가 가장 비싼 나라 가운데 하나라는 사실을 고려할 때 이것은 비용 문제이기도 하다.[31]

스케줄 문제는 성인지 감수성이 낮은 알고리즘에 의해 악화되고 있다. 점점 더 많은 회사들이 사용하고 있는 "적시 조달just in time" 스케줄 소프트웨어는 판매 패턴 등의 데이터를 가지고 어느 시점에 직원이 몇 명 필요할지를 예측한다. 또한 실시간 판매 분석에도 반응하여 고객이 줄어들면 점장에게 직원을 집에 보내라고 말해준다. "마치 마법 같다"라고, 이 소프트웨어를 미국의 여러 체인점에 납품하는 크로노스주식회사Kronos Incorporated의 사업 개발 부사장은《뉴욕 타임스》에 말했다.[32]

사업에 따르는 위험을 크로노스의 소프트웨어를 통해 노동자에게 전가함으로써 수익을 늘리는 회사들에게는 정말 마법 같을지도 모른다. 또 말단 인력의 수급이 고효율화될수록 그 수가 늘어가는 관리직 사원들도 아마 기분이 좋을 것이다. 그러나 말단 노동자들, 특히 돌봄 의무가 있는 이들의 기분은 그리 좋지 못하다. 샌디에이고의 스타벅스에서 일하는 바리스타 저넷 나바로Jannette Navarro는 알고리즘이 만든 자신의 스케줄표를《뉴욕 타임스》에 보여줬다.[33] 금요일에는 밤 11시 퇴근, 토요일에는 오전 4시 출근, 일요일에는 또다시 오전 5시 출근이라고 적혀 있었다. 그는 대개 3일 전에야 자신의 스케줄을 알 수 있었기 때문에 늘 탁아 문제에 어려움을 겪었고 경영학 준학사 학위를 따는 것도 미룰 수밖에 없었다. 이것은 젠더 데이터 공백으로 가득한 세상에 빅데이터를 도입함으로써 이미 존재하는 차별을 더욱 확대하고 가속화하는 또 다른 예다. 설계자가 여자들의 무급 돌봄 의무 데이터에 대해 몰랐든, 알면서도 무시했든 간에 이 소프트웨어는 확실히 그에 대한 참조 없이 설계됐다.

스타벅스 대변인은 《뉴욕 타임스》에, 나바로의 경험은 "이례적인 경우이며 회사는 근무 시간을 적어도 일주일 전에는 통보하고, 희망하는 직원에게는 안정적인 스케줄을 제공한다"라고 말했다. 그러나 기자들이 "전국 17개 스타벅스 매장"의 전현직 직원을 인터뷰한 바에 따르면 "일주일 전에 근무 시간을 통보받았다고 말한 직원은 2명뿐이었으며 바로 전날 통보받았다는 직원도 몇 명 있었다." 미국 몇몇 도시에서는 고용주가 직원에게 최소 며칠 전에 근무 시간을 통보해야 하는지를 정하는 법을 도입했지만[34] 전국 차원의 규제는 미국은 물론 영국을 포함한 다른 많은 나라에도 없다. 이 정도로는 불충분하다. (주로) 여성이 (주로) 무급으로 하는 일은, 급여를 받고 하는 일과 마찬가지로, 하고 안 하고를 선택할 수 있는 것이 아니다. 이 사회에 반드시 필요한 일이다. 그리고 여자들의 무급 노동에 대한 고려 없이 설계된 적시 조달 스케줄 소프트웨어와는 공존할 수 없다. 따라서 우리에게 남은 선택지는 2개뿐이다. 국가가 여자들의 무급 노동에 대한 대안을 만들어서 무료로 제공하거나 적시 조달 스케줄 프로그램을 없애야 한다.

여자는 임시직이 아니더라도 권리를 침해당하지만 비정규직이나 임시직으로 일하는 여자들은 성희롱을 당할 위험이 더욱 높은 것으로 나타났다[35](그들이 성희롱 가해자인 동료나 고용주를 상대로 법적조치를 취할 가능성이 낮기 때문인지도 모른다).[36] 그런데 미투운동#MeToo이 소셜미디어를 휩쓸면서 성희롱이 존재하지 않는 업종은 거의 없음이 점점 더 확실해지고 있다.

언제나 그렇듯이 여기에도 데이터 공백이 있다. TUC는 "직장 성희롱에 관한 최신 양적 데이터의 부재"를 경고한다. 공식 통계를 구하기가 극히 어려운 것으로 보아 이 문제는 세계적으로 존재하는 듯하다. UN의 추정에 따르면─우리가 가진 것은 추정치뿐이다─EU 국가 여성의 최대 50%는 직장에서 성희롱을 당한 적이 있다.[37] 중국은 최대 80%로 추정된다.[38] 오스트레일리아에서는 여자 간호사의 60%가 성희롱을 당한 적이 있다.[39]

문제의 규모는 업종에 따라 다르다. 직원 전체 또는 임원진이 남성 지배적인 직장일수록 성희롱 발생률이 높은 경우가 많다.[40] TUC의 2016년 연구에 따르면 제조업 여성의 69%, 접객업과 레저업 여성의 67%가 "성희롱을 당한 경험이 있다고 보고했다." 전체 업종의 평균은 52%였다. 2011년 미국의 연구에서도 비슷하게, 건설업의 성희롱 발생률이 가장 높았고 그다음이 운송업과 공익사업*이었다. 실리콘밸리에서 일하는 여자 중역의 90%는 성차별 행위를 목격한 적이 있다. 87%는 남자 동료에게서 모욕적인 언사를 들은 적이 있다. 60%는 원치 않는 성적 제안을 받은 적이 있다.[41] 그 60% 가운데 반 이상은 한 번 넘게 제안을 받았고 65%는 상사에게서 제안을 받았다. 3명 가운데 1명은 신변의 위험을 느꼈다.

---

* 철도, 대중교통, 우편, 전화, 방송, 전기, 가스, 수도 등을 말한다.

최악의 성희롱을 경험한 사람들 가운데는 일반 대중과 가까이 접촉해야 하는 일에 종사하는 여자들이 있다. 이 경우 성희롱은 폭력으로 발전할 가능성이 아주 높다.

"그 남자가 그 여자를 집어 들어서 방 건너편으로 던졌고 얼굴을 주먹으로 때려서 사방이 피투성이였다."

"그 남자가 내 멱살을 잡고 유리컵으로 내리쳤다. 내가 바닥에 쓰러졌는데도 계속 주먹으로 때렸다. (……) 나는 복도를 질질 끌려가는 동안에도 계속 저항했다. 그 남자가 내 머리를 벽에 처박아서 구멍이 뚫렸다. 사방의 벽이 내 팔꿈치와 얼굴에서 난 피로 범벅이 됐다."

이 이야기가 직장에서의 평범한 하루처럼 들리지 않는다면 당신이 의료인이 아닌 데 감사해라. 연구에 따르면 간호사는 "경찰관이나 교도관보다도 많은 폭력 행위"에 시달린다.[42] 2014년 온타리오주 의료 부문에서 일을 쉬어야 할 정도로 심한 근무 중 부상을 입은 사람 수는 "조사 대상이었던 다른 어떤 부문보다도 훨씬 많았다." 최근 미국의 연구에서도 "의료인이 폭행 부상 때문에 일을 쉬어야 했던 경우는 기타 부상의 4배였다."[43]

짐 브로피는 마거릿 키스, 마이클 헐리Michael Hurley와 함께 시행한 연구에서 캐나다의 의료 부문이 "우리가 본 가장 위험한 노동환경 중 하나"였다고 결론지었다. 캐나다 의료인이 직면하는 폭력에 관한 2018년 논문에서 브로피 등은 "사람들이 일상적으로 '나는 매일 일하러 갈 때마다 이런 일을 겪는다'라고 말하는" 곳에서 포커스그룹인터뷰*를 진행

---

* 해당 주제와 관련된 10명 안팎의 사람들을 모아놓고 진행자의 주제에 따라 서로 대화하게끔 하는 연구 방법.

했다. 브로피 등이 그들에게 "매일"은 과장 아니냐, 사실은 자주라고 말하려던 것 아니냐고 물으면 "그들은 우리의 말을 정정하곤 했다. '아니, 우리는 매일을 말한 것이다. 그것은 일의 일부가 되어버렸다.'" 한 의료인은 남자 환자가 "의자를 머리 위로 들어 올렸을 때"를 회상하며 "간호사실이 두세 번 박살 난 적이 있다"라고 말했다. 다른 환자들은 환자용 변기, 식기, 심지어 건물의 헐거워진 부속물을 떼어내서 간호사에게 무기로 사용했다.

하지만 의료계 직장 내 폭력은 "보고되지 않고, 만연하고, 끈질긴 문제다. 다들 참고 무시한다." 그 이유 중 하나는 단순히 연구가 이뤄지지 않았기 때문이다. 브로피 등의 연구에 따르면 2000년 이전에는 의료인 대상 폭력이 안건에 오른 적이 거의 없었다. 2017년 2월에 그들이 의학문헌분석검색시스템Medical Literature Analysis and Retrieval System에서 "간호사 대상 직장 폭력"을 검색했더니 "세계 각국의 논문 155건이 나왔는데 그중 149건은 2000~17년에 발표된 것이었다."

그러나 여성이 직장에서 겪는 성희롱과 폭력에 관한 전 세계적 데이터 공백은 연구의 부재 때문만은 아니다. 대부분의 여자들이 신고하지 않기 때문이기도 하다.[44] 그리고 그 원인 중 하나는 직장에 이 문제를 제대로 처리하는 데 필요한 절차가 마련되어 있지 않기 때문이다. 여자들은 보복이 두려워서, 아무런 조치도 취해지지 않을까 봐 두려워서 신고하지 않는다. 둘 다, 많은 업종에서 타당한 예상이다.[45] "우리는 비명을 지른다." 한 간호사가 브로피 등에게 말했다. "우리가 할 수 있는 일은 그 정도다."

여성 노동자들이 직면하는 이런 종류의 가해에 대한 처리 절차의 부재는 데이터 공백의 결과일 가능성이 높다. 모든 업종의 임원진은 남성 지배적인데 남자는 이런 유의 공격을 여자와 같은 방식으로 당할 일이 없기 때문이다.[46] 그래서 구글 임원진이 임부용 주차 공간을 만들 생각을 하지 못했던 것처럼 많은 단체가 성희롱과 폭력의 정식 처리 절차를 마련할 생각을 하지 않는다. 이는 회사의 중역이 다양한 경험을 하는 것이 전 직원에게, 또 데이터 공백을 메우는 데 얼마나 중요한가를 보여주는 또 다른 예다.[47]

브로피 등은 젠더가 "늘 그렇듯이 (……) 의료계 폭력 분석에서도 빠져 있다"라고 경고한다. 안타까운 일이다. 국제간호협의회International Council of Nurses에 따르면 "간호사는 가장 위험에 노출된 의료인이다." 그리고 대부분의 간호사는 여자다. 젠더 분석의 부재는 대부분의 연구가 만성적으로 낮은 성폭력 신고율을 반영하지 않는다는 것을 의미한다. 브로피 등은 신고율이 12%밖에 안 된다는 사실을 발견했다. "우리가 성폭력을 신고하지 않는 이유는 너무나 자주 일어나기 때문이다"라고 "성추행을 여러 번 당한 적 있는" 여자가 말했다. 그러나 공식 데이터가 "만연한 신고율 저조 때문에 성폭력 발생률을 대단히 저평가한다"라는 사실은 기록되지 않기만 한 것이 아니라고 브로피는 말한다. 이 메타데이터 공백은 아예 사람들이 알아차리지 못한 채 지나간다.

전통적인 병원 설계도 간호사들이 직장에서 겪는 폭력을 악화시키는 데 일조한다. 긴 복도는 직원들을 뿔뿔이 흩어놓아 고립시킨다고 브로피는 말한다. "복도는 끔찍하다"라고 한 간호사는 브로피에게 말했다. "한 사람이 한끝에서 일하고 있을 때는 다른 직원과 의사소통할 수가 없다. 차라리 방사형 설계가 나을 것 같다." 방사형 설계에서는 문제가 생겼을 때 직원들이 서로 돕기 쉬우므로 문제가 개선될 거라고 브로피는 지적한다. "공간이 원형이라면 직원들은 한끝에 홀로 떨어져 있지 않을 것이다. 두 사람이 있다면 1명이 반대쪽에서 무슨 일이 일어나는지 들을 수 있을 것이다." 대부분의 간호사실은 안전유리 칸막이나 뒷문이 없어 간호사들을 공격에 취약하게 만든다. 또 다른 간호사는 브로피에게 동료 간호사가 환자에게 성폭행당했을 때를 이야기했다. "사건 담당 형사는 간호사실에 유리 칸막이 설치를 추천했다. 그러나 병원 측에서 환자들에게 낙인을 찍으면 안 된다며 저지했다."

브로피가 인터뷰한 간호사들과 미국 산업안전보건국Occupational Safety and Health Administration은 안전 문제를 악화시키는 전통적 병원 설계의 몇 가지 특징을 언급했다. "잠금장치 없는 출입문, 부족한 냉난방, 지나친 소음, 자물쇠 달린 캐비닛에 들어 있지 않은 물품"은 모두 누구에게도 낙인찍지 않고 해결할 수 있는 것들이다. 브로피가 "모든 지역의 모든 그룹에서 들었던" 문제인, 일상적인 인력 부족을 낳는 정부 정책 역시 바꿀 수 있다. 간호사들은 대기 시간이 직원을 향한 폭력적 행동의 "기폭제"라고 말한다. "문제를 즉시 처리해줄 직원이 없을 때 — 계속 기다리게 할 때 — 환자들의 행동이 폭력적으로 변할 가능성이 높다"라고 한 간호사는 말했다.

병원 내부 재설계와 인력 충원은 물론 적은 비용이 드는 일은 아니다. 그러나 직원들이 받는 스트레스와 부상으로 쉬는 시간을 감안하면 꼭 많은 비용이라고 할 수는 없을 것 같다. 불행히도 이 데이터는 "제대로 수집되지 않고 있다"라고 브로피는 말한다. 그러나 "이것이 대단히 스트레스가 높은 노동환경이며 직원들이 요구받는 것에 비해 제한된 통제력은 번아웃을 위한 완벽한 시나리오라고 확신한다."

그리고 비용을 들여 훈련한 사람들이 직장을 그만둔다는 문제도 있다. 이 이야기는 브로피 등이 진행한 포커스그룹인터뷰에서 반복적으로 나왔다. "25~30년 경력의 간호사들이 '나는 청소부가 될 거야' 또는 '나는 조리실에서 일할 거야. 지원 부족, 위험성, 매일 출근해서 이런 일을 마주하는 것, 상부에서 계속 묵인하고 아무런 지원도 안 해주는 걸 더 이상 못 참겠어'라고 말하곤 했다."

하지만 이렇게 장기적인 관점에서 보는 게 부담스럽다면 더 저렴한 선택지도 많거니와 그중 어떤 것들은 깜짝 놀랄 만큼 단순하다. 환자에 의한 폭력을 지속적으로 기록하고 표시하는 것. 신고 절차를 간소화하는 것. 관리자들이 실제로 보고서를 읽게 만드는 것. 알람음을 상황에 따라 다르게 하는 것. "환자 호출 벨, 화장실 호출 벨, 호흡정지나 심정지를 의미하는 코드 블루, 직원 응급 알람이 전부 똑같은 소리인 경우도 있었다."

어떤 행동은 괜찮고 어떤 행동은 괜찮지 않은지를 명확하게 보여주는 표지를 만드는 것도 별다른 비용이 들지 않는다. "병원 커피숍에는 어떠한 언어폭력도 참지 않겠다는 표지가 있다"라고 한 간호사가 브로피 등에게 말했다. "그러나 간호사실에는 그런 표지가 없다. (……) 사별로 외로워하는 싱글을 위한 웹사이트를 소개하는 포스터는 있다. 그런데 우리를 위한 폭력 금지 표지는 못 붙이겠다고?"

브로피 등의 연구 대상자들이 했던 제안 중에 가장 의외이면서도 단순했던 것은 "병원 부담으로 명찰에서 성姓을 빼달라고 한 것이었다." 이렇게 하면 병원 방문객이 여성 직원에게 "만나서 반가워요, ○○

씨"라고 말하는 경우를 피할 수 있다. "그리고 애초에 명찰에 성을 적으면 안 된다. 인터넷에서 내가 누구이고 어디에 사는지를 쉽게 찾을 수 있기 때문이다."

여자들은 늘 일해왔다. 무급으로, 저임금으로, 인정받지 못한 채, 보이지 않게 일해왔지만 일하지 않았던 적은 없다. 그러나 오늘날의 일터는 여자를 위해 기능하지 않는다. 위치에서부터 근무 시간, 규제적 표준에 이르기까지 남자들의 생활을 기준으로 설계되어왔지만 그것은 더 이상 목적에 부합하지 않는다. 노동계는 규제에서, 장비에서, 문화에서 대대적인 개혁을 필요로 하며 이 개혁은 반드시 여성의 신체와 생활에 대한 데이터를 근거로 이루어져야 한다. 우리는 여자들이 하는 일이 있어도 그만, 없어도 그만인 부록이 아니라는 것을 인식하기 시작해야 한다. 여자들의 일은, 유급이든 무급이든, 우리 사회와 경제의 근간이다. 이제는 그 가치를 인정할 때가 되었다.

3부

설계

INVISIBLE WOMEN

방글라데시 여자들이
신식 화덕을 거부한 이유

쟁기 가설plough hypothesis을 처음 제시한 사람은 덴마크의 경제학자 에스테르 보세루프Ester Boserup다. 쟁기 가설이란 역사적으로 쟁기를 사용했던 사회는 그렇지 않은 사회만큼 성평등 하지 않다는 것이다. 이 이론은 (괭이나 호미처럼 손으로 쥐는 도구를 사용하는) 이동 농업*이 (대개 말이나 소처럼 힘센 동물이 쟁기를 끄는) 정착 농업보다 상대적으로 여성 친화적이라는 점을 근거로 한다. 여성의 접근성이 더 높기 때문이다.[1]

남녀 간에 접근성이 차이 나는 이유 중 하나는 신체적 차이 때문이다. 쟁기질은 "쟁기를 끌거나 쟁기 끄는 동물을 몰 때 상당한 상체 힘, 악력, 순간적인 힘"을 필요로 하는데 그 점에서 남자가 유리하다.[2] 상체 질량이 남자가 여자보다 약 75%[3] 크고 여성의 제지방량**이 상체보다 하체에 많기 때문이다.[4] 그 결과 남자의 상체 힘은 여자보다 평균

---

* 화경(火耕)처럼 계속 새로운 곳으로 이동하며 농사짓는 형태.
** 체중에서 체지방량을 뺀 것.

40~60%[5] 높다(반면 하체 힘은 평균 25% 높다).[6] 또 여자는 악력이 남자보다 평균 41% 낮은데[7] 이 차이는 나이가 들어도 변하지 않는다. 예를들면 평범한 70세 남자의 악력이 평범한 25세 여자보다 세다.[8] 이 차이는 훈련으로도 없앨 수 없다. "고도로 훈련된 여자 운동선수"와 "전혀또는 특별히 훈련한 적 없는" 남자를 비교한 연구에 따르면 여자 선수들의 악력이 남자 피조사자들의 50번째 백분위수를 넘는 경우는 "거의" 없었다.[9] 종합적으로 이 연구의 조사 대상인 (훈련되지 않은 여자도포함한) 여자의 90%는 남성 피조사자의 95%보다 악력이 약했다.

그러나 쟁기 농업과 이동 농업 간의 상대적 여성 친화성 차이는 사회적 성역할의 결과이기도 하다. 괭이질은 시작하거나 중단하기가 쉽다. 즉 자녀 돌봄과 병행이 가능하다. 그러나 힘센 동물이 끄는 무거운도구(쟁기)는 그렇지 않다. 또 괭이질은 노동집약적인 반면 쟁기질은 자본집약적인데[10] 여자는 돈보다 시간에 대한 접근성이 높다. 그 결과 쟁기가 사용되는 곳에서는 남자가 농업을 지배하고 이것이 다시 남자가권력과 특권을 갖는 불평등한 사회를 낳는다고 보세루프는 주장했다.

2011년 논문에 따르면 보세루프의 가설은 철저한 검증을 통해 타당성이 입증되었다.[11] 전통적으로 쟁기 농업을 해온 사회의 후손들은 다른 나라로 이민을 가도 성차별적 시각을 유지했다. 이 논문에 따르면 성차별적 사고방식은 이동 농업보다 쟁기 농업에 유리한 토양기후적 조건과도 연관이 있었다. 성차별주의 때문에 쟁기를 쓰게 되는 것이 아니라 기후 때문에 쟁기를 쓰고 쟁기 사용의 결과로 성차별적 관점을 선택하게 된다고 논문은 주장했다.

반대로 쟁기 이론을 비방하는 자들도 있다. 2014년의 한 논문은 에

티오피아에서는 농부가 당연히 남자로 생각되고—"사실상 모든 암하라어* 민담에서" 농부는 남성이다—특히 쟁기질은 독점적으로 남성의 일로 여겨지지만 상체 힘 이론은 성립하지 않는다고 주장한다. 그들은 가벼운 쟁기를 사용하기 때문이다(물론 이 논문은 자본 투자나 자녀 돌봄 문제는 다루지 않는다).[12] 그뿐 아니라 여기에 인용된 1979년 논문은 "쟁기가 도입된 적 없는 곳에서도—특히 남방계 쿠시족**의 경우—농사를 짓는 사람은 역시 남자"라는 점을 근거로 쟁기 이론을 반박한다.

그런데 정말로 그럴까? 단정하긴 어렵다. 농사를 짓는 사람이 정확히 누구인가에 대한 데이터는 공백으로 가득하기 때문이다. "여자는 아프리카 농업 인력의 60~80%를 차지한다"라는 주장이 다양하게 변주된 보고서, 논문, 소논문은 수없이 존재하지만[13] 증거라고 할 만한 것은 거의 없다. 이 통계는 무려 1972년 UN경제사회이사회 아프리카경제위원회까지 거슬러 올라간다. 딱히 틀렸다는 것은 아니지만 데이터가 없기 때문에 옳음도 그름도 증명할 수 없다.

그 이유 중 하나는 대개 남녀가 함께 농사를 짓기 때문에 한쪽 성별의 기여분이 최종생산물의 몇 %인지 정확히 측정하기 어렵다는 것이다. UN식량농업기구Food and Agriculture Organization of the United Nations(이하 FAO로 표기) 논문에서 경제학자 셰릴 도스Cheryl Doss는 우리가 "식품"을 어떻게 정의하고 가치를 매기느냐에 따라서도 남녀별 기여도가 달라진다고 지적한다. 예를 들면 열량을 기준으로 할 수도 있고(그 경우 주곡이 1위

* 에티오피아의 공용어.
** 에티오피아, 소말리아 등지에 사는 부족.

일 것이다) 가격을 기준으로 할 수도 있다(이 경우에는 아마 커피가 1위일 것이다). 여자들이 "주곡 생산에 더 깊이 관여하는 편"임을 고려할 때 열량값을 비교한다면 "여성이 생산한 비중이 훨씬 높을 수도 있다."[14]

이처럼 막연한 추측이 많은 이유는 국가 차원 조사에서는 대개 농부가 남자인지 여자인지를 구분하지 않기 때문이다.[15] 게다가 성별 구분 데이터라 하더라도 조사 방법이 부주의하게 설계됐다면 여성 노동 관련 수치를 실제보다 낮게 측정할 수 있다. 예를 들어 여자들에게 "가사"와 "일" 중에 무엇을 하느냐고 묻는다면 — 마치 그 둘이 상호배타적인 것처럼(혹은 가사는 일이 아닌 것처럼) — 그들은 "가사"를 고를 것이다. 가사가 그들이 하는 일의 대부분을 차지하기 때문이다.[16] 이 데이터 공백은 다시 "수익 창출 활동을 강조하는" 경향에 의해 악화된다. 그 결과 조사자들은 (대개 여성 지배적인) 자급자족적 생산을 과소평가하는 경우가 많다. 또한 인구조사는 농업을 "야외 작업"으로 정의하는 경향이 있어 "소형 가축 키우기, 텃밭 일구기, 추수 후 가공 같은" 여자들의 일을 누락한다. 남성 편향이 상당한 젠더 데이터 공백으로 이어지는 명확한 예다.

연구자들이 일을 "주된" 활동과 "부차적" 활동으로 나누는 데서도 비슷한 문제가 발생한다. 우선 부차적 활동에 대한 데이터는 아예 수집하지 않기도 하며 수집하더라도 노동력 수치에 반영하지 않는 경우도 있다. 남성 편향이 여성의 유급 노동을 지워버리는 예다.[17] 여자들은 자신의 유급 노동을 부차적 활동으로 분류하는 경우가 많다. 무급 노동에 소비하는 시간이 너무 많기 때문이다. 그렇다고 해서 유급 노동에 쓰는 시간이 적다는 뜻은 아니다. 그 결과 노동력 통계에서 상당한 젠더 데이

터 공백이 보이는 경우가 많다.[18]

남성 편향은 도스가 60~80% 이론을 검증하려고 사용한 데이터에도 존재한다. 도스는 여자가 전 세계 농업 노동력에서 차지하는 비중이 50%가 안 된다고 결론지었지만 그가 사용한 FAO 데이터는 "자신의 주된 경제활동이 농업이라고 스스로 보고한 사람만을 농업 노동력으로 간주한다." 이 방식을 사용하면, 앞서 살펴봤듯이, 여성 유급 노동의 상당량이 제외된다. 도스도 라틴아메리카의 여성 농업 노동력이 터무니없이 낮은 수치인 16%로 보고된 점을 비판하면서 이 접근법에 문제가 있음을 인정하기는 한다. 라틴아메리카의 농촌 여성들은 "농사에 참여하는 시간이 아주 많은데도 자신의 주된 책임이 '가사'라고 대답하는 경향이 높다"라고 도스는 지적한다.

그러나 우리가 여성의 농업 노동력 계산에 존재하는 모든 젠더 데이터 공백을 채운다 해도 당신의 식탁에 올라가는 음식 중 정확히 얼마만큼이 여자에 의해 생산되는지는 여전히 알지 못할 것이다. 투입량 대 산출량의 비율이 여자와 남자가 같지 않기 때문이다. 여자는 대체로 농사에서 생산성이 남자보다 떨어진다. 여자가 남자만큼 열심히 일하지 않는다는 뜻이 아니다. 그들이 하는 일에 비해 생산량이 적다는 뜻이다. 농사가 (도구에서부터 학문적 연구, 개발계획에 이르기까지) 남자에게 필요한 것을 중심으로 설계되어왔기 때문이다. 사실 여자들이 직면하는 다양한 제약—땅, 공로, 신기술에 대한 접근성 결여 및 무급 노동 책임—을 고려할 때 "식용작물의 반 이상만 생산할 수 있다 해도 놀라운 일일 것이다"라고 도스는 말한다.

FAO는 여자에게 생산 자원에 대한 접근성이 남자만큼 주어진다면 농업 생산량이 최대 30%까지 증가할 거라고 추산한다.[19] 물론 현실은 그렇지 않다. 쟁기의 도입에서 봤듯이 어떤 현대적인 "노동 절약형" 장비는 "남성 노동 절약형" 장비라고 부르는 것이 더 정확할지도 모른다. 예를 들어 2014년 시리아의 연구에 따르면 농사가 기계화되자 남성의 노동이 덜 필요해져서 남자들은 "농사 외에 더 수익이 높은 기회를 좇도록" 해방됐지만 "옮겨심기, 제초, 수확 및 가공 같은 여자들의 노동집약적 일거리"는 오히려 증가했다.[20] 반대로 터키에서는 농사가 기계화되자 여자들의 참여가 감소했다. "남자들은 기계를 독점했고" 여자들은 기계 사용을 주저했기 때문이다. 이것은 여자들의 낮은 교육률과 사회문화적 규범 때문이기도 하지만 "기계가 여자 사용자에 맞게 설계되지 않았기 때문이기도 하다."[21]

여자를 희생해서 남자에게 혜택을 주는 것은 물리적 도구만이 아니다. "순회 교육extension service"이라는 것을 예로 들어보자. 순회 교육이란 농부들에게 신기술을 가르쳐서 생산성을 높이기 위한 교육 프로그램을 말한다. 역사적으로 순회 교육은 여성 친화적이지 않았다. (성별 구분 데이터가 있는 나라만으로 한정된) 1988~89년 FAO 조사에 따르면 여성을 대상으로 한 순회 교육은 전체의 5%밖에 되지 않았다.[22] 그 후로 사정이 약간 나아지긴 했지만[23] 지금도 여성을 배제하는 개발계획은 여전히 많다.[24] 기껏해야 여성에게 도움이 안 되거나 최악의 경우 적극적으로 불이익을 가져다준다.

힐러리 클린턴이 만든 데이터2X Data2X는 UN재단United Nations Foundation*의 후원을 받아 세계의 젠더 데이터 공백을 메우기 위한 캠페인을 벌이는 단체다. 데이터2X의 2015년 분석에 따르면 많은 농촌교육이 아예 여성에게 도달하지 않는다. 그 이유 중 하나는 그것이 아무리 유익한 교육일지라도 여자들이 이미 과로하고 있어서 교육 같은 것에 할애할 시간이 없기 때문이다.[25] 농촌 개발계획자들은 여성의 낮은 기동성도 고려해야 한다. 첫째는 돌봄노동 때문에, 둘째는 교통수단에 대한 접근성이 떨어져서 혼자 이동하는 데 장애물이 많기 때문이다.

그리고 언어 및 문해력 장벽도 있다. 많은 프로그램이 그 나라의 공용어로 이뤄지는데 여자는 공용어를 못 배웠을 가능성이 남자보다 높다.** 전 세계적으로 여자는 교육률이 낮기 때문에 글을 못 읽을 가능성이 높아서 문서로 작성한 것도 도움이 안 된다. 이것들은 대단히 기본적인 문제이므로 당연히 고려되어야 하나 계속해서 무시되고 있다는 증거가 많다.[26]

많은 개발계획은 토지 규모가 얼마 이상이어야 한다든지, 교육에 참가하는 사람이 농가의 가장이어야 한다든지, 자신이 경작하는 땅의 주인이어야 한다든지 같은 조건을 요구함으로써 여자를 배제한다. 또는 기술을 구입할 돈이 있는 농장에만 초점을 맞춤으로써 여성을 배제하기도 한다. 이런 조건들은 모두 남자 농부에게 편향되어 있다. 여자는 가난한 농부나 소규모 농부가 많고 자신이 경작하는 땅의 주인이 아닐 가능성이 압도적으로 높기 때문이다.[27]

실제로 여자에게 도움이 되는 농촌교육을 설계하려면 우선 데이터

---

* CNN 창립자인 테드 터너가 만든 재단으로, UN의 대의를 실천하는 여러 사회운동을 후원한다. UN 기구가 아니다.
** 예를 들어 나이지리아의 공용어는 영어인데 공교육을 받지 못한 사람은 부족어밖에 못할 가능성이 높다.

가 필요하다. 그런데 때로는 데이터를 수집하려는 시도조차 하지 않는 것처럼 느껴진다. 게이츠재단Gates Foundation의 2012년 문건에서 언급된 어느 단체의 이야기를 살펴보자. 이 단체는 주곡의 개량종을 만들어서 보급하는 것을 목표로 했다.[28] 그런데 "개량"되었다는 것은 농부의 입장에서 봤을 때 그래야 했으므로 시험 재배를 할 때 남자 농부에게만 의견을 물었다. 남자 농부들은 수확량이 가장 중요하다고 말했고 단체는 그 의견에 따라 개량종을 만들었다. 그런데 나중에 농가들이 그것을 선택하지 않자 깜짝 놀랐다.

남자 농부들하고만 상의하기로 한 결정은 비상식적이다. 우리가 가진 데이터에 공백이 많긴 하지만 적어도 여자들이 농업에 종사하는 비율이 꽤 높다고 말할 수는 있다. 저개발국에서 경제활동을 하는 여자의 79%, 전 세계에서 경제활동을 하는 여자의 48%가 농사가 자신의 주된 경제활동이라고 말했다.[29] 그런데 해당 지역의 여자 농부들은 수확량이 가장 중요한 요소라고 생각하지 않았다. 땅고르기나 제초가 얼마나 필요한지와 같은, 다른 요소들을 신경 썼다. 그것이 여자들의 일이기 때문이다. 또 이 곡식을 요리하는 데—마찬가지로 여자들의 일인—얼마나 걸리는지도 신경 썼다. 수확량이 많은 신품종은 이런 일을 하는 데 더 많은 시간이 걸렸기 때문에, 놀랍지 않게도, 여자들은 이 품종을 선택하지 않았다.

개발계획자들이 이런 실패를 피하기 위해서는 여자들과 대화만 하면 되는데 그들은 당황스러울 만큼 이 생각에 저항감을 가진 듯하다. 여자들과의 대화 없이 새로운 주곡 품종을 개발하겠다는 결정이 잘못되어 보인다면 개발도상국의 "환경친화적인" 화덕 이야기를 들을 때까지 기다려봐라.

인간은 —주로 여자들은— 신석기시대부터 삼각 화덕으로 요리를 해왔다. 땅바닥에 돌 3개를 놓고 그 사이에 연료(나무 등 뭐든 불에 타는 것)를, 위에는 냄비를 균형 잡히게 놓는 것이다. 남아시아에서는 전체 가구의 75%가 지금도 바이오매스연료(나무나 기타 유기물)를 사용한다.[30] 방글라데시에서는 이 수치가 90%까지 올라간다.[31] 아프리카 사하라사막 이남에서는 바이오매스연료가 7억 5300만 명, 전체 인구의 80%가 취사할 때 쓰는 주 에너지원이다.[32]

전통 화덕의 문제는 극심한 유독가스를 배출한다는 것이다. 환기가 안 되는 방에서 전통 화덕으로 요리하는 여자는 하루에 담배 100개비 이상의 연기에 노출되는 것과 같다.[33] 2016년 논문에 따르면 페루에서부터 나이지리아에 이르는 나라들의 화덕에서 나오는 유독가스는 WHO 권장 기준의 20~100배에 달하며[34] 매년 이로 인해 전 세계에서 사망하는 사람이 290만 명으로[35] 말라리아 사망자의 3배다.[36] 피해는 전통 화덕의 비효율성 때문에 더욱 악화된다. 요리하는 여자들이 하루 3~7시간 동안 유독가스에 노출되기 때문이다.[37] 실내공기오염은 세계 여성 사망의 가장 큰 환경적 위험인자이자 5세 미만 아동의 가장 큰 사망원인이다.[38] 또한 호흡기와 심혈관 손상을 유발하고 폐결핵이나 폐암 같은 감염성질병에 대한 감수성을 증가시키기 때문에 세계 질병 부담 원인 중 8위이기도 하다.[39] 그러나 주로 여성에게만 영향을 끼치는 건강 문제가 대부분 그렇듯 "이러한 부정적인 건강 영향은 통합적이고 엄격한 방식으로 연구된 적이 없다."[40]

1950년대부터 "환경친화적인" 화덕을 보급하고자 한 개발 기구들의 노력은 성공의 정도가 다양했다. 초창기에 이 운동의 목표는 여자들의 무급 노동을 경감하거나 전통 화덕의 부정적인 건강 영향을 없애는 것이 아니라 삼림파괴를 중지하는 것이었다.[41] 그런데 환경 재난의 원인이 여자들의 연료 마련이 아니라 경작을 위한 토지개간 때문임이 밝혀지자 대부분의 개발 기구는 환경친화적인 화덕 보급 계획을 중단했다. 소아즈 런던대학교 사회인류학과 교수 에마 크루Emma Crewe는 환경친화적인 화덕 보급 계획이 "에너지 위기의 해결책으로서도 실패했고 다른 어떤 개발 분야와도 무관한 것으로 간주되었다"라고 말한다.[42]

그러나 환경친화적인 화덕은 다시 국제 의제로 올라왔다. 2010년 9월 힐러리 클린턴이 환경친화적인 취사용 화덕 보급을 위한 국제 연맹Global Alliance for Clean Cookstoves의 창설을 발표했다. 이 연맹은 2020년까지 1억 가구에 환경친화적이고 효율적인 화덕과 연료를 보급하는 것이 목표다.[43] 분명 칭찬할 만한 목표이긴 하지만 그것이 실행되려면, 여자들이 실제로 화덕을 사용하게 되려면, 데이터 수집 외에도 해결해야 할 일이 많다.

2014년 UN 보고서에 따르면, 물과 위생 관련 데이터와 마찬가지로, 효율적인 취사용 화덕에 대한 접근성과 관련된 국가별 데이터는 "희박하다." 각국의 에너지정책과 빈곤 감축 전략에 관한 논문들은 화덕 대신 전기화에 초점을 맞추는 경향이 있다.[44] 2005년 세계은행 보고서에 따르면 에너지 접근성에 관한 데이터 수집에 있어 각국 정부는 개발계획의 사회경제적 영향보다 새로운 배전망 연결 수 같은 것의 측정을 선호하는 경향이 있다.[45] 또 개발계획을 시작하기 전에 사용자에게 실제로 필요한 것이 무엇인지—예를 들면 식수 펌프, 식품 가공, 연료 마련 등—에 관한 데이터는 수집하지 않는다. 이 데이터 부족이 지금까지 가져온 결과는 대부분의 사용자가 환경친화적인 취사용 화덕을 거부했다는 것이다.

1990년대에 에마 크루는 화덕 기술자들로부터 새로운 화덕 선택률이 낮은 이유는 사용자들이 "보수적 문화" 출신이라서라는 말을 들었다.[46] 사용자들이 제대로 된 화덕 사용법을 "교육"받아야 한다는 것이었다. 그런데 21세기에도 여자들은 여전히 비난당하고 있다. 2013년 워시플러스WASHplus*와 미국국제개발처United States Agency for International Development의 후원으로 작성된, 방글라데시의 5가지 화덕의 사용자 경험에 대한 보고서는 5개 모두가 전통 화덕보다 조리 시간이 오래 걸리고 사람이 옆에서 계속 지켜봐야 한다는 점을 여러 차례 인정했다.[47] 이것은 여자들의 멀티태스킹을 막고 요리 방식을 바꿀 수밖에 없게 만듦으로써 노동량을 가중한다. 그럼에도 불구하고 보고서는 계속해서 화덕이 아니라 여자를 뜯어고치라고 말한다. 화덕 설계자들이 이미 하루 평균 15시간인 여자들의 노동 시간을 더 늘리지 않는 법을 교육받아야 하는 것이 아니라 여자들이 "개량된" 화덕이 얼마나 훌륭한지를 교육받아야 한다는 것이다.[48]

학자들, 비정부기구들, 외국 출신 기술자들의 생각과 달리 문제는 여자가 아니다. 화덕이다. 개발자들이 연료 효율 같은 기술적 요소를 화덕 사용자의 필요보다 계속 우선시했기 때문에 많은 사용자들이 화덕

---

* 2010~16년에 미국국제개발처의 후원으로 깨끗한 물, 위생, 환경친화적인 화덕 관련 활동을 펼쳤던 프로젝트.

을 거부하는 결과를 초래한 것이라고 크루는 말한다.[49] 높은 거부율은 수십 년 전부터 계속되어온 문제이지만 개발 기구들은 아직까지도 문제를 해결하지 않고 있다.[50] 여전히 여자와 상의하고 나서 제품을 설계하기보다는 자신들의 설계를 일방적으로 사용자들에게 강요하기 때문이다.[51]

인도의 한 프로그램도 새로운 화덕이 실험실에서는 잘 작동했지만 실생활에서는 전통 화덕보다 고장이 잘 나서 실패했다. 설계자들은 이것이 "가정"에서 해결할 수 있는 부분이라고 생각했다.[52] 그러나 오디샤주州에서 수리는 전통적으로 남자의 일이었고 그들은 딱히 새로운 화덕을 고쳐야 한다고 생각하지 않았다. 아내들이 전통 화덕으로 식사를 준비하면 되었기 때문이다. 그래서 여자들은 다시 유독가스를 배출하는 전통 화덕으로 되돌아갔고 새로운 화덕은 구석에서 먼지만 쌓여갔다.

젠더별 우선순위는 가정의 소비에도 영향을 미쳐서 새로운 화덕을 들여놓을지 말지까지 결정한다. 1980년대 초부터 방글라데시에 환경친화적인 화덕을 보급하려는 수많은 시도가 있었음에도 농촌인구의 98% 이상은 여전히 바이오매스연료를 때는 전통 화덕으로 요리한다.[53] 2010년 연구에서 그 이유를 알아봤더니 여자들은 "개량된 화덕이라면 무엇에든, 특히 건강에 이로운, 굴뚝 달린 화덕에 남자보다 높은 선호도를 보였고" 남편이 없을 때 물어보면 화덕을 주문할 확률이 높았다. 그러나 보급 팀이 4개월 후에 화덕을 가지고 다시 방문하면 남녀 간 의견차는 사라지고 여자들은 다시 남편과 같은 의견으로 되돌아가 있었다.

여자들이 환경친화적인 화덕을 선택하지 않는 이유는 단순히 경제권이 없기 때문일지도 모른다는 가설은 2016년 보고서가 뒷받침한다. 이 보고서에 따르면 "여자가 가장인 가정은 남자가 가장인 가정보다 환경친화적인 화덕을 선택할 확률이 높다."[54] 한편 2012년 예일대학교 연구에 따르면 응답자의 94%는 "전통 화덕에서 나오는 연기가 해롭다고 믿었지만 기초 생필품을 사야 했기 때문에 전통 화덕을 택했다." 그럼에도 불구하고 예일대학교는 "방글라데시 여자들은 오염물질을 배출하는 화덕을 선호한다"라는 제목으로 보도 자료를 작성했다. 마치 여자들이 경제권이 없는 것이 아니라 어깃장을 놓는 것처럼.[55] 어쩌면 고질적인 가난보다는 멍청한 여자들이 아무 이유 없이 대기오염을 선택하는 것이 헤드라인에 더 어울렸는지도 모른다.

여자들이 필요로 하는 화덕이나 실행계획을 몇십 년째 설계하지 못하여 초래된 보건 재난은 앞으로 더욱 악화될 예정이다. 기후변화로 인해 토양침식과 사막화가 가속화되어 질 좋은 연료를 구하기가 힘들어지면 더욱 강한 유독가스를 배출하는 나뭇잎, 짚, 배설물을 연료로 사용할 수밖에 없기 때문이다. 환경친화적인 화덕이 여성의 삶을 엄청나게 개선하리라는 사실을 고려하면 안타까운 일이다. 2011년 예맨의 연구에 따르면 물과 가스 화덕이 없는 여자들은 자기 시간의 24%를 유급노동에 소비했다. 반면에 물과 가스 화덕이 있는 여자들은 그 비율이 약 52%까지 올라갔다.[56] 인도의 화덕 사용에 관한 2016년 보고서에 따르면 환경친화적인 화덕 — 예를 들면 조리 시간을 혁신적으로 단축하는, 값싸고 이동이 간편한 아나기 2Anagi 2 — 으로 바꾼 여자들은 사교 활동, 가족과의 시간, 지역 모임에 더 많은 시간을 소비했다.[57] 또한 아이들도 학교에 더 자주 보내는 것으로 나타났다.[58]

희망을 가질 이유는 있다. 2015년 11월 인도의 연구자들은[59] "기존의 삼각 화덕 안에 간단하게 설치하는 미화 1달러(한화 약 1170원)짜리 저렴한 장비로" 성공적인 현장 연구 결과를 얻었다고 보고했다. 이 단순한 장치는 "더 고가의 고효율 화덕과 비슷한 수준으로" 땔감 사용량과 연기를 감소한다. 그들은 수십 년간의 데이터 공백을 메움으로써 이돌파구를 찾아냈다. 20년간 인도 농촌에 고효율 화덕을 보급하려 했던 정부의 시도가 거의 성공적이지 못했음을 알고 원인을 조사한 것이다.

그들은 여자들과의 대화를 통해 이유를 알아냈다. 고효율 화덕에는 "커다란 땔감을 세로로 쪼개야만" 집어넣을 수 있었다. 이는 앞서 언급했던 5가지 화덕에 관한 2013년 논문에서도 지적되었던 문제다. 연구자들은 (연료를 포함한) 요리와 관련된 모든 것이 여자의 일인데 나무를 쪼개는 것은 "여자가 하기에 대단히 어려운 일"이므로 여자들이 "고효율 화덕을 버리는 것"은 지극히 합리적인 판단임을 알게 되었다. "진흙과 벽돌로 만든 전통 화덕 출하chulha는 땔감 크기에 제한이 없기 때문이다."

이러한 사실을 바탕으로 그들은 화덕 기술을 여자한테 맞게 고치기 시작했다. "단일한 고효율 화덕으로는 모든 종류의 전통 화덕을 대체할 수 없음"을 깨달은 연구자들은 "세계 각국에서 땔감 사용량을 획기적으로 줄이는 것은 지역 맞춤형 해결책으로만 가능하다"라고 결론지었다. 그들이 데이터를 기반으로 설계한 결과는 메와르 앙기티mewar angithi였다. 그것은 "전통 출하 안에 설치하도록 만들어진" 단순한 금속 기구로, "전통 출하 안에서도 고효율 화덕과 똑같이 공기가 순환되게끔 만들어준다."

또 그들은 화덕 사용자들의 또 다른 고민인 비용을 줄이기 위해 동네 시장에서 "새 금속판의 4분의 1 가격에" 구입한, 금속 나사받이를 만들고 남은 폐금속으로 이 기구를 만들었다. 그리고 "메와르 앙기티의 형태가 단순하고 구부러진 판 모양이므로 각 출하에 맞게 쉽게 변형할 수 있다." 그 후로 케냐[60]와 가나[61]에서 메와르 앙기티를 사용한 연구에서도 비슷하게 긍정적인 결과가 나와서 설계자들이 젠더 데이터 공백을 메우는 데에서 출발하면 어떤 성과를 얻을 수 있는지를 보여주었다.

7장 방글라데시 여자들이 신식 화덕을 거부한 이유

남자에게 맞는 원 사이즈

1998년에 크리스토퍼 도니슨Christopher Donison이라는 피아니스트는 "인류는 크게 두 집단으로 나눌 수 있다", 손이 큰 사람들과 손이 작은 사람들이라고 썼다. 도니슨은 평균보다 작은 손 때문에 오랫동안 전통적인 건반을 사용하는 데 애먹은 남자 피아니스트로서 그렇게 쓴 것이지만 그가 여자였어도 똑같이 썼을 것이다. 여자가 평균적으로 남자보다 손이 작음을 보여주는 데이터가 아주 많은데도[1] 우리는 여전히 '남자에게 맞는 원 사이즈one size'가 마치 '모두에게 맞는 원 사이즈'인 양 평균적인 남자 손에 맞춰 장비를 설계한다.

소위 성 중립적인 제품을 '남자에게 맞는 원 사이즈'로 만드는 것은 여자에게 불이익을 가져다준다. 여자의 평균 뼘은 18~20cm이기 때문에[2] 길이 122cm의 표준 건반은 좀 부담스럽다. 한 연구에 따르면 이 표준 건반은 성인 여자 피아니스트의 87%에게 불리하다.[3] 한편 성인 피아니스트 473명의 뼘과 그들의 "명성의 수준"을 비교한 2015년 연구에 따르면 세계적으로 유명한 피아니스트 12명의 뼘은 모두 22.4cm 이상이었다.[4] 이 상위 그룹까지 올라간 여자 2명의 뼘은 각각 23cm, 24cm 였다.

표준 건반은 여자 피아니스트가 남자 동료들과 같은 수준의 명성 을 얻는 것만 어렵게 만드는 것이 아니다. 건강에도 영향을 미친다. 1980~90년대에 연주자들을 대상으로 시행된 일련의 연구에 따르면 여성 음악가들은 직업 관련 부상을 "남자보다 훨씬 많이" 입었고 그중 에서도 건반 연주자들은 "가장 위험한" 그룹에 속했다. 여러 연구에 따 르면 여자 피아니스트는 남자 피아니스트보다 통증이나 부상에 시달 릴 확률이 50%가량 높다. 한 연구에서는 반복사용긴장성증후군에 걸 릴 확률이 여성은 78%인 데 반해 남성은 47%에 불과했다.[5]

이는 손 크기와 관계있어 보인다. 남자 피아니스트만을 대상으로 한 1984년 연구에서는 "유명한 솔로이스트이거나 국제 대회 우승자"로 정 의된 "성공한 연주자" 26명과 "문제 사례" 10명을 조사했다. 문제 사례 란 "오랫동안 기술적 또는 부상 문제로 고생한" 사람을 말한다.[6] 전자의 평균 뼘은 23.4cm인 데 반해 후자의 평균 뼘은 22.1cm였다. 그러나 후 자조차도 여자의 평균 뼘보다는 훨씬 크다.

크리스토퍼 도니슨이 스타인웨이 그랜드피아노로 프레데리크 쇼 팽의 〈발라드 1번 사단조 Op. 23〉의 코다*를 "거의 1000번째" 연주하 고 있을 때 다음과 같은 생각이 떠올랐다. '내 손이 너무 작은 게 아니 라 표준 건반이 너무 큰 거 아닐까?' 그리고 그는 손 작은 사람들을 위한 7/8 DS 건반을 설계했다. 도니슨의 주장에 따르면 이것은 그의 연주를

---

* 한 악곡이나 악장의 끝에 끝맺는 느낌을 강조하기 위하여 덧붙이는 악구.

바꿔놓았다. "나는 마침내 올바른 운지법을 사용할 수 있었다. 분산화음을 손의 위치를 바꾸지 않은 채 한 번에 연주할 수 있었다. (……) 낭만파음악에 그토록 자주 쓰이는, 넓게 쓸어 올리는 듯한 왼손 아르페지오 수사가 가능해졌고 똑같은 악절을 반복연습 하는 대신 제대로 된 소리를 탐구할 수 있게 되었다."[7] 7/8 건반이 기존 건반으로 인한 기술상, 건강상의 불리한 점을 없애준다는 사실은 여러 연구 결과가 증명한다.[8] 그런데도 피아노계가 아직까지 이 건반을 채택하길 주저하는 것은 분명 이상한 일이다(그러니까 지금 여기에 성차별주의가 작용하고 있음을 당신이 인정하지 않는다면 말이다).

손 큰 남자에게만 맞는 설계를 버리지 않는 것은 고질적인 병폐다. 나는 2000년대 초반에 여럿이 모여서 휴대폰 겨루기를 하면 가장 작은 휴대폰이 1등이었던 시절을 기억한다. 그런데 아이폰과 그 유사품들이 출현하면서 모든 것이 달라졌다. 갑자기 액정디스플레이의 크기가 중요해지고 클수록 좋은 게 되었다. 이제 액정의 평균 크기는 5.5인치(139.7mm)다.[9] 물론 당신의 액정 크기에 우리가 감명받았다는 건 인정하지만 인류 절반의 손에 맞느냐—사실상 없는 것이나 마찬가지인 여성복 주머니에 들어가느냐까지는 갈 것도 없이—를 따지기 시작하면 약간 다른 문제가 된다. 평균적인 남자는 편안하게 자신의 휴대폰을 한 손으로 사용할 수 있지만 평균적인 여자의 손은 전화기를 겨우 쥘 정도다.

이것은 분명 짜증 나는 일이며 애플이 택하기엔 어리석은 행보다. 아이폰 소유자는 남자보다 여자가 많기 때문이다.[10] 그러나 그들의 광기가 어디에서 왔는지 곧 알 수 있을 거라는 기대는 하지 마라. 어떤 스마트폰 회사에서든 큰 액정에 집착하는 이유에 대한 발언을 이끌어내기란 극도로 어려운 일이기 때문이다. 나는 애타게 답변을 찾다가《더 가디언》의 과학기술부 기자 앨릭스 헌Alex Hern에게 도움을 청했다. 그러나 그도 나를 도와주진 못했다. "그것은 유명한 문제"라고 그도 확인해줬지만 "절대 솔직한 답변을 듣지 못한 문제이기도 하다"라고 말했다. 그가 사석에서 관계자들에게 물어보면 "정석적인 대답"은 스마트폰을 더 이상 한 손으로 사용하도록 설계하지 않는다는 것이다. 또 그는 사실 많은 여자들이 "핸드백 때문에" 큰 스마트폰을 선택한다는 이야기도 들었다고 했다. 핸드백? 그래, 그렇다 치자. 하지만 애초에 여자들이 핸드백을 들고 다니는 이유 중 하나는 여성복에 제대로 된 주머니가 없기 때문이다. 따라서 '주머니에 맞게'가 아니라 '핸드백에 맞게' 스마트폰을 설계하는 것은 불난 데 기름 붓는 것과 같다(여기에 대해서는 나중에 더 자세히 살펴보겠다). 어쨌든 휴대폰이 여자들 핸드백에 넣고 다니게끔 설계되었다는 주장은 이상하다. 너무나 많은 소극적 추적 앱 passive tracking app *이 당신의 전화기가 사무실 책상 위의 핸드백 안보다는 항상 손이나 주머니 안에 있다고 가정하기 때문이다.

이번에는 언론상을 수상한 과학기술 전문기자이자 작가인 제임스 볼James Ball에게 문의했다. 그는 큰 액정에 대한 집착이 계속되는 이유와 관련해 또 다른 가설을 제시했다. 남자가 최첨단 스마트폰 구매를 주도한다는 것이 사회적 통념이기 때문에 제조사들이 아예 여자를 고려하지 않는다는 것이었다. 이 말이 사실이라면 애플이 취하기엔 확실히 이

---

* 만보기처럼 휴대폰의 움직임에 따라 사용자의 이동 패턴이나 건강 상태, 기분 등을 유추하는 백그라운드 앱.

8장 남자에게 맞는 원 사이즈

상한 접근법이다. 앞서 말했듯이 아이폰은 남자보다 여자가 더 많이 사기 때문이다. 그러나 나는 이 분석에 보다 근본적인 불만이 있다. 여기서도 남성 편향적인 설계가 아니라 여자가 문제라고 말하고 있기 때문이다. 이 이야기를 뒤집어보자. 만약 여자가 최첨단 스마트폰 구매를 주도하고 있지 않다면 그것은 여자가 스마트폰에 관심이 없기 때문인가, 아니면 스마트폰이 여자에 대한 고려 없이 설계되기 때문인가? 하나 좋은 소식은 액정이 지금보다 더 커지지는 않을 거라고 볼이 내게 확언했다는 것이다. "이미 남자 손 크기의 한계치에 도달했기 때문이다."

그렇다면 그것은 남자들에게는 좋은 소식이지만 3세대 모토로라 모토 G를 소유한 내 친구 리즈 같은 여자들에게는 안 좋은 소식이다. 내가 평소처럼 전화기 크기에 대해 기나긴 불평을 늘어놓자 리즈는 자신도 조금 전까지 "남사친에게 내 폰 카메라로 줌인 하기가 얼마나 힘든지 불평하고 있었다. 친구가 자기 것은 쉽다고 했다. 그런데 알고 보니 우리는 같은 휴대폰을 쓰고 있었다. 그래서 나는 손 크기가 문제인 건가 생각했다"라고 대꾸했다.

십중팔구 손 크기 때문일 것이다. 노스캐롤라이나대학교 기술사회학과 교수 제이넵 투펙치Zeynep Tufekci가 2013년에 터키의 게지 공원 시위*에서 최루가스 사용 현장을 기록하려 했을 때에도 구글 넥서스의 크기가 문제가 됐다.[11] 때는 6월 9일 저녁이었다. 탁심 게지 공원은 인파로 가득했다. 아이를 데려온 부모들도 있었다. 그때 최루탄이 발사됐다.

---

* 본래 탁심 게지 공원 재개발 반대 시위에서 시작되었으나 공권력의 폭력 진압 때문에 전국 규모의 반정부 시위로 발전했다.

경찰 당국이 "폭도들에게만 최루가스를 사용했다고 주장할 때가 많기 때문에" 투펙치는 사건 현장을 촬영하고 싶었다. 그래서 휴대폰을 꺼냈다. "그리고 주위에 떨어진 수많은 캡슐에서 나온 최루성 물질로 인해 폐, 눈, 코가 타는 듯이 고통스러울 때 욕을 하기 시작했다." 휴대폰이 너무 컸기 때문이다. "자신보다 큰 손을 가진 수많은 남자들이 하는 것을 항상 봐왔지만" 그는 한 손으로 사진을 찍을 수 없었고 그날 찍은 투펙치의 사진은 하나도 쓸 수 없었다. "단순한 이유 하나 때문이었다. 좋은 스마트폰은 남자 손에 맞게 설계되어 있다."

표준 건반처럼 남자 손에 맞게 설계된 스마트폰도 여자의 건강에 악영향을 끼치고 있을지 모른다. 상대적으로 새로운 연구 분야이긴 하지만 스마트폰의 건강 영향에 대한 기존 연구들을 살펴보면 별로 긍정적이진 않다.[12] 그러나 여자의 손 크기가 명백히 남자보다 작은데도, 여자가 남자보다 근골격 증상 및 장애가 더 많다고 밝혀졌는데도,[13] 큰 스마트폰이 손과 팔에 끼치는 영향에 대한 연구는 젠더 데이터 공백을 넘어서지 못하고 있다. 내가 발견한 연구들에서는 여자가 조사 대상에서 거의 제외되거나[14] 대부분이 데이터를 성별 구분 하지 않았다.[15] 여자를 조사 대상에 충분히 포함한 연구들조차도 마찬가지였다.[16] 안타까운 일이다. 몇 안 되지만 성별 구분 데이터가 있는 경우에는 휴대폰 크기가 손과 팔 건강에 미치는 영향에서 통계적으로 상당한 남녀 차이가 나타났기 때문이다.[17]

스마트폰이 여자 손에 너무 크다는 문제의 해결책은 자명하다. 작은 전화기를 만들면 된다. 물론 애플의 아이폰 SE처럼 이미 시장에 나와 있는 작은 전화기도 있다. 그러나 아이폰 SE는 2년 동안 업데이트되지 않았고 (큰 전화기와 더 큰 전화기 중에서만 선택할 수 있는) 저사양 모델들도 마찬가지다. 그나마 그것도 지금은 단종되었다. 중국에서는 작은 손을 가진 여자와 남자는 키쿠Keecoo K1을 살 수 있는데 여자의 손 크기를 반영한 육각형 디자인은 좋다.[18] 그러나 처리 속도가 느리고 에어브러시가 내장되어 있다는 점은 나쁘다. 아주 나쁘다.

음성인식 또한 스마트폰과 관련된 반복사용긴장성증후군의 해결책으로 제시되어왔으나[19] 여자들에게는 별다른 도움이 되지 않는다. 대부분의 음성인식시스템이 가망 없을 정도로 남성 편향 되어 있기 때문이다. 2016년 워싱턴대학교University of Washington 언어학과 연구원 레이철 태트먼Rachael Tatman은 구글의 음성인식시스템이 여성의 목소리보다 남성의 목소리를 정확하게 인식할 가능성이 70% 높음을 발견했다.[20] 그런데 이것이 현재 시장에서 최고 수준이다.[21]

여자가 남자와 똑같은 값을 주고, 더 열등한 서비스를 제공하는 제품을 사는 것은 확실히 부당하다. 게다가 여기에는 심각한 안전 문제도 있을 수 있다. 예를 들어 차에 내장된 음성인식시스템은 주의 분산을 줄임으로써 더 안전한 운전을 하게 만드는 것이 목적이다. 그러나 제대로 작동하지 않으면 정반대의 효과를 가져올 수 있다. 그런데 여자가 사용할 때는 제대로 작동하지 않는 경우가 많다. 자동차 전문 웹사이트 오토블로그Autoblog의 기사에서 한 여자는 2012년형 포드 포커스를 구입한 후에 음성인식시스템이 조수석에 앉은 남편 말만 알아듣는다는 사실을 발견했다.[22] 또 다른 여자는 자신의 뷰익에 내장된, 음성으로 전화 걸기 기능이 말을 듣지 않자 제조사에 도움을 요청했다. "직원은 단도직입적으로, 저건 영원히 내 목소리에 작동하지 않을 거라며 남자한테 대신해 달라고 부탁하라고 했다." 이 문장을 적은 직후에 나는 어머니가 볼보 크로스컨트리의 음성인식시스템으로 이모에게 전화하려다 실패하는 모습을 봤다. 다섯 번째로 실패했을 때 나는 어머니에게 목소리를 좀 낮춰보라고 제안했다. 그러자 한 번에 성공했다.

음성인식시스템이 더욱 정교해지면서 다방면에 활용되고 있는데 그중 하나인 의료계에서는 한 번의 오류가 치명적일 수 있다. 2016년의 한 논문은 응급의학과 전문의가 음성인식시스템을 사용하여 구술한 메모 100개를 임의로 선택해 분석했는데 오류의 15%는 치명적인 것이었고 "환자 치료에 잘못된 영향을 미칠 수 있는 의사전달 오류로 이어질 가능성이 있었다."[23] 불행히도 이 논문의 저자들은 데이터를 성별 구분 하지 않았지만 구분한 논문들은 남자 의사보다 여자 의사의 경우에 오류율이 훨씬 높다고 보고했다.[24] 이 논문들 중 하나의 주 저자인 사이에드 알리Syed Ali는 "음성인식시스템이 제대로 작동하게 만들기 위해서는" 여자들이 남자들보다 "훨씬 더 노력해야 할지도 모른다는 사실"을 깨달았다.[25] 레이철 태트먼도 이에 동의한다. "이 기술이 여자보다 남자가 사용할 때 더 잘 작동한다는 것은 여자가 자기 일을 하기가 그만큼 힘듦을 뜻한다. 오류를 수정하는 데 걸리는 시간이 단 1초더라도 며칠, 몇 주 동안 쌓이면 어마어마한 시간 낭비가 된다. 당신의 남자 동료들은 낭비할 필요가 없는 시간이다."

자동차 회사에 내비게이션시스템을 공급하는 업체인 ATX의 음성인식기술 부문 부사장 톰 쇼크Tom Schalk는 "여자 목소리로 인한 수많은 문제"를 해결할 새로운 방법을 생각해냈다.[26] 그의 말에 따르면 여자들에게 필요한 것은 "오랜 훈련"이다. 그럴 "의지만 있다면" 말이다. 그런데 여자들에게는 그런 의지가 없다고 쇼크는 탄식한다. 고집스럽게 나쁜 화덕을 계속 사들이는 방글라데시 여자들처럼, 자동차를 사는 여자들은 음성인식시스템 개발자들이 여자 목소리에도 제대로 작동하는 제품을 만들 거라는 터무니없는 기대를 하고 있다. 지금 문제는 여자들 자신임이 명백한데도 말이다. 왜 여자는 남자처럼 못하는 건가?

레이철 태트먼은 여자 목소리를 못 알아듣는 기술이 아니라 여자 목소리가 문제라는 주장을 일축한다. 여러 연구에 따르면 여자는 "남자보다 훨씬 발음이 정확하다."[27] 남자보다 모음을 길게 발음하고[28] 조금 더 천천히 말하는 경향이 있어서[29] 그런지도 모른다. 반면에 남자는 "말을 더듬을 확률이 높고, 낱말을 약간 짧게 발음하며, 듬성듬성하게("엉성하게") 발음하는 경우가 많다."[30] 이 모든 점을 고려하면 음성인식기술은 당연히 남자 목소리보다 여자 목소리를 더 잘 인식해야 마땅하다. 실제로도 태트먼이 "여자 목소리 데이터로 음성인식 프로그램을 훈련했더니 아주 잘 작동했다."

물론 문제는 여자 목소리가 아니다. 우리의 오랜 친구 젠더 데이터 공백이 문제다. 음성인식기술은 말뭉치라는 거대한 음성 녹음 데이터베이스로 훈련된다. 그런데 이 말뭉치의 대부분을 남자 목소리 녹음이 차지한다. 적어도 우리가 아는 한에서는 그렇다. 이렇게 말하는 이유는 말뭉치의 성비를 공개하지 않는 곳이 많기 때문이다. 물론 이 또한 데이터 공백이다.[31] 태트먼이 음성 말뭉치의 성비를 조사했을 때 ("언어학 데이터컨소시엄Linguistic Data Consortium에서 가장 널리 사용되는 음성 말뭉치"인) TIMIT만이 성별로 분류된 데이터를 제공했다. 69%가 남성이었다.

그러나 이런 발견들이 암시하는 바와 달리 실제로는 여자 음성 녹음을 찾는 것이 가능하다. 영국영어말뭉치British National Corpus[32]는, 자사 웹사이트에 올라와 있는 데이터에 따르면, 성비가 균등하다.[33]

(알고 보니) 남성 편향적인 알고리즘을 만드는 데 사용되는 남성 편향적 데이터베이스는 음성 말뭉치만이 아니다. 번역 소프트웨어, 이력서 스캔 소프트웨어, 인터넷 검색 알고리즘을 훈련하는 데 사용되는 텍스트 말뭉치는 소설, 신문 기사, 법전과 같은 다양한 글로 만들어지는데 이 또한 젠더 데이터 공백으로 가득하다. 20세기 말의 다양한 텍스트에서 발췌한 1억 단어로 이루어진 영국영어말뭉치에서는[34] 일관되게 여성대명사가 남성대명사의 50% 비율로 나타난다.[35] 5억 2000만 단어로 이루어진 현대미국영어말뭉치Corpus of Contemporary American English에서도, 2015년 같은 최근 텍스트가 포함되어 있는데도, 남성대명사와 여성대명사의 비율이 2 대 1이다.[36] 이렇게 젠더 데이터 공백으로 가득한 말뭉치로 훈련된 알고리즘은 정말로 남자가 세상을 지배한다고 인식하게 된다.

이미지 데이터세트에도 젠더 데이터 공백이 있다. 2017년 연구에서 가장 널리 사용되는 데이터세트 2개를 분석했더니 남자 이미지가 여자 이미지보다 훨씬 많았다. 이 데이터세트들은 "인터넷에서 가져왔고, 상세한 설명이 달렸으며, 복잡한 장면으로 이루어진 10만 개 이상의 이미지"로 구성되어 있었다.[37] 마찬가지로 워싱턴대학교 연구에서도 구글 이미지에서 45가지 직업을 검색해봤더니 여자 이미지가 훨씬 적게 나왔다. 실제와 가장 차이가 심한 직업은 최고경영자(이하 CEO로 표기)였다. 실제 미국의 CEO는 27%가 여자이지만 구글 이미지 검색 결과에서는 11%만이 여자였다.[38] "작가" 검색에서도 불균형한 결과가 나왔다. 구글 이미지 결과는 25%만 여성인데 실제 미국 작가는 56%가 여성이다. 이 연구 결과에 따르면 이 차이가 적어도 단기간 동안은 그 분야의 성비에 대한 사람들의 인식에 영향을 미치는 것으로 드러났다. 물론 알고리즘에서는 그 영향이 훨씬 장기간에 걸쳐 나타날 것이다.

이 데이터세트들은 여자의 대표성을 축소할 뿐만 아니라 왜곡하기도 한다. 흔히 쓰이는 텍스트 말뭉치를 분석한 2017년 논문에 따르면 여자 이름이나 여자를 의미하는 단어('여자', '소녀' 등)는 직업보다 가족과 연관하여 쓰인 경우가 많았다. 남자는 반대였다.[39] 구글 뉴스를 기반으로 만든, 널리 쓰이는 무료 데이터세트에 대한 2016년 분석에 따르면 여자와 관련된 직업 1위는 "가정주부"였고 남자와 관련된 직업 1위는 "지휘자"였다.[40] 그 밖에도 10위 안에 철학자, 사교계 인사, 선장, 접수원, 건축가, 보모가 있으니 어느 직업이 남성이고 어느 직업이 여성일지 추측해봐라. 2017년 이미지 데이터세트 분석에 따르면 이미지 안에 포함된 행위나 사물도 "심각한" 성 편향을 보였다.[41] 인공지능학자 마크 애츠카Mark Yatskar는 이 데이터세트로 훈련된 로봇이 부엌에 있는 남녀가 뭘 하고 있는지 모를 때 "남자에게는 맥주를 갖다주고 여자가 설거지하는 것을 도와주는" 미래가 올 수도 있다고 봤다.[42]

이러한 문화적 고정관념은 이미 널리 쓰이고 있는 인공지능기술에서 발견된다. 스탠퍼드대학교 역사학과 교수 론다 시빙어Londa Schiebinger가 번역 소프트웨어를 사용해 자신의 신문 인터뷰를 에스파냐어에서 영어로 번역하려고 했더니 구글 번역과 시스트란Systran 모두 시빙어를 가리킬 때 남성대명사를 반복적으로 사용했다. 에스파냐어는 성 굴절어라서 여자 교수profesora처럼 성별이 드러나는 단어들이 사용됐는데도 말이다.[43] 구글 번역은 성 중립적 대명사가 포함된 터키어 문장도 영어의 고정관념에 맞게 바꿔놓는다. "그 남자/그 여자는 의사다"를 뜻하는 "O bir doktor"는 영어로 "그 남자는 의사다"로 번역되는 반면 "그 남자/그 여자는 간호사다"를 뜻하는 "O bir hemşire"는 "그 여자는 간호사다"로 번역된다. 연구자들은 핀란드어, 에스토니아어, 헝가리어, 페르시아어를 영어로 번역할 때도 같은 현상이 나타남을 확인했다.

좋은 소식은 이제 우리에게는 데이터가 있다는 것이다. 그러나 과연 프로그래머들이 이 데이터를 사용해서 남성 편향적 알고리즘을 고칠 것인지는 두고 봐야 알 것이다. 우리는 부디 그러길 바랄 수밖에 없다. 기계는 우리의 편견을 반영하기만 하는 것이 아니라 때로는 증폭하기 때문이다. 그것도 훨씬 더 크게. 이미지를 분석한 2017년 논문에 따르면 요리하는 사진에 여자가 등장할 확률은 남자보다 33% 높았지만 이 데이터세트로 훈련된 알고리즘이 부엌 사진을 여자와 연결할 확률은 68% 였다. 원본의 편향이 심할수록 증폭 효과는 더 심해진다. 그래서 알고리즘이 가스레인지 앞에 서 있는 뚱뚱한 대머리 남자의 사진을 여성으로 인식했는지도 모른다. '대머리'보다 '부엌'이 더 강력했던 것이다.

스탠퍼드대학교 생의학과 교수 제임스 저우James Zou가 왜 이것이 중요한지 설명한다. 예를 들어 어떤 사람이 인터넷에서 "컴퓨터 프로그래머"를 검색한다고 치자. 그 검색 프로그램은 프로그래머라는 단어가 여자보다 남자와 연관성이 높다고 간주하는 데이터세트로 훈련되었다.[44] 이 프로그램의 알고리즘은 여자 프로그래머보다 남자 프로그래머의 웹사이트가 관련도가 더 높다고 생각할 것이다. "설사 두 웹사이트가 이름과 성별 대명사 외에는 모든 면에서 동일하더라도" 말이다. 그래서 젠더 데이터 공백이 있는 말뭉치로 훈련된 남성 편향적 알고리즘은 말 그대로 여자의 취업 기회를 빼앗을 수도 있다.

그러나 이미 알고리즘이 많은 의사결정을 인도하고 있는 현 상황에서 인터넷 검색은 빙산의 일각에 불과하다. 《더 가디언》에 따르면 미국 구직자 이력서의 72%는 아예 사람에게까지 도달하지도 않으며[45] 면접 과정에는 "뛰어난 직원"의 자세, 표정, 목소리 톤에 관한 데이터로 훈련된 알고리즘을 탑재한 로봇이 관여한다.[46] 근사한 얘기처럼 들린다. 여기에 포함되어 있을지도 모르는 데이터 공백을 생각하기 전까지는 말이다. 프로그래머들은 뛰어난 직원을 선별할 때 성별과 인종이 충분히 다양하게끔 설정했을까? 그러지 않았다면 알고리즘이 그 부분을 반영할까? 알고리즘은 젠더별 사회화에 따른 목소리 톤과 표정의 차이를 반영하도록 훈련되었을까? 우리는 알지 못한다. 이런 프로그램을 개발하는 회사들이 알고리즘을 공유하지 않기 때문이다. 그러나 지금까지 입수한 증거들을 보면 그럴 가능성은 거의 없다.

인공지능시스템은 의료계에도 도입되어 진단을 인도하고 있다. 궁극적으로는 요긴해질 수도 있지만 현재로서는 오만에 가깝다.[47] 적어도 여성에 대해서는 만성적인 의료 데이터 공백이 있음이 잘 기록되어 있는데도 그 사실을 거의 혹은 전혀 인정하지 않기 때문이다.[48] 이것은 실제로 치명적일 수 있다. 특히 머신 러닝이 기존의 편향을 증폭한다는 점을 고려하면 더욱 그렇다. 우리의 의학 지식이 대단히 남성 신체에 편중되어 있기에 인공지능은 여자에 대한 진단을 개선하기보다는 악화시킬 가능성이 높다.

지금으로서는 여기에 잠재한 이 중대한 문제를 거의 아무도 인식조차 못하는 듯하다. 구글 뉴스에 관한 2016년 논문의 저자들은 단어와 관련된 소프트웨어의 응용에 관한 "수백 편의 논문" 가운데 어느 하나도 데이터세트가 얼마나 "노골적으로 성차별적인지" 인지하지 못했다는 점을 지적했다. 이미지 데이터세트에 관한 논문의 저자들도 자신들이 "구조화된 예측 모델이 편향을 증폭한다는 사실을 최초로 밝혔고 그 효과를 감소할 방법도 최초로 제안했다"라고 말했다.

현재 사람들이 제품 설계에 접근하는 방식은 여자에게 불이익을 준다. 효과적으로 일하는 능력에 영향을 미치거나 때로는 일자리를 얻지 못하게 만들기도 한다. 건강에도, 안전에도 영향을 미친다. 그중에서도 가장 나쁜 점은 알고리즘을 사용하는 제품이 세상을 더욱 불평등하게 만들고 있다는 것이다. 그러나 우리가 그 사실을 인식한다면 해결책은 있다. 여자=가정주부 논문의 저자들은 "그 남자 : 의사=그 여자 : 간호사"와 같은 젠더 정형화는 3분의 1로 줄이면서 "그 남자 : 전립선암=그 여자 : 난소암" 같은 적절한 짝짓기는 그대로 두는 새로운 알고리즘을 고안했다.[49] 그리고 이미지 해석에 대한 2017년 논문의 저자들은 편향 증폭을 47.5% 줄이는 새로운 알고리즘을 고안했다.

사내들의 바다

야니카 알바레즈Janica Alvarez는 2013년에 신생 벤처기업 나야건강 주식회사Naya Health Inc.를 위한 투자 유치를 하러 다닐 때 투자자들이 자신의 말을 진지하게 듣게 하는 데 애먹었다. 한 회의에서는 "투자자들이 구글에서 제품을 검색했더니 포르노 사이트가 나왔다. 그들은 그 페이지에 머물면서 농담을 하기 시작했다." 알바레즈는 자신이 "남학생 사교 클럽 한가운데"에 있는 듯한 느낌을 받았다.[1] 또 어떤 투자자들은 "징그럽다며 제품을 만지길 거부하거나 무지를 호소했다." 한 남자 투자자는 "난 저거 안 만질 거다. 혐오스럽다"라고 말했다.[2] 알바레즈가 홍보 중이던 이 불쾌하고 "혐오스럽고" 이해 불가한 제품은 무엇이었을까? 바로 유축기였다.

이러한 반응이 이상한 이유는 유축기 산업이 실리콘밸리에서 "뛰어들" 때가 무르익은 산업이기 때문이다. 유축기는 특히 미국에서 거대 산업이다. 법으로 보장되는 출산휴가가 없기 때문에 의사의 권고대로 최소 6개월 이상 모유수유를 하고 싶은 미국 여자에게 유축기는 유일한 선택지다(사실 미국소아학회American Academy of Pediatrics의 권장 기간은 최소 12개월 이상이다).[3]

그런데 메델라Medela라는 회사가 시장을 거의 독점하고 있다.《더 뉴요커》에 따르면 "미국과 영국 병원의 80%는 메델라 유축기를 구비하고 있고, 유축기를 포함한 수유 서비스도 보험 적용이 되는 (보편적 건강보험 정책인) 오바마케어가 통과된 뒤 2년 동안 메델라 유축기 판매가 34% 증가했다." 그러나 메델라 유축기는 품질이 좋지 않다. 제시카 윈터Jessica Winter는《더 뉴요커》에 쓴 글에서[4] 그것을 "병이 대롱대롱 달린, 딱딱하고 잘 안 맞는 가슴 덮개"라고 묘사했다. 메델라 유축기는 "가슴이 엿가락인 양 잡아당기고 늘인다. 엿가락과 달리 가슴에는 신경 종말이 있는데 말이다."[5] 어찌어찌 손 안 대고 유축을 하는 여자들도 있지만 대부분은 그렇지 못하다. 유축기가 가슴에 딱 맞지 않기 때문이다. 그래서 그들은 하루에 몇 번씩, 한 번에 20분씩 유축기를 손으로 잡고 있어야 한다.

결론. (현재 미화 7억 달러, 한화 약 8190억 원 규모로 추정되며 여전히 성장 가능성이 있는)[6] 유축기 시장은 캡티브 마켓*인가? 그렇다. 메델라 유축기는 소비자 요구에 부응하지 않는 제품인가? 그렇다. 그런데 왜 투자자들은 이 기회를 덥석 잡지 않는가?

권력과 영향력이 있는 자리에 여성이 부족하다고 말하는 것은 그 자체가 이미 선善으로 포장되곤 한다. 물론 실제로 그렇긴 하다. 똑같이 자격이 있는 여자와 남자에게 동등한 성공의 기회가 주어지느냐는 정

---

* 어떤 제품의 공급자 수가 매우 제한적이라 소비자 선택의 폭이 대단히 좁은 시장.

의의 문제다. 그러나 여성 대표성이란 특정한 여자가 권좌에 앉느냐 마느냐 이상의 문제다. 젠더 데이터 공백과 관련 있기 때문이다. 셰릴 샌드버그의 임부 주차 공간에 관한 일화에서 본 것처럼 남자는 생각조차 못하지만 여자에게는 반드시 필요한 것들이 있다. 남자는 평생 경험할 일이 없는 무언가다. 그런데 뭔가를 필요로 하지 않는 사람에게 그것의 필요성을 납득시키는 것은 쉬운 일이 아니다.

여성 건강용품 회사 키아로Chiaro의 설립자 타니아 볼러Tania Boler는 투자자들이 여성 사업체를 후원하길 꺼리는 이유 중 하나는 "남자는 훌륭한 설계와 기술을 좋아하지만 여자는 그렇지 않다는 고정관념"의 결과라고 생각한다. 그런데 이 고정관념은 현실을 근거로 한 것인가? '기술에 무지한 여자'가 아니라 '여자에 무지한 기술'— 여자에 무지한 기술업계가 만들고 여자에 무지한 투자자들이 후원한 — 이 문제일 가능성은 없는가?

상당수의 기술 벤처기업은 벤처 투자가들의 후원을 받는다. 그들은 은행이 할 수 없는 위험성 높은 투자를 할 수 있기 때문이다.[7] 문제는 벤처 투자가의 93%가 남자이고[8] "남자는 남자를 후원한다"는 점이라고 데비 워스코Debbie Woskow는 말한다. 워스코는 여성 사업체를 후원하는 회원제 단체 겸 교육기관 겸 투자회사인 올브라이트AllBright의 공동 설립자다. "우리에게는 여성 투자가가 더 많이 필요하다. 그리고 남자들은 여자를 후원하는 것이 훌륭한 투자임을 깨달아야 한다." 워스코는 친구이자 허스트 잡지사Hearst Magazines의 전 CEO인 애나 존스Anna Jones와 함께 올브라이트를 세우는 과정에서 "알 만한 남자들"로부터 "당신과 애나가 자선단체를 만들다니 그것참 멋지다"라는 말을 "자주" 들었다. 워스코는 이 말에 발끈한다. "우리는 자선단체가 아니다. 우리는 여자들이 훌륭한 수익을 내기 때문에 이 일을 하는 것이다."

데이터에 따르면 워스코의 말이 맞다. 2018년 보스턴컨설팅그룹 Boston Consulting Group이 발간한 보고서에 따르면 평균적으로 여성 사업체가 받는 투자액은 남성 사업체의 반이 안 되지만 그들이 내는 수익은 남성 사업체의 2배가 넘는다.[9] 여성 사업체는 투자금 1달러당 78센트의 수익을 내는 데 반해 남성 사업체는 31센트밖에 내지 못한다. 또한 여성 사업체는 시간이 갈수록 실적이 점점 더 좋아져서 "5년 동안 추가 10%의 누적 수익을 달성했다."

이는 여자가 "남자보다 지도자에 더 적합하기" 때문일지도 모른다.[10] BI노르웨이경영대학이 내린 결론이다. 그들은 성공적인 지도자의 자질로 5가지 — 감정적 안정성, 외향성, 새로운 경험에 대한 개방성, 친절성, 양심성 — 를 꼽았다. 여자는 이 5가지 중 4가지에서 남자보다 높은 점수를 기록했다. 그러나 한편으로는 온갖 역경을 뚫고 성공한 여자들이 젠더 데이터 공백에 해당하는 사람들이기 때문일 수도 있다. 여러 연구에서 반복적으로 지적하는 바는 회사의 임원진이 (성별, 인종 면에서) 다양할수록 더 혁신적이라는 것이다.[11] 이는 그냥 여자들이 천성이 혁신적이기 때문일 수도 있지만 그보다는 다양한 관점이 존재해야 소비자에 대해 더 잘 알 수 있기 때문일 가능성이 높다. 어쨌든 혁신과 실적이 밀접한 관계에 있음은 확실하다.

그런데 여성용 가전제품에는 혁신성이 대단히 부족하다고 볼러는 말한다. "여성용 가전제품에는 혁신이랄 게 존재했던 적이 거의 없다. 아주 피상적인 미적 감각에만 늘 초점이 맞춰져 있다. 기술이 여자들의 진짜 문제를 해결할 수 있다는 사실을 반영하기보다는 뭔가를 분홍색으로 또는 보석처럼 보이게 만드는 식이었다." 그리고 그 결과 만성적인 투자 부족에 시달렸다. "여성을 위한 의료기기에 실제로 사용되고 있는 기술은 1980년대에 나온 것의 변형일 뿐이다."

2018년 초에 인터뷰를 위해 만났을 때 새로운 유축기 출시를 앞두고 있던 타니아 볼러는 시중에 나와 있는 제품들을 혹평했다. "끔찍하다"라고 대놓고 말했다. "아프고, 시끄럽고, 사용하기 어렵다. 굴욕감이 들 정도다." 나는 윗도리를 벗고 소파에 앉아서 가슴에 유축기를 매달고 있는 올케와 대화를 이어나가려 애썼던 일을 떠올렸다. "제대로 만드는 게 그리 어렵지도 않다"라고 볼러는 덧붙였다. "매일 몇 시간을 이 시끄러운 기계에 매여 보내기보다 유축을 하면서 다른 일을 동시에 할 수 있다면 얼마나 좋을까"라는 생각이 "기본"이 되어야 한다고 그는 말했다. 그러나 어째선지 지금까지는 그렇지 않았다. 그 이유가 무엇인 것 같냐고 묻자 볼러는 어쩌면 자신이 여자이기 때문에 다르게 생각하는지도 모르겠다고 했다. 그러니까 "나는 그냥 생각한다. '여자로서 나는 이 제품에서 무엇을 바라는가?'"

그러나 여자가 정말로 원하는 것에 대한 데이터 공백이 여자들에게 직접 물어보는 것으로 쉽게 채워진다 하더라도 또 하나의 만성적인 공백이 있다. 바로 여체에 대한 데이터다. 볼러는 여자들의 나쁜 골반바닥(골반저부) 상태가 "만연하지만 숨겨진 엄청난 문제"임을 깨닫고 첫 제품인 스마트 골반바닥 훈련기 엘비Elvie를 개발했다. 여성의 37%는 골반바닥 문제로 고통받는다. 10%는 탈출증(장기가 질을 통해 빠져나오는 증세) 때문에 수술을 받는다. 이 확률은 50세가 넘는 여성에게서는 50%

까지 올라간다.

"부당하다고 생각했다"라고 볼러는 말한다. "골반바닥은 여자들에게 중요한 문제이며 당연히 여자가 자기 몸을 돌보는 법의 일부가 되어야 한다. 그러나 그러려면 정보와 데이터가 필요하다." 볼러가 이 문제를 처음 조사하기 시작했을 때 데이터는 그냥 존재하지 않았다. "우리는 여성의 질에 딱 맞는 제품을 설계하려 했기 때문에 크기가 얼마만 한가, 나이에 따라, 인종에 따라, 산후에는 어떻게 다른가 같은 아주 평범한 질문에 대한 대답이 필요했다. 그런데 데이터가 아예 없었다. (……) 인류의 반이 질을 갖고 있는데도 이 부위에 대한 학술논문은 거의 찾을 수가 없었다. 3년 전에는 수십 년 전에 쓰인 논문 4편인가를 발견했다." 그중 하나에서는 "한 남자가 질의 본을 뜬 다음 4가지 형태가 있다고 결론지었다. 버섯 모양, 원뿔 모양, 하트 모양……." 그는 말끝에 웃음을 터뜨렸다.

골반바닥 문제는 대개 예방이 가능하고 근육 훈련이 "대단히 효과적"이라는 증거가 있다고 볼러는 말한다. "그것은 최고의 예방법이며 영국 국립보건임상연구원National Institute for Health and Care Excellence 지침에도 나온다." 그러나 병원에서 사용하는 기술을 알아봤더니 "투자가 전혀 이뤄지고 있지 않았다. 너무 구식이라 신뢰할 수 없었고 심지어 효과도 별로 없었다." 현재의 탈출증 치료법은 질 안에 그물망을 삽입하는 것인데 영국에서 계속 논란이 되는 주제다. 수백 명이 이 "야만적인" 치료로 인해 끔찍한 통증을 느꼈다.[12] 스코틀랜드에서는 사망자도 1명 나왔다.

생리주기 앱(의 이름이자 회사 이름이기도 한) 클루Clue의 설립자 아이다 틴Ida Tin은 전통적인 피임법의 대안을 찾기 시작했을 때 똑같은 문제에 봉착했다. "생리는 활력징후 중 하나"라고 그는 말한다. "심장박동이 있는가, 숨은 쉬는가, 체온이 몇 도인가를 묻는 것과 같다. 생리는 대단히 중요한 건강지표다." 그런데도 "금기와 잘못된 정보가 너무 많은 분야이기도 하다." 가족계획 또한 "1950년대에 먹는피임제가 나온 후로 거의 변한 게 없다"라고 틴은 지적한다. "기술의 역사에서 이 정도는 정말 긴 시간이다."

틴은 "여자가 자신의 몸과 인생을 자기 뜻대로 하게끔" 클루를 만들었지만 개인적인 동기도 있었다. 많은 여자들처럼 먹는피임제에 부작용이 있었던 것이다. "게다가 출산한 적이 없었으므로 자궁내피임기구도 바람직하지 않았다. 그래서 15년 동안 콘돔을 썼다." 그 점이 불만이었던 틴은 특허 데이터베이스를 검색해봤지만 "호르몬을 투여하는 방법뿐이었다. 나는 그것이 데이터에 근거하지 않은 접근법이라고 생각했다. 그리고 조금 화가 났다. 왜 아무도 이 문제에 진지한 고민과 노력을 기울이지 않았는가? 인류에게 기본적인 필요인데 말이다."

그가 생리주기 앱에 대한 아이디어를 떠올렸을 때 시중에는 두어 가지 앱밖에 나와 있지 않았다. "그리고 그것들은 1세대 제품이어서 사실상 28일까지 셀 수 있는 달력에 불과했다. 우리 몸이 그렇게 단순하면 좋겠지만" 하고 그는 웃는다. 이 부문에 투신한 지 10년이 지난 지금 과학은 여전히 공백으로 가득하다고, "정말로 데이터가 부족하다"라고 틴은 말한다. 생리는 "그냥 간과된 게 아니라 적극적으로 무시된 것에 가깝다. 우리는 연구 기관과 협력하는 일이 많다. 학술적으로 빈 곳이 너무 많기 때문이다. 예를 들면 사춘기 여성에게 정상적인 생리 패턴은 무엇인가? 우리가 스탠퍼드대학교와 공동연구 중인 주제 중 하나다. 과학은 무엇이 정상인지 알지 못한다."

벤처 투자가들이 대부분 남자이기 때문에 데이터 공백은 여성을 대상으로 하는 기술을 논할 때 특히 문제가 될지도 모른다. 틴은 말한다. "제대로 된 데이터가 없으면, 어떤 일을 직접 경험할 일이 없는 사람들에게 그 일의 중요성을 납득시키기가 더 어렵다." 볼러도 동의한다. "어떤 벤처 투자가들은 엘비가 흥미로운 사업 아이템이라는 사실을 믿지 않았다."

투자 유치 시에 여자가 직면하는 또 다른 문제는 "패턴인식"이다.[13] 패턴인식은 데이터에 기반했을 것 같지만 사실은 그냥 '옛날에 잘됐던 뭔가와 비슷하게 생긴 것'을 멋있게 포장한 말일 뿐이다. 그리고 그 "뭔가"는 아마 '하버드대학교를 중퇴했고 평소 후드티를 입고 다니는 백인 남자 설립자'일 것이다. 내가 예전에 사귀었던 남자가 벤처기업을 준비 중이었는데 그가 투자자 모집 얘기를 할 때 후드티를 언급했다. 후드티에 기반한 패턴인식은 진짜다. 이렇게 전형적인 남성의 패턴을 강조하는 성향은 기술 분야에서는 성실성보다 타고난 "천재"—앞서 살펴봤듯이 전형적인 남자의 특징과 연결 지어지는[14]—가 더 중요하다는 일반적인 믿음에 의해 더욱 악화된다(그 결과 하버드대학교 중퇴자에게 집착하게 된다).

이 상황은 사면초가처럼 느껴진다. 여자가 여자라서 (전형적인 남성의 "패턴"에 맞을 수 없기 때문에) 불이익을 당하는 이 분야에서 데이터는 특히 여성 사업가에게 중요하다. 그러나 여성 사업가는 데이터를 갖고 있지 않을 가능성이 높다. 여성을 위한 제품을 만들 가능성이 높기 때문이다. 알다시피 여성에 대한 데이터는 존재하지 않는다.

그럼에도 어떤 여성 사업가들은 어찌어찌 해낸다. 틴과 볼러는 투자 유치를 했다(볼러는 일부를 워스코로부터 받았다). 그리고 지금 이 특정한 데이터 공백은 점차 채워지고 있다. 키아로는 골반바닥 훈련기를 출시하기 전에 150명 이상에게 테스트했다. 볼러는 말한다. "지금 우리는 100만 회 이상의 데이터를 가지고 있고 예전에는 없었던, 골반바닥 건강과 관련된 많은 수치를 가지고 있다." 이것이 "착용 기술wearable technology의 흥미로운 점이다. 사람들에게 그들의 몸에 관한 더 나은 정보를 제공함으로써 보다 현명한 결정을 내릴 수 있게 만든다."

볼러와 틴의 제품이 여자들에게 자기 몸에 대한 더 나은 정보를 주는지는 몰라도 모든 신기술—착용 기술이든 뭐든—이 그렇지는 않다. 기술업계에서 남자가 디폴트 인간이라는 암묵적 전제는 여전히 건재하다. 애플은 2014년에 대대적인 광고와 함께 건강 감시 시스템을 출시했을 때 "포괄적인" 건강 추적기를 자랑했다.[15] 그것은 혈압, 걸음 수, 혈중알코올농도, 심지어 몰리브덴—이건 나도 뭔지 모른다—과 구리 섭취량까지 추적할 수 있었다. 그러나 당시 많은 여자들이 지적했듯이 중요한 기능 하나를 빠뜨렸다. 바로 생리주기 앱이었다.[16]

애플이 자사 고객의 최소 50% 이상을 차지하는 여성을 완전히 잊어버린 것은 이때가 처음이 아니다. 인공지능 시리는 처음 출시되었을 때 사창가나 비아그라 밀매상은 찾아도 낙태 클리닉은 찾지 못했다.[17] 당신이 심장마비를 일으켰을 때는 도와줄 수 있었지만 당신이 강간당했다고 말하면 "나는 '강간당했다'가 무슨 말인지 모릅니다"라고 대답했다.[18] 이는 개발 팀에 여자 팀원만 충분히 있었다면, 젠더 데이터 공백이 없는 팀이 만들었다면 잡아낼 수 있었던 기초적인 오류였다.

성 중립적이라고 광고하지만 실제로는 남성 편향적인 제품은 (남성 지배적인) 기술업계 전반에 널리 퍼져 있다. 여자 손목에는 너무 큰 스마트워치,[19] "최단"경로 말고 "가장 안전한" 경로는 찾지 못하는 지도 앱, "당신이 섹스를 얼마나 잘하는지 측정하는" 아이스러스트iThrust나[20] 아이뱅iBang[21] 같은 앱들 — 이름에서부터* 잘하는 섹스의 기준이 뭐라고 생각하는지 드러나는 — 에 이르기까지 기술업계는 여자에 대해 깡그리 잊어버린 기술의 예로 가득하다. 평균 여자 머리에는 너무 큰 가상현실(이하 VR로 표기) 헤드셋, 남자 몸에는 딱 맞지만 여자에게는 "두꺼운 겨울 외투 위에 입어도 맞을 만큼 큰" 햅틱 재킷(촉감을 구현하는 재킷), 여자가 쓰면 렌즈 사이가 너무 멀어서 초점이 안 맞거나 "코에 안 걸려서 밑으로 떨어져버리는" 증강현실AR 안경. 또는 (내가 텔레비전에 출연하거나 강연해본 적이 있어서 아는데) 손목 밴드나 큰 주머니에 넣어서 차야 하는 마이크(이 마이크를 차려면 드레스는 입을 수 없다).

남성 디폴트는 특히 운동 관련 기술에 많은 듯하다. 가장 기본부터 시작하면, 러닝 머신의 열량 계산기는 원래 아무한테도 안 맞긴 하지만 적어도 여자보다는 평균 남성에게 더 정확할 것이다. 그 계산법이 남성의 평균 몸무게를 기준으로 하기 때문이다(대부분의 운동기계에 내장된 열량 계산기는 몸무게 70kg인 사람이 디폴트로 설정되어 있다). 몸무게 설정을 바꾸더라도 남성 평균 열량 소모량을 기준으로 한 계산법은 남는

---

* thrust는 '박다', bang은 '쩔다'라는 뜻으로 남자 관점에서 성행위를 뜻하는 속어다.

다. 여자는 대개 남자보다 지방이 많고 근육 분포도가 낮으며 근섬유 비율도 다르다. 간단히 말하면 평균적인 남성은 자신과 몸무게가 같은 여성보다 8%의 열량을 더 소모할 거라는 뜻이다. 러닝 머신은 이 점을 반영하지 않는다.

착용 기술의 출현으로 상황이 개선된 것도 아니다. 가장 흔한 건강 감시기 12개에 관한 연구에 따르면 이들은 가사 노동 중의 걸음 수를 최대 74% 적게 평가했고 — 오므론Omron의 기기였는데 일반적인 걷기나 달리기 때의 오차는 1% 이내였다 — 가사 노동 중 열량 소모량을 최대 34% 적게 평가했다.[22] 또 다른 예로 핏빗Fitbit은 유모차 밀기라는 지극히 흔한 여성의 행위 — 물론 남자들도 유모차를 밀지만 전 세계 무급 돌봄노동의 75%를 맡고 있는 여자들만큼 자주 하지는 않는다 — 를 이동으로 인식하지 않는다. 보기 드물게 50%에 가까운 여성 피험자를 동원한 또 다른 연구에 따르면 건강 기기들은 열량 소모량을 상당히 과대평가하는 것으로 나타났다.[23] 불행히도 이 논문의 저자들은 데이터를 성별 구분 하지 않아 남녀 차이가 있는지는 알 수 없었다.

기술 개발자들은 목표 소비자의 대다수가 여성일 때조차도 여성을 잊어버린다. 미국은 65세 초과 인구의 59%, 독거인의 76%가 여자다. 이들은 낙상 감지기 같은 기술을 훨씬 더 많이 필요로 할 잠재소비자다.[24] 우리가 가진 데이터에 따르면 여성 노인은 남성 노인보다 더 많이 넘어질 뿐 아니라 넘어질 때 더 심하게 다친다.[25] 미국의 한 달 치 응급실 방문 환자 데이터를 분석했더니 낙상 환자 2만 2560명 가운데 71%가 여자였다. 골절률은 남자의 2.2배였고 입원율도 1.8배나 됐다.[26]

이렇게 여자에게 훨씬 더 필요한데도 (게다가 남자와 다르게, 다른 이유로, 다른 장소에서 넘어진다는 연구가 있는데도) 이 기술 개발 과정에 성별별 분석은 빠져 있다. 낙상 감지기 연구 53건을 메타분석 했더니 성별 구분 데이터를 제시하는 건 고사하고 피험자의 성별이나마 언급한 연구도 50%에 불과했다.[27] 또 다른 논문은 "노인 낙상에 관한 방대한 연구 문헌에도 불구하고 성별별 위험 요소에 대해서는 거의 알려진 바가 없다"라고 지적했다.[28]

2016년 지능형 데이터 엔지니어링과 자동학습에 관한 국제학술대회 논문집은 "노인들이 낙상 감지기를 거부하는 이유 중 눈에 띄는 것은 크기"라고 지적하면서 휴대폰을 해결책으로 제시한다.[29] 그러나 이는 여자들에게는 해결책이 되지 못한다. 논문의 저자들이 지적하듯 여자는 휴대폰을 핸드백 안에 넣어두는 경향이 있어 "몸통에 가까운 센서의 가속도를 통해 낙상을 감지하는 알고리즘은 실패할 가능성이 높다."

그러나 이 저자들처럼 그 점을 알아차리는 경우는 드물다. 하버드대학교 버크먼클라인센터 연구원 휘트니 에린 보절Whitney Erin Boesel은 "수치를 통해 자기 지식"을 쌓는 "자가 건강 측정quantified self" 모임의 회원이다. 여기서 말하는 수치는 대개 휴대폰의 소극적 추적 앱을 통해 수집된다. 가장 대표적인 것이 만보기다. 그런데 이 데이터 수집에는 문제가하나 있다. "언제나 그렇듯이 회의 중에 한 남자가 일어나서 휴대폰을 항상 몸에 지니는 것과 관련해 뭔가를 얘기하기 시작한다"라고 보절이 《디 애틀랜틱》과의 인터뷰에서 말한다.[30] "그러면 그때마다 내가 일어나서 '안녕하세요, 휴대폰을 항상 몸에 지닌다는 얘기 말인데요. 이게 제 휴대폰이고요. 이게 제 바지입니다'라고 말해야 한다."

마치 여자들에게도 휴대폰이 들어갈 만큼 큰 주머니가 있는 양 소극적 추적 앱을 만드는 것은 만성적 문제이지만 쉬운 해결책이 있다. 여성복에 제대로 된 주머니를 달아라(라고 방금 휴대폰이 100번째 주머니에서 떨어져서 박살 난 여자가 분노의 타이핑을 한다). 물론 여자들은 현재 다른 방법을 이용하고 있지만 그것이 불가피한 차선책이라는 사실을 개발자들이 깨닫지 못한다면 그들은 실패할지도 모른다.

남아공 케이프타운 시에 위치한 한 회사가 보건의료인들을 위해 사람면역결핍바이러스(이하 HIV로 표기) 양성 환자 관리 앱을 개발했을 때 바로 이 함정에 빠졌다. 그 앱은 "편리의 요건을 다 갖췄다. 사용하기 쉬웠고 지역어로 바꿀 수 있었으며" 대단히 특수한 문제를 해결했다. 무엇보다 보건의료인들이 "그 앱을 사용할 기대감에 부풀어 있었다."[31] 그런데 막상 서비스가 시작되자 아무도 사용하지 않았다. 몇 번이나 문제를 해결하려 시도했지만 실패의 원인은 수수께끼로 남아 있었다. 새로운 개발 팀이 프로젝트를 넘겨받기 전까지는. 새 팀에는 우연히 여성 팀원이 있었고 그는 "하루 만에 문제의 원인을 알아냈다." 알고 보니 HIV 환자들이 사는 흑인 거주구—범죄율이 높은—를 방문할 때는 여성 의료인들이 안전을 위해 귀중품을 속옷 안에 숨겼다. 그런데 휴대폰은 브래지어 안에 넣기에는 너무 컸던 것이다.

젠더는 우리가 묻는 질문의 종류에 영향을 미친다고 구글의 선임 연구 과학자 마거릿 미첼Margaret Mitchell은 말한다. 그가 블룸버그통신에 말하길, 인공지능 개발자의 젠더를 하나로 한정하면 회사는 "근시안적 관점"에 빠지게 된다.[32] 전 마이크로소프트 사용자 경험 팀장 게이나 윌리엄스Gayna Williams도 이에 동의한다.[33] 그는 "당신은 당신의 소프트웨어가 성 중립적이라고 확신하는가?"라는 제목의 블로그 글에서 모든 제품 설계는 해결해야 할 문제가 무엇인지 결정하는 데서부터 시작된다고 말한다. 그리고 그것은 전적으로 지각知覺의 문제다. 미국항공우주국NASA 과학자들은 우주 유영 로봇 발키리Valkyrie에 유방을 달기로 결정했을 때 무슨 문제를 풀고 있었던 걸까?[34]

성적 대상화된 로봇이라는 주제에 있어서, 설사 남자들이 우리 모두에게 영향을 끼치는 문제를 인지한다 하더라도, 여성의 의견을 듣지 않은 상태에서 제대로 된 해결책을 생각해낼 수 있는 것은 아니다. 앨릭 미내시언Alek Minassian이 (자신에게는 응당 여자와 섹스 할 권리가 있는데) 여자들이 자기와 섹스 해주지 않는 데 대한 "보복"으로 토론토에서 10명을 밴으로 치어 죽였을 때《뉴욕 타임스》는 "섹스의 재분배The Redistribution of Sex"라는 칼럼에서 섹스 상대를 구하지 못하는 남자들에게 섹스 로봇이 해결책이 될 수도 있다고 주장했다. 그러나 페미니스트들이었다면 '남자의 섹스 할 권리'에 이의를 제기했을 것이다.

기술 개발에서 가장 중요한 것은 결정을 내리는 사람이 누구인가이다. 그런데 벤처 투자와 마찬가지로 기술업계 역시 남자가 지배하고 있다. 마거릿 미첼은 이것을 "사내들의 바다"라고 부른다.[35] 지난 5년 동안 그는 약 10명의 여자와 "수백 명의" 남자와 일했다. 미국 경제활동인구의 57%가 여자인 데 반해 "컴퓨터업계" 종사자 중 여자는 26%에 불과하다.[36] 영국에서는 STEM 종사자의 14%만이 여자다.[37]

사내들의 바다는 빈번히 출현하는 성적 대상화된 로봇 외에도 "PR2라는 거대한 시제품 로봇" 같은 것을 낳는다. 컴퓨터공학자이자 로봇공학 회사의 공동 설립자인 테사 라우Tessa Lau는 로봇 연구소인 윌로거라지Willow Garage에서 일할 때 PR2를 만났다. 그것은 무게가 "수백 kg이었고, 왜소한 여자보다 훨씬 덩치가 컸으며, 거대한 팔 2개가 달려 있었다. 굉장히 무서웠다. 제대로 통제되고 있지 않을 때는 근처에도 가기 싫었다." 두어 해 전에 로봇공학자 앤젤리카 림Angelica Lim도 슬로베니아의 국제학술대회에서 마주쳤던 로봇에 대해 비슷한 얘기를 했다. 그것은 사람이 손을 흔들면 다가와서 악수를 청하는 로봇이었다. 이 바퀴 달린, 키 173cm의 로봇에게 림이 손을 흔들자—미국 여성의 평균 키는 163cm다—로봇이 천천히 그를 향해 돌아서더니 한 손을 내민 채 "전속력으로 돌진해 오는" 바람에 그는 뒤로 펄쩍 뛰면서 비명을 지르고 말았다.

이 일화들과 기술 전문기자 애디 로버트슨Adi Robertson이 VR 헤드셋을 시험해봤을 때의 이야기를 비교해봐라.[38] 그 헤드셋은 착용자의 눈동자를 추적하는 기능이 제대로 작동하지 않았다. 그때 동료가 로버트슨에게 마스카라 바른 거 아니냐고 물었다. "몇 분 뒤에 재조정을 마친 헤드셋이 제대로 작동하는 것을 보고 깜짝 놀랐다. 착용자가 화장했을 경우를 고려한 모드가 있다는 사실에 놀란 것이다. 그 제조업체는 몇 안 되는 여성 사업체 중 하나였다."

그러나 대부분의 VR 회사는 여성 사업체가 아니라서 VR 경험이 남성 편향을 장착하고 나온다. 그래서 온라인 세계가 대개 그렇듯 VR게임에도 성희롱이 존재하는 듯하다. 대부분이 남성인 VR 개발자들은 이 문제를 예사로 간과하고 있다.[39]

여성작가이자 게이머인 조던 벨러마이어Jordan Belamire는 VR게임 〈퀴버QuiVr〉를 멀티플레이어 모드로 하다가 BigBro442라는 사용자에게 성추행을 당했다.[40] "가상"이라고 하면 진짜가 아닌 것 같지만 벨러마이어에게는 진짜처럼 느껴졌다. 당연하다. VR이란 본래 진짜처럼 느껴져야 하고 사용자의 뇌를 속이는 데 너무 뛰어나서 외상후스트레스장애, 공포증, 환각지 증후군 치료에도 활용되기 때문이다.[41]

〈퀴버〉의 남자 개발자들을 변호하자면 그들은 벨러마이어의 블로그 글에 즉각적이고 적극적으로 대처했다.[42] 원래 다른 사용자의 손이 내 얼굴 가까이 오면 사라지게 만드는 기능인 "개인 보호막Personal Bubble"을 전신을 커버하게끔 바꿔서 추행이 불가능하게 만들었다. 그러나 그들은 스스로도 언급했듯이 애초에 "어떤 실없는 사람이 다른 사용자의 눈을 손으로 가려서 게임을 망치려 들 가능성"은 생각했으면서도 개인 보호막을 전신으로 확대할 생각은 하지 못했었다. 그들은 물었다. 어떻게 "우리가 그렇게 뻔한 걸 놓쳤지?"

헨리 잭슨Henry Jackson과 조너선 솅커Jonathan Schenker는 분명 일부러 여성을 배제하려 들 사람은 아니다. 그러나 이번에도 세르게이 브린과 임부 주차 공간의 경우처럼, 아무리 선의를 가진 남자라 한들, 누군가는 내 몸을 마음대로 들어가도 되는 놀이공원쯤으로 생각하는 세상에서 살아간다는 것이 어떤 건지 알기란 불가능하다. 잭슨과 솅커는 여자들과 달리 이런 상황을 직면할 일이 없기 때문에 "그렇게 뻔한 걸" 놓친 것이 별로 놀랍지 않다.

남성에 의한 폭력이 여성을 VR에서 멀어지게 만드는 유일한 이유는 아니다. 너무 큰 헤드셋, 여자가 VR에서 느끼는 멀미가 남자보다 훨씬 심하다는 연구 결과,[43] 좁은 컴퓨터 화면이 남자가 공간 지각력을 요구하는 과제를 수행하는 데 더 유리하다는 사실[44] 등을 종합하면 VR이라는 플랫폼은 여자한테 잘 안 맞기 때문에 여성 종사자가 적은 것이다.

여자가 VR을 이용할 때 멀미가 더 많이 나는 이유가 정확히 규명되진 않았지만 마이크로소프트 연구원 데이나 보이드danah boyd의 연구가 도움이 될지도 모른다.[45] 인간의 눈은 깊이를 지각할 때 기본적으로 "운동시차motion parallax"와 "음영이용형상복원shape-from-shading"이라는 2가지 단서를 사용한다. 운동시차란 관찰자가 움직이면서 사물을 관찰할 때 멀리 있는 사물은 천천히 움직이고 가까이 있는 사물은 빨리 움직이는 것처럼 보이는 현상을 뜻한다. 음영이용형상복원은 대상의 표면에 드리운 그늘을 단서로 3차원 형상을 복원하는 것을 가리킨다. 3차원 VR은 운동시차에는 뛰어나지만 음영이용형상복원에는 여전히 "젬병"이다.

이 차이 때문에 VR을 얼마나 잘 인지하느냐가 성별에 따라 달라진다. 보이드의 발견에 따르면 남자는 깊이를 지각할 때 운동시차에 "더 많이" 의존하고, 여자는 음영이용형상복원에 더 많이 의존하기 때문이다. 따라서 3차원 VR은 깊이지각에 있어서 여자보다 남자에게 유리한 정보 신호를 보내고 있는 것이다. 그런데 우리가 처음부터 동수의 남녀에게 3차원 VR을 시험했다면 지금처럼 음영이용형상복원 기술이 뒤처졌을까?

미네소타대학교 키네시올로지kinesiology* 교수 톰 스토프레겐Tom Stoffregen은 여자가 남자보다 멀미를 많이 경험하는 이유에 대해 완전히 다른 이론을 제시한다. 그가 말하길, 고전적 이론들은 "거의 대부분이 감각 자극에만 초점을 맞춘다." 즉 당신이 내이內耳에서 느끼는 것과 눈

---

* 신체운동을 역학적으로 연구하는 학문.

으로 보는 것이 일치하지 않는다는 사실에서 출발한다. "그 말도 맞긴 하지만 변하는 것은 그뿐만이 아니다. 전통적 이론들이 다루지 않지만 중요한 문제는 당신이 자기 몸을 통제하기 위해 해야 하는 것이 달라진다는 점이다."

지극히 평범한 하루를 보내는 동안에도 당신의 몸은 균형을 잡기 위해 끊임없이 미세 조정을 하고 있다. 일어설 때, 앉을 때, 걸을 때. 그러나 당신이 자동차나 배처럼 움직이는 공간 안에 있을 때는 균형을 잡기 위해 해야 하는 일이 달라진다. 당신의 몸이 계속 불안정한 상태에 놓이기 때문이다. 그래서 "당신의 몸이 다른 방식으로 움직여야 하는데 그렇게 하는 방법을 아직 배우지 못한 것"이라고 스토프레겐은 말한다. 그리고 VR은 자동차나 배처럼 몸을 불안정하게 만든다. 그렇기 때문에 멀미가 나는 것이다.

VR 업계는 지금까지 스토프레겐의 연구에 거의 관심을 보이지 않았다. "그들은 이것이 심각한 문제라는 사실을 알고 있지만" 잘못된 방법으로 해결하려 한다고 그는 말한다. "VR을 설계하는 사람들은 그것을 단순히 눈앞에 놓는 뭔가라고 생각한다. 그래서 눈이 아닌 뭔가와 관계있을 수도 있다는 말을 터무니없다고 간주하는 것이다." 그러나 VR 개발자들은 그들이 하는 일이 "단순히 사람들의 눈앞에 화면을 놓는 것" 이상임을 알아야 한다고 그는 말한다. "그 사실이 마음에 들든 말든, 알든 말든 말이다."

또 VR 개발자들은 체계적으로 데이터를 수집하고 성별 구분 하기 시작해야 한다. "VR에서의 멀미에 관한 데이터는 대부분 몇몇 사람의 경험담"이라고 스토프레겐은 말한다. "그리고 출처는 그 회사에서 일

234
235

9장 사내들의 바다

하는 사람들이다. 자신들이 직접 사용하거나 콘퍼런스에서 시연해본 것이 전부다. 따라서 체계적 수집과는 거리가 멀고 사용자도 거의 다 남자다."

스토프레겐의 이론에서 가장 설득력 있는 부분은 내가 운전석 외의 모든 좌석에서 차멀미 하는 이유를 규명한 대목이다. 핵심은 통제다. 당신이 걷고 있을 때 당신은 자신의 움직임을 통제하고 있다. 다음에 무엇이 올지 알고 있다. 그러나 배나 차에 타고 있을 때는 당신이 운전자가 아닌 이상 다른 사람이 통제한다. "운전자는 차의 움직임이 어떻게 변할지 미리 알고 있기 때문에 예기적으로 자신을 안정시킬 수 있다"라고 스토프레겐은 설명한다. "반면에 승객은 자동차가 앞으로 어떻게 움직일지 알지 못한다. 그래서 자기 몸의 조정이 보정적일 수밖에 없다. 예기적 조정이 보정적 조정보다 낫다는 건 전문가가 아니어도 알 수 있다."

그렇다면 남녀 차이는 어디에서 오는 것인가? "멀미를 연구하는 사람은 누구나 여자가 기본적으로 남자보다 더 예민하다는 사실을 알고 있다"라고 스토프레겐은 말한다. "그것은 이론의 여지가 없는 사실이다." 그러나 "그에 대해 연구하거나 원인을 밝혀내려 했던 사람은 거의 없었다"라며 자신도 그중 1명이라고 고백한다. 변하는 것이 많은 만큼 변치 않는 것도 많다.

그런데 스토프레겐은 2010년에 하나의 사실을 발견한다. "한가롭게 연구 문헌을 들춰 보던 중에 몰랐던 연구 결과를 우연히 발견했다." 그것은 '몸 끈덕이기body sway'에 남녀 차이가 있다는 것이었다. "작고 미묘한 차이라 육안으로 관찰해서는 알 수 없지만 몸이 어떻게 앞뒤로 끈덕이는지를 수치로 환산하면 유의미한 남녀 차이가 있다. 이 사실을 발견하자마자, 말 그대로 그 글을 읽은 순간, 이제 멀미에서 남녀 차이가 나는 원인에 대해 할 말이 생겼음을 알았다. 지금까지 내가 해왔던 말은 몸의 통제와 관련 있다는 게 전부였기 때문이다." 그 후에 스토프레겐은 "여자의 끈덕임이 생리주기에 따라 변한다"는 증거도 발견했다. 이 사실은 중요하다. "여성의 멀미 민감성이 생리주기에 따라 변하기 때문이다. 그리고 그 둘은 서로 연결되어 있다, 믿기 힘들겠지만."

상당한 젠더 데이터 공백이 여전히 남아 있다. 우리는 아직 여성의 몸 끈덕임이 언제 어떻게 변하는지 정확히 알지 못한다. 그러나 극심한 차멀미로 고생하는 여자로서 나는 스토프레겐의 발견에 흥분되는 동시에 화가 난다. 특히 그것이 내가 조사 중인 또 다른 젠더 데이터 공백, 자동차 설계와 상관되기 때문에 더욱 그렇다.

당신은 앉아 있을 때에도 몸을 끈덕이고 있다. "만약 당신이 등받이 없는 의자에 앉아 있다면 엉덩이로 몸을 끈덕이고 있을 것"이라고 스토프레겐은 설명한다. "등받이 있는 의자에 앉아 있다면 목으로 머리를 끈덕이고 있을 것이다. 전혀 끈덕이지 않기 위한 유일한 방법은 머리 받침에 머리를 기대는 것"이라고 그는 덧붙인다. 그때 나는 만화에서처럼 머릿속 전구가 꺼진 듯한 느낌을 받았다. 만약 머리 받침이 잘못된 높이, 잘못된 각도, 잘못된 모양이라면 어떨까? 남체에 맞게 설계된 자동차 때문에 여성의 차멀미가 악화되진 않았을까? 스토프레겐이 "그럴 가능성이 충분하다"라고 대답한다. "높이가 잘못되거나 하면 안정화의 질이…… 처음 듣는 의견이지만 충분히 그럴듯하다."

그러나 나는 여기서 또 다른 데이터 공백과 마주친다. 자동차의 머리 받침이 여체에 맞게 설계되었는지에 관한 연구는 아무래도 존재하지 않는 것 같다. 하지만 전혀 놀랍진 않다. 자동차 설계는 여자를 무시해온, 아주 길고 수치스러운 역사를 가지고 있기 때문이다.

남자는 여자보다 자동차 사고를 당할 가능성이 높다. 다시 말해 자동차 사고 중상자의 대부분을 차지한다는 뜻이다. 그러나 여자가 자동차 사고를 당하면 중상을 입을 확률이 남자보다 47% 높고, 경상을 입을 확률은 71% 높다.[46] 연구자들이 키, 몸무게, 안전벨트, 충돌 강도 같은 요소를 통제했을 때에도 그렇다.[47] 사망할 확률은 17% 높다.[48] 이 모든 것은 자동차가 어떻게, 누구를 위해 설계되었는가와 관계있다.

여자는 운전할 때 남자보다 더 앞으로 다가앉는 경향이 있다. 평균적으로 남자보다 키가 작기 때문이다. 다리가 더 앞에 있어야 페달에 닿고, 허리를 더 똑바로 세워야 계기판 너머를 제대로 볼 수 있다.[49] 그러나 이것은 "표준 자세"가 아니다. 여자는 "자세가 잘못된" 운전자다.[50] 여자들은 고의적으로 규범에서 벗어나기 때문에 전면 충돌 시 내부손상을 입을 위험이 높다.[51] 우리의 짧은 다리가 페달에 닿을 때 무릎과 엉덩이의 각도 때문에 다리가 다칠 가능성도 높다.[52] 우리가 근본적으로 잘못하고 있다는 얘기다.

여자는 후면 추돌 시에도 위험하다. 남자보다 목과 상체에 근육이 적기 때문에 목뼈 손상을 입을 확률이 최대 3배이며[53] 남성 편향적인 자동차 설계가 이 위험을 증폭한다. 스웨덴의 연구에 따르면 오늘날 자동차 좌석은 여성을 목뼈 손상으로부터 보호하기에는 지나치게 딱딱하다. 좌석은 충돌 시에 여자를 남자보다 빠른 속도로 앞으로 내던진다. 좌석 등받이가 남체보다 가벼운 여체를 단단히 잡아주지 못하기 때문이다.[54] 이런 일이 허용되어온 이유는 아주 간단하다. 자동차가 "평균" 남성을 기준으로 제작된 충돌시험 인형을 사용하여 설계되어왔기 때문이다.

충돌시험 인형은 1950년대에 처음 도입된 이래 수십 년 동안 50번째 백분위수 남성을 기준으로 제작되었다. 가장 널리 사용되는 인형은 (평균 여성보다 훨씬 크고 무거운) 키 177cm에 몸무게 76kg이며 남성의 근육 분포와 남성의 척추를 가졌다. 1980년대 초에 학자들이 50번째 백분위수 여성 인형을 정부에서 시행하는 자동차 안전도 평가 시험에 포함하라고 주장했으나 이 조언은 무시되었다.[55] 미국은 2011년이 되어서야 여성 인형을 사용하기 시작했는데[56] 이 인형이 과연 "여성" 인형인지는 잠시 후에 살펴보겠다.

스웨덴 국립도로교통연구소Statens väg- och transportforskningsinstitut 교통 안전 연구 팀장 아스트리드 린데르Astrid Linder는 2018년에 한국에서 열린 5대륙 도로 안전 회의에서 EU의 의무 충돌시험 요건을 검토한 논문을 발표했다.[57] EU에는 신차가 시장에 출시되기 전에 반드시 통과해야 하는 5가지 시험이 있다. 안전벨트 시험 1개, 전면 충돌 시험 2개, 측면 충돌 시험 2개. 그런데 인체계측학적으로 정확한 여성 인형을 요구한 시험은 하나도 없었다. 다만 안전벨트 시험, 전면 충돌 시험 1개, 측면 충돌 시험 2개에는 50번째 백분위수 남성 인형을 반드시 사용해야 한다고 명기되어 있다. 린데르가 세계 각국의 의무 충돌시험을 조사했더니 "지역에 따라 약간 차이는 있어도" 여전히 "성인 전체의 대표로" 50번째 백분위수 남성을 사용하고 있었다.

소위 50번째 백분위수 여성 인형을 요구하는 시험은 EU에 하나 있다. 전체 여성의 5%만이 이 인형보다 키가 작다. 그러나 여기에도 데이터 공백은 많다. 우선 이 인형은 조수석에만 사용되기 때문에 여성 운전자가 받는 영향에 대한 데이터는 전혀 없다. 이것은 중요한 문제다. 여자는 "잘못된 자세"로 운전하기 때문이다. 둘째, 이 여성 인형은 진짜 여성이 아니다. 크기만 줄인 남성 인형일 뿐이다.

소비자단체에서 하는 시험이 정부 기관 것보다 좀 더 엄격할지도 모른다. 소비자들에게 자동차 안전 등급을 제공하는 단체인 유럽신차평가프로그램European New Car Assessment Programme(이하 유로NCAP으로 표기)에 문의했더니 그들은 2015년부터 전면 충돌 테스트 2개에서 남성 인형과 여성 인형을 모두 사용하고 있으며 여성 인형은 여성 인체계측학 데이터를 근거로 제작한다고 대답했다. 그러나 "데이터가 존재할 경우"라는 단서를 달았다. 린데르의 말에 따르면 그것은 대단히 중요한 단서다. "내가 아는 한 그런 데이터는 존재하지 않는다. 유로NCAP이 남녀 모두를 가장 잘 보호하는 안전 시스템을 구분할 수 있는 방법은 현재로서는 없다." 어쨌든 유로NCAP은 자신들이 "때로는" 크기만 줄인 남성 인형을 사용한다는 사실을 인정했다. 그러나, 이에 대해서는 다음 장에서 광범위하게 살펴보겠지만, 여자는 크기만 줄인 남자가 아니다. 우리는 남자와 근육 분포가 다르다. 골밀도도 더 낮다. 척추뼈 간격도 다르다. 스토프레겐이 지적한 것처럼 몸 끄덕임조차도 다르다. 이 차이들은 자동차 사고로 인한 부상률에서 굉장히 중요하다.

임부로 넘어가면 상황은 더 나빠진다. 임부 인형은 1996년에 만들어졌지만 충돌시험에 임부 인형을 사용하는 것은 미국에서도 EU에서도 여전히 의무가 아니다.[58] 사실 모체 외상과 관련된 태아 사망 원인 1위가 자동차 사고인데도[59] 임부를 위한 안전벨트조차 없다. 2004년 연구에 따르면 임부는 표준 안전벨트를 사용해야 하지만[60] 7개월 이상 임부의 62%가 표준 안전벨트를 매지 못한다.[61] 게다가 아랫배가 나온 임부의 경우 3점 안전벨트가 자궁 위로 올라갈 수 있는데 1996년 연구에 따르면 안전벨트를 자궁 밑으로 맨 경우와 비교했을 때 복부에 가해지는 충격이 3~4배에 달해 "태아 부상의 위험도 그만큼 높아진다."[62] 표준 안전벨트는 임신하지 않은 여자에게도 안 좋다. 안전벨트가 유방 사이로 지나가는 게 불편해서 많은 여자들이 "잘못된 방법으로"매기 때문에 또다시 부상 위험이 높아진다(작은 남성 인형이 아니라 제대로 된 여성 인형을 만들어야 하는 또 하나의 이유다).[63] 그리고 임신기간 동안에는 여자의 배만 변하는 것이 아니다. 유방 크기의 변화 또한 안전벨트의 위치에 영향을 미침으로써 그 효력을 감소할 수 있다. 여기서 우리는 또다시 여성에 관한 데이터가 있지만 그냥 무시하는 상황과 마주친다. 지금 필요한 일은 공백 없는 데이터를 사용해 자동차를 처음부터 다시 설계하는 것이지만 어려운 일은 아닐 것이다. 충돌시험 인형의 모델이 될 여자는 쉽게 찾을 수 있기 때문이다.

이 모든 공백에도 불구하고 2011년에 미국에서 여성 인형을 도입하자 자동차 안전 등급이 곤두박질쳤다. 《더 워싱턴 포스트》는 베스 밀리토Beth Milito와 남편의 사례를 보도했다. 이들은 안전 등급에서 별 4개를 받은 것을 보고 2011년형 토요타 시에나를 구입했다.[64] 그런데 뚜껑을 열어보니 기대와 전혀 달랐다. 밀리토가 "가족끼리 외출할 때" 주로 앉는 조수석은 별이 2개였다. 전년도 모델의 조수석은 (남성 인형으로 시험했기 때문에) 별 5개를 받았다. 그러나 여성 인형으로 바꾸자 시속 56km

로 전면 충돌 시 조수석에 앉은 여성이 사망하거나 중상을 입을 확률이 20~40%나 됐다. 《더 워싱턴 포스트》에 따르면 동급 자동차의 평균 사망률은 15%다.

미국 고속도로안전보험협회Insurance Institute for Highway Safety의 2015년 보고서는 "자동차 설계를 개선했더니 사망률이 감소했다"라는 흥미로운 제목을 달고 있다. 이것이 여성 인형 도입의 결과인가? 그럴 리가. 이 보고서 안에 숨어 있는 문장은 다음과 같다. "동승자 유무를 알 수 없으므로 운전자 사망률만 반영했다." 이것은 엄청난 젠더 데이터 공백이다. 남녀가 함께 차에 타고 있을 때는 남자가 운전할 확률이 높다.[65] 따라서 조수석 데이터를 수집하지 않는다는 것은 여성에 대한 데이터를 수집하지 않는다는 말과 같다.

분노를 일으키는 이 모든 것의 아이러니는 승객 대 운전자의 성별 규범이 너무나 일반화돼서 그나마 여성 인형을 놓고 시험하는 유일한 자리는 조수석이고 운전석에서는 여전히 남성 인형이 표준이라는 사실이다. 따라서 운전자 사망률만 포함된 통계는 여성 인형의 도입이 가져온 영향에 대해 아무것도 말해주지 않는다. 결론적으로 이 보고서의 보다 정확한 제목은 다음과 같을 것이다. "자동차 설계를 개선했더니 남자가 앉을 가능성이 높은 좌석의 사망률은 내려갔지만 여자가 앉을 가능성이 높은 좌석의 사망률이 몇 %인지는 누가 알겠는가? 비록 우리는 자동차 사고에서 여성의 사망률이 남성보다 17% 높다는 사실을 이미 알고 있지만 말이다." 원래 제목만큼 멋지지 않다는 점은 인정한다.

안전 관련 문헌 데이터베이스인 세이프티릿재단SafetyLit Foundation의 이사장 데이비드 로런스David Lawrence는 "미국 대부분의 주에서는 교통

사고 경찰 보고서의 질이 너무 형편없어서 연구 자료로 쓰기에 적합하지 않다"라고 말한다. 운전자 이외의 동승자에 대한 데이터는 거의 수집되지 않는다. 경찰 보고서는 대개 "데이터 입력을 위해 도급 업체에" 넘겨지는데 이 도급 업체에서 데이터 입력을 담당하는 것은 죄수들이다. "데이터품질 검수 자체가 드문데 품질을 평가하면 미달로 나온다. 예를 들어 1980년대에 루이지애나주에서 일어난 교통사고에서 승차자의 대부분은 1950년 1월 1일에 태어난 남자였고 사고 차량은 대부분 1960년형이었다." 물론 실제로는 그렇지 않았다. 그냥 디폴트설정대로 입력된 것이다.

이 문제가 "다른 많은 주에서도" 발견되었지만 데이터가 개선되지는 않았다고 로런스는 말한다. "왜냐하면 데이터 입력 과정이 달라지지 않았기 때문이다. 연방정부는 경찰 보고서 데이터를 도로교통안전국 National Highway Traffic Safety Administration에 넘기라고 주정부에 명령했지만 데이터품질에 대한 기준이나 쓰레기 데이터를 보냈을 경우의 처벌은 규정하지 않았다."

현재 아스트리드 린데르는 최초로 여체를 정확하게 반영한 충돌시험 인형을 만들고 있다. 아직은 시제품만 나와 있는 상태지만 인체계측학적으로 정확한 여성 인형의 사용을 의무화하라고 EU에 촉구 중이다. 린데르는 이것이 엄밀히 말하면 이미 법률에 명시되어 있다고 주장한다. 법적 구속력이 있는 「EU 운영 조약 Treaty of the Functioning of the European Union」 8조에 따르면 "EU는 모든 활동에 있어서 남녀 간의 불평등을 제거하고 평등을 도모하는 것을 목표로 해야 한다."[66] 확실히 여자가 교통사고에서 중상을 입을 확률이 남자보다 47% 높다는 것은 간과하기에는 지나치게 큰 불평등이다.

한편으로는 왜 지금까지 제대로 된 여성 인형이 개발되지 않았으며 한참 전에 충돌시험의 의무 사항으로 규정되지 않았는지 이해하기 힘들다. 그러나 다른 한편으로는 여자와 여체가 상습적으로 설계와 계획에서 무시되어왔음을 고려하면 전혀 놀랍지 않기도 하다. 개발계획에서부터 스마트폰까지, 의료 기술에서부터 화덕에 이르기까지, 여성의 필요와 관계없이 개발된 (물리적 또는 재정적) 도구들이 여자들에게 무지막지한 피해를 입히고 있다. 그리고 그 피해는 여성의 삶에 무지막지한 영향을 미친다. 여자들을 가난하게 만들고, 아프게 만들고, (자동차의 경우에는) 죽이기까지 한다. 설계자들은 자신이 모두를 위한 제품을 만들고 있다고 믿을지 모르나 실제로는 남자를 위한 제품을 만들고 있을 뿐이다. 이제는 여자를 위한 제품을 만들기 시작할 때가 됐다.

4부

의료

INVISIBLE WOMEN

효과 없는 약

    미셸은 진단을 받기까지 12년이 걸렸다. "처음 증상이 나타난 것은 14살 때였다." 미셸이 말한다. "나는 너무 창피해서 병원에 갈 수 없었다." 그는 다급하고, 고통스럽고, 빈번하고, 때로는 출혈을 동반한 배변을 2년 동안 감추다가 어느 날 밤에 너무 아파서 더 이상 감출 수 없게 됐다. "나는 화장실 바닥에 웅크린 채 꼼짝할 수 없었다. 이제 죽나 보다고 생각했다." 그는 16살이었다.

    미셸의 부모는 그를 응급실로 데려갔다. 의사가 (부모 앞에서) 임신 가능성이 있냐고 물었다. 아니, 그럴 리 없다. 섹스를 한 적이 없으니까. 게다가 아픈 곳은 자궁이 아니라 창자였다. "그들은 나를 검사실로 데려가더니 설명 한마디 없이 산부인과 의자에 올려놨다. 그리고 다음 순간 커다랗고 차가운 금속 검경檢鏡을 내 질에 욱여넣었다. 너무 아파서 벌떡 일어나 비명을 질렀다. 간호사가 나를 다시 눕혔고, 검사하는 동안 누르고 있어야 했다. 의사는 검진을 마치더니 임신 안 한 게 맞다고 말했다." 그는 "터무니없는 가격이 붙은 아스피린과 하루 휴식을 취하라는 조언과 함께" 귀가했다.

그 후로 10년 동안 미셸은 2명의 의사와 2명의 (남자) 소화기내과 전문의에게 도움을 청했는데 두 전문의는 그의 문제가 머릿속에 있다며 스트레스를 받지 말라고 했다. 26살 때 미셸은 여자 일반의에게 보내졌고 이 일반의는 결장경검사를 잡아줬다. 그 결과 미셸의 좌측 결장 전체가 병든 것으로 드러났다. 그는 과민대장증후군과 궤양성결장염을 진단받았다. "우습지만 내 결장은 머릿속에 있지 않다"라고 미셸은 말한다. 진단과 치료를 받기까지 이렇게 오래 걸린 탓에 그는 이제 결장암에 걸릴 가능성이 높아졌다.

이 이야기를 읽고 미셸을 실망시킨 의사들에게 분노를 느끼지 않기란 어렵다. 그러나 사실 이들은 예외적인 돌팔이 의사, 나무에서 쳐내야 할 곯은 사과가 아니다. 그들은 뿌리부터 꼭대기까지 체계적으로 여자를 차별하여 만성적으로 오해하고 오진하고 잘못 치료하게 만드는 의료계의 산물이다.

그것은 의사가 훈련받는 방식에서부터 시작된다. 역사적으로 남체와 여체는 크기와 생식기능을 제외하고는 근본적으로 다른 게 없다고 간주되어왔다. 그래서 의학교육은 오랫동안 남성 "표준"에 초점을 맞추고 그 범위를 벗어나는 모든 것에 "이례적" 또는 심지어 "비정상적"이라는 꼬리표를 붙였다.[1] "몸무게 70kg의 일반 남성"이[2] 너무 많이 언급된다. 마치 그가 남녀 모두를 대표하는 것처럼(그러나 한 의사의 지적에 따르면 그는 남성을 대표한다고 보기도 어렵다). 여자가 언급될 때는 표준 인류의 변형처럼 소개된다. 학생들은 생리학과 여성 생리학, 해부학과 여성 해부학에 대해 배운다. 캐럴 태브리스는 1992년 저서 『여성과

남성이 다르지도 똑같지도 않은 이유』에서 "남체가 해부학 그 자체다"라고 결론지었다.[3]

이 남성 디폴트 성향은 최소 고대 그리스시대까지 거슬러 올라간다. 그리스인들은 여체를 "훼손된 남체"로 보는 사고방식을 처음 만든 사람들이다(고맙네요, 아리스토텔레스). 여성은 남성의 "겉과 속을 뒤집은" 것이었다. 난소는 여성의 고환이었고—난소라는 이름 자체가 17세기가 되어서야 생겼다—자궁은 여성의 음낭이었다. 이 기관들이 (일반적인 인간, 즉 남자와 달리) 몸 밖에 있지 않고 안에 있었던 이유는 여자에게 "내재 열vital heat"이 부족했기 때문이었다. 남체는 여체가 다다르지 못한 이상理想이었다.

물론 현대 의사들은 더 이상 여성을 훼손된 남성이라고 지칭하지 않으나 남체를 유일한 인체로 간주하는 경향은 여전히 남아 있다. "유럽, 미국, 캐나다 최고의 명문대" 20곳에서 추천한 의학 교과서들을 분석한 2008년 논문은 1만 6329개의 삽화 가운데 "성 중립적인 신체 부위"를 나타나는 그림에서 남체가 사용된 경우가 여체의 3배였다고 밝혔다.[4] 네덜란드의 여러 의대에서 추천한 교과서들을 분석한 또 다른 2008년 논문은 (우울증이나 알코올이 신체에 미치는 영향처럼) 남녀 차이가 오래전에 확립된 주제에서조차 성별별 정보가 누락되었고 여성 피험자가 철저하게 배제된 임상시험 결과를 마치 남녀 모두에게 유효한 것처럼 소개했다는 사실을 밝혀냈다.[5] 여성에게서 특히 높은 이병률과 사망률이 나타나는 질환들에도 성별별 정보는 포함되어 있지 않았다. 어쩌다 언급된 몇 안 되는 남녀 차이는 "색인이나 디자인 면에서 대단히 찾기 어려웠으며" 예를 들면 "이례적인 가슴 불편을 더 자주 경험하는 여성들"과 같이 모호한 한 줄 설명이 전부인 경우가 많았다(차후에 다시 살펴보겠지만 심장마비를 경험한 여성 8명 가운데 오직 1명만이 전형적인 남성의 흉통을 느꼈다. 따라서 이 설명은 모호할 뿐만 아니라 부정확하기까지 하다).[6]

2017년에 나는 많은 것이 바뀌었는지 확인하기 위해 특별히 인상적인 의서 코너가 있는 런던 중심가의 대형 서점에 갔다. 바뀐 것은 없었다. "인체해부학"이라는 제목을 단 책들의 표지는 여전히 근육층을 드러낸 남자 그림으로 장식되어 있었고 양성에게 공통적인 부위의 그림에는 여전히 무의미한 음경이 포함되어 있었다. "귀, 코, 목", "신경계", "근육계", "혈관계와 내장"이라는 제목의 포스터들을 발견했는데 모든 포스터에 커다란 남자 그림이 있었다. 그러나 혈관계 포스터에는 한구석에 작게 "여성 골반"이 포함되어 있어서 작은 자비에 나는 감사를 느꼈다.

의학 교과서에서 발견된 젠더 데이터 공백은 일반적인 의대 교육과정에도 존재한다. 2005년 네덜란드의 연구에 따르면 성별/젠더 관련 문제는 "교과과정 개발에서 체계적으로 다뤄지지 않는다."[7] 미국 의학전문대학원 개설 강좌 온라인 데이터베이스인 커리큘럼 관리 및 정보 도구 Curriculum Management & Information Tool에 관한 2006년 보고서에 따르면 이 시스템에 데이터를 입력한 95개 학교 중 9곳에만 "여성 건강 강좌"라 부를 수 있는 수업이 개설되어 있었다.[8] 그리고 이 강좌들—2~3학년 때 수강하는 산부인과 과목들— 가운데 겨우 2개만이 필수과목이었다. 10년 후에 나온 또 다른 논문에 따르면 미국 의전원에서 성별/젠더 기반 의학을 교과과정에 포함한 경우는 "미미"하거나 "무계획적"이었으며 특

히 질병 치료 및 약물 사용에 대한 접근법에서 공백이 확인되었다.[9]

이 공백은 중요하다. 수천 년간 우리가 추정해온 것과 반대로 남녀 차이가 대단히 클 수 있기 때문이다. 학자들은 인체의 모든 조직과 장기에서는 물론이고[10] 흔한 질병의 "유병률, 추이, 강도"에서도 남녀 차이를 발견했다.[11] 심장의 기계적 운동에도 남녀 차가 있다.[12] 폐활량에도, 심지어 수치를 키로 나눴을 때조차도, 남녀 차가 있다.[13] 똑같은 양의 담배를 피운 여자가 남자보다 폐암에 걸릴 확률이 20~70% 높다는 사실도 이와 관련 있을지 모른다.[14]

자가면역질환을 가진 환자는 전체 인구의 8% 정도 된다.[15] 그런데 여자가 남자의 4배 정도여서 전체 환자의 약 80%를 차지한다.[16] 정확한 이유는 알 수 없지만 학자들은 아이를 낳는 성별이기 때문이 아닌가 추측하고 있다. 여성은 "태아나 신생아를 보호하기 위해 특별히 빠르고 강력한 면역반응을 발달시켰"는데[17] 때로는 이것이 과잉 반응 하여 자기 몸을 공격한다는 것이다.[18] 백신 반응에서 남녀 차가 나타나는 원인도 면역계 때문인 것으로 추측된다. 여자는 더 강한 항체 반응을 보이며 부작용이 나타나는 경우도 훨씬 많고 강도도 더 세다.[19] 2014년 논문은 독감백신을 남자용과 여자용으로 나눠 만들자고 제안했다.[20]

남녀 차는 세포에서도 나타난다. 자폐증 혈청 생체지표,[21] 단백질,[22] 통증 신호를 전달하는 면역세포,[23] 뇌졸중 이후에 세포가 죽는 방식에서[24] 나타난다. 최근 연구에 따르면 "약물대사에서 중요한 것으로 밝혀진 유전자발현"에서도 상당한 남녀 차가 나타났다.[25] 파킨슨병, 뇌졸중, 뇌 허혈의 증상 및 결과에서 나타나는 남녀 차 또한 그 근원을 추적하면 세포 단위까지 내려간다.[26] 그리고 "건강 문제, 검사 및 치료를 야기하는" 혈관 노화에도 남녀 차가 있다는 증거가 늘어가고 있다.[27] 2013년 《네이처》 발표 논문에서 엘리자베스 폴리처Elizabeth Pollitzer는 수컷 쥐와 암컷 쥐의 세포가 스트레스에 다르게 반응하고, 남자와 여자의 세포가 "많은 대사산물의 농도에서 현격한 차이를 보이며", "성호르몬에 노출된 적이 있느냐와 상관없이 성별에 따라 세포가 다르다는 증거가 쌓이고 있다"라는 연구 결과를 게재했다.[28]

채워야 할 의학계의 젠더 데이터 공백이 여전히 많긴 하지만 여자가 단순히 '작은 남자'가 아니라는 사실은 지난 20년간 명백히 증명되었다. 남체와 여체는 세포 단위에서까지도 다르다. 그런데 왜 우리는 이것을 학교에서 가르치고 있지 않은가?

의학 교과서에 성별별 정보를 집어넣기 위해서는 우선 성별별 데이터가 존재해야 하지만 지금껏 의학 연구에서 여성이 거의 배제되어왔기에 데이터가 심각하게 부족하다. 심지어 가장 기초적인 성결정에서조차 성별 데이터 공백이 있다. 성별을 결정하는 부분이 Y염색체라는 획기적인 논문이 1905년에 나온 이후로 여성은 (아이러니하게도) 디폴트가 되었다. 그러나 이 경우에는 디폴트가 여성에게 주목한다는 뜻이 아니었다. 오히려 연구는 "능동적" 과정으로 간주된 고환 발달에 초점을 맞추고 여성의 성 발달은 수동적 과정으로 간주했다. 2010년에 난소 결정이라는 능동적 과정을 연구하기 시작할 때까지 말이다.[29]

심혈관질환에 관한 초기 연구는 남성을 대상으로 시행되었고 여성은 계속 무시되었다. 1987~2012년에 시행된, 울혈성심부전에 관한 31회의 획기적 시험 참가자 가운데 25%만이 여성이었다.[30] 개발도상국에서

HIV 양성인 성인의 55%는 여성이다.[31] 아프리카와 카리브해 지역에 거주하는 5~24세의 여자는 같은 나이의 남자보다 HIV 양성일 확률이 최대 6배다.[32] 게다가 여자가 경험하는 HIV 증상 및 합병증은 남자와 다르다. 그런데도 미국에서 이뤄지는 HIV 연구에 여성 피험자가 얼마나 포함되는가에 관한 2016년 논문에 따르면 항레트로바이러스 연구 피험자의 19.2%, 백신 연구 피험자의 38.1%, 치료법 연구 피험자의 11.1%만이 여자다.[33]

여성은 임상시험에서 으레 배제되기 때문에 거의 모든 질병의 임부 치료법에 관해서는 믿을 만한 데이터가 없다. 많은 질병이 "임부에게 심각한 후유증을 남기거나 태아에게 해를 입힐 수 있다"라고 WHO가 경고했지만[34] 우리는 질병이 어떻게 임부의 몸을 장악하는지, 임부가 병에 걸렸을 때 어떤 결과가 나올 수 있는지 알지 못한다. (2009년 H1N1 신종플루 바이러스를 포함한) 어떤 독감 바이러스의 변종은 "임신기에 특히 심한 증상"을 일으킨다. 또 임신 중에는 중증급성호흡기증후군(이하 SARS로 표기)의 증상이 더 심하게 나타날 수 있다는 증거도 있다. 물론 임부가 의학 연구에 참여하길 주저하는 것은 이해하지만 그렇다고 해서 우리가 아무것도 모른다는 사실을 받아들이고 완전히 손을 놓아야 하는 것은 아니다. 우리는 임부의 건강 결과에 관한 데이터를 정기적이고 체계적으로 추적하고, 기록하고, 수집하고, 분석해야 한다. 그러나 실제로는 그렇게 하고 있지 않다. 팬데믹이 돌 때조차도 말이다. 2002~04년에 중국에서 SARS가 발생했을 때 임부들의 건강 결과가 체계적으로 추적되지 않아서 "임신 중 SARS의 추이와 결과를 제대로 알지 못한다"라고 WHO는 지적한다.[35] 이는 아주 쉽게 피할 수도 있었던 또 하나의 젠더 데이터 공백이자 다음 팬데믹이 터질 때 절실해질 정보다.

해부학 교과서에 여자를 넣지 못한 것처럼 임상시험에 여자를 넣지 못한 것은 남체를 디폴트 인체로 보는 데서 비롯된 역사적 문제이지만 20세기 최대의 의료계 스캔들 중 하나가 터진 뒤인 1970년대에 이 전통적 편향이 급격히 악화되면서 여성 건강에 엄청난 피해를 가져왔다.[36]

1960년에 의사들은 입덧이 심한 임부에게 탈리도마이드를 처방하기 시작했다. 이 약은 1950년대 후반부터 여러 나라에서 일반의약품으로 판매되었던 약한 진정제로, 개발자들이 "아무리 투여량을 높여도 쥐 1마리 죽지 않았기 때문에" 안전하다고 여겨졌다.[37] 그러나 쥐는 죽지 않았어도 태아 발달에는 영향을 미쳤다(제조사들은 이르면 1959년부터 이 사실을 알고 있었다).[38] 1962년에 이 약이 판매 금지 되기 전까지 전 세계에서 만 명이 넘는 아이들이 탈리도마이드 관련 장애를 가지고 태어났다.[39] 이 스캔들의 여파로 1977년 미국 식품의약국(이하 FDA로 표기)은 임신 가능성이 있는 여자를 임상시험에서 제외하라는 지침을 발표했다. 이 지침에 의문을 제기하는 사람은 없었다.[40] 남성 표준은 아무런 이의 제기 없이 받아들여졌다.

오늘날에도 남성 표준은 많은 사람들에게 의문의 여지 없이 받아들여진다. 수많은 증거에도 불구하고 일부 학자들은 생물학적 성별이 중요하지 않다고 주장한다. 한 보건학자는 자신이 연구 보조금을 신청했던 각기 다른 2개의 단체로부터 다음과 같은 답변을 받았다. "성별 타령은 집어치우고 과학으로 돌아가기 바란다." "내가 이 분야에 몸담은 지 20년째인데 이것(성별 차이)은 중요치 않다."[41] 심지어 둘 다 익명의 답변도 아니었다. 《사이언티픽 아메리칸》에 실린 2014년 논평은 양쪽 성별을 모두 시험하는 것은 재원 낭비라고 불만을 토로했다.[42] 미국 국립과학아카데미National Academy of Sciences 공식 학회지에 실린 2015년 논평은 "전임상前臨牀* 성별 차이에 초점을 맞춘다고 해서 남녀의 건강 격차가 사라지진 않을 것"이라고 주장했다.[43]

성별 차이가 중요하지 않다는 주장 외에도 어떤 학자들은 설사 생물학적 성별이 중요하더라도 역사적인 데이터 공백 때문에 비교할 데이터가 존재하지 않으므로 여성을 연구에 포함하는 것은 현명한 일이 아니라고 말한다(정말 불난 데 기름 붓는 격이다).[44] 여체는 (인간도, 동물도) 시험하기에 너무 복잡하고, 너무 가변적이고,[45] 너무 비용이 많이 든다고 그들은 주장한다. 연구에 성별/젠더 개념을 포함하는 것은 "부담스러운" 일로 간주된다.[46] "너무 많은 젠더"가 존재할 수도 있다며[47] "단순화"를 이유로 성별/젠더 개념을 배제해도 괜찮다고 생각한다.[48] 이 경우에는 오히려 복수의 표지標識에서 수컷 쥐가 더 큰 변동성을 보였다는 최근 연구 결과를 알려주고 싶다.[49] 자, 복잡한 게 누구라고?

변동이 심한 "이례적인" 호르몬 때문에 여체가 성가신 피험체라는 주장 외에도 학자들은 여성 피험자를 구하기 어렵다는 핑계로 시험에서 여자를 배제하는 것을 정당화한다. 여자들이 돌봄노동 의무 때문에 자유 시간이 적고 (예를 들면 아이들 등하교 시간에) 약속을 잡기가 어려운 것은 사실이다. 그러나 이것은 시험 스케줄을 여자에게 맞추는 데 필요한 근거이지 배제하는 데 필요한 근거는 아니다. 어쨌든 정말로 구

---

* 임상시험 전, 즉 세포 시험 및 동물시험을 말한다.

하려고 하면 여성 피험자는 구할 수 있다. FDA 승인에 필수적인 의료 기구 임상시험에 관한 논문에 따르면 여성은 동맥관열림증 치료에 쓰이는 혈관 폐쇄 기구* 피험자의 18%,[50] 관상동맥강내스텐트** 피험자의 32%를 차지한 반면 — 그런데 스텐트는 여자가 남자보다 시술 결과가 나쁜 기구 중 하나다[51] — 얼굴 주름 교정 피험자의 90%, 치아 기구 피험자의 92%를 차지했다.

의학 연구의 여성 피험자가 지나치게 적다는 문제에 대한 좀 더 참신한 접근법은 그냥 아무 문제 없다고, 여자들은 지금 이대로도 괜찮다고 주장하는 것이다. 2018년 2월 《영국 약리학 저널》에는 「신약 승인 시험의 성별 차이, 진짜 문제가 존재하긴 하는가?」라는 논문이 실렸다.[52] 전원 남자로 이루어진 저자들은 "처방 빈도가 높은 FDA 승인 약의 일반 공개 된 승인서를 대상으로 단면 연구 및 구조화 연구"를 실시한 후에 "진짜" 문제는 없다고 결론지었다.

진짜 문제가 없다면 가짜 문제는 도대체 무엇이냐는 철학적 논쟁은 차치하더라도 이 저자들의 결론은 황당하다. 우선 신약 승인 시험 가운데 승인서를 열람 가능한 것은 28%에 불과했다. 따라서 우리는 이 샘플이 얼마나 대표성이 있는지 알 길이 없다. 그리고 저자들이 열람할 수 있었던 데이터 가운데 25% 이상의 시험에서 여성 피험자 수와 그 약이 치료하려는 질병을 앓고 있는 미국 여성의 비율이 일치하지 않았다. 더군다나 이 연구는 미국 처방전의 80%를 차지하는 복제약 시험은 다루

---

* 정상적인 아기는 생후 72시간 안에 동맥관이 저절로 닫힌다. 그렇지 않은 경우 동맥관을 묶거나 안에 코일 또는 마개를 삽입하여 막아준다.
** 스텐트란 금속 구조물로, 몸속의 관이 막히거나 좁아졌을 때 안에 집어넣어 관을 넓히는 데 쓰인다.

지 않았다.[53] FDA의 정의에 따르면 복제약은 "이미 시판 중인 상표 약과 동일 성분으로 만들어진 약"으로, 원본 약의 특허가 만료된 후에 판매되기 시작한다. 복제약 시험은 원본 약 시험보다 훨씬 덜 엄격해서 생체이용률이 원본과 동일하다는 것만 입증하면 되는데 "거의 예외 없이" 젊은 성인 남성만을 대상으로 시행된다.[54] 이것은 중요하다. 유효성분이 같더라도 첨가제와 제조법이 다르면 약효가 달라질 수 있기 때문이다.[55] 아니나 다를까, 2002년 FDA 의약품평가연구센터Center for Drug Evaluation and Research는 "원본 약과 비교했을 때 대부분의 복제약이 생물학적동등성에서 남녀 간에 상당한 통계학적 차이를 보인다는 사실"을 발견했다.[56]

이 모든 증거에도 불구하고 이 논문의 저자들은 임상시험에 여성 피험자를 적게 포함하려는 체계적인 노력이 존재하지 않는다고 주장했다. 2상 시험 피험자의 48%, 3상 시험 피험자의 49%가 여자였기 때문이다. 그러나 그들 스스로도 1상 시험에서는 여성 피험자가 겨우 22%밖에 안 되었다고 보고했다. 그런데 그들의 결론이 암시하는 바와는 반대로 1상 시험의 여성 피험자 수가 적은 것은 중요하다. FDA에 따르면 여성에게서 두 번째로 많이 나타나는 부작용은 (남성에게는 효과가 있는 약이) 아무 약효도 없는 것이다. 그러니 여성에게는 효과가 있을지도 모르는데 1상 시험에서 남성에게 효과가 없다는 이유로 배제된 약이 얼마나 많겠는가?

저자들이 다루지 않은 또 다른 문제는 그 약들이 여성의 생리주기 단계별로 시험됐는지 여부다. 대부분의 약을 시험하지 않으니 이 약들도 안 했을 가능성이 높다. 어쩌다 여성이 피험자에 포함되는 경우 대부분은 (호르몬 수치가 가장 낮아서 거의 남자나 다름없는) 초기 난포 단계에서 시험 대상이 된다. "에스트로겐과 프로게스테론이 연구 결과에 미칠지 모르는 영향을 최소화"하기 위해서다.[57] 그러나 실생활은 연구와 다르고 실생활에서는 그 성가신 호르몬이 결과에 영향을 미친다. 지금까지 항정신병약, 항히스타민제, 항생제는 물론 심장약 또한 생리주기의 영향을 받는다는 사실이 발견되었다.[58] 몇몇 항우울제는 여성이 생리주기에서 어느 단계에 있느냐에 따라 다른 영향을 미친다. 똑같은 투여량이 어떤 시점에는 너무 많고 어떤 시점에는 너무 적을 수 있다는 것이다.[59] 또 여자들은 약물로 인한 심박 이상을 경험할 확률이 높은데[60] 그 위험은 생리주기 전반부에 가장 높다.[61] 그리고 그 결과는 물론 치명적일 수 있다.

마지막으로 저자들은 여성에게는 유익할 수 있지만 세포 시험과 동물시험 단계에서 탈락해 인체 시험까지 가지도 못한 약물 수를 고려하지 않았다. 이 수치는 상당할지도 모른다. 동물에서 나타나는 성별 차이는 거의 50년간 계속해서 보고되어왔지만 2007년 논문에 따르면 약리학 논문의 90%가 수컷만을 시험했다.[62] 2014년의 또 다른 논문에 따르면 동물시험의 22%가 성별을 명시하지 않았으며, 명시한 시험의 80%는 수컷만을 대상으로 했다.[63]

어쩌면 젠더 데이터 공백의 관점에서 가장 짜증 나는 일은 여자들이 훨씬 많이 앓는 병에서조차도 동물시험에 암컷을 포함하지 않는다는 사실일 것이다. 예를 들면 여성은 남성보다 우울증을 앓을 확률이 70% 높지만 뇌질환에 관한 동물시험은 수컷을 대상으로 할 확률이 5배나 된다.[64] 2014년 논문에 따르면 여성 유병률이 높은 질병에 관한 연구

중 성별을 명시한 연구(44%) 가운데 암컷 동물을 시험한 연구는 12%에 불과했다.[65] 양성이 포함된 경우에도 그 데이터가 성별별로 분석되었으리라는 보장은 없다. 한 논문에 따르면 양성이 포함된 연구 가운데 3분의 2는 결과를 성별별로 분석하지 않았다.[66] 이 사실이 중요할까? 음, 동물 연구들을 분석한 2007년 논문에 따르면 암수 쥐를 모두 포함한 소수의 시험 가운데 54%만이 성별에 따른 약효를 밝혔다.[67]

약효는 성별에 따라 엄청나게 차이 날 수 있다. 하루주기리듬*이 심장병에 미치는 영향을 연구하는 태미 마티노Tami Martino는 2016년 영국 생리학회Physiology Society에서 한 강연에서 최근 발견한 충격적인 사실을 이야기했다. 마티노의 연구 팀은 하루 중 몇 시에 심장마비가 오느냐에 따라 생존율이 달라진다는 사실을 발견했다. 낮에 발생한 심장마비는 밤보다 강한 면역반응을 유도한다. 특히 강한 호중구 반응을 유도하는데―호중구는 백혈구의 일종으로 상처가 났을 때 대개 현장에 첫 번째로 도착한다―이 반응은 높은 생존율과 상관관계가 있다. 이 사실은 여러 해 동안 여러 동물들에게서 수차례 확인되어 "의학 문헌에서 생존의 최적표준"이 되었다고 마티노는 설명했다.

그래서 마티노의 팀은, 2016년에 다른 연구 팀이 낮의 심장마비가 강한 호중구 반응을 유도하기는 하나 오히려 낮은 생존율과 관계있다는 논문을 발표했을 때 "깜짝 놀랐다." 그들은 한참을 고심하다가 기존의 연구들과 이 새로운 연구 사이에 근본적인 차이가 하나 있음을 깨달

---

* 24시간 주기로 거의 같은 시각에 규칙적으로 반복해서 발생하는 현상. 잠, 식욕, 체온, 호르몬 분비와 같은 생리학적 변화 따위가 포함된다.

았다. 기존 연구들은 모두 수컷 쥐를 시험한 반면 새로운 연구는 암컷 쥐를 시험했던 것이다. 성별이 달라지자 정반대 결과가 나왔다.

　세포 연구로 말하자면, 심혈관 학술지 10종을 분석한 2011년 논문은 성별을 명시한 세포 연구 가운데 69%가 남성 세포만을 사용했다고 보고했다.[68] 여기서 "성별을 명시한"은 중요한 단서다. (모두 유수의 학술지에 발표된) 645회의 심혈관 임상시험을 분석한 2007년 논문에 따르면 겨우 24%만이 성별 구분 데이터를 제시했다.[69] 5대 외과 학술지를 분석한 2014년 논문에 따르면 세포 연구의 76%는 성별을 명시하지 않았고, 명시한 경우의 71%는 남성 세포만을 사용했으며, 7%만이 성별별로 분석했다.[70] 그리고 이번에도, 여성이 훨씬 많이 걸리는 질병에서조차, "남성 세포만" 연구하는 학자들이 있다.[71]

　동물 연구와 인체 연구에서 그랬듯이, 세포 연구에서도 성별별 분석을 했을 때 놀라운 차이가 나타났다. 근육에서 추출한 줄기세포의 이식 결과가 예측 불가능한 — 때로는 병든 근육을 재생했고 때로는 아무것도 하지 않았다 — 원인을 오랫동안 규명하지 못했던 연구자들은 어느 날 세포가 예측 불가능했던 게 아니라는 사실을 깨달았다. 단지 여성 세포는 재생을 촉진하고 남성 세포는 그러지 않을 뿐이었다. 여성 건강에서 더 시급한 관심사는 남성 세포와 여성 세포가 에스트로겐에 어떻게 달리 반응하는지를 다룬 2016년 논문일 것이다. 연구자들이[72] 남성 세포와 여성 세포를 에스트로겐에 노출한 후 바이러스에 감염시켰더니 여성 세포만이 에스트로겐에 반응하여 바이러스를 무찔렀다. 이 발견은 불가피하게 다음 질문으로 이어진다. 남성 세포만을 대상으로 시험했을 때 아무런 효과가 없어서 여자들이 놓친 치료법이 얼마나 많을까?

이 모든 증거를 고려할 때 어떻게 아직도 진심으로 성별이 중요하지 않다고 주장할 수 있는지 의아하다. 오히려 맥길대학교 신경과학과 교수 제프리 모길Jeffrey Mogil의 말이 자명해 보인다. 그가 성별차이연구기구Organization for the Study of Sex Differences에 말하길 "연구 시작 단계에서부터" 한쪽 성별만 대상으로 하는 것은 "학자로서 멍청할 뿐 아니라 돈 낭비이며 윤리 문제이기도 하다."[73] 그럼에도 불구하고 여성은 여전히 상습적으로 의학 연구에서 무시당하며 제대로 여성을 포함하는 성별 구분 시험은 기대할 수 없다. 2015년에 요란스럽게 출시된 "여성용 비아그라"가[74] 알코올과 부정적 상호작용을 할 가능성이 발견됐을 때 — 대부분의 독자들은 알겠지만 알코올 흡수율은 성별에 따라 다르다[75] — 제조사 스프라우트제약Sprout Pharmaceuticals은 당연히 임상시험을 하기로 결정했다. 그 결과 그들이 모집한 피험자는 남자 23명과 여자 2명이었다.[76] 그들은 데이터를 성별 구분 하지도 않았다.

물론 스프라우트제약만 그런 것은 아니다. 지난 10년간 주요 학술지에 발표된 논문들을 분석한 여러 보고서에 따르면 연구 결과를 성별 구분 하지 않거나 성별의 영향을 무시한 이유를 설명하지 않는 경향이 일관되게 나타났다.[77] 2001년에 미국 회계감사원Government Accountability Office이 FDA 기록을 감사했더니 전체 서류의 3분의 1가량이 연구 결과를 성별 구분 하지 않았고 40%는 아예 피험자들의 성별을 명시하지도 않았다. 감사관들은 FDA가 "신약 개발에서 성별 차이와 관련된 데이터의 제시 및 분석을 효과적으로 감독하지 못했다"라고 결론지었다.[78] 이 결론은 2007년 논문에서 FDA에 제출된 신약 승인 신청서들을 분석한 결과, 데이터 분석 기준이 제대로 확립되지 않았음을 발견함으로써 타당성이 증명되었다.[79] 2015년에는 회계감사원이 미국 국립보건원 National Institutes of Health(이하 NIH로 표기)을 비판했다. 연구자들이 실제로 남녀 차이를 조사했는지 확인하는 것을 게을리했다는 이유에서였다.[80] 대다수의 연구가 해당되는, 비정부기관으로부터 연구비를 받은 임상시험은 더 심각한 경우가 많다. 심혈관 임상시험의 성별별 분석을 조사한 2014년 논문에 따르면 NIH 후원 시험 61건 가운데 31건이 시험 결과를 성별별로 분석한 반면, 비정부기관 후원 시험 567건 가운데서는 125건만이 성별별 분석을 했다.[81]

성별 구분 데이터가 존재하지 않으면 여자들에게 제대로 된 의학적 조언을 할 수가 없다. 2011년 세계암연구기금 World Cancer Research Fund International은 남녀 모두를 대상으로 한, 식생활이 암에 미치는 영향에 관한 연구 가운데 성별 구분 데이터가 존재하는 경우가 50%에 불과해서 양성 모두에게 유효한, 암 예방을 위한 식생활 지침을 만들기 어렵다고 불만을 토로했다.[82] 예를 들어 여자는 나이가 들수록 (근육량이 감소하기 때문에) 남자보다 단백질을 많이 먹어야 하지만 "여성 노인의 근육 단백질 합성에 이상적인 끼니당 단백질량은 규명되지 않았다."[83]

피험자 집단에 양성을 모두 포함하는 수고까지 기울여놓고 연구 결과를 성별 구분 하지 않는 것은 당황스럽다. 그뿐 아니라, 론다 시빙어의 표현을 빌리면, 이는 "돈 낭비이며 미래의 메타분석에 빼앗긴 연구다."[84] 여성 피험자 수가 이렇게 적을 경우에는 메타분석이 누군가의 생사를 좌우할 만큼 중요할 수도 있다.

FDA의 심장 재동기화 치료 제세동기 cardiac resynchronization therapy defibrillator(이하 CRT-D로 표기) 시험 데이터베이스에 관한 2014년 분석에

따르면 여자는 피험자의 20%를 차지했다.[85] 각 연구에 포함된 여성의 숫자가 너무 적어서 데이터를 성별 구분 해도 통계적으로 유의미한 것을 하나도 찾을 수 없었다. 그러나 2014년 논문의 저자들이 모든 시험 결과를 합친 다음에 그 데이터를 성별 구분 했더니 놀라운 사실이 발견됐다.

CRT-D는 간단히 말하면 좀 더 복잡한 인공심박조율기로, 심장의 전기신호가 지연되는 것을 고치는 데 사용된다. 이 제세동기는—우리가 의학 드라마 같은 데서 보는 것은 이 제세동기의 큰 버전이다—만성 심부전 환자에게 이식되어 이를테면 심장을 강제로 재기동 한다. 불규칙적인 박동을 전기충격으로 제거해서 올바른 박자로 다시 시작할 수 있게 만드는 것이다. 한 의사는 CRT-D를, 치료법은 아니지만 이른 죽음을 방지한다는 점에서 "증상 통제"라고 불렀다. 심전도에서 QRS파의 폭이 150ms 이상일 경우 CRT-D를 이식받아야 한다. 150ms 미만이라면 CRT-D를 이식해도 효과가 없다.

그러나 메타분석에 따르면 그것은 당신이 여자가 아닐 경우의 이야기다. 150ms라는 경계선은 남자한테는 유효했지만 여자한테는 20ms 길었다. 큰 차이가 아닌 것처럼 들릴지 몰라도 메타분석에 따르면 QRS파의 폭이 130~149ms인 여자 환자는 CRT-D를 이식받을 경우 심부전을 일으키거나 사망할 확률이 76% 감소했다. 그러나 현 지침하에서는 이 환자들이 이식을 받을 수 없다. 남체를 디폴트로, 여체를 기타로 삼는 임상시험 때문에 수백 명의 여자가 피할 수도 있었을 심부전과 죽음을 피하지 못하는 것이다.

여자에게 도움이 안 되는 의료 기술은 CRT-D만이 아니다. 2014년 논문에 따르면 승인 후 의료기기 연구의 14%만이 성별을 주요 척도로 포함했고 4%만이 여성 피험자를 대상으로 하위집단 분석을 실시했다.[86] 2010년 논문에 따르면 "여성은, 피험자의 연령이나 이식된 기기의 종류와 무관하게, 1차적 인공심박조율기 이식 중에 급성장애를 일으킬 확률이 남성보다 높다."[87] 2013년에 개발된 (혁명적 발명이었어야 했을) 인공심장은 여성에게는 너무 컸다.[88] 개발자들이 작은 버전을 만들고 있다는 사실은 고무적이지만 다른 인공심장들처럼[89] 디폴트 남성용이 개발된 지 몇 년 후에야 여성용이 나온다는 사실은 놀랍다.

심지어 질병을 예방하려면 어떤 운동을 하라는 식의 간단한 조언도 남성 편향적인 연구를 기반으로 한다. 저항력 훈련이 심장병 위험을 줄이는 데 좋은지를 일반적으로 검색하면 고혈압환자에게는 저항력 훈련이 안 좋다고 경고하는 논문들을 발견할 것이다.[90] 이는 대부분 저항력 훈련이 혈압을 낮추는 데 에어로빅만큼의 효과가 없고 동맥 경화도를 증가시키기 때문이다.

모두 사실이다. 남자에게는 말이다. 이번에도 그들은 연구 피험자의 대부분을 차지했다. 여성을 대상으로 한 연구 결과에 따르면 이 충고는 성 중립적이지 않다. 예를 들어 2008년 논문에 따르면 여자가 저항력 훈련을 했을 때는 혈압이 상당히 낮아지는 효과가 있을 뿐 아니라 남자만큼 동맥 경화도가 증가하지도 않는다.[91] 이 사실은 중요하다. 여자는 나이가 들수록 같은 나이의 남자보다 혈압이 높아지고, 고혈압은 남자보다 여자에게서 심혈관질환으로 인한 사망률과 연관성이 높기 때문이다. 사실 여자가 관상동맥질환으로 사망할 확률은 혈압이 정상 수준에서 20mmHg 상승할 때마다 남자의 2배씩 증가한다. 또한 흔히 사용되는

고혈압약은 여자에게서 혈압을 낮추는 효과가 덜한 것으로 나타났다.[92]

한마디로 (남성 피험자를 대상으로 개발된) 고혈압약은 여자에게 남자만큼 효과적이지 않으나 저항력 훈련은 효험이 있을지도 모른다. 우리가 지금까지 이 사실을 몰랐던 이유는 모든 연구가 남성 피험자만을 대상으로 해왔기 때문이다. 저항력 훈련은 골감소증과 골다공증 예방에도 좋은데 둘 다 완경 후에 걸릴 확률이 높은 질병이다.

또 다른 남성 편향적 조언으로는 당뇨환자에게 인터벌트레이닝*을 추천하는 것이 있다. 인터벌트레이닝은 여성 당뇨환자에게는 별 도움이 되지 않는다[93](그 이유는 우리도 정확히 모르지만 아마도 여자는 운동할 때 탄수화물보다 지방을 태우기 때문이 아닌가 추측된다).[94] 그리고 우리는 여자가 뇌진탕에 어떻게 반응하는지에 대해서도 거의 아는 게 없다.[95] "여자 운동선수가 남자 선수보다 뇌진탕을 경험할 확률이 높고, 비슷한 종목일 경우 남자보다 회복하는 데 더 오래 걸리는데도 불구하고" 말이다.[96] 여자는 등척운동**을 할 때 남자보다 피로가 덜하다(이것은 부상 후 재활과 관계있다). 남자와 여자는 근섬유 종류의 비율이 다르기 때문이다. 그러나 우리는 "그 차이에 대해 제한적인 지식"만을 가지고 있다. 왜냐하면 "발표된 논문 수가 부족"하기 때문이다.[97]

얼음 팩 갖다 대기처럼 간단한 것도 성별에 따라 차이를 보이는 상황에서 스포츠의학 연구에 여자 피험자가 남자 피험자와 같은 비율로 포함되어야 함은 자명하다.[98] 그러나 현실은 그렇지 않다.[99] 연구자들은 계

---

* 고강도 운동과 저강도 운동을 번갈아 하는 훈련법.
** 벽 밀기처럼 근육의 길이는 변하지 않으면서 장력이 발생하는 운동.

속 남자만 연구하면서 그 결과가 여자에게도 적용되는 척한다. 2017년에는 러프버러대학교의 한 논문이[100] 온욕에 운동과 비슷한 항염 효과와 혈당을 낮추는 효과가 있음을 증명했다며 영국 언론의 칭송을 받았다.[101] 상호 심사 생리학 학술지 《템퍼러처》에 "대사질환의 새로운 치료법?"이라는 부제를 달고 발표된 이 연구에는 여성 피험자가 전혀 포함되지 않았다.

우리는 남녀의 신진대사 체계가 서로 다르다는 사실을 알고 있다. 또한 이 연구에서 콕 집어 언급된 당뇨병이 남녀에게 미치는 영향이 다르며[102] 여자에게 관상동맥질환을 일으킬 확률이 훨씬 높음을 안다.[103] 그러나 이 모든 증거에도 불구하고 이 논문의 저자들은 자신들의 연구 결과가 성별에 따라 다를 수 있음을 인정하지 않았다. 그들이 인용한 동물 연구도 하나같이 수컷만을 시험한 연구들이다. 가장 충격적인 것은 "본 연구의 한계"를 살펴보는 부분에서조차 남성만을 대상으로 했다는 사실은 문제점으로 언급하지 않고 "상대적으로 작은 샘플 크기"만을 언급했다는 사실이다.

의학 연구에 여성 피험자를 적절히 포함하도록 강제하려는 시도는 몇 번 있었다. 1993년에 미국에서 「NIH 활성화법National Institutes of Health Revitalization Act」이 통과된 후로 NIH가 자금을 대는 임상시험에 여성 피험자를 포함하지 않는 것은 불법이 되었다. 오스트레일리아에서 가장 많은 연구 보조금을 지원하는 기관도 비슷한 규정을 만들었으며[104] EU는 한 걸음 더 나아가 임상시험 전의 동물시험에서도 반드시 양성을 모두 연구하도록 했다. 미국에서 이 규정은 2016년 1월에야 발효되었는데[105] 이때 NIH에서도 NIH가 후원하는 임상시험의 데이터는 (설득력

있는 이유를 제시하지 않는 한) 반드시 성별 구분 하고 성별별로 분석해
야 한다는 규정이 생겼다.[106]

그 밖의 긍정적인 발전으로는 10여 년 전부터 독일역학회Deutsche
Gesellschaft für Epidemiologie가, 양성 모두에게 영향을 미칠 가능성이 있는
연구가 한 성별만을 대상으로 시행됐을 경우, 연구자들에게 정당한 이
유를 제시하도록 요구해왔다는 사실이 있다.[107] 2012년에는 캐나다보
건연구원Canadian Institutes of Health Research도 똑같은 규정을 도입했으며 연
구 설계에 성별과 젠더를 어떻게 반영했는지 연구진이 설명하도록 요
구하고 있다. 몇몇 학술지에서도 이제는 논문을 접수할 때 예를 들면 임
상시험 참가자들의 성별 정보를 함께 제출할 것을 의무화했다.[108]

이러한 시류에서 홀로 뒤처진 것이 영국이다. 영국의 주요 후원 기
관들은 "연구 설계 및 분석의 성별 반영 여부에 관해 어떠한 실질적 질
문이나 요구도 하지 않는다."[109] 그리고 관상동맥질환은 여성의 이병률
과 사망률이 더 높은데도[110] 영국에서는 여성 피험자보다 남성 피험자
를 대상으로 한 연구에 훨씬 많은 보조금이 지급된다. 임피리얼칼리지
런던 명예교수 어니타 홀드크로프트Anita Holdcroft가 말하길, 실제로 영
국 내에는 성별 기반 임상 연구가 너무나 부족하기 때문에 심혈관질환
치료에 관해서는 "충분한 논문이 존재하는 북아메리카와 유럽의 연구
를 사용하는 것이 적절하다."[111]

그런데 영국 내 상황이 끔찍한 것과는 별개로, 중요한 문제는 따로
있다. 우선 우리가 앞서 살펴봤듯이 대부분의 임상시험에 여성 피험자
가 부족한 것으로 보아 지금 언급한 이 정책들은 엄격히 시행되고 있지
가 않다. NIH 감사에서 발견된 바가 바로 이것이다. 임상시험에 여성을

포함할 것을 권장하는 NIH의 첫 정책이 발표된 지 4년 뒤인 1990년에 회계감사원이 작성한 보고서는 NIH가 "즉시 접속 가능한, 연구 피험자 인구통계 데이터소스를 가지고 있지 않아서" 권장 사항이 제대로 이행되도록 노력하고 있는지 판단하는 것이 불가능했다고 비판했다.[112] 회계감사원은 2015년에도 여전히 NIH가 "임상시험에 양성을 모두 포함하라고 요구하는 규정을 제대로 강제 집행 하고 있지 않다"라고 보고했다.[113]

무엇보다 자신들의 깔끔한 임상시험에 성가신 호르몬을 가진 조화롭지 못한 여자들을 포함함으로써 비용과 귀찮은 일을 늘리기 싫은 미국의 제약 회사들에게는 빠져나갈 구멍이 많다. 방금 언급한 규정은 NIH가 후원하는 임상시험에만 적용되기 때문이다. 따라서 재정이 독립된 제약 회사들은 무엇이든 자기 마음대로 해도 된다. 그리고 증거를 보면 다수가 그렇게 하고 있다. 2016년 논문에 따르면 "업계 조사 대상인 제약 회사들 중 4분의 1이 임상시험에 충분한 여성 피험자를 모집하지 않았다."[114] 게다가 복제약에 대해서는 FDA가 규정이 아닌 "지침"만을 제시하고 있고 앞서 살펴봤듯이 이 지침은 대개 무시되고 있다. 또한 임상시험에 여성을 포함하라는 NIH 규정은 세포 연구에는 적용되지 않는다.

레거시 약* 문제도 빼놓을 수 없다. 매년 200만 명의 여성이 불안증에서 뇌전증에 이르는 다양한 질병에 바리움을 복용하는데 이 약은 수십 년간 여성을 상대로 공격적인 마케팅을 펼쳐왔다.[115] 그런데 2003년 논문에 따르면[116] 이 "엄마의 작은 도우미"는 한 번도 여성 피험자를 대

---

* 바람직한 투약 기간 이상으로 장복하는 약.

상으로 무작위 임상시험을 한 적이 없다. 회계감사원의 1992년 조사에 따르면 시판되는 처방약 가운데 성별 분석을 거친 것은 50% 미만이 다.[117] 2015년에 네덜란드의 한 신문은 대담하게도 "엄청나게 많은 시 판약이 여성에게만 미치는 영향에 대해서는 알려진 바가 없다"라고 보 도했다.[118]

아직 갈 길이 멀지만 우선은 이 데이터 공백부터 조속히 해결해야 한다. 그 공백이 존재하는 동안 (미국에서 시판되는 약의 80%가량을 복 용하는)[119] 여자들이 죽어가기 때문이다. 심장마비 직후에 혈전을 녹이 는 데 사용되는 몇몇 약은 "여성에게 심각한 출혈 문제"를 유발할 수 있 다.[120] 고혈압에 흔히 처방되는 어떤 약들은 심장마비로 인한 남성 사 망률을 낮추지만 "심장질환으로 인한 여성 사망률을 높인다."[121] 세계 각국에서 심장병 예방약으로 자주 처방되는 스타틴은 거의 남성 피험 자만을 대상으로 시험되어왔다. 그런데 최근 오스트레일리아의 연구 에 따르면 스타틴을 고용량 복용하는 여성은 당뇨병에 걸릴 위험이 증 가하는데[122] 당뇨병은 남자보다 여자에게 심혈관질환을 유발할 가능성 이 높다.[123] 2000년 FDA는 제약 회사들에게, 많은 일반의약품에 함유 되어 있던 페닐프로판올아민을 모든 제품에서 제거하라는 명령을 내렸 다. 이 약물이 여성에게 뇌출혈 또는 뇌 주변 조직의 출혈 위험을 증가 시킨다고 보고되었기 때문이다(남자에게서는 그런 증상이 나타나지 않았 다).[124] 약물로 인한 급성간부전 또한 여성에게 더 많이 발병하는 것으 로 보고되었으며[125] 어떤 HIV 치료제들은 여성에게 부작용을 일으킬 확률이 남성의 6~8배에 달한다.[126]

2014년 FDA가 공개한 2004~13년 약물 부작용 보고서 데이터베이스에 따르면 여자(200만 건 초과)는 남자(130만 건 미만)보다 부작용을 경험할 확률이 훨씬 높았다.[127] 부작용으로 사망한 환자 수는 남녀가 비슷했지만 여성에게 많이 나타나는 부작용 순위에서 사망은 9위를 차지한 데 반해 남성의 순위에서는 1위였다. 여성에게 흔한 부작용 2위는 ─ 1위인 메슥거림에 이어 ─ 약효 없음인데 약효가 나타나지 않아 결국 사망하는 경우의 데이터는 존재하지 않는다. 그러나 여자는 부작용으로 입원하거나[128] 2가지 이상의 부작용을 경험할 확률이 남자보다 높다.[129] 2001년 미국의 연구에 따르면 최근 시장에서 퇴출된 약의 80%는 여성에게서 더 많은 부작용을 보였으며[130] 2017년 논문은 여성에게서 더 큰 건강위험을 보여서 FDA에 의해 시장에서 퇴출된 약과 의료기기가 "얼마나 많은지"를 지적했다.[131]

이 중 어느 것도 놀랍지는 않다. 명백한 남녀 차이에도 불구하고 마취제와 화학요법제를 포함한[132] 대다수의 약은 여전히 성 중립적 투여량을 따르고 있기 때문이다.[133] 따라서 여성은 늘 과잉투여의 위험에 처해 있다.[134] 원론적인 수준에서 말하자면 여자가 남자보다 체지방률이 높고 지방조직으로 가는 혈류가 많다는 사실은 ─ 남자는 골격근으로 가는 혈류가 많다 ─ 특정 약의 약물대사작용에 영향을 미칠 수 있다.[135] 예를 들어 (여러 진통제에 사용되는) 아세트아미노펜이 여체에서 분해되는 속도는 남체의 60%밖에 안 된다.[136] 약물대사에서 성별 차이가 생기는 이유 중 하나는 여성은 제지방량이 적어서 기초대사율이 낮기 때문이다.[137] 그 외에도 콩팥 효소,[138] 담즙산(여자가 더 적다),[139] 장내 효소 활동[140]의 영향을 받을 수 있다. 음식물의 장내 체류시간 또한 남성이 여성의 절반 정도밖에 안 된다. 즉 여자가 공복에 먹어야 하는 약을 먹으려면 식사 후에 남자보다 더 오랫동안 기다려야 한다는 뜻이다.[141] 콩팥의 여과 속도도 남자가 더 빠르다. 그 말은 콩팥으로 배설되는 약, 예를 들면 심장약 디곡신의 "투여량 조정이 필요할지도 모른다"는 뜻이다.[142]

약은 수천 년 동안 남체가 인류 전체를 대표할 수 있다는 가정하에 기능해왔다. 그 결과 여체에 관한 데이터에는 엄청나게 큰 역사적 공백이 생겼고 이 데이터 공백은 연구자들이 지금까지도 세포, 동물, 사람을 시험할 때 여성을 포함해야 한다는 윤리적 당위성을 계속 무시하기 때문에 커져가고 있다. 이러한 작태가 21세기에도 계속되고 있는 것은 수치스러운 일이다. 그것은 전 세계 신문 1면의 헤드라인을 장식해야 한다. 계속되는 여자들의 죽음, 의료계가 공범이다. 그들은 깨어나야 한다.

11장

"이례적" 증상

1983년 영화 〈옌틀〉에서 바브라 스트라이샌드는 교육을 받기 위해 남자 행세를 하는, 폴란드의 젊은 유대인 여자를 연기한다. 이 영화의 설정은 "옌틀 증후군"이라는 이름으로 의료계의 구비설화에 자리 잡았다. 그것은 여자의 증상이나 질병이 남자의 것과 일치하지 않을 경우 오진되거나 제대로 치료받지 못하는 현상을 말한다. 옌틀 증후군은 때때로 치명적일 수 있다.

만약 내가 심장마비의 격통을 느끼는 사람을 떠올려보라고 한다면 당신은 아마 중년의 과체중 남자가 고통스럽게 가슴을 틀어쥔 장면을 상상할 것이다. 구글 이미지 검색을 하면 정확히 그런 사진이 나온다. 당신이 여자를 떠올릴 가능성은 거의 없다. 심장질환은 남성의 것이기 때문이다. 그러나 이러한 편견은 잘못됐다. 최근 북아메리카, 유럽, 아시아, 오스트레일리아에서 수집한 2200만 명의 데이터 분석에 따르면 사회경제적지위가 낮은 여자는 같은 소득계층의 남자보다 심장마비를 일으킬 확률이 25% 높다.[1]

1989년 이래 심혈관질환은 미국 여성의 사망원인 1위이며 여자는 심장마비를 일으켰을 때 사망할 확률이 남자보다 높다.[2] 이 사망률 차이는 1984년 이래로 변동이 없고 특히 젊은 여성이 더 위험하다. 2016년 《영국 의학 저널》은 젊은 여성이 입원 중에 사망할 확률은 남성의 2배라고 보고했다.[3] 그 원인 중 하나는 의사들이 여자 환자가 위험한 상태임을 알아차리지 못하기 때문이다. 2016년 미국심장협회American Heart Association는 급성관상동맥증후군 환자에게 "흔히 사용되는" 몇 가지 위험 예측 모델에 우려를 표했다. 그것이 최소 3분의 2 이상이 남성인 환자 집단을 바탕으로 개발되었기 때문이다.[4] 이 위험 예측 모델이 여성 환자에게도 유효한지는 "제대로 밝혀진 바 없다."

흔한 예방법 또한 여성에게는 효과가 없을 수 있다. 아세틸살리실산(아스피린)은 남성의 첫 심장마비를 예방하는 데는 효과적이지만 2005년 논문에 따르면 45~65세 여성에게는 "무시해도 될 정도의" 효과밖에 없었다.[5] 이 논문 이전에는 "여성에 관한, 이와 유사한 데이터가 거의 없었다"라고 저자들은 말했다. 보다 최근인 2011년 논문에 따르면 아스피린은 여성에게 효과가 없을 뿐 아니라 "대다수의 환자에게" 해로울 가능성이 있었다.[6] 마찬가지로 2015년 논문에 따르면 이틀에 한 번씩 저용량의 아스피린을 복용하는 것은 암이나 심장병의 "1차예방에 있어서 대다수의 여성에게 무효하거나 해롭다."[7]

그러나 심장마비로 사망하는 여성이 많은 가장 큰 이유는 의사가 여성의 심장마비를 놓치기 때문인지도 모른다. 영국의 연구에 따르면 여성의 심장마비가 오진받을 가능성은 남성보다 50% 높다(몇몇 종류의 심장마비에서는 60%까지 올라간다).[8] 그 이유 중 하나는 의료진이 "할리

우드 심장마비"라 부르는 것(가슴과 왼팔의 통증)을 여자는 경험하지 않을 확률이 높기 때문이다.[9] 사실 여자들—특히 젊은 여자들—은 아무런 가슴통증 없이 복통, 숨참, 메슥거림, 피로만을 느끼기도 한다.[10] 이 증상들은 대개 "이례적"이라고 불리지만 2016년 《영국 의학 저널》은 이 표현에 이의를 제기하며 "해당 증상과 관련된 위험을 과소평가하게 만들 수 있다"라고 말했다.[11] 그런데 '위험의 과소평가'야말로 다음 현상의 이유를 설명해줄지도 모른다. 2005년 미국의 논문에 따르면 "다양한 과의 전문의 5명 중 1명만이 한 해에 심혈관질환으로 사망하는 환자 가운데 남자보다 여자가 많다는 사실을 알고 있었고 이 의사들 중 대부분은 자신이 성별에 따라 증상이 다른 심혈관질환을 효과적으로 치료할 수 있다고 생각하지 않았다."[12]

이례적이든 아니든, 특정 종류의 심장마비에서 흉통을 느끼지 않는 여자들—이번에도 특히 젊은 여자들—은 특히 사망 위험이 높다.[13] 따라서 "갑자기 심장 쪽에 심한 통증을 느끼는 환자"만을, 1차 혈관성형술*을 시술할 수 있는 24시간 심장마비 센터로 이송하라는 현 영국 국민보건서비스National Health Service의 지침은 대단히 우려스럽다.[14] 1차 혈관성형술은 심장마비가 발생했을 때 혈류를 회복하는 응급치료법인데 한 의사에 따르면 "대단히 향상된 생존율 및 결과"를 보인다. 그러나 이 치료법은 24시간 심장마비 센터에서만 시술할 수 있고 그 때문인지 이 시술을 받은 환자의 75%가 남자다.[15]

의사들이 환자에게 무슨 문제가 있는지 알아내기 위해 하는 검사도

---

* 혈관 안에 풍선이나 스텐트를 집어넣어 막힌 곳을 뚫는 치료법.

여성 심장마비 환자의 사망률을 높이는 원인인 듯하다. 여성 환자는 심전도나 운동 부하 검사 같은 표준검사에서 명확한 결과가 나오지 않는 것으로 밝혀졌다.[16] 또한 2016년《영국 의학 저널》에서 언급된 최근 에든버러의 사례에 따르면 "정상적인" 트로포닌(심장 손상 시 혈중농도가 증가하는 단백질) 기준치는 여성에게 너무 높을지도 모른다.[17] 생체지표의 "표준치"가 여성에게 적합하지 않은 것만이 문제가 아니고 여성만을 위한 새로운 생체지표를 만들어야 한다.[18] 생체지표란 트로포닌처럼 특정 질병의 진단 기준이 되는 생물학적 특징을 말하는데 기존의 성별 차이 연구들을 분석한 2014년 논문에 따르면 이것은 향후 유망한 연구 분야일지도 모른다.[19] 그러나 결론에서는 불행히도 지금까지 이루어진 연구가 너무 제한적이라 여성만을 위한 생체지표를 찾을 수 있을지 어떨지는 단정할 수 없다고 한다.

여성의 심장마비는 증상뿐 아니라 기제 또한 남성과 달라서 지금까지 개발된 진단 기술은 여성의 심장에 적합하지 않을 수도 있다.[20] 예를 들면 전통적으로 심장마비는 동맥의 막힌 곳이 어디인지 보여주는 혈관조영술로 진단해왔다.[21] 그런데 여자는 동맥에 막힌 곳이 없는 경우가 많다. 즉 혈관조영술을 해도 아무 이상도 나오지 않는다.[22] 그러면 협심증(흉통)으로 병원을 찾아온 여성 환자는 "비특이성 흉통"이라는 진단을 받고 큰 병이 없다는 말과 함께 돌려보내질 것이다.[23] 하지만 실제로는 그렇지 않으므로 혈관조영상이 "정상"인 여자는 병원을 나선 지 얼마 안 돼서 심장마비나 뇌졸중을 일으킬 것이다.[24]

운이 좋아서 심장병 진단을 받는다 해도 여성 환자는 남성 편향적 치료법이라는 장애물을 넘어야 한다. 성별 차이는 "일반적인 의학 지식"에도, 임상 지침에도 포함되지 않기 때문이다.[25] 예를 들어 한 남자와 한 여자가 대동맥류 진단을 받았다 치자. 그들의 대동맥이 팽창된 정도가 같다고 해도 위험성은 같지 않다. 여자가 대동맥 파열 위험이 더 높고 파열될 경우 사망률이 65%나 된다.[26] 그런데도 네덜란드의 임상 지침에서는 남녀의 수술 여부를 판단하는 기준이 같다.[27]

남체를 바탕으로 개발된 진단검사 또한 다른 질환들, 심지어 여자가 더 위험한 질환에서도 문제가 된다. 여자는 남자보다 우측 결장암이 발병할 위험이 높은데 우측 결장암은 다른 결장암보다 더 급속도로 악화되는 경우가 많다.[28] 그런데 결장암을 진단하는 데 흔히 사용되는 분변 잠혈 검사는 여자에게 남자만큼 민감하게 반응하지 않는다.[29] 또 여자는 평균적으로 남자보다 결장이 좁고 길기 때문에 결장경검사로는 다 보지 못할 수도 있다.[30] 그리고 WHO가 "흔한 실수"라고 부르는 것이 있는데 예를 들면 뎅기열에서의 질 출혈처럼 한 성별에게서만 나타나는 증상의 중요성을 과소평가하는 경우를 말한다.[31] 여러 가지 증상을 성별 구분 하지 않고 빈도순으로 나열하면 여성에게만 나타나는 증상은 실제보다 덜 중요해 보일 수 있다.

이러한 데이터 공백의 영향은 눈덩이처럼 불어날 수 있다. 예를 들면 여성 결핵 환자가 여성의 사회적 역할 때문에 얼마나 더 위험할 수 있는지를 고려하지 않는 것과 성별 구분 데이터를 수집하지 않는 것이 맞물리면 끔찍한 결과를 초래할 수도 있다.[32] 남자는 잠복결핵을 앓을 확률이 높지만 여자는 활동성 결핵을 앓을 확률이 높기 때문이다.[33] 여러 연구에 따르면 환기가 잘 안 되는 부엌에서 바이오매스연료를 사용해 요리하는 개발도상국 여성은— 앞서 살펴봤듯이 수백만 명이 해당

된다 ─ 면역계가 손상되어 있어 결핵균과 싸워 이길 가능성이 낮다.[34] 그 결과 전 세계적으로 다른 어떤 전염병보다도 결핵으로 사망하는 여자 수가 많고, 온갖 원인으로 사망하는 산모 수를 다 합친 것보다 매년 사망하는 여성 결핵 환자 수가 더 많다.[35] 그럼에도 불구하고 결핵은 "남성의 질병"으로 간주되기 때문에 여자들은 결핵 검진을 받는 경우가 드물다.

게다가 검진을 받더라도 진단받을 확률이 낮다.[36] 여자는 결핵균에 남자와 다른 면역반응을 보일 수 있는데 그 경우 증상 또한 다르게 나타난다.[37] 여자들이 왜 오진받는지에 관한 연구에 따르면 결핵의 폐 병변이 여성에게서는 심하게 나타나지 않을 수 있다.[38] 흔히 사용되는 검사에 대한 민감도에서도 성별 차이가 있다는 증거가 있다.[39] 재정이 넉넉지 않은 환경에서 일반적인 결핵 검사 방법은 환자의 가래를 현미경으로 관찰하는 것이다.[40] 그러나 여성 결핵 환자는 가래가 나오는 기침을 할 가능성이 낮고 가래가 나오더라도 검사 결과가 양성으로 나올 가능성이 낮다.[41] 가래 검사는 사회적 이유에서도 문제가 된다. 파키스탄의 연구에 따르면 여자들이 검사에 필요한 가래를 뱉는 것을 불편해할 때 보건의료인들이 왜 이걸 꼭 해야 하는지 설명해주지 않자 가래를 뱉지 않았다고 한다.[42]

여성의 사회화를 고려하지 않는 진료는 예방의료에서도 만연한 문제다. HIV 감염을 피하기 위해 콘돔을 사용하라는 전통적인 충고는 자기주장을 할 만한 사회적지위를 갖지 못한 많은 여자들에게 무의미하다. 에볼라바이러스의 경우도 마찬가지다. 이 바이러스는 최대 6개월 동안 정액 속에 남아 있을 수 있다. 이 문제를 해결하기 위해 젤이 개발되었지만[43] "건식 섹스" 관습이 있는 사하라사막 이남의 아프리카 일부 지역에서는 사용이 불가하다.[44] 젤은 윤활액으로서도 기능하기 때문에 여자들이 스스로 정숙하다는 사실을 남편에게 알리기 위해 약초로 윤활액의 분비를 막는 지역에서는 받아들여지지 않는다.

여성의 사회화를 고려하지 않는 의료진의 관행 때문에 수십 년 동안 행동장애를 진단받지 못한 채 살아가는 여자들도 있다. 오랫동안 우리는 자폐증을 앓는 남아 수가 여아의 4배라고, 그런데 자폐증을 앓는 여아는 남아보다 증세가 훨씬 심하다고 믿어왔다.[45] 그러나 새로운 연구 결과에 따르면 여성의 사회화 때문에 여아가 남아보다 증상을 더 잘 숨겨서 우리가 생각했던 것보다 자폐증을 앓는 여아가 훨씬 많다고 한다.[46] 이 역사적 실패는 남아만을 대상으로 한 연구에서 "거의 통째로 가져온" 데이터를 바탕으로 자폐증 진단 기준을 만든 결과다.[47] 2016년 몰타의 연구는 "진단법과 임상적 기대에서 일반적인 남성 편향"이 여아를 오진하는 주원인이라고 결론지었다.[48] 또 새로이 발견되는 증거에 따르면 일부 여아들이 거식증을 앓는 원인이 실은 자폐일 수도 있는데 남아에게는 일반적으로 나타나지 않는 증상이라 놓친다고 한다.[49] 장애아들을 위한 영국 유일의 공립 여자 기숙학교인 림프스필드 그레인지의 교장 세라 와일드Sarah Wild는 《더 가디언》과의 인터뷰에서 자폐증 "진단 체크리스트와 검사는 남아와 성인 남성용으로 개발됐는데 여아와 성인 여성은 전혀 다른 증상을 보인다"라고 말했다.[50] 한편 최근에 발표된 새로운 국민보건서비스 자폐증 관련 지침 초안에는 (남자와 다른) 여자의 증상에 관해서는 아무런 언급도 없었다.[51]

주의력결핍과다행동장애(이하 ADHD로 표기)와 아스퍼거증후군의 경우에도 비슷한 진단 문제가 있다. 영국자폐증협회National Autistic Society 의 2012년 조사에 따르면 아스퍼거증후군이 있는 여아의 8%만이 6세 이전에 진단을 받은 반면 남아의 경우는 그 비율이 25%였다. 기준을 11세 이전으로 바꾸자 여아는 21%, 남아는 52%였다.[52] ADHD가 있는 여아는 최대 4분의 3이 진단받지 않았을 것으로 추정된다. 『ADHD가 있는 여아 이해하기Understanding Girls with ADHD』의 저자 엘런 리트먼Ellen Littman은 ADHD의 초기 임상 연구가 "정말 심하게 과잉행동을 하는 백인 남아"만을 대상으로 했기 때문에 이러한 데이터 공백이 생겼다고 말한다. ADHD가 있는 여아는 과잉행동을 하기보다는 체계적이지 않거나 주의가 산만하거나 내성적인 경우가 많다.[53]

여자들은 "대화할 때 상대방과 번갈아 말하도록, 자신을 낮추도록, 더 친근하고 상냥하게 행동하도록 사회화되기 때문에" 전통적인 면담 양식으로는 진단에 필요한 정보를 얻지 못할 수도 있다.[54] 그러나 때로는—아니, 사실은 자주—여자들은 정보를 제공한다. 단지 의료진이 믿지 않을 뿐이다.

미국의 뉴스 사이트 싱크프로그레스ThinkProgress는 캐시의 이야기를 보도했다. 생리량이 너무 많았던 캐시는 어지러워서 서 있을 수가 없었다.[55] 그런데 진단을 받으러 병원에 갔더니 앞서 나왔던 미셸과 똑같은 문제에 직면했다. 4명의 의료 전문가가 캐시의 머리에 문제가 있다고, "단순하게는 불안증, 아니면 심각한 정신질환이 있을지도 모른다"라고 생각했다. 1차진료 의사는 "당신의 모든 증상은 상상일 뿐"이라고 한 번 넘게 말했다.

그러나 그것은 캐시의 상상이 아니었다. 사실 캐시는 "생명을 위협

11장 "이례적" 증상

할 수도 있는 자궁근종이 있어 외과적 처치를 요하는"것으로 밝혀졌다. 본인 스스로 초음파검사를 요청한 후에야 발견된 사실이다. 캐시는 불안증이었던 게 아니라―아홉 달 동안 미쳤다는 소리를 들었는데 설사 불안증이었던들 누가 탓할 수 있으랴?―빈혈이었다.

레이철도 다 네 상상이라는 소리를 들었다. 그는 10년 동안 진통제를 먹으며 극심한 생리통과 지나치게 많은 생리량을 버티다가 마침내 공연 중간에 쓰러졌다. 병원에서는 진통제를 주면서 스트레스라는 진단과 함께 그를 집으로 돌려보냈다. 레이철이 두 번째 쓰러졌을 때 병원은 그를 소화기내과 병동에 집어넣었다. "여섯 밤 동안 링거를 꽂고 거기 있었다. 맞은편 침대에는 대장암으로 죽어가는 여자가 있었다. 끔찍했다." 의사들은 신장결석을 의심해서 비뇨기계 검사를 여러 가지 했지만 전부 음성으로 나왔다. 혈액검사도 마찬가지였다. 점점 더 많은 검사가 음성으로 나올수록 레이철은 자신을 대하는 의사들의 태도가 변해가는 것을 느꼈다. "그들이 내 말을 믿지 않는다는 느낌이 들기 시작했다. 그들은 전부가 내 상상이라고 생각했다." 결국 레이철이 자기가 얼마나 아픈지 얘기하는 도중에 의사가 고개를 저으며 "환자 분은 퇴원해야 한다. 당신 몸에는 아무런 문제도 없다"라고 말했다.

그러나 문제는 있었다. 레이철은 결국 자궁내막증 진단을 받았다. 자궁내막증이란 자궁 내막 조직이 엉뚱한 곳에서 자라는 병으로, 극심한 통증과 때로는 불임을 유발한다. 영국에서는 이 병을 진단받는 데 평균 8년,[56] 미국에서는 10년이 걸리며[57] 현재 치료법은 없다. 그리고 여자 10명 중 1명이 이 병에 걸린다고 추측되는데도―전 세계로 따지면 1억 7600만 명이다[58]―영국 국립보건임상연구원은 2017년에야 최초로 의사들에게 관련 지침을 배포했다. 첫 번째 충고는 다음과 같았다. "여자들의 말을 잘 들어라."[59]

이것은 말보다 실천이 어려운 문제일지도 모른다. 여성의 고통에 귀 기울이지 않는 관습의 뿌리는 아주 깊고 일찍부터 시작되기 때문이다. 2016년 서식스대학교 연구진은 생후 3개월 아기의 부모들(아빠 25명, 엄마 27명)에게 여러 가지 아기 울음소리를 들려줬다. 그랬더니 사실 아기의 울음소리에는 남녀 차이가 없는데도—성별에 따른 목소리 높낮이 차이는 사춘기 이전에는 나타나지 않는다—부모들은 낮은 울음소리는 남자 아기로, 높은 울음소리는 여자 아기로 인식했다. 또 아빠들에게 낮은 울음소리가 남자 아기라고 말했더니 같은 울음소리가 여자 아기라는 말을 들었을 때보다 아기가 더 불편해한다고 생각했다.

여자가 고통스럽다고 말할 때 우리는 그 말을 믿는 대신 미쳤다는 딱지를 붙이는 경향이 있다. 하지만 누가 우리를 비난할 수 있겠는가? 자고로 "여자들은 미친년이다"라고 말한 사람은 플라톤이었던 것을. 여자들은 히스테릭하고(히스테라hystera는 그리스어로 자궁을 뜻한다), 미쳤고(조금이라도 페미니즘과 관련된 내 트윗에 이 여자 제정신이냐는 남자의 답글이 달릴 때마다 내가 1파운드씩 받는다면 아마 평생 일을 안 해도 될 것이다), 비이성적이며 지나치게 감정적이다. "미친 전 여친"이라는 비유는 너무 흔해서 테일러 스위프트가 히트곡 〈블랭크 스페이스〉에서, 레이철 블룸이 넷플릭스 시리즈 〈크레이지 엑스 걸프렌드〉에서 풍자하기도 했다. 저명한 물리학자 스티븐 호킹은 여자들은 "불가사의"라고 말했으며[60] 여성의 히스테리를 진단해서 부와 명예를 얻은 지크문트 프로이트는 1933년 강연에서 "역사적으로 사람들은 여성성이라는 수수께

끼의 벽에 부딪쳐왔다"라고 말했다.[61]

이 여자라는 수수께끼는 사회와 타협하지 않을 시에 벌을 받았다. 사회가 규정한 여성성의 범주에서 벗어난 행동—예를 들면 성욕을 표현하는 등—을 한 여자들은 정신병원에 오랫동안 감금되었다. 자궁절제술과 음핵절제술을 당했다. 약간의 산후우울증만 있어도 정신병원에 갇혔다. 내 친구의 할머니는 시어머니한테 수세미를 던졌다는 이유로 평생을 정신병원에서 살았다. 1970년대에도 널리 사용되었던 미국의 심리학 교과서 최소 1종은 남자 파트너에게 학대받는 여자들에게 전전두엽절개술을 추천했다.[62]

물론 여자를 그렇게 비인간적으로 대우하던 시대는 지났다. 우리는 더 이상 여자들을 가두거나 뇌의 일부를 잘라내지 않는다. 그 대신 약을 준다. 여자에게 항우울제가 처방될 확률은 남자의 2.5배다.[63] 항우울제를 비난하려는 것이 아니다. 그것은 정신 건강 문제가 있는 사람들의 인생을 바꿔놓을 수도 있다. 그러나 왜 그렇게 여자에게 많이 처방되는지를 질문해볼 가치는 있다. 단순히 여자가 도움을 더 많이 청하기 때문은 아니다. 2017년 스웨덴의 연구에 따르면 실제로 우울증 때문에 병원을 더 많이 찾는 쪽은 남자였다.[64] 그렇다면 왜 이렇게 여자에게 항우울제가 많이 처방되는가? 단순히 여자들이 "마음이 약하기" 때문인가? 자신에게 맞지 않는 세상에서 사는 것이 우리 여자들의 정신 건강에 영향을 미치나? 아니면 항우울제는 트라우마로 고통받는 여자들을 위한 새로운 (그리고 확실히 선호되는) 전전두엽절개술인가?

한때 프로이트는 히스테리가 성 학대 경험과 관계있을지도 모른다고 믿었으나 나중에 이 가설을 철회했다. 만약 그것이 사실이라면 (그가 생각할 때) 너무 많은 남자가 성범죄자라는 뜻이었기 때문이다. 그러나 최근 조사에 따르면 학대는 여자들이 경험하는 특정한 종류의 통증과 관련 있을 가능성이 있다.[65] 미투운동에 이어 불거진 전 세계적 스캔들을 보면 그리 믿기 힘든 일도 아니다.

이 질문들에 대한 완전한 대답은 이 책에서 다루는 범위를 벗어난다. 그러나 항우울제 처방의 남녀 차이의 원인 중 하나는 아마도 의사들이 우울하지 않은 여자에게도 항우울제를 처방하기 때문일 것이다. 여자의 신체통증은 "감정적" 내지는 "심리적" 고통으로 치부될 가능성이 훨씬 높다. 남자들이 우울증으로 병원을 찾는 확률이 더 높다는 사실을 밝힌 스웨덴 연구에 따르면 우울증을 호소하지 않은 여자가 항우울제를 처방받을 확률은 남자의 2배였다. 이는 1980~90년대 연구 결과들과 일치한다. 이 연구들에 따르면 통증으로 병원을 찾은 남자들은 진통제를 처방받은 반면 여자들은 진정제나 항우울제를 처방받을 확률이 높았다.[66] 2014년 연구에서는 의료인들에게 허리통증을 호소하는 가상의 환자에게 어떤 치료를 추천하겠냐고 물었더니 남성 환자보다 여성 환자에게 항우울제를 처방할 확률이 확연히 높았다.[67]

여기서도 옌틀 증후군이 작용하는 듯하다. 충격적이게도, 통증에 대한 진단이나 치료를 받지 못한 여자들의 사례 중 대다수는 나중에 그 원인이 여성만 걸리는 질병이거나 남성보다 여성에게 흔한 질병이었던 것으로 드러났다. 여자는 과민대장증후군에 걸릴 확률이 남자의 2배에 가깝고[68] 편두통을 경험할 확률은 3배다.[69] 편두통은 만성질병임에도 그 기제에 대해 거의 알려진 바가 없고, 증상이 심한 경우가 많으며, 미국인 3700만 명,[70] 영국인 8명 가운데 1명[71]에게 영향을 미친다. 사실 통증 질환은 남자보다 여자에게서 훨씬 많이 나타나는데[72] 지난 수십 년 간의 여러 연구에 따르면 여자는 남자보다 통증에 더 민감하다(그런데 진통제를 처방받을 확률은 더 낮다).

또한 남자와 여자가 통증을 다르게 느낄지도 모른다는 증거가 늘어 가고 있다. 여자의 통증 민감도는 생리주기에 따라 증가하거나 감소한 다. "여성호르몬의 변동에 따라 피부, 피하조직, 근육이 받는 영향이 다 르기 때문이다."[73] 남녀가 통증을 다르게 느끼는 원인에 대한 실마리는 한 동물 연구에서 얻을 수 있을지도 모른다. 이 연구에 따르면 수컷과 암컷은 통증 신호를 전달할 때 다른 종류의 면역세포를 사용한다.[74] 물 론 이는 실마리에 불과하다. 통증의 성별 차이는 여전히 연구가 부족한 분야이며 우리가 이미 아는 사실도 널리 알려지지 않았다. 2015년에 은 퇴할 때까지 영국 레스터의 통증 센터에서 전문의로 근무했으며 만성 통증정책연합Chronic Pain Policy Coalition의 의장이기도 했던 베벌리 콜렛 Beverly Collett은《디 인디펜던트》와의 인터뷰에서, 평범한 일반의는 "아 세트아미노펜과 모르핀 같은 약물이 여성에게는 남성과 다르게 작용한 다는 사실을 전혀 모른다"라고 말했다.[75]

설사 통증을 치료받는다 하더라도 여자는 대개 그 치료를 받기까 지 남자보다 오래 기다려야 한다. 1997~2004년의 응급실 방문 9만 2000건을 조사한 미국의 연구에 따르면 여자는 남자보다 대기 시간이 길었다.[76] 2004년 4월~2005년 1월에 미국 대도시 병원의 응급실을 스 스로 방문한 성인 환자들에 관한 연구에 따르면 남녀 환자의 통증 수준 이 비슷한 경우에도 여성 환자는 진통제를 처방받을 확률이 낮았고 결 국 받더라도 남자보다 오래 기다려야 했다.[77] 미국 국립의학아카데미

National Academy of Medicine의 만성통증에 관한 2011년 출판물에 따르면 그동안 달라진 점은 거의 없으며 통증을 느끼는 여자들은 "올바른 진단의 지연, 부적절하고 증명되지 않은 치료법"과 의료계의 "무시, 외면, 차별"에 직면한다.[78] 스웨덴에서 심장마비를 일으킨 여자는 통증이 시작됐을 때부터 병원에 도착할 때까지 남자보다 1시간을 더 기다려야 하고, 구급차를 기다릴 때 우선순위에서 밀릴 것이며, 병원에 도착해서도 의사를 만나기까지 남자보다 20분을 더 기다려야 할 것이다.[79]

의료계가 여체에 남체와 같은 수준의 관심을 주지 않는 현실은 평균적으로 여자가 남자보다 오래 살지 않냐는 말과 함께 묵살되곤 한다. 여성의 기대수명이 남성보다 몇 년 긴 것은 사실이지만—그러나 옛날과 달리 여자들이 다양한 직업에 종사하고, 남성 지배적인 업종에서 일하는 여자들의 안전이 위협받고 있기 때문에 이 차이는 점점 줄어들고 있다—그리 좋은 것만은 아니라는 증거가 있다.

미국 3140개 군에서 1992~2006년의 사망률 변동을 조사한 2013년 논문에 따르면 대부분의 군에서는 사망률이 감소했지만 42.8%의 군에서는 여성 사망률이 증가했다.[80] 또 남자가 건강하게 사는 기간은 수명 연장과 함께 늘어났지만 여자의 수명과 건강하게 사는 기간의 증가율은 남자보다 낮았다. 30년간의 미국 보건 데이터에 따르면 여자는 남자보다 평균 5년을 더 살지만—유럽의 경우는 3.5년이다[81]—그 기간 동안 질병과 장애로 고생한다.[82]

그 결과 미국 여성의 수명은 여전히 남자보다 길지만 그들이 건강하게 사는 기간은 더 이상 남자보다 길지 않다.[83] 여성은 65세 초과 미국 국민의 57%를 차지하는 동시에 매일 간병인을 필요로 하는 사람의

68%를 차지한다.[84] 1982년에는 85세 남녀가 2.5년을 건강하게 더 살 수 있었다. 여성은 그 수치가 변하지 않았지만 현재 85세인 남성은 89세까지 건강하게 살 수 있다. 남자들의 수명과 건강하게 살 수 있는 기간이 증가하는 경향은 벨기에와[85] 일본에서도[86] 발견된다. EU 여성의 건강에 관한 WHO 보고서에 따르면 2013년에는 "유럽에서 평균 기대수명이 가장 높은 축에 속하는 나라들에서도 여자들은 12년가량을 병든 상태로 살았다."[87] 왜 이런 현상이 일어나는지에 대한 성별 구분 데이터가 있었더라면 좋았을 것이다.

엔틀 증후군의 특히 짜증 나는 부작용은 여성에게만 또는 주로 여성에게 영향을 미치는 의학적 문제의 경우 임상시험에 여자가 포함되었는지 아닌지를 생각할 필요가 없다는 것이다. 아예 연구 자체가 존재하지 않는 경우가 많기 때문이다.

월경전증후군이란 갑작스러운 기분 변화, 불안, 유방통, 부종, 여드름, 두통, 복통, 수면장애를 포함한 일련의 증상을 말한다. 여성의 90%가 월경전증후군을 경험하지만 충분한 연구가 이뤄진 적은 없다. 연구 통계를 내봤더니 발기부전 관련 논문 수가 월경전증후군 관련 논문 수의 5배였다.[88] 발기부전을 치료하는 약은 다양하게 존재하는 반면[89] 월경전증후군 치료제는 거의 없어서 환자의 40% 이상에게는 현존하는 치료법이 효과가 없다. 자궁절제술을 받는 환자도 여전히 존재한다. 극단적인 경우 자살 기도를 하는 환자도 있다.[90] 그러나 연구자들은 여전히 "월경전증후군은 존재하지 않는다"라는 이유로 연구 보조금을 거절당한다.[91]

생리통(월경통)도 마찬가지로 최대 90%의 여성이 겪는다.[92] 미국가

정의협회American Academy of Family Physicians에 따르면 생리통은 여성 5명 중 1명의 일상생활에 영향을 미친다.[93] 여자들이 매달 경험하는 통증의 정도는 "거의 심장마비만큼 심하다"라고 묘사되어왔다.[94] 그러나 그렇게 흔하고 고통스러운데도 의사가 환자에게 해줄 수 있는 혹은 해주는 일은 거의 없다. 2007년에 제출된 흔치 않은 월경통 연구 보조금 신청서에는 이 병의 원인에 대해 "거의 알려진 바가 없으며" 가능한 치료법의 가짓수도 "제한적"이라고 기술되어 있다.[95] 현재 사용되는 처방약은 심각한 부작용이 있을 수도 있고 모든 환자에게 효과가 있지도 않다.

나 또한 밤에는 자다가 깨고 낮에는 웅크리고 누워서 신음해야 할 정도로 생리통이 심해서 병원에 갔더니 (남자) 의사가 웃으면서 나를 진료실에서 내보냈다. 그 후로는 굳이 병원에 가지 않는다. 그러니 치료법을 찾았을지도 모른다는 2013년 논문을 발견했을 때 내가 얼마나 기뻤을지 상상해봐라. 실데나필 시트르산염의 이중 블라인드 무작위 대조 시험의 결과는 — 여성 여러분, 놀랄지도 모르니 일단 자리에 앉아라 — "통증 완화가 연속 4시간 넘게 지속됐고 부작용은 관찰되지 않았다."[96] 상상해봐라.

1989년에 만들어진 실데나필 시트르산염은 비아그라의 성분명이다. 1990년대 초에 이 약을 심장약으로서 임상시험 했더니[97] 별다른 효과가 없었으나 피험자들이 공통적으로 보고한 증상은 발기가 증가했다는 것이었다(그렇다, 피험자 전원이 남자였다). 완전발기부전은 나이에 따라 5~15%의 남성에게 나타나며[98] 일부발기부전은 약 40%에게 나타난다. 따라서 연구자들은 자연히 이 대안을 연구하기 시작했다. 1996년 실데나필 시트르산염은 미국에서 특허등록 되었고 1998년 3월에는 FDA

11장 "이례적" 증상

승인을 받았다.[99] 남자들에게는 해피엔드였다.

그런데 피험자 중에 여자가 있었다면 어땠을까? 2013년 연구 결과에서 실마리를 찾을 수 있다. 이 연구의 임상시험은 연구비가 바닥나서 중단됐다. 즉 충분한 샘플을 모으지 못해서 주요 가설을 입증하지 못했다는 뜻이다. 연구진은 자신들의 발견을 확증하기 위해 "더 오랜 기간에 걸쳐, 가능하면 여러 장소에서, 더 대규모의 연구"를 하게 해줄 것을 촉구했다.

그러나 그것은 실현되지 않았다. 이 연구 팀의 리더인 리처드 레그로Richard Legro는 "연구 규모와 기간을 늘리고 실데나필 시트르산염을 치료 기준인 비스테로이드성 소염제와 비교하기 위한" 연구비를 NIH에 두 번 신청했다. 그리고 거절당했다. 두 번 다 "접수된 연구들 중 하위 50%에 속했던 것 같다." 심사 대상에조차 들지 못했다. 반려서를 보면 "심사자들이 월경통을 중요한 보건 문제로 인식하지 않는다는 것이 드러난다." 그들은 "월경통 임상시험 설계를 제대로 이해하지도 못했다." 언젠가는 연구비를 받을 수 있을 것 같냐고 묻자 그는 "아니다. 남자들은 월경통에 관심도 없고 이해하지도 못한다. 내게 전원 여성인 심사단을 달라!"라고 답했다.

이쯤에서 왜 제약 회사들이 난입해 일확천금의 기회를 잡지 않는지 의아해 보일 수 있으나 그 원인은 이번에도 데이터 공백일 가능성이 높다. 레그로는 나에게 보낸 이메일에서, 제약업계는 비용 문제 때문에 "대개 연구자에게서 시작된 프로젝트에는 돈을 대지 않는다"라고 말했다. 특히 다른 회사에서 복제약이 나올 수 있는 경우에는 더욱 그렇다. 그리고 아마 여기에서 데이터 공백이 등장할 것이다. 월경통에 관한 기존 연구가 거의 없기 때문에[100] 이 약으로 얼마나 많은 돈을 벌 수 있을지 정확히 예측하기가 어렵다. 따라서 임상시험 후원 결정을 내리기가 더 어려워진다. 특히 결정을 내리는 사람들이 여자가 아닐 경우에는 말이다. 레그로가 또 말하길, 임상시험에서 부정적인 결과가 나올 경우 실데나필 시트르산염을 남자에게도 못 쓰게 될 수 있기 때문에 제약 회사들은 여자들에게 임상시험 하는 위험을 감수하고 싶지 않을 것이다. 한마디로 제약 회사들은 이것을 황금 같은 기회로 보지 않는다. 그래서 결국 여자들은 매달 통증에 시달리며 온전치 못한 생활을 이어가야 한다.

남성 지배적인 후원금 심사단은 마찬가지로 자궁부전 치료제가 거의 존재하지 않는 원인일지도 모른다. 매일 전 세계에서 830명의 여성이 임신 및 출산으로 인한 합병증 때문에 사망한다.[101] 일부 아프리카 국가에서는 에볼라바이러스가 한창 기승을 부릴 때보다 매년 출산으로 사망하는 여자가 더 많다.[102] 그중 반 이상의 원인은 자궁수축 관련 문제다. 분만하는 데 필요한 만큼 자궁수축이 안 되는 경우가 많다. 이때 유일한 치료법은 옥시토신이라는 호르몬을 주사하는 것인데 효과가 있을 확률은 50% 정도다. 효과가 있으면 질을 통해 자연분만을 하고 효과가 없으면 응급 제왕절개를 한다. 영국에서 매년 이뤄지는 10만 건의 응급 제왕절개 가운데 대다수의 원인은 자궁수축 부족이다.

현재로서는 누가 옥시토신에 반응하고 누가 반응하지 않을지 예측할 방법이 없다. 따라서 모든 임부가, 결국은 무의미하고 끔찍한 기다림 끝에 제왕절개를 하게 될 여자들까지, 똑같은 과정을 거쳐야 한다. 내 친구가 2017년에 이 일을 겪었다. 이틀 동안 끔찍한 통증을 참으면서 입원해 있었는데도 자궁문이 4cm밖에 열리지 않았다. 결국 친구는 제왕절개수술을 받았고 산모와 아기는 무사했다. 그러나 이 경험은 친구에게 트라우마를 남겼다. 출산 후 몇 주 동안 계속 그 기억이 떠올랐다. 내진과 그 밖의 처치에 관해 이야기할 때면 폭행을 당한 것처럼 묘사했다. 그야말로 난폭했다고 친구는 말했다. 그런데 만약 그런 일을 겪을 필요가 없었다면 어땠을까? 처음부터 제왕절개를 해야 할 거라는 사실을 알고 있었다면 어땠을까?

리버풀대학교 세포·분자생리학과 교수 수전 레이Susan Wray는 2016년에 영국 생리학회에서 강연을 했다.[103] 리버풀여성병원 분만개선센터장이기도 한 그는 최근 연구에서 자궁수축이 약한 임부들은 자궁근육층 혈액(자궁수축을 유발하는 부위의 혈액)의 산도酸度가 높다는 사실이 밝혀졌다고 말했다. 산도가 높을수록 제왕절개를 하게 될 확률이 높았다. 혈중 산도가 높은 임부에게는 옥시토신이 효과가 없기 때문이다.

그러나 레이는 제왕절개 여부를 예측하는 데서 그치고 싶지 않았다. 제왕절개를 피하고 싶었다. 그래서 동료 학자 에이바 위버그이즐Eva Wiberg-Itzel과 함께 자궁수축이 약한 임부들에게 무작위 대조 시험을 했다. 피험자 절반에게는 통상적인 옥시토신만 주사하고, 나머지 절반에게는 중탄산나트륨을 주사하고 1시간 뒤에 옥시토신을 주사했다. 차이는 엄청났다. 옥시토신만 투여한 임부는 67%가 자연분만을 했지만 중탄산나트륨도 함께 투여한 임부는 84%가 자연분만을 했다. 중탄산나트륨 투여량은 체중이나 혈중 산도에 따라 조절하지 않았으며 투약은 단 1회로 그쳤다. 따라서 이런 부분을 조정하면 자연분만율은 더 올라갈 수도 있을 것이다.

이 획기적인 발견은 매년 수만 명의 임부가 불필요한 수술을 피하게 만드는 데서 그치지 않는다(국민보건서비스 또한 상당 비용을 절약할 수 있을 것이다). 제왕절개가 위험하거나 불가능한 나라에서는 여성들의 목숨을 구할 것이다. 게다가 제왕절개는 저소득국가에서만 위험한 것이 아니다. 미국에 사는 흑인 여성도 똑같이 위험하다.[104]

미국은 선진국 가운데 산모 사망률이 가장 높은 나라지만 그중에서도 아프리카계 미국인 산모는 훨씬 더 위험하다. WHO는 미국의 흑인 모성사망률*이 멕시코나 우즈베키스탄처럼 국민소득이 훨씬 낮은 국가의 사망률과 같을 것으로 추산했다. 미국의 흑인 여성은 전반적으로 백인 여성보다 건강 결과가 나쁜데 임신과 출산으로 넘어가면 그 차이가 상상을 초월한다. 아프리카계 미국인 여성은 임신 및 출산으로 사망할 확률이 백인 여성의 243%다. 그리고 그 원인은 아프리카계 미국인이 평균적으로 백인보다 가난하기 때문만은 아니다. 2016년 뉴욕시 출산 분석에 따르면 "이 지역 병원에서 출산한 대졸 이상의 흑인 여성은 고졸 미만의 백인 여성보다 임신 및 출산으로 인한 합병증으로 고생할 확률이 높았다." 세계적인 테니스 슈퍼스타 세리나 윌리엄스도 예외는 아니었다. 그는 자신이 응급 제왕절개수술을 받고 나서 죽을 뻔했다는 사실을 2018년 2월에 고백한 바 있다.[105] 아프리카계 미국인 여성은 백인 여성보다 제왕절개를 받을 확률이 높고 2015년 코네티컷주의 연구에 따르면 (사회경제적지위를 통제했는데도) 흑인 여성은 수술을 받고 한 달 안에 다시 병원으로 돌아올 확률이 백인 여성의 2배가 넘었다.[106] 따라서 레이의 연구는 여기서도 획기적인 변화를 일으킬 수 있을 것이다.

---

* 신생아 10만 명당 임신 및 출산으로 사망한 임산부 수.

그러나 그 노력의 결실을 가까운 시일 내에 보기는 어려울 것 같다. 레이가 영국 의학연구위원회Medical Research Council에서 중저소득 국가에 혜택을 주는 연구를 후원한다는 소식을 듣고 신청했는데 자궁수축 부족이 얼마나 위험한지에 관한 데이터를 모두 제출했음에도 거절당했기 때문이다. 이 연구는 "우선순위가 높지 않다"라는 말을 들었다. 따라서 현재 자궁수축이 약한 여자들을 위한 치료법은 하나밖에 없고 효과가 있을 확률은 반반이다. 이 현실과 심부전 치료제가 50여 가지나 존재한다는 사실을 비교해보라고 레이는 말한다.

여자들이 의료계에서 외면당하고 있다는 증거는 압도적으로 많다. 세계 인구의 절반에 영향을 미치는 증상과 질병이 무시당하고, 불신당하고, 묵살된다. 이 모든 것은 데이터 공백과 (우리가 이미 가지고 있는 증거에도 불구하고) 남자가 디폴트 인간이라는, 여전히 만연한 믿음이 결합된 결과다. 남자는 디폴트 인간이 아니다. 그들은, 당연한 얘기를 하자면, 그냥 남자일 뿐이다. 그리고 남자만을 대상으로 수집한 데이터는 여자에게 적용되지 않고, 적용할 수 없고, 적용해서는 안 된다. 의학 연구와 치료에는 혁명이 필요하다. 진작에 했어야 했다. 우리는 의사들이 여자들의 말에 귀 기울이도록 훈련해야 한다. 그리고 그들이 여성 환자를 올바로 진단하지 못하는 이유는 환자가 거짓말을 하고 있거나 히스테릭하기 때문이 아니라는 사실을 인정하게 해야 한다. 문제는 의사들의 지식에 존재하는 젠더 데이터 공백이다. 이제 여자를 무시하는 것을 멈추고 구하기 시작해야 한다.

5부

공공 생활

INVISIBLE WOMEN

공짜로 착취 가능한 자원

"비용이 얼마나 드는가?"는 정책안을 제안하는 사람이라면 누구나 대답해야 하는 첫 번째 질문이다. 그다음에는 곧바로 "우리가 그 비용을 부담할 수 있는가?"라는 질문이 뒤따라올 것이다. 첫 번째 질문에 대한 대답은 꽤 간단하지만 두 번째 질문에 대한 대답은 좀 더 까다롭다. 한 나라의 현재 경제 사정에 좌우되는 데다가 그 수치는 많은 사람들이 생각하는 것보다 주관적이기 때문이다.

한 나라 경제의 기준 척도는 GDP다. 경제가 종교를 믿는다면 GDP는 그 종교의 신이다. 그것은 다양한 조사를 통해 수집한 데이터를 취합해서 만들어지며 한 나라가 생산하는 재화(몇 켤레의 신발이 제조되었는가)와 용역(식당에서 몇 인분의 식사가 제공되었는가)의 총액을 나타낸다. 여기에는 우리가 받은 급료와 우리 — 정부와 기업을 포함한 — 가 지출한 돈도 포함된다. 대단히 과학적인 것처럼 들리지만 사실 GDP에는 여자 문제가 있다.

한 나라의 공식 GDP 수치를 산출하는 것은 본질적으로 주관적인

과정이라고 영국 맨체스터대학교 경제학과 교수 다이앤 코일Diane Coyle 은 말한다. "많은 사람들은 GDP가 실재한다고 생각한다. 그러나 실제로는 정의 단계에서부터 여러 가지 가치판단과 불확실성으로 정교하게 꾸며진 것이다." GDP를 계산하는 것은 "산의 높이를 측정하는 것과는 다르다." 당신이 "이번 분기에 GDP가 0.3% 상승했다"라고 주장하는 헤드라인을 본다면 그 0.3%가 "여러 가지 수치에 포함된 불확실성의 양 때문에 작아 보인다"는 사실을 기억해야 한다.

수치들을 취합할 때 사용된 데이터에 확연히 존재하는 공백들이 이 불확실성을 증가시킨다. GDP에 포함되지 않는 재화와 용역이 너무나 많은데 무엇을 포함하고 무엇을 포함하지 않을 것인가는 다소 자의적으로 결정된다. 우리는 1930년대 이전까지 경제를 진지하게 측정해본 적이 없었다. 그런데 1929년 대공황 이후로 달라졌다. 정부는 경제 붕괴를 해결하기 위해 지금 무슨 일이 일어나고 있는지 더 정확하게 알아야 할 필요가 있었고 1934년 사이먼 쿠즈네츠Simon Kuznets라는 통계학자가 미합중국 최초의 국가 장부를 만들었다.[1] 그것이 GDP의 탄생이었다.

그리고 2차 세계대전이 일어났다. 이 기간 동안 현재 우리가 사용하는 체계가 만들어졌다고 코일은 설명한다. 그것은 전시경제의 필요에 맞게 설계되었다. "주목적은 가능한 생산량이 얼마나 되는지, 국가동원 목표량을 맞추기 위해 얼마만큼의 소비를 희생해야 하는지를 알아내는 것이었다." 이를 위해 그들은 정부와 기업이 생산하는 모든 것을 계산했고 그 결과 "정부가 하는 것과 기업이 하는 것이 경제의 정의定義가 되었다." 그러나 "사람들이 경제를 어떻게 생각하고 측정하는가에 관한 국제적 관례"에서는 커다란 부분이 제외되었다. 바로 요리, 청소, 자녀 돌봄과 같은 무급 가사 노동의 기여분이었다. "그 일에 경제가치가 있다는 사실은 누구나 다 인정한다. 단지 '경제'의 일부가 아닐 뿐"이라고 코일은 말한다.

그것은 단순한 간과가 아니었다. 꽤 격렬한 토론 끝에 나온 고의적인 결정이었다. 경제학자 폴 스투덴스키Paul Studenski는 고전이 된 1958년 저서 『국가의 수입The Income of Nations』에서 "가정주부의 무급 노동을 국가 수입 계산에서 배제하는 것은 전체 그림을 왜곡한다"라고 말했다. 원칙적으로 "가정 내의 무급 노동은 GDP에 포함되어야 한다." 그러나 원칙은 남자들이 만들기 때문에 무급 가사 노동을 어떻게 측정하고 값을 매길 것인가에 대해 많은 토론이 오간 후 "데이터 수집 면에서 너무 큰일이 될 거라고 결론지어졌다"라고 코일은 말한다.

건축에서부터 의학 연구에 이르는, 간편성을 이유로 여성을 제외한 다른 수많은 결정들처럼 이 결론은 남자를 디폴트 인간으로, 여자를 특수한 예외로 간주하는 문화에서만 도달할 수 있는 것이다. 당신이 측정하려 노력해야 했을 현실을 왜곡하는 것은 당신이 여자를 필수 요소로 보지 않을 때에만 가능하다. 당신이 여자를 추가된 부록, 불필요하게 복잡한 요소로 볼 때에만 가능하다. 당신이 인류의 반에 대해 이야기하고 있을 때에는 가당치 않다. 당신이 정확한 데이터에 대해 신경 쓰고 있을 때에는 가당치 않다.

그리고 여자를 배제하면 수치가 왜곡된다. 코일은 최대 1970년대 중반까지의 전후기戰後期를 언급한다. 이때가 "지금은 생산성 증가의 황금기처럼 보이지만" 실제로는 일종의 환상이었다. 당시 생산성이 갑자기 증가한 것처럼 보였던 이유는 여자들이 직장에 다니기 시작하면서 예전에는 그들이 집에서 했던 일 — 그래서 GDP에 포함되지 않았던 — 이 시장에서 판매되는 제품이나 용역으로 대체됐기 때문이었다. "예를 들면 집에서 재료 손질부터 직접 하는 대신 슈퍼마켓에서 조리식품을 사다 먹는 것이나 집에서 옷을 만들어 입는 대신 사 입는 것" 말이다. 실제 생산성은 증가하지 않았다. 단지 보이지 않는 여성의 사적영역에서 (GDP에 포함되는) 남성이 지배하는 공적영역으로 이동했을 뿐이다.

무급 가사 노동을 측정하지 않는 것은 가장 큰 젠더 데이터 공백일지도 모른다. 고소득 국가에서는 무급 돌봄노동이 GDP의 최대 50%, 저소득국가에서는 최대 80%를 차지할 것으로 추산되기 때문이다.[2] 우리가 이 노동을 계산에 포함한다면 영국의 2016년 GDP는 미화 약 3조 9000억 달러, 한화로 약 4563조 원[3](세계은행의 공식 수치는 미화 2조 6000억 달러, 한화로 약 3042조 원)[4]이었을 것이고 인도의 2016년 GDP는 미화 약 3조 7000억 달러, 한화로 약 4329조 원[5](세계은행 수치는 미화 2조 3000억 달러, 한화로 약 2691조 원)이었을 것이다.

UN은 미국의 무급 자녀 돌봄노동의 총 가치가 2012년에 3조 2000억 달러(한화 약 3744조 원) 또는 GDP(16조 2000억 달러, 한화로 약 1경 8954조 원)의 약 20%였을 것으로 추산한다.[6] 2014년에는 약 180억 시간의 무급 돌봄노동이 알츠하이머병을 앓는 가족에게 제공되었다(65세 이상 미국인 9명 가운데 1명가량이 이 병을 앓고 있다). 이 노동은 약 2180억 달러(한화 약 255조 600억 원)의 가치가 있다.[7] 또는 《디 애틀랜틱》의 기사에 따르면 "2013년 월마트 순매출액의 절반에 가깝다."[8]

2015년 멕시코의 무급 돌봄노동과 가사 노동은 GDP의 21%로 추산된다. 이는 "제조업, 상업, 부동산업, 광업, 건설업, 운수업, 물류업보다도 높다."[9] 오스트레일리아의 연구에 따르면 무급 자녀 돌봄노동은 (2011년 기준으로) 3450억 호주 달러(한화 약 289조 8000억 원)의 가치가 있기 때문에 사실 오스트레일리아 최대 산업으로 간주되어야 하며 "공식적 경제의 최대 산업인 금융·보험업의 3배에 가깝다."[10] 이 논문에서 금융·보험업은 2위를 차지하지도 못했다. "그 밖의 무급 가사 노동"에 밀려서 3위에 그쳤다.

당신은 이 모든 수치가 추산임을 눈치챘을 것이다. 그럴 수밖에 없다. 현재 체계적으로 데이터를 수집하고 있는 나라가 없기 때문이다. 방법이 없기 때문은 아니다. 여자가 하는 무급 노동의 양을 측정하는 가장 흔한 방법은 시간 사용 조사다. 조사 대상은 하루 종일 자신이 누구와 어디에서 무엇을 했는지 시간별로 기록한다. 매사추세츠대학교 애머스트캠퍼스 경제학과 교수 낸시 폴브레이Nancy Folbre에 따르면 이러한 형태의 데이터 수집 덕분에 우리는 이제 "사실상 모든 나라에서 여자들이 시장 외 노동을 남자보다 훨씬 많이 맡고 있으며 전체 노동 시간을 합치면 남자보다 더 오래 일하는 경향이 있음"을 알 수 있다.

일반적인 시간 사용 조사는 주로 요리, 청소, 아이 밥 먹이기처럼 눈에 보이는 일을 측정하기 위해 설계되었다.[11] 그 결과 다른 일을 하면서 자는 아이를 지켜본다든가 중병을 앓는 성인 가족을 신경 쓰는 등의 대기 의무가 누락되는 경우가 많다. 또 다른 데이터 공백이다. 이런 의무를 확실히 포함하려는 시간 사용 조사는 "돌봄 대기"의 시장가치가, 아주 낮은 대체 인건비를 적용하더라도, 상당함을 보여준다.[12] 그러나 이동 데이터와 마찬가지로 이런 종류의 돌봄노동은 개인 여가 데이터 속에 포함되어 소실된다.[13] 폴브레이는 보츠와나의 HIV/AIDS 환자의 가정 돌봄노동 연구를 언급한다. 이 연구에서는 "돌봄노동의 가치를 1인당 연간 미화 5000달러(한화 약 585만 원)로 추산했는데 이 수치가 공식 통계에 포함된다면 총 의료비 지출이 상당히 증가할 것이다."[14]

좋은 소식은 이런 조사가 여러 나라에서 증가하는 추세라는 것이다. "21세기의 첫 10년 동안 87건이 넘는 조사가 이루어졌는데 이는 20세기 전체의 수치를 합한 것보다 많다"라고 폴브레이는 말한다. 그러나 신뢰할 만한 시간 사용 정보는 여전히 세계 각국에서 부족하다.[15] 그리고 여성의 무급 노동을 측정하는 것은 여전히 많은 이들에게 필수가 아닌 선택으로 여겨진다.[16] 오스트레일리아에서 2013년에 예정되었던 시간 사용 조사는 취소되었다. 즉 오스트레일리아의 가장 최근 데이터는 2006년 것이라는 뜻이다.[17]

코일은 애초에 가정에서의 노동을 포함하지 않기로 했던 결정이 1940~50년대의 젠더 고정관념에 의한 것이 아니었을까 하는 의심을 지울 수 없다고 말한다. 그 의심은 아주 타당해 보인다. 여성의 노동을 배제한 근거가 엉성하기 때문만은 아니다. 위키피디아나 오픈소스 소프트웨어 같은 무료 디지털 제품이 증가하면서 (백과사전이나 비싼 등록 상표 소프트웨어 같은 유료 제품을 대체함에 따라) 무급 노동이 무시할 수 없는 경제 요인, 측정해서 공식 수치에 포함해야 하는 것으로 인식되기 시작했기 때문이다. 집에서 요리하는 것과 집에서 소프트웨어를 만드는 것 사이에는 무슨 차이가 있을까? 전자는 대개 여자가 해온 일이고 후자는 대개 남자가 하는 일이라는 점이다.

이 모든 데이터를 수집하지 않기 때문에 여자들의 무급 노동은 "공짜로 착취 가능한 자원"으로 간주된다고 영국 오픈대학교 경제학과 명예교수 수 히멀바이트Sue Himmelweit는 말한다.[18] 그래서 정부가 지출을 억제할 때 그 대가는 여자들이 치르는 경우가 많다.

2008년 금융위기 이후 영국은 공공서비스 예산을 대폭 삭감했다. 2011~14년에는 어린이 센터 예산이 8200만 파운드(한화 약 1262억 8000만 원) 삭감되었고 2010~14년에는 어린이 센터 285개가 합병 또는 폐쇄 되었다.[19] 2010~15년에는 지방정부 사회복지 예산이 50억 파운드(한화 약 7조 7000억 원) 삭감되었고[20] 사회보장비 인상률은 물가상승률 미만으로 동결되고 가구당 상한선이 정해졌다. 간병인 수당은 소득이 일정 수준 이하여야 받을 수 있는데 이 소득 상한액의 인상률은 법정최저임금 인상률에도 미치지 못하고 있다.[21] 얼마나 많은 곳에서 알뜰히 절약하는지 모른다.

문제는 이런 예산 삭감이 사실 절약이라기보다는 비용을 공공부문에서 여자들에게 떠넘기는 형태라는 것이다. 어쨌든 누군가는 해야 하는 일이기 때문이다. 여성예산그룹Women's Budget Group의 2017년 추산에 따르면[22] 50세 초과 잉글랜드인 10명 가운데 1명(총 186만 명)은 공공서비스 예산 삭감 결과, 필요한 돌봄을 제대로 받지 못하고 있다. 이 돌봄 노동의 책임은 대개 여성에게 돌아갔다.

예산 삭감은 여성 실업자 증가에도 기여했다. 긴축정책 시행 2년 만인 2012년 3월까지 여성 실업률은 20% 증가하여 총 실업자 수 113만 명으로, 지난 25년 중 최고 수치다.[23] 남성 실업률은 불경기가 끝난 2009년 이래로 거의 변동이 없다. 유니슨에 따르면 2014년까지 여성 불완전취

업* 비율은 74% 증가했다.[24]

2017년 영국 하원 도서관은 정부의 2010~20년 "재정 강화"의 누적 영향을 분석, 발표 했다. 그 결과 예산 삭감으로 인한 부담의 86%가 여성에게 편중되었음이 발견됐다.[25] 여성예산그룹의 분석에 따르면[26] 2010년 이래 시행된 세금 및 수당 제도 개편이 2020년까지 여성의 수입에 입히는 타격은 남성의 2배일 것이다.[27] 불난 데 기름 붓는 격으로 가장 최근의 개편은 가난한 여자들에게 훨씬 불리할 뿐 아니라 ─ 싱글 맘과 아시아 여성들이 가장 큰 타격을 입을 것으로 예상된다[28] ─ 이미 부유한 남자들에게는 혜택을 준다. 여성예산그룹의 분석에 따르면 상위 50% 가구에 속하는 남자들은 실제로 2015년 7월 이래 세금 및 수당 제도 개편으로 이득을 얻었다.[29]

영국 정부는 왜 이토록 명백하게 불공평한 정책을 시행하는 것일까? 해답은 간단하다. 데이터를 보지 않기 때문이다. 그들은 여성의 무급 노동이 GDP에 기여하는 부분을 수치화하지 않을 뿐 아니라 (다른 대부분의 정부들처럼) 예산을 젠더 분석 하지도 않는다.

정부예산의 포괄적 평등 영향 평가를 반복적으로 ─ 가장 최근은 2017년 12월이었다 ─ 공개 거부하는 것으로 보아 영국 정부는 공공부문 평등 의무public sector equality duty 조항이 발효된 이래 불법적으로 운영되고 있음이 틀림없다. 「2010 평등법Equality Act 2010」 11편 1장인 공공부문 평등 의무 조항은 "공공기관은 그 기능을 실행함에 있어 차별을 철폐하고 기회균등을 증진할 필요성을 적극적으로 감안하여야 한다"라

---

* 임금이나 노동조건이 매우 나빠서 이직이나 추가 취업을 희망하는 상태.

고 요구하는 법률이다.[30] 《더 가디언》과의 인터뷰에서 여성예산그룹 대표 에이바 니처트Eva Neitzert는 공식적 평가도 완료되지 않은 재무부가 어떻게 법률상 의무를 다할 수 있겠느냐고 말했다.[31] 재무부 장관들은 "그들의 정책이 여성에게 미치는 영향에 관한 불편한 진실을 고의적으로 감추려 하는 걸까?"라고 그는 물었다.

만약 그렇다면 무지막지하게 어리석은 짓이다. 공공서비스 예산 삭감은 불공평하기만 한 것이 아니라 역효과를 불러일으키기 때문이다. 여자가 해야 하는 무급 노동량을 늘리면 여성의 유급 노동력 참여율이 낮아진다. 그리고 여성의 유급 노동력 참여율은 GDP에 상당한 영향을 미친다.

1970~2009년에 약 3800만 명의 미국 여성이 유급 노동력에 새로이 가담함으로써 여성 노동력 참여율이 37%에서 거의 48%까지 증가했다. 맥킨지의 추산에 의하면 이 인력 증가가 없었다면 미국의 GDP는 지금보다 25% 적었을 것이다. 이는 "일리노이주, 캘리포니아주, 뉴욕주의 GDP를 합친 것과 같다."[32] 세계경제포럼도 여성의 노동력 참여 증가가 "지난 10년간 유럽 경제성장의 중요한 동인이었다"는 것을 발견했다. 반면에 "아시아태평양권은 여성의 취업 기회가 제한되어 있어 매년 미화 420억~470억 달러(한화 약 49조 1400억~54조 990억 원)의 손실을 보고 있다."[33]

이익을 증가시킬 여지는 아직 남아 있다. EU의 남녀 취업률 격차는 12%(각국의 수치는 라트비아의 1.6%에서부터 몰타의 27.7%에 이르기까지 다양하다),[34] 미국은 13%,[35] 세계 평균은 27%다.[36] 세계경제포럼의 계산에 따르면 이 격차를 없앨 경우 "선진국에 엄청난 경제효과를 가져올 것이다. 미국의 GDP는 최대 9%, 유로존의 GDP는 최대 13%까지 증가할 수 있다."[37] 2015년 맥킨지는 여성이 남성과 같은 비율로 유급 노동력에 참여할 수 있다면 세계 GDP가 미화 12조 달러(한화 약 1경 4040조 원) 증가할 것으로 내다봤다.[38]

그러나 현실은 그렇지 못하다. 여자들에게 시간이 없기 때문이다. OECD와[39] 맥킨지[40] 모두 무급 돌봄노동에 쓰이는 시간과 여성의 유급 노동력 참여율 사이에서 "강력한 음의상관관계"를 발견했다. EU 여성의 25%는 자신이 유급 노동력에 참여하지 못하는 이유로 돌봄노동을 꼽았다.[41] 이는 남성의 수치인 3%와 비교된다.

어린 자녀가 있는 영국 여자는 자녀가 없는 여자보다 근무시간이 짧은 일자리를 구한다. 남자의 경우는 그 반대다.[42] 멕시코에서도 마찬가지다. 2010년에는 자녀가 아주 어린 여자의 46%, 자녀가 없는 여자의 55%가 유급 노동을 했다. 남자의 경우는 각각 99%와 96%였다. 미국 여성의 취업률은 젊은 층에서는 꽤 높지만 출산 후 급격히 낮아지는데 "출산하는 나이가 점점 늦어지고 있다."[43]

여성의 무급 노동량 데이터를 수집하지 않는다면 개발계획이 실패할 수도 있다. UN재단 선임 연구원 마이라 부비니치Mayra Buvinić는 훈련 프로그램의 실패로 얼룩진 저소득국가 개발계획의 역사를 언급한다. 그 프로그램들이 실패한 이유는 "여성의 시간 집약적 노동 계획표에 관한 제한적 데이터밖에 없는 상태에서, 여자들에게 자유 시간이 많을 거라는 잘못된 가정을 바탕으로 만들어졌기 때문이다."[44] 이러한 프로그램이 여자들의 자녀 돌봄 의무를 반영하지 않는다면 여자들이 프로그램을 신청하더라도 수료하지 못할 것이다. 즉 개발비는 낭비되고 여자들의 경제적 잠재력은 사라질 거라는 뜻이다. 사실 가장 좋은 일자리 창출 프로그램은 모든 국가에 전 국민 대상 공공 탁아 서비스를 도입하는 것일 수도 있다.

물론 여성의 취업에 영향을 미치는 것은 자녀 돌봄만이 아니다. 노인 돌봄도 여자들의 시간에서 상당 부분을 차지하며 그 수요가 나날이 증가하고 있다.[45] 2013~50년 사이에 60세 이상 세계 인구는 2배 이상 증가할 것으로 보인다.[46] 2020년에는 사상 최초로 60세 이상 인구수가 5세 미만 아동 수를 앞설 것이다.[47] 게다가 인류는 나이 듦과 함께 병들고 있다. 2014년 세계 질병 부담의 약 4분의 1이 60세 초과 노인에게 나타났는데 대부분이 만성질환이었다.[48] 2030년에는 영국 노인 600만 명 (총 인구의 약 9%)이 만성질환을 앓고 있을 것이다.[49] EU는 이미 그 수준을 넘어섰다. 인구의 10%[50](약 5000만 명)[51]가 2개 이상의 만성질환을 앓는 것으로 추산된다. 그중 대부분이 65세 이상이다.[52] 미국에서는 65세 초과 인구의 80%가 하나 이상의 만성질환을, 50%가 둘 이상을 앓고 있다.[53]

이 모든 돌봄 의무는―미국에는 병든 노인 친척을 돌보는 무급 노동력이 4000만 명 있다[54]―여자들의 업무 능력에 영향을 미친다. 여성 간병자는 본업을 풀타임에서 파트타임으로 바꿀 확률이 남자의 7배에 가깝다.[55] 무급으로 부모를 돌보는 55~67세 미국 여성은 유급 노동 시간을 평균 41% 줄였고[56] 치매환자를 돌보는 미국 여성의 10%는 회사가 제공하는 복리후생을 잃었다.[57] 치매환자를 돌보는 영국 여성의 18%는 휴직을 했고 약 19%는 풀타임 간병을 하기 위해 또는 간병을 우선시해야 해서 직장을 그만뒀다. 여성 간병자의 20%는 본업을 풀타임에서 파트타임으로 바꿨지만 남성의 경우 그 확률은 3%에 불과하다.[58]

만약 정부가 여성의 유급 노동력 참여 증가를 통해 GDP를 증가시키고 싶다면 여성의 무급 노동량을 줄여야 한다. 맥킨지의 추산에 따르면 영국 여성의 무급 노동 시간을 5시간에서 3시간으로 줄였더니 유급 노동력 참여가 10% 증가했다.[59] 앞서 살펴봤듯이 적절한 임금을 지급하는 출산휴가 및 육아휴직 도입은 이를 위한 중요한 첫걸음이다. 여성 취업률을 높이고 잠재적으로 남녀 임금격차를 없애는 데도 도움이 될 것이다.[60] 또한 이 자체도 GDP 증가에 기여한다. 여성정책연구소Institute for Women's Policy Research에 따르면 만약 여자들이 2016년에 남녀동일임금을 받았다면 미국 경제는 5126억 달러(한화 약 599조 7420억 원)의 추가 소득을 창출했을 것이다. 이 수치는 2016년 GDP의 2.8%이며 "연방정부와 주정부가 2015 회계연도에 빈곤 가구 한시 지원 정책에 지출한 비용의 약 16배에 해당한다."[61]

유급 육아휴직보다 더 극적인 결과를 가져올 정부의 조치는 사회적 인프라 투자일 것이다. 인프라라는 용어는 대개 현대사회의 작동을 밑받침하는 물리적 시설 — 도로, 철도, 상하수도, 전력공급 — 을 의미한다. 여기에는 아동 및 노인 돌봄처럼 현대사회의 작동을 비슷하게 밑받침하는 공공서비스가 포함되지 않는 경향이 있다.

그러나 여성예산그룹은 그것이 포함돼야 한다고 주장한다.[62] 여성예산그룹이 사회적 인프라라고 부르는 것은 "더 잘 교육받고, 더 건강하고, 더 잘 보살핌 받은 국민이라는 형태로 먼 미래에까지 (물리적 인프라처럼) 경제와 사회에 이익을 가져다주기 때문이다." 따라서 일반적인 "인프라"의 의미에서 돌봄노동이 제외된 것은 남성 편향이 경제구조 인식에 반영된 결과다.

조기교육과 (영유아까지 포함하는) 양질의 공공 탁아 시설을 예로 들어보자. 여기에 투자하면 전체 교육비를 줄일 수 있다. 보충 교육에 필요한 투자비가 줄어들기 때문이다.[63] 또한 인지발달, 교육 성취, 건강 결과도[64] 개선한다(특히 사회경제적으로 소외된 아이들의 경우).[65] 이 모든 것은 장기적으로 생산성을 증가시킨다.[66]

조기교육에 관한 2가지 예비 연구를 분석한 보고서에 따르면 조기교육을 받은 미국 아이들을 40살까지 추적 관찰 했더니 취업률도 76% 대 62%로 높았고 연간 중위소득도 2만 800달러 대 1만 5300달러(한화 약 2434만 원 대 1790만 원)로 높았다.[67] 또한 주택 소유율(37% 대 28%), 자가용 소유율(82% 대 60%), 저금 소유율(76% 대 50%)도 높았다. 또 조기교육은 간접적으로 낮은 범죄율과 관계가 있었으며 법 집행비 — 검경 관련 문제를 일으킬 가능성 — 도 더 낮았다. 보고서는 사업 보조금보다 조기교육 투자가 장기적 경제성장에 더 큰 긍정적 효과를 가져오고 2080년까지 추가적으로 GDP 3.5% 증가를 가져올 것이라고 결론지었다.

그러나 이 모든 잠재적 이득에도 불구하고 사회적 인프라 투자는 자주 간과되곤 한다. 이는 무급 노동에 관한 데이터 공백 탓이 크다. 이 젠더 데이터 공백 때문에 사회적 인프라로 인한 "이득"이 "실제보다 축소되어 보인다"라고 낸시 폴브레이는 말한다.[68] 사실 이득은 대단히 클지도 모른다. 영국에서 같은 금액을 사회적 인프라에 투자하면 150만

개의 일자리가 창출되겠지만 건축업에 투자하면 75만 개의 일자리가 창출될 것이다. 미국에서 GDP의 2%를 돌봄 산업에 투자하면 "1300만 여 개의 일자리가 생기겠지만 건설 부문에 투자하면 750만 개의 일자리가 생길 것이다."[69] 그리고 (현재) 돌봄 부문이 여성 지배적 산업이기 때문에 이 새로운 일자리는 대부분 여성에게 돌아갈 것이다. 여성 취업률 증가가 GDP의 견인차라는 사실을 기억해라.

여성예산그룹에 따르면 영국, 미국, 독일, 오스트레일리아에서 GDP의 2%를 공공 돌봄 서비스에 투자할 경우 "생겨나는 남자 일자리 수는 건설산업에 투자했을 때 생겨나는 일자리 수와 비슷할 것이다. (……) 그러나 여자 일자리 수는 건설산업의 최대 4배에 달할 것이다."[70] 새로 생겨나는 돌봄 부문 일자리는 3분의 2가 여자에게 돌아가겠지만 새로 생겨나는 건설 부문 일자리는 3분의 1만 여자에게 돌아가는 미국에서[71] 돌봄 부문 투자는 여성 취업률을 최대 8% 증가시켜 남녀 취업률 격차를 반으로 줄일 것이다.[72] 영국에서는 남녀 취업률 격차를 4분의 3으로 줄일 것이다(미국에 비해 적지만 우습게 봐선 안 된다. 긴축정책의 타격을 가장 많이 받은 것이 여성 일자리이기 때문이다).[73]

사회적 인프라 투자는 새로운 여성 일자리를 적극적으로 창출함으로써 여성 취업률을 증가시키는 동시에 — 그리고 그 결과 GDP도 증가한다 — 여자가 해야 하는 무급 노동량을 줄임으로써 여성 취업률을 증가시킬 수 있다. 3~5세 자녀를 둔 영국 여성의 취업률은 OECD 평균보다 6% 낮다. 2014년에는 4세 미만 자녀를 둔 여성의 41%가 풀타임으로 일해서, 자녀 없는 여성의 82%, 자녀 있는 남성의 84%와 대조를 이룬다.[74] 이러한 남녀 격차가 생기는 원인 중 하나는 엄마가 주 양육자여야

한다는 사회적 기대다(이는 여자와 남자의 육아휴직 급여 차이에서도 드러
난다). 하지만 다른 한편으로는 남녀 임금격차 때문이기도 하다. 이성
커플 중에서는 여자가 근무시간을 줄이는 것이 재정적으로 유리한 경
우가 많다. 대개 여자의 임금이 남자보다 적기 때문이다.

그리고 탁아비 문제가 있다. 영국 교육부의 최근 연구에 따르면 집
밖에서 일하지 않는 엄마의 54%는 "편리하고, 믿을 수 있고, 너무 비싸
지 않은 탁아 서비스가 있다면" 밖에 나가서 일하고 싶다고 말했다.[75]
그러나 대부분은 그런 서비스를 구하지 못한다. 영국의 탁아비는 지난
10~15년간 물가상승률을 앞질러왔다.[76] 그 결과 영국의 부모들은 가구
순수입의 33%를 탁아비로 지출한다(OECD 평균은 13%다).[77] 그래서 다
른 OECD 국가에 비해 사회경제적지위에 따라 탁아 서비스 이용률의
격차가 대단히 크지만 놀랍지 않다.[78] 이는 여성 취업률에도 연쇄효과
를 미친다. 맥킨지의 조사에 따르면 영국 여성의 29%—중저소득 엄마
들에게서는 거의 50%까지 올라간다—는 "경제적 이유 때문에 출산 후
복직할 수 없다고 말했다. 남성의 경우 그 비율은 절반에 불과하다."[79]

뉴욕의 사정도 과거에는 비슷했다. 2012년 퓨리서치센터의 조사에
따르면 뉴욕주는 미국에서 탁아비가 가장 비싼 주였다.[80] 미국진보센터
Center for American Progress의 조사에 따르면 뉴욕 시장이 유치원 의무교육
제를 도입하기 전까지 "공공 탁아 서비스 대기자 명단에 올라 있던 뉴
욕 가족의 3분의 1 이상은 직장을 잃거나 일할 수 없었다." 유치원 보조
금의 대폭 삭감이 예정된 로스앤젤레스에서는 6000명의 엄마가 150만
시간의 근무시간을 포기할 것으로 추산되는데 이는 연간 2490만 달러
(한화 약 291억 3300만 원)의 수입 감소를 의미한다.

이 문제는 쉽게 해결할 수 있다. 한 연구에 따르면 안정적인 탁아 서비스가 있을 경우 엄마가 계속 직장에 다닐 확률은 그렇지 않을 경우의 2배다. 또 다른 연구에 따르면 "정부가 유치원에 재정 보조를 제공할 경우 엄마의 취업률은 10% 증가할 것이다."[81] 1997년 퀘벡주 정부는 탁아 보조금 지급제를 시작함으로써 자연 실험*을 제공했다. 이 제도가 시작되자 탁아비 시장가가 떨어졌다. 2002년까지 1~5세 자녀가 1명 이상 있는 여성의 취업률은 8% 증가했고 근무시간은 매년 231시간씩 증가했다.[82] 이후에 나온 다른 연구들도 공공 탁아 서비스가 여성 취업률 증가와 "강한 연관"이 있음을 발견했다.[83]

아이 돌봄노동을 대부분 여성에 의한, 눈에 보이지 않는 무급 노동 형태에서 공식적인 유급 일터로 옮기는 것은 선순환구조를 만든다. 5세 미만 자녀가 있는데 풀타임으로 일하는 여자가 30만 명 이상 증가하면 세수가 약 15억 파운드(한화 약 2조 3100억 원) 증가할 것으로 보인다.[84] 여성예산그룹의 추산에 따르면 세수 증가분과 사회보장비 감소분을 합칠 경우 매년 탁아 서비스에 투자되는 금액의 89~95%를 회수할 수 있다.[85]

이는 현재 임금을 기준으로 계산했기 때문에 최소한으로 잡은 금액이다. 그리고 공공 탁아 서비스는, 적절한 임금을 지급하는 남자 육아휴직과 마찬가지로, 남녀 임금격차를 줄이는 효과가 있음이 증명됐다. 생후 26주~6세인 모든 아이가 종일반에 들어갈 자격이 있는 덴마크에서는 남녀 임금격차가 계속 감소하여 2012년에 약 7%를 기록했다. 반면

---

* 제어 실험의 반대. 피험자에게 우연히 일어난 일을 관찰하는 것.

대부분의 지역에서 5세 미만 아동에 대한 공공 탁아 서비스가 제공되지 않는 미국에서는 2012년 남녀 임금격차가 14%에 가까웠으며 그 후로도 답보 상태다.[86]

우리는 여자들이 하는 무급 노동이, 여자 개인이 자신의 개인적 이익을 위해 자기 가족을 개인적으로 돌보는 것이라고 생각하고 싶어 한다. 그러나 사실은 그렇지 않다. 사회는 여자들의 무급 노동에 의존할 뿐 아니라 그로 인한 혜택을 입는다. 우리 모두가 낸 세금으로 운영하는 공공서비스 예산을 정부가 삭감한다고 해서 그 서비스의 수요가 갑자기 사라지지는 않는다. 단지 여자들에게 노동이 떠넘겨질 뿐이다. 그것이 여성의 유급 노동력 참여율과 GDP에 미치는 모든 부정적 영향과 함께. 그래서 여자들이 하는 무급 노동은 단순한 "선택"의 문제가 아니다. 그것은 우리가 만든 제도 속에 포함되어 있으며 집어넣었을 때와 마찬가지로 쉽게 뺄 수도 있다. 우리에게 필요한 것은 데이터를 수집한 다음에 남성 편향적 허구가 아니라 현실을 중심으로 경제를 다시 설계할 의지뿐이다.

13장

여자 지갑에서 남자 지갑으로

2017년 영국 총선일 밤 11시였다. 선거는 1시간 전에 끝났고 소셜 미디어에서는 소문이 돌고 있었다. 청년층 투표율이 상승했다는 것이었다. 그것도 많이. 사람들은 꽤 흥분해 있었다. "관계자들이 그러는데 18~24세 투표율이 72~73%랍니다! 드디어 젊은이들이 들고 일어났네요! #GE2017"라고,[1] 영국 젊은이들의 정치 참여를 독려하는 청년표 The Youth Vote 설립자 겸 CEO인 앨릭스 켄스Alex Cairns가 트윗을 올렸다. 두어 시간 뒤 당시 영국대학총학생회연합National Union of Students 회장이었던 말리아 부아티아Malia Bouattia가 똑같은 통계를 올렸고 이 트윗은 7000번 넘게 리트윗됐다.[2] 다음 날 아침 런던 토트넘 선거구의 노동당 하원의원 데이비드 래미David Lammy는 다음과 같은 축하 트윗을 올렸다. "18~25세 투표율이 72%라니. 젊은이들이 해냈네요! #GE2017."[3] 그의 트윗은 2만 9000번이 넘는 리트윗과 4만 9000번이 넘는 '마음에 들어요'를 받았다.

그런데 문제가 하나 있었다. 아무도 이 주장을 뒷받침할 데이터를 가지고 있지 않았다는 것이다. 그러나 그렇다고 해서 언론사들이 가만 있지는 않았다. 그들은 이 통계를 그대로 퍼 나르면서 검증되지 않은 트윗이나 서로서로를 출처로 제시했다.[4] 크리스마스가 되자 옥스퍼드 영어사전은 "젊은 유권자들이 노동당에 믿기 힘든 승리를 가져다줄 뻔했던" 순간을 언급하며 유스퀘이크youthquake*를 올해의 단어로 발표했다.[5] 이것이 좀비 통계zombie stat가 탄생한 순간이었다.

좀비 통계란 죽여도 죽여도 살아나는 거짓 통계를 말한다. 좀비 통계가 생겨나는 원인 중 하나는 그것이 직관적으로 봤을 때 사실처럼 보이기 때문이다. 2017년 영국 총선의 경우에는 거의 모든 예측과 반대로 노동당이 선전한 이유에 대한 설명이 필요했다. 그리고 '전례 없는 청년층의 투표율 증가'설은 여기에 딱 들어맞았다. 노동당이 젊은 유권자들의 환심을 사려고 애써왔고 여차저차 해서 거의 승리할 뻔했다는 이야기. 그런데 2018년 1월 영국선거연구British Election Study로부터 새로운 데이터가 나왔다.[6] 그 데이터가 얼마나 확정적인가에 대해 약간의 논쟁이 있었지만[7] 그 유명한 유스퀘이크는 기껏해야 유스트레머youth-tremor** 정도로 격하되었다. 3월이 되자 믿을 만한 사람은 아무도, 단서를 붙이지 않고는 "청년층의 부상浮上"에 대해 이야기하지 않았고 72%설은 생명 유지 장치에 의존하게 됐다.[8]

일어난 적 없는 영국의 유스퀘이크는 좀비 통계치고는 꽤 수명이 짧았다. 그 원인 중 하나는, 비밀투표 원칙 때문에 절대적으로 확실한

---

* 젊은이(youth)와 지진(earthquake)의 합성어. '지진처럼 강력한 젊은이들의 반란'이라는 뜻.
** 아주 약한 지진, 떨림.

투표 결과는 원래 알 수가 없는 데다가 적어도 투표에 대해서는 우리가 데이터 수집을 하기 때문이다. 사실 굉장히 많이 한다. 선거는 연구가 부족한 주제는 절대 아니다. 그러나 데이터가 부족한 분야에서 좀비 통계가 나타나면 깨뜨리기가 훨씬 어렵다.

"가난한 사람의 70%는 여자다"라는 주장을 예로 들어보자. 이 통계가 어디서 유래했는지 정확히 아는 사람은 아무도 없지만 대개 UN의 1995년 「인간 개발 보고서Human Development Report」로 거슬러 올라가는데 그 안에는 이 주장의 인용 출처가 없다.[9] 그런데 이 통계는 신문 기사에서부터 자선단체나 사회운동 웹사이트 및 보도 자료, 심지어 국제노동기구나 OECD 같은 공식 기구의 성명서와 보고서에 이르기까지 도처에서 출몰한다.[10]

이 통계를 죽이려는 시도는 여러 번 있었다. 『빈곤과 권력: 능동적 시민과 효과적 국가는 세계를 어떻게 변화시킬 수 있는가』의 저자 덩컨 그린은 이 통계에 "의심스럽다"라는 딱지를 붙였다.[11] 사실 확인 전문 웹사이트 폴리티팩트PolitiFact 전속 기자 존 그린버그Jon Greenberg는 세계은행 데이터를 인용하면서[12] "가난한 계층의 성비는 반반"이며 조금이라도 차이가 있다면 남자가 약간 더 가난할 것이라고 주장했다. 그러나 세계은행 성평등국 선임이사 캐런 그론Caren Grown은 이 주장이 "거짓"이며 (모두가 동의하는 "가난"의 정의가 무엇이냐는 문제는 말할 것도 없거니와) 어느 쪽이 옳다 그르다 말할 수 있는 성별 구분 데이터가 존재하지 않는다고 말한다.[13]

이것이 방금 언급한 폭로의 문제다. 70%라는 수치는 거짓일 수도 있지만 참일 수도 있다. 현재로서는 알 도리가 없다. 그런데 그린버그가 인용한 데이터는 성별별 빈곤도를 알 수 없음을 분명히 보여주는 데다가 그가 언급한 조사는, 샘플 크기—"73개국에 걸친 약 600개 조사의 종합"—는 인상적일지언정, 여성의 빈곤도를 밝힌다는 목적에는 완전히 부적합하다. 올바른 척도를 가지는 것은 중요하다. 데이터가 자원 분배 방식을 결정하기 때문이다. 잘못된 데이터는 잘못된 자원 분배를 야기한다. 그리고 현재 우리가 가진 데이터는 대단히 잘못됐다.

현재 성별별 빈곤도는[14] 남자가 자원을 통제하는 가구(남자 가장 가구)와 여자가 자원을 통제하는 가구(여자 가장 가구)의 상대적 빈곤도를 평가함으로써 결정된다.[15] 여기서 전제는 2가지다. 첫째, 한 가구의 자원은 가구원들에게 동등하게 분배되어 모든 가구원의 생활수준이 동일하다. 둘째, 가장의 성별과 그가 가구 내에서 자원을 분배하는 방식에는 상관관계가 없다. 2가지 모두, 좋게 말해도 근거가 빈약하다.

먼저 모든 가구원의 생활수준이 같다는 전제에 대해 얘기해보자. 빈곤도를 가구별로 측정한다는 것은 개인별 데이터가 없음을 뜻한다. 그런데 1970년대 말에 영국 정부는 우연히 간편한 자연 실험을 만들었다. 이 실험 덕분에 연구자들은 대용 척도를 통해 위의 전제를 검증할 수 있었다.[16] 1977년까지 영국의 자녀수당은 주로 아빠 봉급의 세액을 공제해주는 형태로 아빠에게 지급됐다. 1977년 이후부터 이 소득공제가 엄마에게 현금을 지급하는 방식으로 바뀌면서 소득의 상당액이 남자에게서 여자에게로 재분배되는 결과를 가져왔다. 만약 돈이 한 가구 안에서 동등하게 분배됐다면 이 "남자 지갑에서 여자 지갑으로"의 소득 이동은 돈이 지출되는 방식에 아무런 영향도 주지 못했을 것이다. 그러나 현실은 달랐다. 연구자들은 영국 국민의 의복 구입비라는 대용 척도를 사용하여 정책 개편 이후로 "남성복과 비교해 상대적으로 여성복과 아동복에 대한 지출이 상당히 증가"했음을 발견했다.

물론 1977년은 아주 오래전이고 그 후로 세상이 변했길 바라는 것은 당연한 일이다. 그러나 불행히도 영국의 경우에는 이것이 가장 최근의 성별 구분 데이터이기 때문에 현재 상황이 어떤지는 알 수 없다. 그러나 다른 나라들(아일랜드, 브라질, 미국, 프랑스, 방글라데시, 필리핀 등)의 보다 최근 데이터는 그다지 고무적이지 않다. 돈은 여전히 커플 간에 동등하게 분배되고 있지 않으며 여전히 남자가 관리하는 돈보다 여자가 관리하는 돈이 아이들 — 이 성 중립적 단어에도 부의 불평등이 숨어 있다[17] — 에게 많이 쓰이는 것으로 나타났다.[18] 따라서 영국이 아무도 모르는 페미니스트의 천국이 아닌 이상 — 아니라고 장담할 수 있다 — 달라진 게 거의 없다고 말해도 무방하다.

사정이 이렇다 보니 국민 공제universal credit라는 이름의 새로운 복지 제도를 도입하기로 한 영국 정부의 결정은 참으로 개탄스럽다. 국민 공제는 기존의 여러 가지 수당과 (자녀 세액공제를 포함한) 세액공제를 합친 것인데 기존 제도에서와 달리 각 가구의 주 소득자의 계좌로 입금된다.[19] 남녀 임금격차를 감안할 때 주 소득자는 십중팔구 이성 커플 중 남자일 가능성이 높다. 최대한 정확한 표현이 "십중팔구"인 이유는 영국 노동연금부가 돈이 누구에게 지급되는지에 관한 성별 구분 데이터를 수집하지 않기 때문이다. 따라서 적어도 영국에서는 성별별 빈곤도에 관한 데이터 공백이 앞으로 더욱 커질 전망이다.

남자와 여자의 소비 우선순위가 다르다는 사실이 입증되었으니 이번에는 두 번째 전제 — 우리 집 가장이 남자냐 여자냐와 나의 생활수준은 무관하다—위에 커다란 물음표가 생겼을 것이다. 마침 우리가 이를 검증할 데이터를 갖고 있다. 르완다와 말라위에서 여자 가장 가구의 아이들은 남자 가장 가구의 아이들보다 건강했다. 남자 가장 가구의 소득이 더 높은 경우에도 마찬가지였다.[20]

2010년 인도 카르나타카주州의 가구별 자산 조사 결과는 더 참담했다.[21] 단순히 여자 가장 가구와 남자 가장 가구를 비교했을 때는 빈곤도에서 성별 차이가 별로 없었다. 그러나 빈곤도를 개인별로 평가했더니 차이가 현격했다. 가난한 사람의 71%가 여자였고 가난한 사람 가운데서 가장 심한 궁핍을 겪는 것 또한 여성이었다. 게다가 성별별 빈곤도를 측정할 때 가구 단위로 조사하면 안 되는 가장 큰 이유는 가난한 여자의 대부분이 "가난하지 않은" 가구에 속하기 때문이다.

이제 빈곤도를 가구별로 측정할 수 있다는, 혹은 "여자 가장 가구"가 남성의 빈곤에 미치는 영향과 "남자 가장 가구"가 여성의 빈곤에 미치는 영향이 같다는 좀비 추정은 버릴 때가 됐다. 그것은 잘못된 데이터와 성인지 감수성이 낮은 분석을 바탕으로 한다. 게다가 젠더 데이터 공백을 늘리고 영속화한다. 그리고 그 결과 여자들에게 끔찍한 정책 결정을 가져왔다.

미국에서 대부분의 부부는 가족세무신고를 한다. 의무는 아니다. 각자 신고해도 되고 부부가 합산해도 된다. 그러나 낮은 세율과 세액공제 같은 우대 제도 때문에 96%의 부부가 공동세무보고를 한다.[22] 그 결과 대부분의 기혼 여성이 자기 소득에 비해 많은 세금을 낸다.

미국의 세제는 과세 구간별 누진제다. 당신의 소득 중 첫 만 달러에 적용되는 세율보다 그다음 만 달러에 적용되는 세율이 더 높다. 예를 들어 당신의 소득이 2만 달러인데 친구의 소득은 6만 달러라고 치자. 첫 2만 달러에 대해서는 친구도 당신과 같은 세액을 낸다. 그러나 2만 달러 초과분에 대해서는 더 높은 세율을 적용받는다. 만약 당신이 그 친구와 부부 사이여서 가족세무신고를 하지 않는다면 말이다. 가족세무신고를 할 경우 당신과 배우자는 소득이 8만 달러인 하나의 경제단위로 취급되기 때문에 세금을 계산하는 방식이 달라진다.

부부 공동세무보고에서 부부는 소득을 "쌓아 올려야" 한다. 소득이 많은 쪽(남녀 임금격차를 고려할 때 주로 남자)이 "주 소득자"로 지정되고 이 사람의 소득이 아래 칸을 차지한다. 소득이 적은 쪽(대개 여자)이 "부 소득자"가 되어 위 칸을 차지한다. 아까 얘기했던, 각각 6만 달러와 2만 달러를 버는 부부의 사례로 돌아가면 2만 달러를 버는 사람은 자신의 소득에 해당하는 세율을 적용받는 것이 아니라 8만 달러의 소득 중 마지막 2만 달러에 해당하는 세율을 적용받는다. 즉 분리해서 신고할 경우보다 더 많은 세금을 내게 된다.

가족세무신고의 옹호자들은 그래도 함께 신고하는 편이 세금 **총액**이 더 적다는 점을 지적할 것이다. 맞는 말이다. 그러나 앞서 살펴봤듯이 한 가구의 자원이 균등하게 분배된다는 가설은 사실이 아니다. 부부가 세금을 적게 냈다고 해서 부 소득자의 주머니에, 분리 신고 했을 때보다 많은 돈이 들어왔으리라는 보장은 없다. 게다가 만약 여자가 남편에게 금전적인 학대를 당하고 있다면 부부 공동세무보고가 상황을 더욱 악화시킨다는 점 또한 고려해야 한다. 한마디로 미국의 부부 관련 세제는 유급 노동을 하는 기혼 여성에게 불리하다. 사실 부부 공동세무보고가 기혼 여성의 취업 자체를 좌절시킨다는 연구 결과는 이미 여러 번 나왔다(그리고 그 결과 GDP가 감소한다).[23]

젠더를 반영하지 않음으로써 결과적으로 여성을 차별하는 세제를 가진 나라는 미국만이 아니다. 최근 한 논문은 얼마나 "많은 OECD 회원국이" 남녀 임금격차를 줄이기 위한 법을 통과시키면서 동시에 인적공제제도 등을 통해 그것을 효과적으로 늘리고 있는지에 대한 당황스러움을 표현한 바 있다.[24] 그런 나라가 영국과 오스트레일리아다. 이 두 나라에서는 부부가 분리 세무신고를 하지만 대부분의 수당 및 공제 제도가 개별 조세 원칙을 위반하고 있다.

영국의 결혼 수당은 부부 가운데 부 소득자의 연 소득이 1만 1500파운드(한화 약 1771만 원) 이하일 때 주 소득자(대개 남자)에게 감세 혜택을 준다.[25] 이는 2가지 면에서 남녀 임금격차를 강화한다. 첫째, 남자의 수입을 보충한다. 둘째, 여자가 유급 노동시간을 줄이면 혜택을 준다. 일본에도 비슷하게 남성 편향적인 부부 감세 제도가 있다. 1961년 이래 "가장"(대개 남자)은 "배우자의 연 소득이 103만 엔(한화 약 1112만 원)을 초과하지 않으면 38만 엔(한화 약 410만 원)의 세액공제를 청구"할 수 있다. 일본 후생노동성의 2011년 조사에 따르면 "기혼 여성 가운데 파트타임으로 일하면서 일부러 근무시간을 줄인 사람들에게 이유를 물었더니 3분의 1 이상이 세액공제 때문이라고 답했다."[26]

숨겨진 남성 편향의 약간 다른 예로, 아르헨티나에서는 근로소득자에게 사업소득자의 4배에 가까운 세액을 환급해준다. 이것이 왜 성별과 상관있냐 하면 남자는 공식적 경제에서 근로소득자로 일할 확률이 높고 여자는 비공식적경제에서 사업소득자로 일할 확률이 높기 때문이

13장 여자 지갑에서 남자 지갑으로

다.[27] 한마디로 이 세제는 은밀하게 여자보다 남자에게 더 많은 금액을 환급해주고 있는 것이다.

이렇게 많은 세제가 여성을 차별하는 이유는 사실 꽤 단순하다. 세제가 여성에게 미치는 영향에 관한 데이터를 체계적으로 수집하지 않기 때문이다. 바꿔 말하면 젠더 데이터 공백 때문이다. 2017년 유럽의회 보고서는 '조세가 여성에게 미치는 영향'이 "연구가 부족한 분야"라며 해당 사안에 대한 더 많은 성별 구분 데이터 수집을 촉구했다.[28] 에스파냐, 핀란드, 아일랜드처럼 성인지적 관점에서 정부예산을 분석하기 시작한 나라에서도 초점은 대개 세금이 아닌 예산지출에 맞춰져 있다. 오스트리아는 "정부가 세제개편에 있어서 구체적인 목표 ─ 이를테면 남녀 간에 유급 노동과 무급 노동의 동등한 분배를 유도함으로써 여성의 유급 노동력 참여를 촉진하고 남녀 임금격차를 줄인다 ─ 를 설정한 몇 안 되는 나라 중 하나다." 2016년 조사에 따르면 EU 회원국 가운데 핀란드와 스웨덴에만 엄격한 분리 세무신고 제도가 있었다.[29]

세제의 남성 편향 문제는 한 가구 내의 자원이 남녀에게 균등하게 분배된다는 좀비 가정 너머로 확대되어 조세 이론 자체까지 아우른다. 적어도 현 상태에서는 그렇다. 1980년대 이래 세계 각국 정부는 세금을 자원 재분배 수단보다는 경기 억제(가 필요할 때 억제할 수 있는) 수단으로 활용하는 데 더 관심이 많았다. 그 결과 자본, 기업, 고소득자에게는 낮은 세금을 매기고 조세 구멍이나 우대 정책을 늘려서 다국적기업과 슈퍼리치가 조세회피를 할 수 있게 만들었다. "현재 효율적인 시장의 작동은 방해"하지 않는다는 목적에서다.[30]

어쩌다 젠더가 논의 대상에 포함되었던 경우는 오직 '세제를 통해 여성이 유급 노동력에 참여하는 것을 방해하면 경제성장이 저해될 것인가'라는 문맥에서뿐이었다. 그토록 "경제성장"에만 초점을 맞춘 세제가 어떻게 여성을 희생하여 남성에게 혜택을 주는지에 대해서는 관심이 없었다. 예를 들어 소득세 최고 구간에 속하는 사람들에게 감세를 해주면 남녀 임금격차 때문에 주로 남자들에게 혜택이 돌아간다. 같은 이유로, 대부분의 여성은 오직 비싼 세무사만이 찾을 수 있는 다양한 세금 구멍을 활용할 만한 위치에 있지 않다. 부유세와 자산세 감면 (또는 미집행) 또한 주로 남자에게 혜택을 준다. 그런 자원을 마음대로 할 수 있는 사람은 남자일 가능성이 훨씬 높기 때문이다.[31]

주로 남자에게 혜택을 주는 것만이 문제가 아니다. 이 남성 편향적 혜택은 사실 여성의 희생에서 나오는 것이다. 앞서 살펴봤듯이 공공서비스에 공백이 생기면 여자가 무급 돌봄노동으로 채워야 하기 때문이다. 2017년 여성예산그룹의 지적에 따르면 긴축정책이 영국 여성에게 특히 가혹한 영향을 끼치는 것과 동시에 "남성에게 집중된 세금 혜택은 2020년까지 매년 재무부에 440억 파운드(한화 약 67조 7600억 원)의 손실을 안겨줄 것이다."[32] 이 세금 혜택에는 유류세 및 주세 90억 파운드(한화 약 13조 8600억 원) 감면, 법인세 130억 파운드(한화 약 20조 200억 원) 감면, 소득세 및 국민보험 납부 하한선 인상으로 인한 220억 파운드(한화 약 33조 8800억 원) 손실이 포함된다. 이 금액을 다 합치면 사회보장비 감축액보다 많다. 즉 문제는 재원 부족이 아니라 (젠더에 따른) 지출 우선순위인 것이다.

저소득국가의 적은 세수 문제는 역외 탈세 수법 때문에 악화된다. 다국적기업은 "개발도상국에 진출하는 대신 한시적 면세나 감세를 조

13장 여자 지갑에서 남자 지갑으로

건으로 요구하는" 경우가 많은데 이 때문에 개발도상국에서는 매년 미화 약 1380억 달러(한화 약 161조 4600억 원)의 세수가 유실되는 것으로 추정된다. 뭐, 정부의 주장은 거대 기업이 (싼 노동력을 착취하는 대신) 세금을 하나도 안 내게 해주는 것만이 그들을 데려올 유일한 방법이라는 것인데…… 사실은 그렇지 않다. OECD 조사에 따르면 "세금 혜택이 개발도상국에 투자하는 주원인인 경우는 드물다."[33] 반면 여성의 값싼 노동력은 확실히 구미가 당기는 요소다. 그럼에도 불구하고 이러한 세제를 "국제 금융기관이 개발도상국에 조건으로 요구하는 경우가 종종 있다."[34]

영국의 세금 혜택이 정부지출 감축액을 초과하는 것처럼, IMF의 추산에 따르면, 역외 탈세로 인한 개발도상국의 세수 손실액(매년 미화 2120억 달러, 한화로 약 248조 400억 원)은 그들이 받는 원조액을 훨씬 초과한다.[35] 전 세계에서 기록 없이 역외로 유출되는 자금의 3분의 1 이상은 스위스 은행 비밀 계좌에 예치되는 것으로 추측되는데 최근 UN은 스위스에 "그들의 비밀 엄수 정책이 전 세계 여성의 권리에 끼치는 피해"에 대해 알고 있냐고 추궁했다.[36] 국제 인권 단체인 경제사회권리센터Center for Economic and Social Rights의 2016년 분석에 따르면 스위스에 본사를 둔 글렌코어Glencore 같은 다국적 원자재 기업의 탈세로 인한 잠비아 정부의 손실액은 보건 예산의 60%에 해당한다. 또한 경제사회권리센터의 추산에 따르면 인도 정부는 "스위스 은행 한 지점에 예치된 자금에 대한 직접세만 어림잡아도 최대 미화 12억 달러(한화 약 1조 4040억 원)를 손실했다. 이는 2016년에 인도 정부가 여성 정책에 지출한 예산의 44%, 사회보장 정책에 지출한 예산의 6%에 상당한다."[37]

정부는 돈이 필요하다. 그래서 이 손실을 어떻게든 메워야 한다. 그래서 많은 정부는 소비세로 돌아선다. 징수는 쉽고 회피는 어렵기 때문이다. 저소득국가들은 "부가가치세 같은 간접세로 세수의 3분의 2 정도, 소득세로 4분의 1 정도를" 징수한다.[38] 최근 국제노동기구의 분석에 따르면 138개국 정부(개발도상국 93개국, 선진국 45개국)가 소비세, 특히 부가가치세를 인상 그리고/혹은 확대 할 계획이다.[39]

이 증세는 주로 여자들에게 영향을 끼친다. 저소득계층에서 여성이 차지하는 비율이 높을 뿐 아니라─가난할수록 소득의 많은 부분이 소비되므로 그만큼 많은 소비세를 내는 셈이다─여자가 식품과 생필품 구입을 맡는 경우가 많기 때문이다. 그리고 여성의 유급 노동 공급이 남성보다 유동적이기 때문에─이는 남녀 임금격차 때문일 가능성이 높다─부가가치세 인상은 여성이 더 많은 시간을 무급 노동에 사용하게 만드는 효과가 있다. 시장에서 물건을 돈 주고 사는 대신 집에서 직접 만들어 쓰는 것이다.

이 문제는 부가가치세를 어떤 상품에 부과하고 어떤 상품에 부과하지 않을지 결정할 때 성인지 감수성이 낮은 잣대가 사용되기 때문에 더욱 악화된다. 그 잣대의 성인지 감수성이 낮은 이유는 특정한 소비세율이나 면세가 미치는 영향에 관한, 성별 구분 데이터를 바탕으로 한 연구가 존재하지 않기 때문이다.[40] 부가가치세는 대체로 "필수"라 여겨지는 상품에는 부과되지 않는다. 그래서 영국에서는 식품은 필수품이기 때문에 면제되고 아이폰은 필수품이 아니기 때문에 부과된다. 그러나 남자에게는 필수품이 아닌 것이 여자에게는 필수품일 수 있다. 그래서 여자들은 대부분이 남자인 국회의원들에게 생리용품은 사치품이 아님을 인

13장 여자 지갑에서 남자 지갑으로

식시키기 위한 캠페인을 벌여왔다. 몇몇 나라에서는 성공하기도 했다.

세계 어느 나라에서든 세금 제도는 마치 시장 주도적 힘에 의한 자연스러운 결과처럼 포장되지만 실제로는 대단히 남성 편향적인 영향을 미친다. 그것은 성별 구분 되지 않은 데이터와 남성 디폴트적인 사고방식을 바탕으로 만들어졌다. 그래서 GDP와 정부지출에 대한 접근 방식도 여성 배제적이고 빈곤의 여성 편중 또한 경감하기는커녕 가중되고 있다. 그러므로 인류가 남녀 불평등을 종식할 생각이 있다면 증거에 기반한 경제분석을 시급한 사안으로 채택해야 한다.

여권은 인권이다

우리는 앞의 두 장章을 통해 정부의 사고방식에 상당한 젠더 데이터 공백이 있으며 그 결과 정부가 만들어내는 남성 편향적 정책이 여성에게 피해를 끼치고 있음을 알게 되었다. 이 데이터 공백은 한편으로는 데이터를 수집하지 않은 결과이기도 하지만, 다른 한편으로는 세계 각국 정부가 남성에게 지배당한 결과이기도 하다. 남성 지배적 정부는 젠더 데이터 공백 문제처럼 보이지 않을 수도 있으나 증거에 따르면 정책 결정에 있어서 여성의 관점이 반영되는 것은 대단히 중요하다.

1980~2000년대 미국의 여러 연구에 따르면 여자들은 여성문제를 우선시할 확률이 높고 여성 관련 법안을 발의할 확률이 높다.[1] 1945년 이래 영국의 여성 하원의원들이 국회에 미친 영향에 대한 최근 분석에 따르면 여자들은 여성문제, 가족문제, 교육 문제, 돌봄노동 문제에 대해 발언할 확률이 높았다.[2] 1960~2005년 OECD 회원국 19개국에서[3] 여성 의원이 미친 영향에 대한 분석에서도[4] 여성 정치인들은 여성에게 영향을 미치는 문제에 대해 발언할 가능성이 높은 것으로 나타났다.

또 이 논문에 따르면 여자들은 자기가 한 말을 실천에 옮겼다. 그리스, 포르투갈, 스위스에서 여성 정치인이 증가하자 교육 투자가 증가했다. 반대로 1990년대 말에 아일랜드, 이탈리아, 노르웨이에서 여성 국회의원의 비율이 감소하자 "GDP에서 교육 관련 지출이 차지하는 비중이 비슷하게 감소했다." 여성 국회의원의 비율이 한 자릿수만 상승해도 교육 관련 지출이 증가하는 것으로 드러났다. 마찬가지로 2004년 인도 서벵골주와 라자스탄주 지방의회에 관한 연구에 따르면 전체 의석의 3분의 1을 여자가 차지하자 여성에게 필요한 인프라 투자가 증가했다.[5] 1967년과 2001년의 인도 여성 의원 현황을 비교한 2007년 논문에 따르면 여성 정치인 수가 10% 증가하자 "도시지역에 거주하는 개인이 초등교육을 받을 확률"이 6% 증가했다.[6]

한마디로 수십 년간의 증거에 의하면 여성 정치인의 존재는 국회에서 통과되는 법에 실질적인 차이를 만든다. 그리고 그럴 경우, 어쩌면, 만에 하나, 버니 샌더스의 "'나는 여자니까 뽑아주세요!'라고 말하는 것만으론 부족하다"라는 말은 틀렸을지도 모른다. 문제는 그렇게 말하는 것만으로 충분하다고 생각하는 사람이 있는 게 아니다. 아무도 그렇게 생각하지 않는다는 게 문제다. 반면에 후보자가 여자라는 점이 그에게 투표하지 않을 충분한 이유라고 생각하는 사람은 많은 것 같다. 2016년 미국 대선 직전에 《디 애틀랜틱》은 부동 유권자 포커스그룹인터뷰의 결과를 게재했다.[7] 주된 화제는 힐러리 클린턴이 너무 야심만만하다는 것이었다.

이는 경천동지할 의견은 아니다. 언론인 앤 애플바움Anne Applebaum ("힐러리 클린턴의 유별나고, 비이성적이고, 압도적인 야심"[8])에서부터 할 리우드 거물이자 민주당 기부자이자 "한때 힐러리 지지자"였던[9] 데이비드 게펀David Geffen("힐러리 클린턴보다 더 야심만만한 사람이 있기는 한가?"[10]), 전 국무부 장관 콜린 파월Colin Powell("억제되지 않은 야심"[11]), 버니 샌더스의 선거운동 책임자("국무장관의 야심을 채우기 위해 민주당을 망치지 마라"[12]), 그리고 우리의 오랜 벗 줄리언 어산지Julian Assange("클린턴의 야심에 산 채로 잡아먹힌"[13])에 이르기까지 (이 양극화 시대에 드물게) 우리 모두가 동의하는 듯한 하나의 의견은 힐러리 클린턴의 야심이 부적절하다는 것이다. 이 표현이 어찌나 널리 퍼졌던지 풍자 뉴스사이트 디 어니언The Onion에는 "힐러리 클린턴은 최초의 여성 대통령이 되기에는 지나치게 야심만만하다"라는 제목의 기사가 실렸다.[14]

세계에서 가장 막강한 권력을 가진 최초의 여자가 되려면 당연히 유별난 수준의 야심이 필요하다. 그러나 정치 경험이 전혀 없는 실패한 사업가 겸 유명 방송인이 세계 최고의 정치인을 뽑는 선거에 출마하는 것도 꽤나 야심만만하다고 할 수 있다. 그런데 트럼프에게 붙는 야심이란 말은 부정적인 수사가 아니다.

캘리포니아대학교 버클리캠퍼스 심리학과 교수 로돌포 멘도자덴턴 Rodolfo Mendoza-Denton은 우리가 클린턴의 야심을 "병적"이라고 보는 이유에 대한 인지적 설명을 제시한다.[15] 클린턴은 "사람들의 머릿속에서 압도적으로 남자와 연관된 영역에 진입했다." 그 결과 유권자들은 클린턴의 출마를 규범 위반으로 인식했다. 규범 위반은 "아주 간단하게 혐오를 불러일으키며 강력한 부정적 감정과 연결되곤 한다"라고 멘도자덴턴은 말한다.

권력을 가진 여자가 규범 위반으로 인식되는 이유는 아주 단순하다.

젠더 데이터 공백 때문이다. 나는 어렸을 때 여자들이 좀…… 쓸모없다고 믿으며 자랐다. 그 이유는 한편으로는 여자가 미디어에서 쇼핑중독에, 하찮고, 비이성적으로 묘사되기 때문이기도 했지만 다른 한편으로는 여자가 너무나 적게 나오기 때문이기도 했다. 나는 여자가 거의 등장하지 않는 교과과정, 언론매체, 대중문화를 통해 '나는 똑똑할 리가 없다'는 생각을 주입받으며 자란 여자애 중 1명이었다. 아무도 내가 존경할 수 있는 여자—옛날 사람이든 요즘 사람이든—를 보여주지 않았다. 여성 정치인, 여성 활동가, 여성작가, 여성 예술가, 여성 변호사, 여성 CEO에 대해 가르쳐주지 않았다. 내가 존경하라고 배운 사람은 모두 남자였기 때문에 내 머릿속에서 권력, 영향력, 야심은 남성성과 동일시되었다. 그래서 솔직히 나 또한 앞서 언급했던 규범 위반을 느꼈다. 그리고 여자 상사들은 지나치게 야심만만하다—다들 알다시피 바꿔 말하면 쌍년이라는 뜻이다—는 생각을 너무나 선뜻 받아들였다.

불쾌한 진실은 지금도 대통령이 되고 싶어 하는 여자는 여자답지 않다고 여겨진다는 것이다. 2010년 연구에 따르면 정치인은 남성과 여성 모두 권력 추구적으로 보이지만 그 사실은 여성 정치인에게만 문제가 된다.[16] 마찬가지 맥락에서 멘도자덴턴은 "자신감 넘치는" 남자와 여자에 대한 평가가 상황 조건에 의해 결정된다는 사실을 밝혀냈다.[17] 전형적인 "남성적" 상황 조건(자동차정비기사, 금융인, 미국 대통령)에서 여자와 남자가 같은 말을 했을 때 여자가 남자보다 더 자신감 넘치게 행동한다고 인식된다. 남자가 "여성적" 상황 조건(커튼 고르기, 아이의 생일 파티 계획하기)에서 자신감 넘치는 것은 약간 이상하긴 해도 괜찮다고 받아들여진다. 그러나 여자는 어떤 상황에서도 자신감 넘치게 행동해선 안 된다. 당당한 여자는 독재자와 같다.

여자가 전문력專門力을 추구하지 못하게 만드는 사회적 압력 중 하나는 여자가 "남자와의 경쟁을 포기하는 대신 주어지는 위로상"인 사회력(다정하고 자상해 보이는 것)이라고 프린스턴대학교 심리학과 교수 수전 피스크Susan Fiske와 하버드대학교 심리학과 교수 미나 치카라Mina Cikara는 말한다.[18] 그러므로 여성의 사회력은 본질적으로 전문력과 양립 불가능하다. 여자가 능력 있어 보이고 싶다면 다정해 보이는 것을 포기해야 한다.

하지만 그래서 뭐 어떻단 말인가? 당신은 비호감이다. 당신은 냉혈인으로 보인다. 그 정도는 참아 넘겨라. 그 정도도 못 버티면 집에 가서 솥뚜껑 운전이나 해야 하지 않나?

그렇지 않다. 이런 말들은 남자도 냉정해 보일 때 여자와 똑같은 사회적 압력을 느낀다고 가정한다. 하지만 그들은 압력을 느끼지 않는다. 2010년 연구 결과에 따르면 여성 정치인은 냉정해 보이기만 하는 것이 아니었다. 이런 인상이 남녀 피험자 모두에게 도덕적 분노를 불러일으켰다. 그들은 그런 여자를 경멸, 격노, 혐오의 감정으로 바라봤다. 그러나 남성 정치인에게는 그러지 않았다. 예일대학교 심리학과 교수 몰리 크로켓Molly Crockett이 이 격차의 원인을 설명한다. 여자가 자상하지 않아 보이는 것은 규범 위반이지만 남자는 아니기 때문이다. "여자는 평균적으로 남자보다 친사회적일 거라는 사회적 기대가 있다"라고 그는 말한다. 그래서 여자가 (아무리 비논리적인 이유에서일지언정) "도덕적" 견지에서 벗어난 것처럼 보이면 우리는 더 큰 충격을 받는다.

이 주제에서 젠더가 이토록 중요한 역할을 하는 것으로 보아 이 분야만큼은 젠더 데이터 공백이 없지 않을까 당신은 기대할지 모른다. 그런데 현실은 그렇지 않다. 2017년 1월에 발표된 「배제의 얼굴: 얼굴에서 인식되는 다정 또는 유능은 사회적 배제에 대한 도덕적 판단에 영향을 미친다」라는 논문을[19] 발견했을 때 내가 얼마나 흥분했을지 상상해봐라. 다정과 유능이 여성에게서 이루는 상호 배타적 균형에 관한 피스크와 치카라의 연구를 고려할 때 이 2017년 논문은 대단히 유용했어야 했다. 저자들의 설명에 따르면 "사회적 배제에 대한 사람들의 도덕적 판단은 그 대상의 얼굴 생김새에 영향을 받을 수 있다. 이는 집단 간 연구에서 여러 가지를 시사한다." 즉 어떤 사람이 따돌림이나 괴롭힘을 당할 때 그 행위가 정당한가 아닌가에 대한 사람들의 판단은 피해자의 외모에 영향을 받을 수 있다는 것이다.

정말 그렇다. 그러나 불행히도 이 논문의 저자들은 "오직 실험의 효율성을 이유로 남성의 얼굴만을 사용했다." 그 결과 가장 영향을 많이 받는 집단, 예를 들면 여성의 경우에는 완전히 쓸모없는 연구가 되어버리고 말았다. 피스크와 치카라는 "젠더는 분명하다. 어쩌면 가장 분명한 사회적 범주일지도 모른다"라고 말했다. 젠더에 따른 정형화는 즉각적이고 무의식적인 경우가 많다. "여자를 보기만 해도 즉각 그와 연관된, 상황 조건에 맞는 일련의 특징과 속성을 불러낼 수 있다." 하지만 어쨌든 이 실험은 효율적이었다.

"도덕 연구에서 젠더가 지금껏 이 정도로 철저하게 배제되어왔다는 사실은 가히 충격적이다"라고 크로켓은 말한다. 그러나 한편으로는 별로 충격적이지 않다. 크로켓의 말에 따르면 도덕 연구는 "정말로 인간의 보편적 특성을 찾아내는 것을 목표로 한다." 그가 "보편적 특성"을 언급할 때 당연히 내 머릿속에서는 남성 디폴트적 사고방식을 알리는 경고음이 울리기 시작한다. 도덕을 연구하는 많은 학자들은 "옳고 그름에 대해 대단히 평등주의적이고 실리주의적이고 공정한 관점"을 견지하므로 "자신이 하는 연구에서도" 그러한 규범을 지킬 거라고 크로켓은 말한다. 그래서 경고음은 일단 꺼두기로 한다.

이어서 크로켓은 인류의 반이 여성인 세상에서 어떻게 남성 디폴트적 사고방식이 그토록 만연할 수 있는가에 대한 실마리를 제공한다. "그것은 인간 심리의 특징이다." 인간은 자신의 경험이 다른 대부분의 사람들의 경험을 그대로 반영한다고 추정한다. 사회심리학에서는 이것을 "소박실재론"*이라 부른다. 기본적으로 사람들은 자신이 생각하거나 행동하는 방식이 전형적이라고, 평범하다고 추측하는 경향이 있다. 그런데 백인 남성의 경우 애초에 문화가 그들의 경험을 반영하여 만들어졌기 때문에 자신의 경험이 전형적이라고 생각하는 경향이 한층 더 강해진다. 일종의 확증편향**인 셈이다. 이는 남성 편향이 성 중립적인 척하는 경우가 왜 그렇게 많은지를 이해하는 데 도움이 된다. 힘을 가진 사람이 대부분 남자일 경우—실제로도 그렇지만—그들은 남성 편향을 남성 편향으로 인식하지 못한다. 남성 편향은 그들에게 상식처럼 보인다. 그러나 "상식"이란 사실 젠더 데이터 공백의 산물이다.

남성 편향을 공정하고 보편한 상식으로 착각한다는 것은, 기울어진 운동장을 평평하게 만들려는 누군가가 있을 때 사람들(남자들)의 눈에

---

* 우리 몸 밖의 세계는 우리와 관계없이 독립적으로 존재하고 그것에 대한 우리의 인식은 세계를 그대로 반영하는 것이라는 관점.
** 자신의 선입관과 일치하는 정보만 받아들이고 일치하지 않는 정보는 무시하는 것.

14장 여권은 인권이다

그 사람의 젠더밖에 안 보인다는 뜻이다(그들 눈에는 오히려 그것이 편향으로 보이기 때문일지도 모른다). 2017년 논문에 따르면 다양성을 장려하는 백인 남성 지도자는 칭송을 받지만 같은 행동을 하는 소수인종 여성 지도자는 불이익을 당한다.[20] 그 이유 중 하나는 소수인종 여성이 다양성을 진작하는 행위가 백인 남성들에게 그가 소수인종 여성이라는 사실을 상기시키기 때문이다. 그리고 그와 동시에 젠더와 인종에 따라오는 모든 부정적인 고정관념 — 독불장군이다, 자신감이 넘친다, 냉정하다 등 — 이 뚜렷해진다. 또한 소수인종 여성 지도자는 "가벼운 다양성 진작 조치를 취할 때는 부정적인 고정관념과 반대로 행동"하려는 경향이 있다. 가부장제에 순응하는 것이 단기적으로, 개인적으로 한 여자에게는 이익이 된다는 사실을 대부분의 여자들이 (본인은 인정하지 않을지라도) 적어도 암묵적으로는 알고 있다는 실증적 증거다. 주위 사람들에게 곧 저지당하리라는 것은 부차적인 문제다.

"다양성 진작 조치"를 취하는 것이 그 여자가 여자라는 사실을 상기시킨다는 발견은 힐러리 클린턴이 "나는 여자니까 뽑아주세요"라는 말밖에 안 했다고 버니 샌더스가 생각하게 된 이유를 설명해줄지도 모른다. 데이터에 따르면 클린턴은 그런 말을 한 적이 없기 때문이다. 뉴스 사이트 복스Vox 기자 데이비드 로버츠David Roberts가 클린턴의 연설에서 사용된 단어 빈도를 분석했더니 클린턴은 "주로 노동자, 일자리, 교육, 경제 — 바로 그가 외면한다고 비난당했던 주제들 — 에 대해 이야기했다. 일자리는 600번가량 언급했고 인종차별주의, 여권, 낙태는 각각 수십 번씩 언급했다." 그러나 미국 작가 리베카 솔닛Rebecca Solnit이 《런던 리뷰 오브 북스》에 기고한 글에서 지적했듯이 "사람들은 클린턴이 항상 자신의 성별에 대해 이야기하고 다녔다고 생각하지만 실제로 그의 성별에 관해 쉬지 않고 떠들어댄 것은 다른 모든 사람들이었다."[21]

보다 거시적인 관점에서 이 모든 것이 의미하는 바는 민주주의가 평평한 운동장이 아니라는 사실이다. 그것은 여성을 뽑지 않도록 편향되어 있다. 이것은 문제다. 남성 의원과 여성 의원은 서로 다른 시각을 가질 수밖에 없기 때문이다. 여자는 자신의 성별과 젠더 때문에 남자와 다른 삶을 산다. 다른 대우를 받는다. 다른 세상을 경험하기 때문에 필요로 하는 것도, 우선순위도 남자와 다르다. 그래서 남성 지배적인 입법부는 남성 지배적인 상품 개발 팀처럼 젠더 데이터 공백 때문에 피해를 입는다. 여성 국민들에게 부적절한 대우를 하게 되기 때문이다. 그런데 세계 각국 정부는 대부분 남성 지배적이다.

2017년 12월을 기준으로 세계 국회에서 여성 의석이 차지하는 비율은 평균 23.5%이지만 지역에 따라 큰 격차가 있다. 북유럽 의회는 평균 41.4%가 여성인 반면 아랍 의회는 평균 18.3%가 여성이다.[22] 의회에서 여성이 차지하는 비율이 10% 이하인 나라는 31개국이며 여성 의석이 전혀 없는 나라도 4개국이나 된다. 대부분의 나라에서는 이 상태를 개선하기 위한 조치가 거의 시행되고 있지 않다.

2017년 영국 하원 여성평등위원회는 국회 내의 여성 의석을 늘리기 위해 정부가 시행해야 하는 6가지 권고안이 담긴 보고서를 발간했다.[23] 정부는 모든 권고안을 거부했다.[24] 그중 하나는 전원 여성 후보제 all-women shortlist(이하 AWS로 표기)를 총선만이 아니라 지방선거로까지 확대하고 그 효력을 현 시한인 2030년 이후까지 연장하는 것이었다. 영국 선거제도하에서 각 정당은 총선에 어느 후보를 내보낼지 결정하기 위해 모든 선거구에서 예비경선을 치른다. AWS는 정당이 특정 선거구의 총선후보가 반드시 여성이길 바랄 때 예비경선에 여성 후보만 내보내는 것을 말한다.

AWS는 1997년 영국 총선에서 처음 사용되었다. 1997년 1월 영국은 여성 국회의원 수에서 세인트빈센트 그레나딘, 앙골라와 같은 순위를 기록했다.[25] 하원 의석의 9.5%가 여성으로, 세 나라가 공동 50위를 차지했다. 그러나 같은 해 12월 영국은 갑자기 20위로 뛰어올랐다. 5월에 총선을 치렀기 때문이다. 그해 총선에서 영국 최대 야당인 노동당이 최초로 AWS를 채택했다. 효과는 엄청났다. 노동당의 여성 하원의원 수가 37명에서 101명으로 늘었다(총 여성 하원의원 수는 60명에서 120명으로 늘었다).

2017년 영국 총선에서 노동당은 승리 가능성이 높은 선거구의 50%에서 AWS를 사용했고 노동당이 공천한 후보 가운데 41%가 여자였다. AWS를 사용하지 않은 보수당과 자유민주당이 공천한 후보 가운데 여성은 각각 29%였다. 영국 하원은 2018년 현재 32%가 여성 의석으로 세계 39위다. 순위가 하락한 이유는 한편으로는 다른 나라들이 따라잡았기 때문이고, 또 한편으로는 여전히 AWS를 사용하지 않는 보수당이 다수당이기 때문이다(노동당 하원의원의 43%가 여성인 반면 보수당은 21%에 불과하다).

노동당의 AWS 사용은 여성 하원의원 증가에 지대한 영향을 미쳤다. 그러므로 2030년 이후까지 효력을 연장하길 거부한 정부의 결정은 영국 민주주의의 남성 편향을 재개하는 것과 같다. 어쩌면 그들은 여성 정치인들이 법률 제정에 미치는 영향에 관한 데이터를 읽지 않았는지도 모른다. 혹은 읽었기 때문에 그러는 것인지도 모른다.

지방정부 인사의 여성 비율이 중앙정부보다도 낮음을 고려할 때 AWS를 지방선거에까지 확대하지 않기로 한 영국 정부의 결정은 더 당황스럽다. 지방자치제의 본래 목적은 중앙정부가 가져왔던 권한을 지방단체에 돌려주는 것이다. 그리고 영국 정부의 예산지출 가운데 매년 940억 파운드(한화 약 144조 7600억 원)를 차지하는 지방정부는 특히 여성이 의존하는 공공서비스 제공에서 필수적 역할을 담당한다. 그런데 포셋소사이어티의 후원으로 작성된 2017년 보고서에 따르면 지방자치제는 주로 남자들에게 권력을 돌려주고 있다.[26]

포셋소사이어티 보고서에 따르면 잉글랜드와 웨일스의 지자체 가운데 9곳의 내각은 여전히 전원이 남자이며 지방단체장의 33%만이 여성이다. 잉글랜드의 지방의회 의원은 3명 중 1명이 여성인데 이는 지난 20년간 5% 상승한 수치다. 새로 선출된 대도시 시장 6명은 모두 남자이며 — 가장 최근에 있었던 리버풀 시장 선거에서는 주요 정당 가운데 여성 후보를 공천한 곳이 1군데도 없었다 — 지방정부의 내각 인사 중 12%만이 여자다.

정부가 데이터를 수집하지 않기 때문에 우리가 가진 증거는 포셋소사이어티 보고서가 유일하다. 따라서 포셋소사이어티가 데이터 수집을 중단할 경우 향후 변화를 추적 관찰 하는 것은 불가능하다. 그런데 정부는 "아직 증거 기반이 확립되지 않았기 때문에" 지방선거와 시장 선거에 AWS를 확대 적용 하지 않겠다고 한다.[27] 각 정당이 후보 다양성 데이터를 수집 및 발표 하게 하라는, 여성평등위원회의 가장 기본적인 권고안도 ("이 조치가 가져올 규제적 부담"을 이유로) 거부한 것으로 보아 앞으로 영국에서 민주주의의 남성 편향을 줄이고자 하는 사람들의 입지는 더욱 줄어들 것으로 보인다.

여성평등위원회 보고서의 권고안 중 쿼터제와 관련된 3가지가 거부당한 것은 사실 놀랍지 않다. 영국 정부는 전통적으로 그런 조치를 반민주적이라고 생각해왔기 때문이다. 그러나 세계 각국의 사례를 보면 여성 정치인 쿼터제가 무능한 여자들을 대거 정계에 진출시키는 결과를 낳지는 않는다.[28] 직장 쿼터제에 관한 런던정치경제대학의 연구 결과와 마찬가지로, 정치인 쿼터제에 관한 연구에 따르면 그것은 "정치엘리트 전반의 능력을 향상한다." 따라서 여성 쿼터제는 숨겨진 남성 편향에 대한 시정책에 불과하며 반민주적인 것은 현 제도다.

정치인 쿼터제의 형태는 그 나라의 선거제도에 따라 달라진다. 영국에서는 650개 선거구에서 각각 1명의 하원의원이 선출된다. 선출 방식은 최다득표제다. 최다득표제란 가장 많은 표를 얻은 후보가 당선된다는 뜻이다. 최다득표제하에서는 선거구당 당선자가 1명이기 때문에 남성 편향을 고칠 수 있는 유일한 방법은 AWS뿐이다.

스웨덴에서는 후보자 명부가 사용된다. 이 제도하에서는 비례대표제에 따라 지명된 복수의 의원이 각 선거구를 대표한다. 각 당은 선거구별로 미리 후보자 명단을 작성하는데 선호도순으로 배열한다. 당이 많은 표를 받을수록 많은 후보자가 당선되며 명부에 올라간 순서가 나중일수록 당선될 확률도 낮아진다.

1971년 스웨덴 국회의 여성 의석은 14%에 불과했다.[29] 사회민주당은 이 격차를 해소하기로 결심했다. 첫 개정안으로 1972년에는 후보자 명부에 "전보다 여자를 많이" 적게 했다.[30] 1978년에는 여성 당원의 비율과 같은 비율로 여성 후보자를 적게 했다. 1987년에는 후보자 명부의 최소 40%를 여자로 채우는 방안이 도입되었다. 그러나 어떤 방법도 여성 의석수에 이렇다 할 영향을 미치지 못했다. 후보자 명부의 50%가 여성이더라도 전부 후순위에만 올라 있다면 의석을 얻을 가능성이 낮기 때문이다.

그래서 1993년에 사회민주당은 "지퍼" 쿼터제라는 것을 도입했다. 우선 2개의 명부를 만든다. 하나는 남성 후보로만 채우고 하나는 여성 후보로만 채운다. 이 두 명부에 지퍼를 채운다. 즉 남자와 여자가 번갈아 나오도록 두 명부를 합치는 것이다. 그 결과 1994년 선거에서 여성 의석은 7% 증가했고[31] 그 후로는 40% 미만으로 내려간 적이 없다.[32] 그러나 계속 감소세이긴 하다. 최근 스웨덴에서 극우파 정당의 의석이 늘어가고 있는데 그들은 여성 쿼터제를 실시하지 않기 때문이다.

이제 이 사례를 한국과 비교해보자. 한국은 선거제처럼, 겉보기에는 젠더와 무관해 보이는 것이 실제로는 여성 의석수에 얼마나 큰 변화를 일으킬 수 있는지 보여주는 유익한 실례다. 한국은 혼합형 선거제를 채택하고 있다. 약 18%의 의석은 비례대표제에 따라 배분하고[33] 나머지는 영국처럼 최다득표제로 선출하는 소선거구제다. 두 제도 모두 여성 쿼터제를 원칙으로 한다.

2004년 한국 총선에서 비례대표제 여성 후보의 비율을 30%에서 50%로 높였을 때 여성 의석은 2배 이상 증가했다. 대단한 발전처럼 들리지만 기존 의석이 워낙 적었어서 실제 의석수는 얼마 되지 않았다. 정당들이 비례대표제에서는 여성 쿼터제를 나름대로 지켰지만 소선거구제에서는 그러지 않았기 때문이다. 원칙적으로는 후보자의 30%가 여성이어야 했지만 2012년 선거의 소선거구 후보 가운데 여성의 비율은 새누리당 7%, 민주통합당 10%에 그쳤다. 소선거구제와 비례대표제 양쪽 모두에서 여성 쿼터제가 지켜졌다면 한국 국회의 여성 의석은 약 33.6%가 되었을 것이다. 그러나 2018년 현재 여성 의석의 비율은 17%다.*

두 제도 사이에 쿼터제 준수 여부가 극명하게 차이 나는 이유는 간단하다. 최다득표제와 소선거구제는 승자독식제이기 때문이다.[34] 따라서 거시적 관점에서는 AWS가 불공정한 제도를 공정하게 고치기 위한 시정책이지만 미시적 관점에서는 분명 불공정해 보일 것이다. 특히 후보로 나가보지도 못한 남자에게는.

이것이 노동당 예비경선에 출마하지 못한 피터 젭슨Peter Jepson과 로저 다이어스엘리엇Roger Dyas-Elliott의 주장이었다. 1996년 이 두 남자는 노동당을 상대로 사법심사를 청구했다.** AWS가 「1975 성차별 금지법 Sex Discrimination Act 1975」에 저촉된다는 것이었다. 그러나 보이지 않는 소수집단우대정책이 실제로는 남자에게 유리하게 작용한다는 사실을 감안하면 그들의 행동은 해당 법의 의도에 부응하는 것은 아니었다. 하지만 법원은 법조문을 문자 그대로 해석하여 젭슨과 다이어스엘리엇에게 승리를 안겨주었다. 그 결과 AWS는 일시적으로 금지되었다가 노동당 정부의 「2002 (선거 후보) 성차별 금지법 Sex Discrimination (Election Candidates) Act 2002」을 통해 부활했다. 원래는 2015년까지 시행될 예정이었으나

---

* 2020년 4월에 치러진 21대 총선 결과 여성 의석수는 총 57석으로, 전체의 19%를 기록했다.
** 우리나라의 헌법소원에 해당한다.

2008년 노동당 부대표 해리엇 하면Harriet Harman이 2030년까지 연장되었음을 발표했다.[35] 한편 다이어스엘리엇이 가장 최근에 목격된 곳은 법원으로, 라이벌 하원의원의 아내에게 죽은 새를 보냈다가 접근금지 명령을 받았다.[36]

세계적으로 여성 정치인의 비율이 높은 나라들은 비례대표제를 시행 중인 경우가 많다.[37] 이 점을 염두에 두고 한국과 스웨덴의 사례를 감안할 때 영국 여성평등위원회는 첫 단계로 쿼터제를 요구하지 말았어야 했는지도 모른다. 그들이 여성 의석이 늘어나는 것을 정말로 원했다면 첫 번째 요구는 선거제 전면 개혁이었어야 했는지도 모른다. 그러나 여성 의석을 늘리는 것은 절반의 성취에 불과하다. 여자가 선출되더라도 자기 일을 제대로 하지 못하게 방해받는다면 의미가 없기 때문이다. 그리고 실제로 그런 경우가 많다.

취약 국가* 전문가 클레어 카스티예호Clare Castillejo는 여자들이 남성 지배적인 정실주의情實主義 인맥에서 배제되는 탓에 정부에서 영향력을 제대로 행사하지 못하는 경우가 많다고 말한다.[38] 여자들이 공식 회의에 출석하더라도 남자들끼리 상부상조하는 뒷방 인맥―카스티예호의 경고에 따르면 이런 인맥은 분쟁 후 정국에 특히 많다[39]―을 만들어서 진짜 논의는 "여자들이 들어올 수 없는 비공식적 공간에서" 하면 소용이 없다.[40]

의사결정과정에서 여자를 배제하는 관습은 만연할 뿐 아니라 (여성의 인생 경험과 관점이라는 형태의) 젠더 관련 데이터를 폐기하는 가장 효율적인 방법 중 하나다. 미국 국회의원에 관한 2011년 조사에 따르면 여성 의원의 40%는 "우리 입법부의 지도자들이 중요한 결정을 내릴 때 남자와 상의할 확률은 여자와 상의할 확률과 같다"라는 명제에 동의하지 않았다(흥미롭게도 이 명제에 동의하지 않은 남성 의원은 17%에 불과했다).[41] 마찬가지로 영국 지방정부에 관한 2017년 보고서에는 "진짜 권력을 가진", 그리고 여자는 "포함될 가능성이 적은, 지방정부 내의 비공식적 사조직"이 언급되어 있다.[42]

그러나 사실 남성 정치인들은 여성 정치인들을 따돌리기 위해 남성 전용 공간으로 도망칠 필요도 없다. 남녀가 모두 있는 상황에서 여성 동료의 권위를 약화하는 데 사용할 수 있고 실제로 사용 중인 방법이 다양하기 때문이다. 그중 하나는 말 끊기다. "남녀 가운데 말이 더 많이 끊기는 쪽은 여성"이라고 2015년 논문은 결론짓는다. 이 논문에 따르면 평균적으로 남자가 여자의 말허리를 끊을 확률은 여자가 남자의 말허리를 끊을 확률의 2배가 넘었다.[43] 2016년 미국 대선을 앞두고 텔레비전으로 생방송된 90분짜리 토론회에서 도널드 트럼프는 힐러리 클린턴의 말을 51번 끊었지만 클린턴은 트럼프의 말을 17번 끊었다.[44] 트럼프만이 아니었다. 언론인 맷 라우어Matt Lauer도 — 이후에 수차례의 성희롱 혐의로 NBC에서 해고되었다[45] — 인터뷰할 때 트럼프보다 클린턴의 말을 더 많이 끊었다. 또 그는 "트럼프보다 클린턴이 한 발언의 진위 여부에 의문을 제기할 때가 더 많았다."[46] 그러나 클린턴은 2016년 선거 후보 중에서 가장 정직한 후보였던 것으로 드러났다.[47]

여자를 하대하는 것도 하나의 방법이다. 악명 높은 예는 2011년 당시 영국 총리였던 데이비드 캐머런David Cameron이 노동당 하원의원 앤절라 이글Angela Eagle에게 "진정해요, 아가씨"라고 말한 사건이다.[48] 2016년 국제의원연맹Inter-Parliamentary Union이 실시한, 여성 정치인을 대상으로 한 성차별, 폭력, 괴롭힘에 관한 연구에 따르면 어느 유럽 국가의 국회의원은 이렇게 말했다. "여성 의원이 국회에서 큰 소리로 말하면 남성 의원들이 어린아이에게 하듯 손가락을 입술에 갖다 대며 '쉿'이라고 말한다. 남성 의원이 큰 소리로 말할 때는 절대 그런 일이 없다."[49] 또 다른 여성 의원은 "(같은 당 남성 의원들까지도) 내가 하려는 말이 정말로 중요한 얘기냐고, 발언을 안 하면 안 되냐고 자꾸만 물어본다"라고 말했다. 더 뻔뻔한 방법도 있다. 아프가니스탄 하원의원 파지아 쿠피Fawzia Koofi는 《더 가디언》과의 인터뷰에서, 남성 의원들은 여성 의원이 발언을 못하게 하려고 위협하고 그래도 안 되면 "지도부에서 마이크를 꺼버린다"라고 말했다.[50]

국회에서 연사의 발언 시간을 정할 권리를 한 사람(대개 남자)에게 맡기는 것에도 남성 편향이 숨어 있다. 아프리카 사하라사막 이남 국가의 한 국회의원 — 여성 의원들의 신분을 숨기기 위해 보고서에 이렇게만 표기되었다 — 은 국회의장이 동료 여성 의원에게 성관계를 강요했다고 국제의원연맹에 말했다. 당사자가 거절하자 "의장은 국회에서 다시는 그 의원에게 발언권을 주지 않았다." 굳이 성적 모욕까지 당하지 않아도 국회의장은 여성 의원에게 발언권을 주지 않는다. "내가 초선의원이었을 때 국회 지도부는 늘 남성 의원들의 발언을 인용했고 발언권을 줄 때 남성 의원을 우선시했다"라고 아시아 국가의 한 국회의원은

14장 여권은 인권이다

말했다.

국제의원연맹 보고서는 여성 정치인을 대상으로 한 성차별, 괴롭힘, 폭력에는 "한계가 없으며 정도만 다를 뿐 모든 나라에 존재하는 현상"이라고 결론지었다. 보고서에 따르면 여성 국회의원의 66%는 지속적으로 남성 의원들의 여성혐오적 발언에 시달린다. 이러한 발언은 비하("당신은 포르노 영화에나 출연하는 게 낫겠어")에서 협박("저 여자는 강간을 당해야 해. 그래야 외국인들이 뭘 하는지 알지")에 이르기까지 다양하다.

정치적 괴롭힘은 분명 여성만을 대상으로 하는 현상이다.[51] 2016년 민주당 예비경선 기간 동안 힐러리 클린턴은 버니 샌더스의 2배에 가까운 악성 트윗을 받았다. 가장 많이 등장했던 단어는 "쌍년"이었다. 쌍년은 오스트레일리아 전 총리 줄리아 길라드Julia Gillard에 관한 트윗에서 가장 많이 사용된 단어이기도 했다. 길라드도 클린턴처럼 2010~14년에 정적 케빈 러드Kevin Rudd의 2배에 가까운 악성 메시지를 받았다. 유럽 국가의 한 국회의원은 나흘 동안 트위터로 500번이 넘는 강간 협박을 받은 적도 있다고 국제의원연맹에 말했다.[52] 또 다른 여성 정치인은 아들에 대한 정보("나이, 학교, 학년 등")와 함께 "아들을 납치하겠다고 협박하는" 메시지를 받았다.

때로는 협박에서 그치지 않는다. 국제의원연맹이 조사한 여성 국회의원 5명 중 1명 이상은 "한 번 이상의 성폭력"을 겪은 적이 있고, 3분의 1은 여성 동료가 성폭력 당하는 것을 목격한 적이 있다. 2010년 아프가니스탄 총선 기간 동안 거의 모든 여성 후보가 협박 전화를 받았으며[53] 몇몇 여성 국회의원은 지금도 24시간 경호가 필요하다.[54] 2014년에 파지아 쿠피는 "나는 거의 매일 생명의 위협을 느낀다"라고《더 가디언》

에 말했다.[55] 1년 뒤 그의 여성 동료 1명이 자동차 폭탄으로 사망했다. 아프가니스탄에서 여성 정치인이 치명적 습격을 당한 것은 3개월 만에 두 번째였다.[56]

공격성은 여성 정치인의 비율에 비례하여 증가하는 듯하다. 세계 각국—성스러운 스칸디나비아반도도 예외는 아니다—의 연구에 따르면 여성 정치인이 증가할수록 여성 정치인을 향한 적개심도 증가한다.[57] 특히 남성 정치인들의 적개심이 증가한다. 미국과 뉴질랜드의 여러 연구에 따르면[58] 남성 의원들은 "국회에 여성 의석이 증가하면 예전보다 공격적인 화법을 구사하고 청문회와 의회 토론을 주도하려 든다." 또 다른 연구에 따르면 미국 하원에서 여성 의원의 비율이 증가할수록— 하원의 여성 의석은 19.4%밖에 안 된다는 사실을 명심해라[59]—여성 의원이 자기 당에서 간부 자리를 차지할 확률이 낮아진다.[60] 미국과 아르헨티나의 심층 연구에 따르면[61] 여성 의원이 많을수록 "여성 의원이 발의한 법안이 통과될 확률과 여성 의원이 '남성적'이고 '힘 있는' 위원회에 지명될 확률이 낮아진다."[62] 마찬가지로 미국의 논문에 따르면 인권 문제를 여권 문제라고 표현할 경우 남성 정치인들이 해당 법안을 지지할 확률이 낮고, 권리법의 발의자가 대부분 여성 의원일 경우 결국 흐지부지돼서 주정부가 재정지원을 해줄 가능성이 낮다.[63] 민주주의는, 적어도 여성과 관계된 한에서는, 망가진 듯하다.

이런 극도의 신경전 속에서 일하는 여성이 업무 능력에 지장을 받는 것은 당연하다. 많은 여성 의원들이 제한된 경로로만 이동하고 반드시 해가 지기 전에 귀가하거나 일행을 동반한다고 국제의원연맹에 말했다.[64] 또 어떤 의원들은 특히 여성문제에 대해 발언할 때 자기검열을 한다.[65] 여성문제가 가장 심한 공격성을 불러일으키기 때문이다.[66] 어떤 의원들은 소셜미디어 계정을 전부 삭제해서 "자신의 생각을 널리 알리거나 유권자들과 토론할 장"을 스스로 박탈하기도 한다.

또 어떤 의원들은 정계를 떠난다. 아시아와 라틴아메리카에서는 여성 정치인을 대상으로 한 폭력 때문에 그들이 재선에 나서지 않고 남성 정치인보다 짧은 정치활동 끝에 정계를 떠날 가능성이 높다.[67] 아시아의 한 국회의원은 국제의원연맹에 "다음 선거에 출마할지 모르겠다"라고 말했다. "가족에게 너무 큰 피해를 줘서는 안 된다고 생각하기 때문이다."[68] 한편 스웨덴 지방의회의 여성 정치인 3명 중 1명은 "협박 사건을 겪은 후 의원직을 포기할 생각을 해본 것으로 나타났다."[69]

여자들은 여성 정치인이 겪는 괴롭힘 때문에 정계에 진출하는 것 자체를 주저하기도 한다. 여성 정치인 양성 프로그램을 이수한 영국 여성의 75% 이상은 여성 정치인이 온라인에서 당하는 성차별적 괴롭힘이 "공직 생활에 나설 것인가를 고려할 때 걱정스러운 부분"이라고 말했다.[70] 오스트레일리아에서는 18~21세 여성의 60%, 31세 초과 여성의 80%가 언론이 여성 정치인을 다루는 방식 때문에 정계에 투신하고 싶지 않다고 말했다.[71] 나이지리아에서는 2011년과 2015년 사이에 국회의 여성 의석수가 "뚜렷이 감소"했다. 비정부기구 국가민주주의연구소National Democratic Institute에 따르면 그 원인은 "여성 정치인들이 직면하는 폭력과 괴롭힘 때문"일 수 있다.[72] 그런데 앞서 살펴봤듯이 여성 정치인의 감소는 젠더 데이터 공백을 낳을 것이고, 젠더 데이터 공백은 다시 여성에게 필요한 법안의 가결률이 낮아지는 결과를 낳을 것이다.

증거는 명백하다. 오늘날의 정계는 여성 친화적 환경이 아니다. 이 말은, 원칙적으로는 운동장이 평평하지만 실제로는 여자들이 남자들보다 불리한 환경에서 일한다는 뜻이다. 젠더에 대한 고려 없이 제도를 만든 결과다.

셰릴 샌드버그가 『린 인』에서 밝힌, 적대적 근무 환경을 헤쳐나가는 법은 이 악물고 밀고 나가라는 것이다. 물론 이것도 부분적인 해결책이 될 수는 있다. 나도 여성 정치인은 아니지만 대중적으로 알려진 여자로서 어느 정도의 협박과 욕설을 듣는데, 이 의견이 많은 공감을 얻지는 못할지도 모르겠지만, 본인이 모진 풍파를 견딜 수 있다고 해서 그냥 견디기만 한 사람들에게 책임이 있다고 생각한다. 위협은 공포에서 비롯되는데 사실 그 공포는 젠더 데이터 공백에 의해 생긴 것이다. 남자의 목소리와 남자의 얼굴로 가득한 문화 속에서 자란 어떤 남자들은 그들이 당연히 남자의 것이라고 생각하는 권력이나 공간을 여자들이 빼앗아 갈까 봐 두려워한다. 그 공포는 우리가 문화적 젠더 데이터 공백을 메워서 남자아이들이 더 이상 공공 영역을 자기들 것이라고 생각하며 자라지 않게 될 때까지는 사라지지 않을 것이다. 따라서 어느 정도까지는 우리 세대의 여자들이 다음 세대의 여자들을 위해 견뎌야 할 시련이다.

구조적 해결책이 없다는 말을 하려는 것이 아니다. 말 끊기 문제를 예로 들어보자. 15년분의 대법원 구두변론을 분석한 논문에 따르면 "남자는 여자보다 남의 말을 많이 끊는다. 특히 다른 남자의 말보다 여자의 말을 많이 끊는다."[73] 이는 변호사뿐 아니라 판사가 여자일 때도 해당된다(여자 변호사가 남의 말을 끊은 사례는 전혀 없었다). 원칙적으로 판사가 말을 시작하면 변호사는 발언을 중단해야 하는데도 그렇다. 그리고 공공 영역의 경우와 마찬가지로, 재판관석에 앉는 여자가 늘어나면서 문제가 더 심각해진 듯하다.

이 문제에 대한 개인주의적 해결책은 여자들도 똑같이 남자의 말을 끊는 것이다.[74] 이를테면 여자들 특유의 "정중한 말 끊기"를[75] 사용해서 말이다. 그러나 겉보기에는 성 중립적인 이 접근법에는 문제가 있다. 그것이 실제로는 성 중립적이지 않다는 것이다. 여자가 말 끊기를 했을 때에는 남자가 했을 때와 똑같이 받아들여지지 않는다. 2017년 6월 미국의 상원의원 카멀라 해리스Kamala Harris는 답변을 요리조리 피하는 법무부 장관 제프 세션스Jeff Sessions에게 곤란한 질문을 던지고 있었다. 그가 계속해서 대답을 얼버무리자 해리스는 그의 말을 중간에 끊고 제대로 답변하라고 압박했다. 그러자 상원의원 존 매케인John McCain이 되레 (각각 다른 경우에 두 번이나) 해리스의 말을 끊고 그를 꾸짖었다.[76] 그러나 비슷하게 강압적으로 질문한 상원의원 론 와이든Ron Wyden에게는 아무런 제재도 가하지 않았다. 그러나 다음 날 "히스테릭하다"라는 딱지가 붙은 것은 해리스뿐이었다.[77]

문제는 여자들이 쓸데없이 정중하다는 것이 아니다. 그들은 (의식적으로든 아니든) "정중한" 말 끊기라는 것이 여자에게는 존재하지 않음을 안다. 따라서 여자에게 남자처럼 행동하라고 — 마치 남성적인 행동이 성 중립적인 인간 디폴트인 것처럼 — 말하는 것은 도움이 되기는커녕 해로울 가능성마저 있다. 그 대신 필요한 것은 남자가 여자보다 남의 말을 많이 끊는다는 사실과 여자가 남자와 똑같이 행동하면 불이익을 당한다는 사실을 반영하는 정치 환경 및 근무 환경이다.

오늘날 일터에서는 지금보다 덜 평등주의적이던 시대의 유물 제거하기가 유행하고 있다. 답답한 서열문화는 퇴출하고 수평적 조직구조를 도입했다. 그러나 문제는 공식적인 서열 제도가 사라졌다고 해서 실제로 서열 제도가 사라진 것은 아니라는 점이다. 단지 대단히 비평등주의적인 구조가 은밀하게, 암암리에 옛 서열문화의 자리를 차지했을 뿐이다. 그 꼭대기에는 백인 남자들이 있고 그 밖의 모든 이에게 남겨진 작은 공간을 두고 나머지 우리들이 싸우고 있다. 여성 리더십 교육자 게이나 윌리엄스는 말한다. 브레인스토밍 같은 집단 토론 방식은 "다양한 의견이 나오기 어려운 것으로 잘 알려져 있다." 기존 지배계층(백인 남성)의 목소리가 지배하기 때문이다.[78]

그러나 말 끊기 감시 같은 간단한 조정과[79] 1인당 발언 시간 지정 같은 조치만 취해도 남성 지배가 상당히 약화되는 것으로 밝혀졌다. 이것은 사실 FX 드라마 〈쉴드〉의 제작자 글렌 머자라Glen Mazzara가 회의실에서 여자 작가들이 아예 발언을 하지 못하거나 발언을 하다가도 말 끊김 당하는 것을 보고 취한 조치다. 그는 (남자든 여자든) 작가들의 발언 도중에는 말 끊기 금지 원칙을 도입했다. 그것은 효과가 있었고 "팀 전체의 능률이 올라갔다"라고 그는 말한다.[80]

보다 과감한 방법은 거버넌스* 구조를 통째로, 다수결의원칙에서 만장일치 방식으로 바꾸는 것이다. 만장일치 방식하에서는 여성의 발언 기회가 늘어나고 여성이 소수자 지위에서 벗어나는 것으로 나타났

---

* 공동의 목표를 달성하기 위하여, 주어진 자원 제약하에서 모든 이해 당사자들이 책임감을 가지고 투명하게 의사결정을 수행할 수 있게 하는 제반 장치.

다[81] (2012년 미국의 연구에 따르면 여자들은 여자가 "절대다수"일 때만 토론 참여율이 남자와 같았다.[82] 흥미로운 점은, 여자들은 여자가 소수일 때 말수가 줄어든 반면 남자들은 남자가 다수이든 소수이든 말수가 똑같았다는 것이다).

어떤 나라들은 여성의 목소리를 권력에서 배제하려는 극단적인 방법을 법으로 금지했다. 2012년 이래 볼리비아는 여성 공직자를 대상으로 한 정치적 폭력을 범죄행위로 규정했다. 2016년에는 여성 대상 폭력 전과가 있는 사람은 선거에 출마하지 못하게 하는 법을 통과시켰다.

그러나 대부분의 나라는 여성 정치인이 제도적으로 불리한 위치에 있지 않은 척한다. 대부분의 국회에 존재하는 행동강령은 성 중립적 "예의"를 지키는 데 초점을 맞춘다. 대부분의 나라에는 성희롱 제보를 처리하는 공식 절차가 없으며 성차별이 규칙에 위배될 정도로 부적절했는지를 결정하는 것은 어쩌다 담당자 자리에 있게 된 아무나(대개 남자)인 경우가 많다. 그들은 대부분 위배가 아니라고 결정한다. 한 여성 국회의원은 남성 국회의원으로부터 성차별적 욕설을 듣고 의사진행발언을 요청했더니 국회의장이 기각했다고 국제의원연맹에 말했다. 의장은 "나는 다른 의원이 당신을 어떻게 생각하는지까지 통제할 순 없다"라고 말했다.

과거 영국에는 젠더 관련 조항을 따로 명시한 지방정부 행동강령이 있었다. 독립된 외부 기구가 감독했고 의원직을 정지할 권한도 있었다. 그러나 이 강령은 2010년 보수당·자유민주당 연립정부의 "규제 개선 청구제Red Tape Challenge"*에 의해 폐기됐다. 어떤 기준을 정하고 어떻게 시행할 것인가는 각 지자체에 맡겨졌다. 정부 권고안에는 "높은 수준의 행동"을 장려하라는 모호한 말만 있고 성차별 금지에 대한 언급은 전혀 없었다.[83] 그래서 범죄가 아닌 비위非違로 의원직을 정지할 수 있는 명확한 절차는 더 이상 존재하지 않는다.[84]

따라서 2017년 포셋소사이어티가 발간한, 지방정부에 관한 보고서에서 "1970년대와 다를 바 없는 일부 지방정부의 해로운 성차별 문화"가 발견된 것은 놀랍지 않다. "여성 정치인은 성차별을 정치 생활의 일부로 간주하고 참는다." 그리고 여성 지방의원 10명 중 4명은 다른 의원으로부터 성차별 발언을 들어본 적이 있다.[85] 한 여성 의원은 "젊은 여자를 비하하거나 여성의 공로를 무시하는 문화"를 묘사했다. 여성단체는 "아줌마 클럽"으로 불렸고 유명 연설가와의 만찬은 " '아줌마들'이 차려입을 기회로 홍보되었다." 이 의원이 여성 동료와 함께 항의하자 그들은 "공격적"이라는 말을 들었고 "비하적이고 성차별적인 별명으로 불렸다." 그가 보낸 이메일은 무시당했다. 회의 공지 대상에서 누락되었다. 회의에서 발언을 하면 동료 의원들이 "환영했다기보다는 억지로 참았다." 소셜미디어에서도 같은 당 동료들로부터 "이제 일은 어른들이 할게. 도망가, 꼬마 아가씨야"라는 메시지를 받았다.

여기서 주목해야 할 점이 2가지 있다. 첫째, 국민의 대표를 선출함에 있어서 인류의 반을 제외하면 최상층부에 젠더 데이터 공백이 생긴다는 사실이다. "최고"의 정치인이란 "좋은 학교와 대학을 나오는 바람에 공짜로 생긴 자신감과 돈, 시간을 가진 사람들"을 의미하진 않는다. 최고의 정치인은 전체로서, 하나의 기능집단으로서 최고의 성과를 내는

---

* red tape란 영국 관청에서 공문서를 빨간 끈으로 묶었던 데서 유래한 표현으로, 관공서의 불필요한 요식을 가리킨다. 규제 개선 청구제는 우리나라의 온라인 신문고와 비슷한 제도로서 국민 누구나 불필요한 규제를 제보할 수 있으며 정부는 3개월 내에 적절한 답변을 내놓아야 한다.

사람들을 뜻한다. 그리고 이 문맥에서 최고란 다양성을 의미한다. 이 책에서 지금까지 살펴본 모든 것이 다양한 관점의 중요성을 보여준다. 우리가 평생을 여자로 살면서 축적한 데이터가 중요하다. 그 데이터는 국가 통치의 핵심에 속한다.

여기서 둘째가 등장한다. 우리가 가진 데이터는 여성 정치인들이 평평한 운동장에서 일하고 있지 않음을 명백히 보여준다. 현 제도는 남자를 선출하도록 기울어져 있다. 그 말은 현 제도가 세계 지도자들의 자리에 젠더 데이터 공백을 영속화해서 그로 인한 모든 부정적인 영향을 인류의 반에게 미치게끔 기울어져 있다는 뜻이다. 우리는 현재 남자들에게 유리하게 작용하고 있는 소수집단우대정책을 의도적으로 눈감아주는 것을 멈춰야 한다. 이론적, 법적 기회균등이 진정한 기회균등인 척하는 것을 멈춰야 한다. 그리고 우리 모두를 지배하는 법을 결정할 때는 다양한 부류의 사람들이 참여하게끔 설계된, 증거에 기반한 선거제도를 시행해야 한다.

6부

재난

INVISIBLE WOMEN

누가 다시 지을 것인가

힐러리 클린턴이 1995년 중국 베이징에서 열린 UN 4차 세계여성대회에서 여권에 대해 이야기하고 싶어 했을 때 측근들조차 의구심을 표했다.[1] "사람들은 말했다. '이것은 미국 정부에 중요한 주제가 아니다. 물론 좋은 얘기고 당신이 관심 있다니 기쁘지만 미 대통령 영부인이 지금 전 세계에서 일어나고 있는 수많은 일 ― 소련 붕괴라든지 구소련 국가들, 바르샤바조약기구 회원국들, 르완다, 보스니아의 소요 ― 가운데 여권에 대해 이야기하면 문제 될 소지가 있다. 그러니 거리를 좀 두고 이야기하는 게 좋겠다.'" 나중에 살펴보겠지만 ― 당시 미국 정부도 이미 알고 있었다 ― 르완다와 보스니아에서 "일어나고 있던" 일은 대대적이고 체계적인 여성 강간이었다.

일이 잘못됐을 때, 예를 들어 전쟁, 자연재해, 팬데믹이 발생했을 때 (우리가 도시계획에서부터 의료에 이르는 다른 모든 곳에서 봤던) 일상적인 데이터 공백은 확대되고 증폭된다. 그러나 '단순히 여자를 포함해야 한다는 사실을 깜빡함'이라는 일상적 문제보다 더 은밀하게 퍼져나간다.

일이 잘 돌아가고 있을 때 우리가 여성의 관점을 포함하라고, 여성이 필요로 하는 것을 반영하라고 말하지 않으면 재난, 혼돈, 사회 붕괴라는 상황 속에서는 오랜 편견이 더 정당화되는 경향이 있기 때문이다. 게다가 변명은 늘 준비되어 있다. 우리는 경제 재건에 초점을 맞춰야 한다 (앞서 살펴봤듯이 이 주장의 전제는 거짓이다). 우리는 생명을 구하는 것에 초점을 맞춰야 한다(나중에 살펴보겠지만 이 주장의 전제 또한 거짓이다). 그러나 사실 이 변명들에는 설득력이 없다. 우리가 여성을 배제하는 진짜 이유는 인류 절반의 권리를 소수의 문제라고 생각하기 때문이다.

재해복구 활동에 여자를 포함하지 않으면 촌극으로 끝날 수도 있다. "그들은 부엌이 없는 집을 지었다"라고 유니버시티칼리지런던 재난과학과 교수 모린 포덤Maureen Fordham은 말한다. 2001년에 지진이 서인도의 구자라트주州를 강타했다. 수천 명이 죽었고 약 40만 채의 가옥이 무너졌다. 그래서 새집이 필요했지만 구자라트주 재건 계획에는 심각한 데이터 공백이 있었다. 계획과정에 여자가 포함되지도 않았고, 심지어 여자에게 자문을 구하지도 않았던 것이다. 그 결과 부엌 없는 집들이 건설됐다. 그러면 요리는 대체 어디서 하라는 거였냐고 나는 물었다. 그러나 포덤은 거기서 끝이 아니었다고 답했다. 문제의 집에는 "인도 주택에 일반적으로 딸려 있는 축사도 없는 경우가 많았다." 가축을 돌보는 것은 대개 남자의 일이 아니기 때문이다. "그것은 여자의 일이다."

극단적인 예처럼 들릴지 모르지만 그렇지 않다. 4년 후 스리랑카에서도 똑같은 일이 있었다.[2] 2004년 12월 26일 쓰나미가 인도양과 맞닿은 14개국의 해변을 휩쓸어 가서 25만 명이 사망했다. 그런데 구자라트주에서처럼 스리랑카 재건 계획에도 여자가 포함되지 않았고 그 결과 부엌 없는 집을 지었다. 난민캠프에서도 비슷한 일이 일어난다. 인도주의 단체들이 요리해야 먹을 수 있는 식량을 나눠 주면서 요리용 연료는 주지 않는 것이다.[3]

미국에도 비슷하게 재해복구 활동에서 여자를 빠뜨린 역사가 있다. 포덤이 1992년 허리케인 앤드루 이후 마이애미 시에서 있었던 재개발 계획 이야기를 들려준다. "그 계획의 이름은 '우리가 다시 지을 것이다'였다." 문제는 재건을 계획하는 "우리"가 거의 다 남자였다는 사실이다. 결정권을 가진 위원회—소문에 따르면 "마이애미 유력가들끼리 알음알음으로 결성한 무리"였던[4]—구성원 56명 가운데 여자는 11명뿐이었다.

이 남성 지배적인 "우리"는 당시 "빈촌의 문제를 해결하려는 부촌의 무리"라고 비판받았다. 어떤 여자가 보기에는 "또 똑같은 남자 패거리가 실권을 잡고 문제가 뭔지도 모르면서, 특히 여자들의 문제가 뭔지도 모르면서 자기들 맘대로 했다. 늘 있던 일이었다." 이 똑같은 남자 패거리가 다시 짓고 싶어 했던 것은 비즈니스 센터, 고층 빌딩, 상공회의소였다. "수천 명이 기본적인 시설과 공공서비스가 없어서 고통받고 있을 때"에 말이다. 포덤의 말에 따르면 그들은 "유치원이나 보건소 같은 시설"은 물론 (특히 여자들에게 필요한) 비공식적인 소규모 일터도 재건 계획에 전혀 포함하지 않았다. 그래서 마이애미의 불만스러운 여권운동가들이 공식 재건 계획에서 빠진 문제들을 해결하기 위해 "여자들이 다시 지을 것이다"를 만들었다.

"우리가 다시 지을 것이다"로부터 13년이 흐른 뒤, 허리케인 카트리나가 뉴올리언스 시를 덮쳤을 때도 미국인들은 여전히 지난날의 교훈

15장 누가 다시 지을 것인가

을 배우지 못한 것으로 드러났다. 2005년 8월 허리케인 카트리나로 인해 3만 명 이상이 살 곳을 잃었다(당시 미국은 "심각한 국내 실향민 문제"가 있는 국가 10위 안에 들었다).[5] 이 국내 실향민 가운데 가장 큰 비중을 차지한 것은 아프리카계 미국인 여자들이었다. 그러나 아프리카계 미국인 여성의 목소리는 도시계획에 전혀 반영되지 않았다. 허리케인 이전에도, 이후에도.[6] 그 결과 심각한 젠더 데이터 공백이 생겼고 결국 가장 취약한 사람들에게 지원이 돌아가지 않았다. 2015년 여성정책연구소 보고서에 따르면 이것은 조사만 제대로 했어도 충분히 예상 가능했던 일이었다. 그러나 복구 계획자들은 여자들에게 필요한 것을 묻지 않음으로써 여성정책연구소가 (1차 허리케인, 2차 홍수에 이은) "3차 재난"이라고 부른 것을 일으켰다. 이 3차 재난은 "제방 붕괴와 마찬가지로 인재"였다.

뉴올리언스 시 공공주택에 살았던 임차인 대부분은 청소만 마치면 원래 살던 집으로 돌아가고 싶어 했고 돌아갈 수 있으리라 믿었다. (공공주택 대단지 4곳의 별명인) "더 브릭스the bricks"는 무너지지 않은 데다, 주택도시개발부에 따르면, 골조가 온전해서 청소 후에 다시 살아도 됐기 때문이다. 그러나 결과는 달랐다. "뉴올리언스에 집세가 저렴하고 골조가 온전한 집이 대단히 부족한데도" 이 집들을 철거하기 위한 자금 지원 계획이 발표됐다. 그 대신 중저소득자를 위한 집이 들어설 예정이었는데 기존의 4534채에 한참 못 미치는 706채밖에 안 됐다.

마이애미의 "우리가 다시 지을 것이다"처럼 뉴올리언스 재건 계획자들은 "이제 영원히 살 곳을 잃은, 전부 저소득자이고 대부분이 흑인 여성인 수천 명"에게 필요한 것보다 사업 이익을 더 중요시한 듯하다.

2007년에 피소된 뉴올리언스 시 주택 당국은 공식 답변에서 자신들이 임차인들에게 설문조사를 했더니 대부분이 뉴올리언스로 돌아가고 싶지 않다고 말했다고 주장했다. 이는 여성정책연구소의 조사 결과와 정반대였으므로 많은 사람들에게 "주택 철거 결정은 재난 피해를 복구하거나 재산을 잃고 트라우마를 겪은 사람들의 필요에 부응하기 위해서라기보다는 기회주의적인 도시재개발사업을 위한 것"이 아니냐는 의구심을 남겼다.

주민들은 더 브릭스로 돌아가고 싶어 했다. 이 공공주택 단지는, 브라질의 **파벨라**처럼, 단순히 살 곳만 제공한 게 아니었기 때문이다. 그것은 자유방임적인 주정부가 방치한 공백을 채우는 사회적 인프라를 제공했다. 한 여자는 "공공주택이 제일 좋은 집은 아니었을지 몰라도 거기서는 모두가 누군가의 엄마였다"라고 여성정책연구소에 말했다. 삶의 터전을 잃고 뿔뿔이 흩어지면서 (그리고 집이 철거되면서) 그들은 그모든 것을 잃었다. 그러나 우리가 여자들의 무급 노동의 가치를 인정하지 않기 때문에 이런 비공식적인 인간관계를 유지해야 할 필요성이 또다시 재건 계획에 반영되지 않았다. 주택단지가 제공하는 사회관계망 덕분에 여자들은 안전감을 느꼈고 그 결과 여자들의 이동성이 늘어났다. 한 여자는 "도시에 사는 것도 나쁘지 않았다"라고 말했다. "서로서로 모르는 사람이 없었기 때문이다. 뉴올리언스 시와 클레이본 군 근처에 다다르면 다들 아는 사이라서 안전하다고 느꼈다."

더 브릭스에 사는 여자들의 이동성이 높았던 이유는 규칙적인 버스 시간과 지근거리에 위치한 다양한 상점 덕이기도 했다. 그러나 이 또한 바뀌었다. 집을 잃은 여자들은 이제 가게에서 최소 몇 km 떨어진 곳에 살았으므로 더 이상 걸어서 갈 수 없게 됐다. 버스 시간표도 바뀌었다. 예전에는 15분마다 오던 버스가 이제는 1시간 만에 오는 게 흔한 일이 됐다. 한 여자는 그래서 직장을 잃었다. 브라질의 MCMV 계획자들처럼 뉴올리언스 재건 계획자들에게는 저소득 여성들을 통근시키는 것이 우선순위가 아니었던 모양이다.

여성의 목소리를 재해복구 계획에 포함하라고 강제하는 국제법은 없다. 증거를 보면 그래야 할 것 같지만 말이다. 그러나 무력 분쟁 후 상황에 대해서는 「UN안전보장이사회 결의안 1325호United Nations Security Council Resolution 1325」가 있다.

「UN안보리 결의안 1325호」는 "UN의 모든 평화 안보 활동에 여성 참여를 확대하고 성인지적 관점을 통합하도록 모든 회원국에 권고한다." 여권활동가들의 "수십 년에 걸친 로비"의 결과인[7] 이 역사적 결의는 2000년에 통과됐다. 그러나 그로부터 18년이 지났는데도 그 이상의 진전은 미미하다. 우선 구할 수 있는 데이터가 거의 없다.[8] 이 사실만으로도 이 결의가 채택된 상황의 심각성을 유추할 수 있다. 그나마 존재하는 데이터도 고무적이라고 하긴 어렵다. 여성이 협상 책임자를 맡았던 경우는 두 번뿐이고, 여성이 협상 책임자로서 최종 평화협정에 서명까지 한 경우는 딱 한 번뿐이다.[9] 무력 분쟁 후 상황에서 여권 관련 정책에 대한 자금 지원도 여전히 "부족하다."[10] 모든 대표단에 여자를 포함하라는 기본 조건 준수에서도 별다른 진전이 없다.[11] 설사 여자가 포함되더라도 소수에 불과하고 요직에서 제외된다. 심지어 어떤 분야는 전보다 퇴보하기까지 했다. 2015년에는 조인된 평화협정의 70%가 젠더 관련 조항을 포함했는데 2016년에는 그 비율이 50%에 불과했다. 게다가

2017년 6월 아프가니스탄 평화협정에서 여성 참여율은 협상자의 6%, 중재인의 0%, 서명인의 0%였다.

2016년과 2017년 사이에 갑작스러운 역전이 일어난 원인에 대한 데이터는 구할 수 없으나 실마리는 2014년 뉴욕에서 열린 국제평화연구소International Peace Institute의 여성, 평화, 안보에 관한 오프더레코드 원탁회의에 참석했던 인사에게서 얻을 수 있었다. "UN을 비롯한 유력 단체들이 여자를 포함하지 말라는 요구에 굴복한다"라고 그는 주장했다. "해당국 정부가 '우리는 여자를 원하지 않는다'고 하면 국제사회는 타협하여 '알았다'고 한다."[12] 재난 이후 상황에서와 마찬가지로 뻔한 이유들이 있지만—문화적 민감성, 여자를 포함하면 협상이 지연된다, 여자는 협상이 타결된 후에 포함해도 된다—모든 것은 결국 수 세기 동안 여자들을 따돌리는 데 사용된 한마디로 귀결된다. '너는 혁명을 완수한 후에 챙겨주겠다.'

그것은 명백한 성차별주의에서 비롯된 핑계이며 여성의 삶이 "인간"의 삶보다 중요하지 않다고 믿는 세상, "인간"이 남성을 의미하는 세상에서 나타나는 증상이다. 그러나 국제기구들이 그토록 쉽게 「UN 안보리 결의안 1325호」를 창밖에 내버리는 행위는 성차별적이기만 한 것이 아니라 어리석기도 하다. 여성이 협상에 참여하면 협정 타결 가능성이 증가할 뿐 아니라[13] 평화 지속 가능성도 증가한다. 1989~2011년에 조인된 182건의 평화협정을 분석한 결과, 여자가 평화 협상 과정에 포함되어 있을 때 협정이 2년 이상 지속될 가능성은 20% 증가했으며, 15년 이상 지속될 가능성은 35% 증가했다.[14]

이는 여자가 꼭 협상을 더 잘해서는 아니지만 그들이 무엇을 위해서 협상하는가와 관련이 있다. 취약 국가 전문가 클레어 카스티예호는 "여자들은 남자 엘리트들이 간과하는 중요한 문제 — 이를테면 포괄성, 절차 및 기관에 대한 접근성, 지방이나 비공식 영역의 중요성 같은[15] — 를 평화 구축 안건으로 들고 나오곤 한다"라고 지적한다. 바꿔 말하면 언제나 그렇듯이 여성의 존재는 데이터 공백을 메운다. 그리고 중요한 사실 하나. 최근 양적 데이터 분석에 따르면 여자들이 요직에서 배제되고 2등 시민 대우를 받는 나라는 평화로울 가능성이 낮다는 "강력한 증거"가 발견됐다.[16] 다시 말해 젠더 데이터 공백을 메우는 것은 정말로 모두에게 좋은 일이다.

당신은 재난 때문에 죽는 게 아니다

일이 잘못됐을 때 여성의 목소리를 배제하는 것이 아이러니한 이유는 이런 극단적인 상황에서야말로 오랜 편견이 정당화되기 어렵기 때문이다. 여자는 이미 전쟁, 팬데믹, 자연재해의 영향을 남자보다 훨씬 많이 받고 있다. 그러나 무력 분쟁이 여성에게 미치는 영향(사망, 질병, 강제 이주)에 관한 데이터는 제한적이고 성별 구분 데이터는 더욱더 드물다. 그래도 적으나마 우리가 가진 데이터는 여자가 남자보다 무력 분쟁의 영향을 더 많이 받음을 보여준다.[1] 현대전에서는 전투원보다 민간인 사망률이 더 높기 때문이다.[2] 게다가 트라우마, 강제 이주, 부상 및 사망은 남녀가 똑같이 겪지만 여자는 여성만이 겪는 피해까지 겪어야 한다.

여성 대상 가정폭력은 분쟁 중에 더욱 증가한다. 사실 분쟁 관련 성폭력보다도 흔하다.[3] 보스니아 분쟁이 있었던 3개월 동안에는 약 6만 명의 여성이 강간당했고, 르완다 집단학살이 있었던 100일 동안에는 최대 25만 명이 강간당했다. UN 기구들은 시에라리온 내전(1991~2002년)

동안 6만 명 이상의 여성이, 라이베리아 내전(1989~2003년) 동안 4만 명 이상이, 콩고민주공화국 내전(1998년~) 동안 최소 20만 명이 강간당한 것으로 추산한다.[4] 데이터 공백 때문에—다른 무엇보다도 여자들이 신고할 기관이 없는 경우가 많았다—실제 수치는 훨씬 높을 것으로 예상된다.

여자는 전쟁에 뒤따라오는 사회질서 붕괴의 영향을 남자보다 훨씬 많이 받는다. 소위 분쟁 후 상황에서도 강간과 가정폭력의 수위는 여전히 극도로 높다. "무력 사용에 익숙한 제대군인들이 집으로 돌아와서, 달라진 성역할이나 실업의 좌절에 직면하기 때문이다."[5] 1994년 르완다 집단학살이 있기 전에는 여성의 평균 결혼연령이 20~25살이었다. 그러나 집단학살 도중 및 이후에 난민캠프에서는 15살로 내려갔다.[6]

또 여자는 전쟁의 간접 효과로 사망할 확률이 남자보다 높다. 세계 모성사망의 반 이상은 분쟁 영향권에 있는 국가 또는 취약 국가에서 발생하며 모성사망률 세계 10위 안에 드는 나라들은 모두 분쟁 중이거나 분쟁 후 상태인 나라들이다. 이곳의 모성사망률은 평균 2.5배인데 그 원인 중 하나는 분쟁 후 또는 재난 후 구호 활동에서 산부인과 진료가 누락되는 경우가 너무 많기 때문이다.

재난 시 모자보건에 관한 기관 간 협력체Inter-agency Working Group on Reproductive Health in Crises는 20년 넘게 전쟁구역이나 재난 지역에 있는 여자들에게 출산 키트, 피임약, 산과 진료 및 상담을 제공해야 한다고 주장해왔다. 그러나 《뉴욕 타임스》보도에 따르면 "지난 20년 동안 그런 도움은 아예 없거나, 있더라도 간헐적으로만 제공되어왔다."[7] 한 보고서에 따르면 임부들은 산과 진료 없이 방치되어 "극도로 비위생적인 환경에서 유산하거나 분만할 수도 있다."

이는 재난 후 구역에서도 문제가 될 수 있다. 2013년 400만 명의 이재민이 발생한 필리핀 태풍 이후 매일 1000여 명이 출산을 했는데 그중 150명가량이 목숨이 위험한 상황을 겪었을 것으로 추산된다.[8] 분만 시설과 기구가 태풍에 파괴된 탓에 여자들이 죽어갔다.[9] 그러나 UN인구기금United Nations Population Fund이 기부국들에 위생 키트, 임시 분만 병동 의료진, 강간 피해 상담사에 필요한 지원금을 부탁하자 반응이 "뜨뜻미지근했고" 결국 필요 금액의 10%밖에 모이지 않았다.[10]

분쟁 후 구역과 재난 후 구역은 특히 전염병 확산에 취약하다. 그리고 팬데믹이 발생하면 남자보다 여자가 훨씬 많이 사망한다.[11] 2014년 에볼라바이러스 사태의 중심지이자 모성사망률 세계 1위인 시에라리온을 예로 들어보자. 그곳에서는 신생아 10만 명당 산모 1360명이 사망하며—OECD 평균은 10만 명당 14명이다[12]—산모 17명 중 1명은 평생 동안 출산과 관련된 높은 사망 위험을 안은 채 살아야 한다.[13] 정부가 최근 발표한 데이터에 따르면 시에라리온에서는 매달 최소 240명의 임부가 사망한다.[14]

여기에 에볼라바이러스를 추가하면 여자는 갑자기 두 종류의 죽음, 출산으로 인한 죽음과 에볼라바이러스로 인한 죽음을 두려워해야 한다. 아니, 사실은 둘 중 하나도 아니다. 임부는 의료서비스 및 의료진과 많이 접촉해야 해서 에볼라바이러스에 감염될 위험이 높기 때문이다.[15] 《더 워싱턴 포스트》 보도에 따르면 에볼라바이러스가 가장 크게 창궐했던 세 번 가운데 두 번은 "임산부들을 통해 바이러스가 대량 전파 되었다."[16] 여성 의료진에서 에볼라바이러스 사망자가 많이 나왔다는 사

16장 당신은 재난 때문에 죽는 게 아니다

실은 여성 한정적인 위험을 더욱 증가시켰다. 의학지《더 랜싯》은 에볼라바이러스 주요 감염 3개국에서 의료진 부족으로 인해 매년 추가적으로 4022명의 여자가 사망할 것이라고 예측했다.[17]

구호 활동을 계획할 때 젠더 반영을 주저하는 이유 중 하나는, 전염병은 남녀 모두에게 영향을 미치는 문제이므로 통제와 치료에만 초점을 맞추고 "남녀 불평등 같은 사회문제는 이 사태가 끝나고 난 뒤에 다른 사람들이 해결하도록 내버려두는 것"이 최선이라는 태도가 여전히 만연하기 때문이다.[18] 학자들에게도 책임이 있다. 지카바이러스와 에볼라바이러스 사태가 터졌을 무렵 1만 5000개 이상의 상호 심사 학술지에 게재된 2900만 편의 논문을 분석한 최근 연구에 따르면 유행병의 성별별 영향을 다룬 논문은 전체의 1%도 채 되지 않았다.[19] 그러나 WHO 보고서에 따르면 성별이 중요하지 않다는 믿음은 위험하다. 유행병 방지 및 억제 활동을 방해할 수 있고 질병 전파 방식에 관한 중요한 통찰을 가로막을 수 있기 때문이다.[20]

2009년 H1N1 신종플루 사태 때도 성별을 고려하지 않았기 때문에 "정부 관리들은 남자들만 상대했다. 남자들이 농장 주인이라고 생각했기 때문이다. 그러나 소규모 축사에서 키우는 가축을 돌본 것은 대부분 여자들이었다."[21] 2014년 시에라리온에서 에볼라바이러스가 발생했을 때 "최초 격리 계획에는 식량 공급은 포함되었지만 물과 연료 공급은 포함되지 않았다." 시에라리온을 비롯한 개발도상국에서 연료와 물을 구하는 것은 여자의 일이므로 ─ 그리고 연료와 물은 당연히 생필품이다 ─ 격리 계획이 수정되기 전까지 "여자들은 계속해서 땔감을 구하기 위해 집을 나섰고 그것이 감염 확산 위험을 높였다."[22]

돌봄노동 또한 팬데믹 발생 시 여자에게 더 치명적인 결과를 가져온다. 여자는 집에서 와병 중인 환자 대부분의 돌봄노동을 담당한다. 또한 바이러스에 노출될 위험이 높은 "병원에서 일하는 조산사, 간호사, 청소부, 세탁부" 대부분이 여성이다. 이런 부류의 노동자들은 "대부분이 남자인 의사들과 같은 수준의 지원이나 보호를 받지 못한다."[23] 장의사 역시 여자인데 전통 장례식은 많은 사람을 감염시킨다.[24] 2014년 라이베리아에서 에볼라바이러스로 사망한 환자의 75%가 여성으로 추정된다.[25] 또한 UN아동기금UNICEF에 따르면 에볼라바이러스의 "진원지"인 시에라리온에서는 사망자의 최대 60%가 여성으로 추정된다.[26]

2016년 논문에 따르면[27] 최근 에볼라바이러스 및 지카바이러스 사태 당시 국제사회의 권고는 "여자들이 감염으로부터 자신을 보호할 능력이 제한되어 있다는 사실을 고려"하지 않았다.[28] 두 경우 모두 여자들에게 "국제사회의 권고에 포함된 자결권을 행사할" 경제적, 사회적, 규제적 권한이 있다는 (잘못된) 전제를 바탕으로 했다. 그 결과 이미 존재하는 성 불평등이 국제사회의 권고에 의해 "더욱 악화되었다."

재난 후 구호와 관련된 젠더 데이터 공백은 하루빨리 해결해야 한다. 세계가 기후변화로 인해 점점 더 위험해지고 있다는 데 의심의 여지가 없기 때문이다. 세계기상기구World Meteorological Organization에 따르면 현재의 위험도는 40년 전의 약 5배에 달한다. 2000~10년에 홍수, 폭풍, 가뭄, 폭염으로 발생한 자연재해가 3496건인 반면 1970년대에 발생한 자연재해는 743건이었다.[29] 기후변화가 무력 분쟁[30] 및 팬데믹[31]의 발생 원인 중 하나일지도 모른다는 분석을 차치하더라도 기후변화 자체가 직접적인 사망원인인 것이다. 학술지 《더 랜싯 지구 건강》에 실린 2017년 보고서는 2071~2100년 유럽에서 날씨 관련 재해가 매년 15만 2000명의 사망자를 발생시킬 것이라고 예측했다.[32] 이는 1981~2010년의 3000명과 대조되는 수치다.[33] 그리고 잠시 후 살펴보겠지만 자연재해로 인한 사망자 또한 대부분 여자다.

그 전까지는 자연재해 사망률의 남녀 격차에 관한 확실한 데이터가 없었다가 2007년에 처음으로 체계적이고 통계적인 분석이 발표되었다.[34] 1981~2002년의 141개국 데이터를 분석했더니 여자는 자연재해로 인한 사망률이 남자보다 월등히 높았고 인구 대비 사망자 수가 많을수록 기대수명의 남녀 차이도 컸다. 의미심장한 사실은 국가별 여성의 사회경제적지위가 높을수록 사망률의 남녀 격차가 작았다는 것이다.

여자들은 재난 때문에 죽는 게 아니라고 모린 포덤은 말한다. 젠더때문에, 그리고 젠더가 여성의 삶을 어떻게 제한하는지를 고려하지 않는 사회 때문에 죽는 것이다. 인도 남자는 밤 지진 생존률이 여자보다 높다. "밤 기온이 높을 때 남자들은 실외나 지붕 위에서 자기 때문이다. 대부분의 여자에게는 불가능한 행동이다."[35] 스리랑카에서는 수영과 나무 타기를 "압도적으로" 남자아이들에게만 가르친다. 그 결과 2004년 12월 쓰나미가 덮쳤을 때 여자 사망률은 남자의 4배였다.[36] 남자가 홍수에서 살아남기가 더 쉬웠기 때문이다.[37] 방글라데시에는 여자가 수영 배우는 것을 부정적으로 보는 사회적 편견이 있어서 여자가 홍수에서 살아남을 확률이 "현저하게" 낮다.[38] 이처럼 사회에 의해 만들어진 여성의 취약성은 남자 친족을 동반하지 않고는 집 밖에 나올 수 없다는 사실에 의해 악화된다.[39] 그 결과 사이클론이 덮쳤을 때 여자들은 남자

친족이 와서 자기들을 안전한 곳으로 데려가주길 기다리느라 귀중한 대피 시간을 낭비한다.

사실은 애초에 남자가 와서 말해줘야 사이클론이 온다는 걸 알 수 있기 때문에 거기서부터 이미 시간이 낭비된다. 사이클론 경고 방송은 시장이나 모스크 같은 공공장소에서 나온다고 포덤은 말한다. 그러나 여자들은 공공장소에 가지 못한다. "그들은 집에 있다. 따라서 남자가 와서 대피해야 한다고 말해줘야만 그 사실을 알 수 있다." 그러므로 소식 자체를 못 듣는 여자도 많다.

방글라데시의 사이클론 대피 체계 가운데 여자에 대한 고려 없이 만들어진 것은 남성 편향적 경고 제도만이 아니다. 사이클론 대피소는 "남자에 의해, 남자를 위해" 지어졌다고 포덤은 말한다. 그 결과 여자들에게 안전한 장소와는 거리가 먼 경우가 많다. 시대가 천천히 변하고는 있지만 본질적으로 "대단히 커다란 콘크리트 상자"에 불과한 구식 사이클론 대피소라는 "커다란 유산"이 여전히 존재한다. 전통적인 대피소는 남녀 공용인, 그냥 하나의 커다란 공간이다. 남녀 화장실도 분리되어 있지 않고 "구석에 양동이 하나가 있을 뿐이다. 이런 공간에 1000여 명이 대피해 있다."

1000명당 양동이 하나라는 명백한 문제 외에도 남녀 구역이 분리되지 않았기 때문에 결국 여자들은 대피소에서 지내지 못한다. "방글라데시 문화에서는 여자들이" 가족에게 수치를 안겨주게 될까 봐 "가족이 아닌 남자들과 섞여서 생활할 수 없다"라고 포덤은 말한다. 그 남자들과 섞여서 생활하는 여자는 누구든 "온갖 종류의 성희롱과 그보다 더한 일을 당하게 되므로 여자들은 대피소에 가지 않는다." 그 결과 여

16장 당신은 재난 때문에 죽는 게 아니다

자 사망률이 남자보다 훨씬 높은 것이다(1991년 사이클론 및 홍수 때 여성 사망률은 남성의 5배에 가까웠다).[40] 단지 남녀 구역이 분리된 시설이 없다는 이유만으로.

여자들이 재난 상황에서 직면하는 폭력이라는 주제로 말하자면 우리는 이미 여성을 대상으로 한 폭력이 "자연재해에 동반되는 혼돈 및 사회질서 붕괴 속에서" 증가한다는 사실을 알고 있다. 그러나 바로 이 혼돈 및 사회질서 붕괴 때문에 정확한 통계는 알 수 없다. 허리케인 카트리나가 상륙했을 때 해당 지역의 성폭력 센터는 문을 닫을 수밖에 없었다. 즉, 그 후 한동안은 아무도 강간당한 여성 수를 집계하거나 확인하지 않았다는 뜻이다.[41] 가정폭력 피해자 보호소도 문을 닫아야 했고 결과는 같았다. 그러나 여자들은 방글라데시처럼 성 중립적인 폭풍 대피소에서 성폭력을 겪고 있었다. 허리케인 카트리나가 상륙하기 전에 미처 뉴올리언스를 벗어나지 못한 수천 명이 임시로 메르세데스벤츠 슈퍼돔에 머물렀는데 얼마 지나지 않아 폭력, 즉 강간과 폭행에 관한 끔찍한 이야기가 돌기 시작했다. 자기 파트너한테 구타당하는 여자들에 관한 보고가 있었다.[42]

"비명을 지르면서 도와달라고 외치는 목소리를 들을 수 있었다. '제발 나한테 이러지 마, 누가 좀 도와주세요.'" 여성정책연구소와의 인터뷰에서 한 여자가 회상했다.[43] "사람들은 슈퍼돔에서 아무 일도 없었다고 말했다. 아니다. 분명히 있었다. 사람들이 강간당했다. 사람들이, 여자들이 지르는 비명을 들을 수 있었다. 조명이 없어서 너무 어두웠으니까." 그가 덧붙였다. "남자들이 그냥 아무나 붙잡아서 자기가 하고 싶은 짓을 마음대로 했던 것 같다." 허리케인 카트리나가 상륙했을 때 누구에게 무슨 일이 있었는지에 관한 정확한 데이터는 한 번도 수집 및 분석 된 적이 없다.

전쟁과 재해로부터 달아나려는 여자들에게 성 중립 구역의 악몽은 세계 곳곳의 난민캠프에서 계속되는 경우가 많다. "남녀 화장실이 분리되지 않으면 여자들이 성폭행 및 폭력에 노출될 위험이 훨씬 커진다는 사실을 우리는 과거의 수많은 잘못으로부터 배웠다"라고 국제앰네스티 유럽·중앙아시아 담당 부국장 하우리 판휠릭Gauri van Gulik은 말한다.[44] 사실 국제 지침에는 난민캠프의 화장실을 남녀 분리하고, 각각 표시하고, 자물쇠를 달라고 명시되어 있다.[45] 그러나 이 조건은 강제되지 않는 경우가 많다.

이슬람교 여성 자선단체 글로벌원Global One의 2017년 연구에 따르면 레바논 난민캠프에서 여성 난민의 98%는 남녀 분리 화장실을 이용할 수 없었다.[46] 여성난민위원회Women's Refugee Commission 연구에 따르면 독일과 스웨덴의 난민캠프에 거주하는 여자들은 성 중립 화장실, 샤워실, 침실 때문에 강간, 성폭행 등의 폭력에 취약하다. 생활공간과 수면 공간이 남녀 공용인 경우 여성 이슬람교도들은 몇 주 동안 히잡을 벗을 수 없어 발진이 생길 수 있다.

여성 난민들은[47] 화장실이 멀리 떨어져 있는 데다[48] 화장실까지 가는 길과 화장실 내부에 조명이 부족해서 더 무섭고 위험하다고 꾸준히 불만을 토로한다. 그리스의 악명 높은 이도메니 난민촌은 밤에 "칠흑같이 어둡다"라고 알려져 있다. 난민캠프에 태양광 조명을 설치하거나 여자들에게 태양전지 램프를 나눠 주면 훨씬 안전하다고 느낀다는 2편의

16장 당신은 재난 때문에 죽는 게 아니다

논문이 있는데도 이 해결책은 아직 널리 채택되지 않고 있다.[49]

　그래서 대부분의 여자들은 자구책을 찾는다. 2004년 쓰나미로부터 1년이 지난 후에도 인도의 국내 실향민 캠프에 사는 여자들은 공중화장실과 샤워실을 오갈 때 남자들의 괴롭힘을 피하기 위해 짝지어 다녔다.[50] ISIS의 성 노예 생활로부터 도망쳐 그리스 북부의 네아 카발라 난민캠프에 다다른 예지디족 여자들은 조를 짜서 화장실에 갔다. 그 밖의 여자들—2016년의 한 연구에 따르면 69%—은,[51] 화장실에 자주 가야 하는 임부까지도, 밤에는 그냥 화장실에 가지 않는 편을 택했다. 독일 난민 수용소의 일부 여자들은 먹지도 마시지도 않는 것을 택했는데 이 방법은 당시 그리스 최대의 비공식 난민캠프였던 이도메니의 여자들도 사용했다.[52] 2018년《더 가디언》보도에 따르면 어떤 여자들은 성인용 기저귀를 차기도 했다.[53]

　유럽의 난민캠프에서 여자들을 남성의 폭력으로부터 보호하지 못하는 원인 중 하나는 관할 당국, 예를 들면 독일과 스웨덴—대부분의 나라보다 훨씬 많은 난민을 수용했다는 점은 칭찬할 만하나—의 늑장 대응이다.[54] 그런데 늑장 대응이 다가 아니다. 세계 각국의 난민 수용소에서 여자들을 괴롭히는 가해자 중에는 남자 보초들도 있기 때문이다. 2005년 미국의 이민자 수용소의 여자들은 자신들이 자는 모습이나 샤워실, 화장실에서 나오는 모습을 보초들이 휴대폰 카메라로 찍는다고 말했다.[55] 2008년 케냐 경찰서에 구금되어 있던 17살 소말리아인 소녀는 화장실에 가려고 유치장에서 나왔다가 경찰관 2명에게 강간당했다.[56] 영국의 얄스우드이민국구금센터Yarl's Wood Immigration Removal Centre는 오래전부터 수많은 성 학대 및 성폭행 사례로 골치를 앓아왔다.[57]

세계 곳곳에서 끊임없이 들려오는 성 학대 보고를 고려할 때 이제는 남자 직원들이 남성 수용시설에서 일하듯 여성 수용시설에서 일할 수는 없음을 인정해야 할지도 모른다. 이것은 성 중립이 결국 성차별이 되는 또 하나의 예일지도 모른다. 어쩌면 남녀 분리는 위생 시설 너머까지 확대되어야 하는지도 모른다. 어쩌면 남자 직원은 힘없는 여자들 위에 군림하는 자리에 앉아서는 안 되는지도 모른다. 어쩌면. 그러나 이러한 가정들을 실행에 옮기려면 우선 당국이, 여자들을 돕고 지키고 행정 처리 해야 하는 남자 직원들이 도리어 그들을 착취하고 있다는 전제에 동의해야 한다. 그런데 현재로서는 동의하고 있지 않다.

인도주의 통신사 더 뉴 휴매니테리언The New Humanitarian에 보낸 이메일에서 독일 베를린주 난민청 대변인은 "수용소 관리자들과 수많은 대화를 나눠본 결과 특별한 (성폭력) 사례가 보고된 적이 없다고 장담할 수 있다"라고 말했다.[58] 성희롱 및 성 학대에 관한 다수의 증언이 존재하는데도 그들은 "심각한 문제가 없다고 확신했다." 마찬가지로 뉴스 사이트 버즈피드BuzzFeed의 보도에 따르면 유럽의 남자 국경 수비대원들이 섹스를 대가로 밀입국을 묵인하고 있을 가능성 또한 대부분의 당국이 부인한다.[59] 그러나 2017년《더 가디언》의 보도에 따르면 "성폭력 및 성 학대는 도하 지점과 검문소에 만연하며 체계적으로 이루어진다. 기자가 만난 여자들과 아이들의 3분의 1은 가해자가 제복을 입었거나 군軍과 관련돼 보였다고 말했다."[60]

베를린주 난민청은 "심각한 문제가 없다"라는 주장을 입증하기 위해 "경찰 보고서가 대단히 적다"는 점을 지적했다. 2016년 한 해 동안 난민 수용소에 사는 여자들의 "성적 자유를 침해한 범죄"가 베를린 경

16장 당신은 재난 때문에 죽는 게 아니다

찰에 접수된 사례는 10건에 불과했다.[61] 그러나 이 문제에서 경찰 통계가 과연 신뢰할 만한 척도인가? 아니면 이 또한 젠더 데이터 공백인가? 버즈피드 기자들이 유럽의 주요 통과국 — 그리스, 마케도니아, 세르비아, 크로아티아, 헝가리 — 국가경찰에, 여성 대상 폭력에 관한 정보가 있다면 무엇이든 제보해달라고 요청했을 때 대부분은 "반복적인 제보 요청"에도 답신하지 않았다. 헝가리 경찰은 답신을 했지만 "난민과 관련해서는 강간이나 성폭행 시도를 포함한 어떤 정보도 수집하지 않는다"라고 말했다. 크로아티아 경찰은 "범죄 신고를 피해자에 따라 분류할 수는 없으나 어쨌든 여성 난민들이 성폭력을 경험했다는 신고는 받은 바 없다"라고 말했다. 이 말이 사실일 수는 있다. 그러나 성범죄가 일어나지 않기 때문은 아니다. 난민을 돕는 여러 여성단체들은 그들이 만난 많은 여성이 수용소에서 성추행이나 성희롱을 당했지만 문화적, 언어적 장벽 때문에 "아주아주 많은 숫자의 성폭력이 신고되지 않는다"라고 지적한다.[62]

성 학대와 관련된 데이터 공백은 위기 상황에서 도움과 성폭행의 경계선을 흐리거나 식량 배급을 받고 싶으면 자기와 섹스 하라고 강요하는 남성 권력자들 때문에 악화된다.[63] 이런 데이터 공백은 고질적이지만 우리가 가진 증거는 이것이 재난 후 환경에서 흔한 시나리오임을 보여준다.[64] 그리고 최근에는 첫 번째로 옥스팜, 그다음에는 다른 국제 구호단체들이 줄줄이 직원들의 성 학대 혐의와 뒤이은 은폐 공작으로 전 세계 헤드라인을 장식했다.[65]

여성 난민을 위한 제도를 설계할 때 남성에 의한 폭력의 가능성을 무시하는 것은 애초에 남성 폭력 때문에 난민이 된 여자가 많다는 점에서 아이러니하다.[66] 우리는 사람들이 전쟁이나 재난 때문에 실향민이 된다고 생각하는 경향이 있다. 그러나 이것은 대개 남자가 떠나는 이유이므로 남성 디폴트적 사고방식의 또 다른 예다. 여자도 물론 같은 이유로 난민이 되지만 여성 노숙은 남성 폭력 때문에 생기는 경우가 훨씬 많다. 여자는 "교정" 강간(레즈비언을 "이성애자로 만들기 위해" 남자가 강간하는 것), 제도화된 강간(위안부), 강제 결혼, 아동 결혼, 가정폭력으로부터 달아난다. 남성 폭력은 저소득국가에서 여자가 집을 떠나는 이유이자 부유한 서구에서 여자가 집을 떠나는 이유다.

노숙은 오랫동안 남성의 현상으로 여겨져왔으나 이 문제에 있어서는 공식 데이터를 의심할 만한 이유가 있다. 영국 요크대학교 주택정책센터 연구원 조앤 브러더턴Joanne Bretherton은 실제로 여자가 "남자보다 노숙을 경험할 확률이 훨씬 높다"라고 말한다.[67] 이제 오스트레일리아에서 "전형적인 노숙인"은 "25~34세의 젊은 여성, 자녀를 동반한 경우가 많음, 남성 폭력으로부터 달아났을 확률이 높음"으로 정의된다.[68] 그러나 이 "심각한 사회문제"[69]는 극도로 저평가되어왔으며 연구자들이 노숙을 정의하고 측정하는 방법 때문에 만들어진 젠더 데이터 공백이다.[70] 캐나다대안정책센터Canadian Centre for Policy Alternatives에 따르면 "대부분의 노숙 연구에는 (……) 포괄적인 젠더 기반 분석이 결여되어 있다."[71]

노숙을 측정하는 방법은 대개 노숙인을 위한 서비스 이용자를 세는 것이다. 이 방법은 남자와 여자가 서비스를 이용할 확률이 같아야 의미가 있으나 현실은 그렇지 않다. 가정폭력 때문에 노숙인이 된 여자는 노숙인 보호소보다 가정폭력 보호소를 찾을 확률이 높다. 이 경우 영국에

16장 당신은 재난 때문에 죽는 게 아니다

서는 노숙인으로 집계되지 않는다.[72] 또한 그들은 "자기만의 현관문도, 사생활도, 공간도 없고 자신에게 법적 권리가 있는 집을 가질 기회조차 없이" 다른 사람들과 불확실한 계약을 맺고 살 확률이 높다.[73] 최근 영국 전역에서 "집세 대신 섹스" 계약이 증가한 데서 볼 수 있듯 난민캠프의 여자들처럼 성 착취를 당하기도 한다.[74]

캐나다의 연구에 따르면 여자들이 이런 불확실한 계약을 맺는 이유는 공식적인 응급 대피소가 안전하지 않다고 느끼기 때문이다. 특히 남녀 공용일 때는 더욱 그렇다.[75] 이런 안전 문제는 여자들의 상상의 산물이 아니다. 캐나다대안정책센터는 보호소에서 여성이 경험하는 폭력의 수위가 "충격적"이라고 말한다. "남녀가 똑같이 이용 가능하다고 여겨지는 성 중립적" 서비스는 "실제로는 여자를 심각한 위험에 처하게 한다"라고 캐나다대안정책센터는 결론짓는다.

따라서 여성 노숙은 폭력의 결과일 뿐 아니라 원인이기도 하다.[76] 미국 여자들은 위험하다고 생각되는 보호소보다는 차라리 노숙을 택한다.[77] 위험에 처한 여성을 위한 자선단체 어젠다Agenda 대표 캐서린 색스존스Katharine Sacks-Jones는, 영국의 노숙인 보호소는 "대개 남성을 염두에 두고" 만들어졌기 때문에 "학대와 폭력을 경험한 힘없는 여자에게는 공포스러운 장소일 수 있다"라고 말한다.[78]

노숙인 서비스의 성인지 감수성은 안전뿐 아니라 건강 문제이기도 하다. 영국의 노숙인 보호소는 국민보건서비스에 무료 콘돔은 요청할 수 있(고 하고 있)으나[79] 생리용품은 요청할 수 없다. 그 결과 보호소는 남는 예산이 있거나—가능성이 낮다—기증을 받았을 때만 생리용품을 지급할 수 있다. 2015년 노숙인을 위한 생리용품The Homeless Period이라는 압력단체는 영국 정부에 콘돔과 마찬가지로 생리용품도 지원해달라는 청원을 했다.[80] 국회에서 의문이 제기됐음에도 정부예산은 아직까지 마련되지 않았으나 2017년 3월 이 단체는 바디폼Bodyform의 협찬으로 2020년까지 생리용품 20만 팩을 제공키로 했다고 발표했다.[81] 미국의 활동가들은 이보다 성공적이었다. 2016년에 뉴욕시는 미국 최초로 공립학교, 노숙인 보호소, 교도소에 무료 탐폰과 생리대를 제공하는 도시가 되었다.[82]

여성 난민들도 여자가 생리한다는 사실을 고려하지 않는 세계적 경향을 피하지는 못했다. 이 생필품에 대한 예산이 마련되지 않는 경우가 많아서[83] 여성 난민들은 수년 동안 생리용품을 구하지 못한 채로 지내기도 한다.[84] 위생 키트가 지급되는 곳에서도 키트 자체가 전통적으로 "가구당 하나씩이라는 가정하에 구성되는데 한 가구에 생리하는 여자가 몇 명인지에 따라 조정할 수 있는 방법이 없다."[85] 문화적 금기를 반영하지 않는 생리용품 지급도 문제다. 여자들이 남자 직원에게 혹은 남자 가족 앞에서 생리용품을 요청해야만 하는 것,[86] 문화적 특수성에 맞지 않는 일회용 생리용품, 생리용품의 올바른 폐기 및 관리 방법을 제공하지 않는 것[87]은 수정되어야 한다.

이런 문제들은 여성의 건강과 자유에 영향을 미친다. 그들이 비위생적인 대용품("낡은 천, 이끼 뭉치, 매트리스 조각"[88])에 의존하기 때문에 한 연구에 따르면 여성의 50% 이상이 "요로감염에 걸린 적이 있으나 대개 치료받지 않았다."[89] 그리고 여자들은 "생리를 둘러싼 낙인과 생리혈이 샐 위험 때문에" 움직임에 제한을 받으며 "음식, 서비스, 정보를 얻거나 사람들을 사귀지" 못한다.

(노숙인이든 아니든) 여자들이 직면한 모든 문제가 젠더 데이터 공백을 메운다고 해서 마법처럼 해결되진 않을 것이다. 그러기 위해서는 사회의 전면적인 구조개혁과 남성 폭력의 종말이 필요할 것이다. 그러나 성 중립이 자동적으로 성평등을 의미하진 않는다는 깨달음은 분명 중요한 첫걸음이다. 그리고 우리가 성별 구분 데이터를 모으기 시작한다면 지금까지처럼 공공선을 추구하는 과정에서 여자들이 필요로 하는 것은 아무렇지 않게 무시해도 된다고 계속 주장하기가 어려워질 것이다.

맺음말

페이지마다 교황들과 왕들의 다툼, 전쟁과 역병이 등장하지 않는 적
이 없다. 남자들은 아무짝에도 쓸모가 없고 여자들 역시 거의 마찬
가지다. 아주 짜증스럽다.

— 제인 오스틴, 『노생거 사원』 중에서

다이나 타이미나Daina Taimina는 수학자들이 100년 넘게 찾지 못했던
해법을 2시간 만에 찾아냈다. 때는 1997년이었고 이 라트비아 수학자
는 코넬대학교Cornell University에서 열린 기하학 워크숍에 참석 중이었다.
워크숍 리더인 데이비드 W. 헨더슨David W. Henderson 교수는 둥글게 오
린 얇은 종이띠를 접착테이프로 붙여서 만든 쌍곡면 모형을 보여주고
있었다. "끔찍했다"라고 타이미나는 웃으면서 말한다.[1]
헨더슨은 예술 문화 잡지 《캐비닛》과의 인터뷰에서, 쌍곡면은 구球

의 "기하학적 반대"라고 설명한다.[2] "구면은 안으로 휘어서 닫힌다. 쌍곡면은 공간이 모든 점에서 밖으로 휘는 면을 말한다." 자연에서는 주름진 상추잎, 산호 폴립, 바다 민달팽이, 암세포에서 볼 수 있다. 쌍곡기하학은 통계학자들이 다차원 데이터를 다룰 때, 픽사 애니메이터들이 사실적인 옷감을 그리고 싶을 때, 자동차 엔지니어들이 공기역학적인 자동차를 설계할 때, 음향 엔지니어가 콘서트홀을 설계할 때 사용된다. 그것은 상대성이론의 토대이며 "따라서 우리가 아는 것 중에 우주의 형태에 가장 가까운 것이다."[3] 한마디로 쌍곡 공간은 굉장히 중요하다.

그러나 수천 년 동안 쌍곡 공간은 존재하지 않았다. 세상에 두 종류의 공간—탁자처럼 평평한 유클리드공간과 공처럼 생긴 구면 공간—밖에 없다고 믿었던 수학자들의 말에 따르면 그랬다. 19세기에 쌍곡 공간이 발견되었지만 이론상으로만 존재했다. 수학자들이 100년 넘게 이 공간을 물리적으로 표현할 방법을 찾으려고 애썼지만 아무도 성공하지 못했다. 타이미나가 코넬대학교 워크숍에 참석하기 전까지는 말이다. 왜냐하면 타이미나는 수학과 교수였을 뿐 아니라 코바늘뜨기를 좋아했기 때문이다.

타이미나는 학교 다닐 때 코바늘뜨기를 배웠다. 구소련 국가인 라트비아에서 자라면 "자동차도, 수도꼭지도, 뭐든 스스로 고친다"라고 그는 말한다.[4] "내가 어렸을 때 뜨개질 같은 수예를 배운다는 것은 세상에 하나뿐인 드레스나 스웨터를 만들 수 있다는 뜻이었다." 그러나 타이미나는 뜨개질과 코바늘뜨기에서 늘 패턴과 알고리즘을 봐왔으면서도 이 전통적이고 가정적이고 여성스러운 기술과 자신의 전공인 수학을 연결해서 생각해본 적이 없었다. 1997년 워크숍 전까지는. 헨더슨이 쌍곡 공간을 설명하기 위해 사용 중이던 너덜너덜한 종이 모형을 봤을 때 타이미나는 깨달았다. '저거 코바늘뜨기로 만들 수 있겠다.'

그래서 그는 그렇게 했다. 여름내 수영장 옆에서 "수업 시간에 쓸 쌍곡 공간 모형을 형태별로 코바늘뜨기했다. 사람들이 지나가다 나에게 물었다. '뭐 하세요?' 그러면 나는 대답했다. '아, 쌍곡면을 코바늘뜨기 하고 있어요.'"[5] 수백 개의 모형을 완성한 지금 그는 말한다. 그것을 만드는 과정에서 "공간이 기하급수적으로 팽창한다는 의미를 아주 구체적으로 이해하게 된다. 첫 줄은 순식간에 뜨지만 나중에는 코가 너무 많아서 한 줄 뜨는 데도 말 그대로 몇 시간이 걸릴 수도 있다. 그러면 '쌍곡'이 무엇을 의미하는지 본능적으로 이해하게 된다."[6] 다른 사람들은 그가 만든 모형을 보기만 해도 그랬다. 타이미나는 《뉴욕 타임스》와의 인터뷰 중에, 수년 동안 쌍곡 공간을 가르쳐온 교수가 모형을 보더니 "아, 이렇게 생겼군요"라고 말했던 일을 떠올렸다.[7] 이제 타이미나가 만든 모형은 쌍곡 공간을 설명하는 기준이 됐다.

물론 타이미나가 쌍곡면 연구에 기여한 바가 여성과 직접적으로 연관된 데이터 공백을 채우지는 않는다. 이 이야기가 보여주는 것은 젠더 데이터 공백을 채워야 하는 이유가 여권이라는 테두리를 넘어선다는 사실이다. 여성이 정치에, 평화 회담에, 도시계획 및 설계에 미치는 영향에서 봤듯이 데이터 공백을 채우는 것은 모두에게 좋은 일이다. 심지어 수학에까지도.

인류의 반을 지식 생산으로부터 제외하면 세상을 뒤바꿀지도 모를 통찰을 놓치게 된다. 타이미나의 우아하리만치 간단한 해법을 남자 수학자가 생각해낼 수 있었을까? 열성적으로 뜨개질하는 남자가 거의 없음을 고려할 때 그럴 가능성은 낮다. 그러나 코바늘뜨기라는 전통적인 여성의 기술과 수학이라는 전통적인 남성의 분야가 타이미나를 통해 만났다. 그리고 이 만남 덕에 수많은 수학자가 가망 없다고 포기했던 문제가 마침내 풀렸다. 타이미나는 남자 수학자들이 놓치고 있던 연결 고리를 제공했다.

그러나 여자들이 그 연결 고리를 제공하는 것을 허락지 않는 경우가 너무나 많다. 그래서 너무 많은 문제가 해독 불가능한 것으로 간주된다. 우리는 프로이트처럼 계속해서 수수께끼처럼 보이는 것의 "벽에 부딪친다." 그런데 만약에, 쌍곡면을 시각화하는 것처럼, 이 문제들이 풀 수 없는 게 아니라면? 만약에, 텔레비전 과학 퀴즈 쇼에 나오는 문제처럼, 단지 여성의 관점이 부족한 것일 뿐이라면? 우리가 가진 데이터에 따르면 이론의 여지는 없다. 세상을 계속해서 짓고 설계하고 발전시켜 나갈수록 우리는 여성의 삶을 고려해야 한다. 특히 세상과 여성의 관계를 정의하는 3가지 주제를 고려해야 한다.

그중 첫 번째는 여체, (더 정확히 말하면) 보이지 않는 여체다. 설계 과정에서 상습적으로 여체를 고려하지 않은 결과 (의학적으로든, 기술적으로든, 건축학적으로든) 여자가 살아나가는 데 적대적이고 위험한 세상이 됐다. 그 결과 여자들은 자기 몸에 맞지 않게 설계된 일을 하다가, 자동차를 운전하다가 다친다. 효과 없는 약 때문에 죽는다. 그렇게 세상은 여자한테 맞지 않는 곳이 됐다.

데이터를 수집할 때 여자가 투명 인간 취급을 당하는 것은 아이러니하다. 여성의 삶을 정의하는 두 번째 주제에서는 여체가 눈에 보인다는 것이 핵심이기 때문이다. 그 주제는 여성을 대상으로 한 남성의 성

폭력, 그리고 우리가 그것을 집계하지 않는다는 사실, 그것을 반영하여 세상을 설계하지 않는다는 사실, 그럼으로써 여성의 자유를 제한한다는 사실이다. 여성의 생물학적인 몸은 여자가 강간당하는 이유가 아니다. 공공장소를 지나갈 때 여자가 위협당하거나 공격당하는 이유가 아니다. 그 원인은 성별이 아니라 젠더, 우리가 남체와 여체에 부여하는 사회적 의미다. 젠더가 작용하려면 어느 몸이 어떤 반응을 유발하는지가 명확해야 하는데 실제로 명확하다. 앞서 살펴봤듯이 "여자를 보기만 해도 즉각 그와 연관된, 상황 조건에 맞는 일련의 특징과 속성을 불러낼 수 있다."[8] 꾀어서 오늘 밤 집에 데려갈 수 있는 사람, 캣콜링 해도 되는 사람, 쫓아가도 되는 사람, 강간해도 되는 사람으로 즉각 분류한다.

혹은 그냥 차 끓여주는 사람으로 분류할 수도 있고 이는 세 번째 주제와 연결된다. 전 세계 여성의 삶에 미치는 영향으로 말하자면 이 세 번째 주제, 무급 돌봄노동이 가장 중요할지도 모른다. 여자들은 이 돌봄노동을—이것이 없다면 우리의 삶이 엉망이 될—마땅히 해야 할 몫보다 훨씬 많이 하고 있다. 그리고 여성을 대상으로 한 남성 폭력의 경우와 마찬가지로 여성의 생물학적인 몸은 여자가 남의 똥오줌을 받아주는 집단인 이유가 아니다. 그러나 한 아이를 여성으로 인식하는 것은 그 아이가 똥오줌 받는 것을 자신의 역할로 받아들이게끔 키우는 이유가 된다. 한 사람을 여성으로 인식하는 것은 그가 사무실에서 다른 모든 사람이 어지른 것을 치우는 데 적합한 인물로 간주되는 이유가 된다. 남편의 가족에게 크리스마스카드와 생일 축하 카드를 쓰고 그들이 아프면 돌보는 사람, 임금을 덜 받는 사람, 자식을 낳으면 파트타임으로 전환하는 사람으로 간주되는 이유가 된다.

여성과 그들의 삶에 대한 데이터를 수집하지 않는다는 것은 우리가 성차별과 젠더 차별을 계속 당연시하고 있다는 뜻이다. 그와 동시에 차별을 아예 보지 못한다. 혹은 당연시하기 때문에 보지 못하는지도 모른다. 너무 명백하고, 너무 흔하고, 원래 그런 것이 너무 많아서 굳이 말할 가치도 없는 것이다. 그것이 여성으로 산다는 것의 아이러니다. 굴종하는 성별 취급을 받을 때는 과하게 눈에 띄고 정작 성별이 중요할 때는, 통계에 집어넣어야 할 때는 보이지 않는다.

이 책을 쓰는 동안 내가 계속 마주친 또 하나의 경향은 바로 핑계다. 그중에서도 가장 흔한 핑계는 여자는 너무 복잡해서 측정할 수 없다는 것이다. 대중교통 설계자에서부터 의학 연구원, 기술 개발자에 이르기까지 다들 이 말을 한다. 그들은 하나같이 프로이트가 말한 여성성의 수수께끼라는 벽에 부딪쳤다가 당황하고 패배하여 돌아왔다. 여체는 너무 부조화하고, 너무 생리를 하고, 너무 호르몬의 영향을 받는다. 여자들의 이동 패턴은 너무 지저분하고, 업무 시간표는 너무 탈선적이며, 목소리는 너무 높다. 심지어 20세기 초에도 저명한 스위스인 건축가 르코르뷔지에Le Corbusier가 건축 설계에 사용하려고 표준 인간 모형을 만드는데 여체는 "뒤늦게 조화로운 비율의 보기로 고려되었으나 탈락하고"[9] 인류는 그 대신 (나는 절대 닿을 수 없는 맨 위 선반에 닿기 위해) 팔을 뻗은 신장 183cm의 남자로 대표되었다.

사회적 합의는 분명하다. 여자는 비정상이고, 이례적이고, 한마디로 잘못됐다. 왜 여자는 남자처럼 못하는가? 뭐, 여성을 대표해서 그렇게 불가사의한 존재라는 점에 대해 사과한다. 하지만 아니, 우리는 남자와 다르고, 아니, 우리는 남자처럼 할 수 없다. 그것이 과학자들, 정치가들,

기술자들이 직면해야 하는 현실이다. 그래, 단순한 건 쉽다. 단순한 건 싸다. 하지만 단순한 건 현실을 반영한 게 아니다.

2008년 당시 《와이어드》의 편집장이었던 크리스 앤더슨Chris Anderson 은 "이론의 종말: 데이터의 범람은 과학 모델을 쓸모없게 만든다"라는 제목의 기사를 썼다.[10] 우리는 더 이상 "모델을 찾을 필요가 없다"라고 앤더슨은 주장했다. 지금은 더 좋은 방법이 있으니까. 페타바이트 — 1페타바이트는 1000조 바이트다 — 덕분에 우리는 "상관관계가 충분하다"라는 말을 할 수 있다. 무엇에 대해서도 가정할 필요가 없고 숫자만 계산하면 된다. 혹은 더 정확히 말하면 "통계 알고리즘에" 계산을 시키기만 하면 된다. 트럼프, 브렉시트, 케임브리지애널리티카Cambrige Analytica*의 시대에 이 주장은 아무리 좋게 말해도 지나친 낙천주의 같지만 이런 데이터 스캔들이 터지기 전에도 앤더슨의 주장은 오만임이 모두에게 명백했어야 했다. 2008년에는 여성에 대한 데이터가 지금보다도 적었기 때문이다. 통계 알고리즘에 입력하는 수치에서 인류의 반이 빠졌다면 결과적으로 만들어진 것은 쓰레기에 불과하다.

앤더슨은 자신이 명명한 "페타바이트 시대"의 전형으로 구글을 들면서 그들의 "창립 이념"에 대한 찬사를 늘어놓는다. "우리는 이 웹페이지가 왜 다른 것보다 나은지 모른다. 링크 접속 통계가 그렇다고 말한다면 그것으로 충분하다. 의미분석이나 인과 분석은 필요 없다. 그래서 구글이 자기도 모르는 언어를 번역할 수 있는 것이다. 동등한 말뭉치 데이

---

* 2016년 미국 대선 당시 트럼프 측에 고용된 영국의 데이터 분석업체 케임브리지애널리티카는 페이스북으로부터 회원 정보를 사들여 정치선전에 사용했다.

터만 제공된다면 구글은 프랑스어를 독일어로 번역하는 것만큼이나 쉽게 클링온어*를 페르시아어로 번역할 수 있다." 그러나 알다시피 10년이 지난 지금도 구글은 번역을 제대로 하지 못한다. 언어에서 지워진 여성의 존재를 생각하면 그렇다.

그러니까. 전혀 간단하지 않다.

앤더슨이 한 말 중에서 하나는 맞다. 더 좋은 방법이 있다. 그것도 굉장히 간단한 방법이다. 모든 분야에 여성의 진출을 늘려야 한다. 권력과 영향력이 있는 지위에 오르는 여자가 늘어날수록 명백해지는 경향이 또 하나 있기 때문이다. 여자들은 여자가 존재한다는 사실을 남자들처럼 쉽게 잊지 않는다.

영화산업에 종사하는 여자는 여자를 고용할 확률이 높다.[11] 여성 언론인은 여성의 관점에서 취재하거나 여자의 말을 인용할 가능성이 현저히 높다.[12] 여성작가도 마찬가지다. 2015년에 미국 여성 전기작가의 69%가 여성에 관한 책을 쓴 데 반해 남성 전기작가가 여성에 관한 책을 쓴 비율은 6%에 그쳤다.[13] 여자가 여성의 목소리와 관점을 강조하는 경향은 학계에서도 계속된다. 1980~2007년 사이에 미국에서 역사학과 여성 교수의 비율은 15%에서 35%로 증가했다.[14] 비슷한 시기 (1975~2015년)에 여성사를 전공한 미국 역사학과 교수의 비율은 1%에서 10%로[15] 10배 증가했다. 또 여성 교수는 학생들에게 여성 저자를 과제로 내줄 가능성이 높다.[16]

여자는 역사를 해석하는 방식도 다르다. 2004년《더 가디언》에 기

---

* 〈스타 트렉〉에 나오는 외계 종족인 클링온족이 쓰는 언어.

고한 글에서 코미디언 샌디 톡스비그Sandi Toksvig는 인류학 강의 시간에 있었던 일화를 이야기했다. 어느 날 여자 교수가 28군데가 표시된 사슴 뿔 사진을 들어 올리며 말했다. "이것은 인간이 달력을 만들려 한 최초의 시도로 추정된다." 우리는 모두 감탄하며 뿔을 쳐다봤다. "그런데 세상에 어떤 남자가 28일이 지났다는 걸 알려 하겠는가? 나는 이것이 여자가 달력을 만들려 한 최초의 시도라고 생각한다."[17]

2017년 공개된 영국의 「EU 탈퇴 협정 법안European Union (Withdrawal) Bill」에는 「EU 기본권 헌장Charter of Fundamental Rights of the European Union」 대신 들어갔어야 할 「1998 인권법Human Rights Act 1998」의 개정안이 들어 있지 않았다.* 이에 정부를 압박해서 「2010 평등법」과 양립 가능한 브렉시트 법을 만들겠다는 약속을 받아낸 사람은 바로 여자, 베이징스토크 선거구의 보수당 하원의원 마리아 밀러Maria Miller였다.[18] 이 같은 조치를 취하지 않았다면 브렉시트 이후에 여권은 모든 분야에서, 법적 시정을 요청할 방도도 없이 쓰레기통에 처박혔을 것이다. 발생생물학자 크리스티아네 뉘슬라인폴하르트가 자녀가 있는 박사과정 여학생들을 돕기 위해 재단을 만든 것처럼, 일터에서 구조적인 남성 편향―남성 리더들이 수십 년간 간과하고 무시해온―에 대한 해법을 마련하는 사람 또한 대개 여자다.

여자들은 젠더 데이터 공백 메우기에도 앞장서고 있다. 2008~15년에 발표된 논문 150만 편을 분석했더니 "저자들 가운데 여성이 차지하

---

* 브렉시트로 인해 영국이 더 이상 EU 법의 구속을 받지 않게 되면서 이를 대체할 영국 법을 새로 만든 것이 「EU 탈퇴 협정 법안」이다.

는 비중이 증가할수록" 젠더별, 성별별 분석이 연구에 포함될 가능성도 증가한다는 사실이 발견됐다.[19] 그 효과는 특히 주 저자가 여자일 때 두드러진다. 여성의 건강에 대한 관심 역시 정치권으로 연결된다. 2016년 영국 최초로 여성 건강 상·하원 공동위원회를 만든 사람도 여자, 듀즈버리 선거구의 노동당 하원의원 폴라 셰리프Paula Sherriff였다. 오바마케어를 폐지하려는 도널드 트럼프의 시도를, 세 번이나 반대표를 던져서 좌절시킨 것도 공화당 소속의 여성 의원 2명이었다(이 시도가 성공했다면 여성들에게 압도적인 피해가 갔을 것이다).[20]

여자들은 정치권 전반에서 변화를 만들고 있다. 세계의 젠더 데이터 공백을 메우기 위해 데이터2X를 진두지휘한 사람은 두 여자, 멀린다 게이츠Melinda Gates와 힐러리 클린턴이었다. 1995년 베이징에 가서 (지금은 유명해진) "인권은 여권이고 여권은 인권이다"라는 선언을 하겠다고 고집한 사람도 여자, 힐러리 클린턴이었다.

최악의 사태가 일어났을 때에도 그곳에는 여자가 있다. 그들은 남성 편향적 재난 구호의 공백을 메우고 있다. 허리케인 카트리나 이후에 언론을 도배한 "남성적인 근육질 구호 인력의 이미지"는 보이지 않는 곳에서 "지칠 줄 모르고 용감하게 일한" 여자들에 의해 거짓임이 증명됐다.[21] 똑같은 일이 푸에르토리코에서도 있었다. 2017년 허리케인 마리아에 의해 폐허가 된 푸에르토리코는 미국 정부에 버림받았다. "실제로 지역사회를 방문해보면 지도자나 조직자로 일하고 있는 사람은 대개 여자다." 저소득가구에 법률 자문을 제공하는 비영리단체의 이사인 아디 마르티네스로만Adi Martínez-Román이 저스틴 칼마Justine Calma 기자에게 말한다.[22] 그 여자들은 "침수된 동네를 첨벙첨벙 걷고" 버려진 마을을 샅샅이 훑으며 데이터를 수집했다.[23] 그러고 나서 증거에 기반한 해법을 개발해 제공했다. 그들은 수프 배급소를 만들었다. 모금을 하고 도로를 재건했다. "태양광 조명, 발전기, 가스, 옷, 신발, 탐폰, 배터리, 약, 매트리스, 물"을 나눠 줬다. "무료 법률구조 협회를 만들어서 복잡하고 헷갈리는 연방재난관리청Federal Emergency Management Agency 구호금 신청 절차를 밟도록 도와줬다." 태양광으로 작동하는 공동 세탁기를 마련하기도 했다.

성별/젠더 데이터 공백에 대한 해법은 분명하다. 여성 진출 공백을 메우면 된다. 의사결정과정에, 연구에, 지식 생산에 참여한 여자들은 여자를 잊지 않는다. 여성의 삶과 관점이 빛 속으로 나오게 된다. 이는 세계 곳곳의 여자들에게도 이롭지만, 코바늘뜨기하는 수학과 교수 타이미나의 이야기가 보여주듯이, 인류 전체에게 이로운 경우도 많다. 그래서 다시 프로이트의 "여성성이라는 수수께끼"로 돌아가보면 해답은 처음부터 우리 눈앞에 있었다. 여자들에게 물어보기만 했으면 됐던 것이다.

감사의 말

책을 쓴다는 것은 외로운 작업처럼 느껴질 수 있고 실제로도 그럴 때가 많다. 그러나 동시에 여러 가지 면에서 협동 작업이기도 하다. 첫 번째로 감사할 사람은 레이철 휴잇Rachel Hewitt이다. 레이철은 자신의, 지금은 나의 에이전트가 된, 와일리에이전시Wylie Agency의 트레이시 보언Tracy Bohan을 소개해줬다. 이 소개가 없었다면 『보이지 않는 여자들』은 아마 세상에 나오지 못했을 것이다. 트레이시는 환상적인 파트너였다. 나를 이끌어주고 기획서 쓰는 것을 도와줘서 내 책이 처음으로 경매에서 낙찰되는 기쁨을 맛보았다. 물론 내가 던져주는 모든 문제—내가 자초한 문제를 포함하여—를 늘 아주 차분하고 정중하고 캐나다인답게 처리했음은 말할 것도 없다. 트레이시의 유능한 조수 제니퍼 번스틴Jennifer Bernstein에게도 감사를 전한다.

다음으로 감사할 사람은 나의 훌륭한 편집자 포피 햄프슨Poppy Hampson과 제이미슨 스톨츠Jamison Stoltz다. 두 사람은 그 누구와도 달리 이 책의 핵심을 즉시 이해했다. 그들은 성실하고 꼼꼼했으며, 여러 번의 교정을 거치는 동안 늘 신중했고, 그들의 질문 덕에 내 주장을 더 날카롭게 다듬고 논지를 변론할 수 있었다. 이 책이 지금의 모습이 된 것은 그들 덕택이며 계속해서 내게 이의를 제기하여 더 나은 책을 만들어준 데 감사한다. 특히 포피는 내가 '영원히 못 끝낼 것 같다'는 생각에 신경쇠약에 걸렸을 때 적어도 두 번은 나와 '응급 커피 타임'을 가져줬다. 그리고 처음부터 마지막까지 이 책과 함께하고 헌신적으로 일해준 출판사 채토앤윈더스Chatto & Windus와 에이브럼스북스Abrams Books의 모두에게도 감사를 전한다.

나에게 시간과 전문 지식을 아낌없이 할애해준 사람이 너무나 많다. 심장의 작동 원리를 속성으로 가르쳐주고 틀림없이 기도 안 찼을, 심혈관계에 관한 모든 질문에 대답해준 니샷 시디키Nishat Siddiqi에게 감사한다. 또 모든 통계 질문에 대답해주고 절대 못 끝낼 것 같다는 울부짖음을 매일같이 들어준 친구 제임스 볼에게 감사한다. 또 다른 통계 전문가이자 나의 반정기적인 울부짖음을 참아준 친구 앨릭스 킬리Alex Kealy에게도 감사한다. 내가 어이없는 실수를 하지 않도록 의학 관련 장을 읽어준 앨릭스 스콧Alex Scott과 법률에 관련된 오류가 없는지 확인해준 그레그 캘러스Greg Callus에게 특별히 감사를 전한다.

헬렌 루이스Helen Lewis는 "토 나오는 버전"이라는 말을 만든 공로를 특별히 치하한다. 초고를 쓰기 힘들 때 이 말을 떠올렸더니 아주 유용했다. 또 책의 초반부를 용감하게 읽어준 세라 다이텀, 앨리스 포드Alice Ford, 니키 울프Nicky Woolf, 루크 맥기Luke McGee에게도 큰 감사를 전한다 (특히 헬렌은 아주 복잡한 부분을 전문가의 눈으로 분석해줬다). 부디 그 경험 때문에 심한 트라우마가 남지 않았길 빈다.

나를 응원해주고 몇 달씩 잠수를 타거나 몇 번이나 약속을 취소해도 이해해준 모든 친구들에게 감사한다. 너희의 인내와 응원도 고맙고 내 얘기를 들어줘서 고맙다. 이보다 더 좋은 친구들은 없을 거다. 너희 모두와 내 삶을 함께할 수 있음에 감사한다. 특히 사랑하는 하피스쿼드 HarpySquad*와 🦆 패거리에게, 이 책을 쓰는 동안 매일같이 나를 참아준데 감사한다. 누구를 말하는지 본인들은 알 것이다.

하지만 그중에서도 제일 고마운 사람은 나의 공식 단짝이자 치어리더인 트레이시 킹Tracy King이다. 트레이시는 나의 무모한 페미니즘 운동을 함께했을 뿐 아니라 아주 초기에 이 책의 토 나오는 버전을 읽었고 끊임없이 나를 응원하면서 결국엔 끝낼 수 있을 거라고 말해줬다. 트레이시가 없었다면 절대로 이 책을 끝내거나 (비교적) 제정신으로 남아 있지 못했을 것이다.

그리고 마지막 감사는 사랑하는 우리 강아지 포피에게 전한다. 나는 정말로 포피 덕분에 내가 하는 일을 할 수 있다. 포피는 내 무릎 위에 앉아 있기도 하고 내가 너무 오래 타자를 치고 있으면 주의를 돌리게 해준다. 방금 그 문장을 칠 때 포피가 내 팔을 핥았다. 포피는 세상에서 제일 멋진 강아지이며 포피가 없었다면 나는 아무것도 할 수 없었을 것이다.

---

* 하피(harpy)는 그리스신화에 나오는 여자의 얼굴과 몸, 새의 날개와 발을 가진 괴물이며 스쿼드(squad)는 팀 또는 반을 뜻한다.

390
391

감사의 말

옮긴이의 말

    이 책은 주제가 주제이다 보니 시작하기 전부터 성별 표현 번역에 신중을 기해야겠다고 생각했다. 그래서 she를 '그'로 번역하기로 마음먹었다. 선행사 없는 대명사가 곧잘 나오는, 즉 책을 끝까지 다 읽어야만 he/she를 번역할 수 있는 문학과 달리 논픽션에서는 구체적 대상, 대개 사람 이름이 나온 뒤에 대명사가 나오기 때문에 she를 그로 번역해도 남자로 오해할 가능성이 없기 때문이다. 그런데 이 원칙은 서론에서부터 난관에 부딪쳤다.

    그/그녀를 사용했다면 "문어체에서 남성형 통칭은 '그 또는 그녀'의 의미로 '그'의 사용을 고집하는 사람들의 글에만 남아 있지만"으로 번역했을 문장을 "문어체에서 남성형 통칭은 he or she의 의미로 he의 사용을 고집하는 사람들의 글에만 남아 있지만"으로 번역해야 했기 때문이다(이 문제에 대해서는 줄리언 반스가 『내 말 좀 들어봐』의 첫 장 "His, His or Her, Their"에서 길게 논한 바 있으므로 참조하기 바란다. 여기서의 예문은 "Everyone around here has changed his/his or her/their name"이었다). OECD처럼 머리글자로 이루어진 단어 ─ 한글로 표기할 경우 오히려 가독성이 떨어지는 ─ 외에 본문에서 영어를 쓰는 것은 가급적 지양해야 하기에 적잖이 고민이 됐다.

애초에 내가 she를 '그'로 번역하려 한 이유는 영어와 한국어에서 정확히 같은 이유로 반대 현상이 일어나기 때문이었다. 서론에서 설명하듯 영어의 "남성형 통칭"은 남성인지 여성인지 알 수 없는 대상, 또는 남성과 여성이 섞인 무리를 가리킬 때 남성명사를 사용하는 것을 말한다(이론적으로는 그렇지만 실제로는 '남성형 통칭 = 남성'으로 인식된다고 저자는 밝히고 있다). 그런데 한국어의 '그'나 '청년' 같은 단어는 본디 성 중립적 표현인데 사실상 남성을 가리키는 것으로 굳어진 경우다. 마찬가지로 '미인'은 본디 성 중립적 표현이나 여성을 가리키는 것으로 굳어졌다.

물론 아직 의미가 완전히 바뀐 것은 아니어서 사전에는 "주로 남자를 가리킬 때 쓴다"라고 첨언되어 있을 뿐이다. 따라서 '그'나 '청년'을 남성이 아닌 성 중립적 의미로 써도 무방하다. 그러나 언어는 언중의 암묵적 합의에 따라 쉼 없이 변하는 것이기에 문맥에서 성별을 유추할 수 없을 때 모든 독자가 '그'를 남자로 인식했다고 해도 저자는 항의할 수 없다. 물론 실제로 그랬다 해도 저자는 알지 못하고 오독된 채로 남겠지만. 그래서 나도 문학 번역을 할 때는 그/그녀를 사용하고 있다.

『100가지 물건으로 다시 쓰는 여성 세계사』가 여성의 삶을 통시적 관점에서 조명했다면 『보이지 않는 여자들』은 공시적 관점에서 조명한다. 이 책에서 저자가 다루지 않은 분야가 과연 있을까 싶을 만큼 전

방위적으로 모든 분야를 검토하는데 여기서 두드러지는 주제는 3가지다. ① 보이지 않는 여자, ② (여자로) 보이는 여자, ③ 무급 노동. ①은 여자가 투명 인간 취급당하는 경우를 말한다. 남자들은 도시계획을 할 때, 출산휴가 및 육아휴직 제도를 만들 때, PPE를 디자인할 때, 농촌 개발계획을 짤 때 마치 여자가 존재하지 않는 것처럼 군다. ②는 여자만 보면 "꾀어서 오늘 밤 집에 데려갈 수 있는 사람, 캣콜링 해도 되는 사람, 쫓아가도 되는 사람, 강간해도 되는 사람으로 즉각 분류"하는 것을 말한다. 이 때문에 여자는 대중교통에서, 직장에서, 성 중립 화장실에서, 폭풍 대피소에서, 노숙인 보호소에서, 난민캠프에서 성폭력을 당한다. 또 한편으로는 직장에서 유능하다는 이유로 마녀, 쌍년, 냉혈인이라는 소리를 듣고 정치를 한다는 이유로 강간 및 살해 협박에 시달린다. ③은 전 세계 무급 노동의 75%를 여자가 맡는다는 점을 가리킨다. 무급 노동에 경제가치가 있다는 사실은 누구나 알고 있다. 그러나 "데이터 수집 면에서 너무 큰일이 될 거라고" 남자들이 결정하는 바람에 무급 가사 노동은 GDP에서 제외되었다. 하지만 앞서 언급한 남성형 통칭과 마찬가지로, 경제가치가 있지만 GDP에서 제외하면 결국 경제가치가 없는 취급을 받는다.

이러한 현상이 생겨난 원인은 무엇일까? 고대 그리스시대부터 남자는 디폴트 인간, 여자는 훼손된 남자(아리스토텔레스), 혹은 미친년(플라톤), 혹은 수수께끼(프로이트)로 간주됐기 때문이다. 그래서 그 시대부터 지금까지 사회 지배층을 형성해온 남자들은 굳이 여자에 대해 알 필요 없다고, 조사할 필요 없다고 여겼다. 그 결과 생겨난 것이 여자 모양의 데이터 공백, 바로 젠더 데이터 공백이다. 10장을 보면 알 수 있듯이 실제 여자와 남자는 세포 단위에 이르기까지 다르다(다르다는 말은 열등하다는 뜻이 아니다). 그런데 여자와 남자가 같다는 가정하에 대부분의 통계에서는 조사 대상에 아예 혹은 거의 여자를 포함하지 않거나 여자를 포함하더라도 성별 구분을 하지 않아 젠더 데이터 공백을 만들고 만다(그래서 2014년 한국 통계청이 가사노동가치가 1인당 월 59만 2300원이라는 얼토당토않은 수치를 내놓을 수 있었던 것이다). 그 결과 여자들은 차별을 당하고, 불이익을 당하고, 폭력을 당하고, 목숨을 잃는다.

> 남자의 목소리와 남자의 얼굴로 가득한 문화 속에서 자란 어떤 남자들은 그들이 당연히 남자의 것이라고 생각하는 권력이나 공간을 여자들이 빼앗아 갈까 봐 두려워한다. 그 공포는 우리가 문화적 젠더 데이터 공백을 메워서 남자아이들이 더 이상 공공 영역을 자기들 것이라고 생각하며 자라지 않게 될 때까지는 사라지지 않을 것이다.

그래서 나는 이 책에서 가장 중요한 부분이 14장이라고 생각한다. 사회적 인식이 정의를 따라잡지 못할 때는 제도로써 강제하는 수밖에 없다. 사회적 불평등은 언제나 지배층의 경제적 이익을 바탕으로 하므로, 그것은 정의롭지 않으니 시정하라고 한다 해서 자발적으로 시정할리 없기 때문이다. 그런데 정책을 결정하는 사람 또한 대부분 남자다. 따라서 우리 여자들이 할 수 있는 일은 최대한 많은 여성 정치인을 배출하고 그들을 후원하는 수밖에 없다. 정치인만이 아니다. "모든 분야에 여성의 진출을 늘려야 한다. 권력과 영향력이 있는 지위에 오르는 여자가 늘어날수록 명백해지는 경향이 또 하나 있기 때문이다. 여자들은 여자가 존재한다는 사실을 남자들처럼 쉽게 잊지 않는다."

2020년 여름

황가한

옮긴이의 말

참고 자료

머리말

1. Beauvoir, Simone de (1949), *The Second Sex*, Parshley, H.M. trans. (1953), London

서론

1. http://science.sciencemag.org/content/164/3883/1045.1
2. Slocum, Sally (1975), 'Woman the gatherer: male bias in anthropology', in Reiter, Rayna R. ed. (1975), *Toward an Anthropology of Women*. Monthly Review Press
3. http://www.independent.co.uk/news/science/human-evolution-violence-instinct-to-kill-murder-each-other-a7335491.html
4. https://www.nature.com/nature/journal/v538/n7624/full/nature19758.html
5. https://www.eurekalert.org/pub_releases/2016–06/uog-mdb061716.php
6. http://www.smh.com.au/lifestyle/news-and-views/social/no-women-arent-as-likely-to-commit-violence-as-men-20141118-3km9x.html
7. https://www.ons.gov.uk/peoplepopulationandcommunity/crimeandjustice/compendium/focusonviolentcrimeandsexualoffences/yearendingmarch2015/chapter2homicide#focus-on-domestic-homicides
8. https://www.bjs.gov/content/pub/pdf/htus8008.pdf
9. http://www.unodc.org/documents/gsh/pdfs/2014_GLOBAL_HOMICIDE_BOOK_web.pdf
10. https://news.nationalgeographic.com/news/2013/10/131008-women-handprints-oldest-neolithic-cave-art/
11. https://www.theguardian.com/science/2017/sep/15/how-the-female-viking-warrior-was-written-out-of-history
12. https://news.nationalgeographic.com/2017/09/viking-warrior-woman-archaeology-spd/
13. https://news.nationalgeographic.com/2017/09/viking-warrior-woman-archaeology-spd/
14. https://www.nytimes.com/2017/09/14/world/europe/sweden-viking-women-warriors-dna.html
15. https://www.nytimes.com/2017/09/14/world/europe/sweden-viking-women-warriors-dna.html
16. Walker, Phillip (1995), 'Problems of Preservation and Sexism in Sexing: Some Lessons from Historical Collections for Palaeodemographers', in Saunders, S. R. and Herring A. (eds.), *Grave Reflections, Portraying the Past through Cemetery Studies* (Canadian Scholars' Press,

Toronto); https://namuhyou.word-press.com/2016/06/18/sexism-when-sexing-your-skull-cultural-bias-when-sexing-the-skull/

17. https://www.nytimes.com/2017/09/14/world/europe/sweden-viking-women-warriors-dna.html

18. https://www.theguardian.com/commentisfree/2017/sep/18/battle-prejudice-warrior-women-ancient-amazons

19. https://www.foreignaffairs.com/articles/2015-05-06/warrior-women

20. Hegarty, Peter and Buechel, Carmen (2006), 'Androcentric Reporting of Gender Differences', *APA Journals: 1965–2004 Review of General Psychology*, 10:4, 377–389; Vainapel, Sigal, Shamir, Opher Y., Tenenbaum, Yulie and Gilam, Gadi (2015), 'The Dark Side of Gendered Language: The Masculine-Generic Form as a Cause for Self-Report Bias', *Psychological Assessment Issue*, 27:4, 1513–1519; Sczesny, Sabine, Formanowicz, Magda, and Moser, Franziska (2016), 'Can Gender-Fair Language Reduce Gender Stereotyping and Discrimination?', *Frontiers in Psychology*, 7, 1–11; Horvath, Lisa Kristina and Sczesny, Sabine (2016), 'Reducing women's lack of fit with leadership positions? Effects of the wording of job advertisements', *European Journal of Work and Organizational Psychology*, 25:2, 316–328; Stout, Jane G. and Dasgupta, Nilanjana (2011), 'When He Doesn't Mean You: Gender-Exclusive Language as Ostracism', *Personality and Social Psychology Bulletin*, 36:6, 757–769; Vervecken, Dries, Hannover, Bettina and Wolter, Ilka (2013), 'Changing (S) expectations: How gender fair job descriptions impact children's perceptions and interest regarding traditionally male occupations', *Journal of Vocational Behavior*, 82:3, 208–220; Prewitt-Freilino, J. L., Caswell, T. A. and Laakso, E. K. (2012), 'The Gendering of Language: A Comparison of Gender Equality in Countries with Gendered, Natural Gender, and Genderless Languages', Sex Roles, 66:3–4, 268–281; Gygax, Pascal, Gabriel, Ute, Sarrasin, Oriane, Oakhill, Jane and Garnham, Alan (2008), 'Generically intended, but specifically interpreted: When beauticians, musicians, and mechanics are all men', *Language and Cognitive Processes*, 23:3, 464–485; Stahlberg, D., Sczesny, S. and Braun, F. (2001), 'Name your favorite musician: effects of masculine generics and of their alternatives in German', *Journal of Language and Social Psychology*, 20, 464–469

21. Stahlberg, Sczesny and Braun (2001)

22. Sczesny, Formanowicz and Moser (2016); Vervecken, Hannover and Wolter (2013)

23. Stahlberg, D. and Sczesny, S. (2001), 'Effekte des generischen Maskulinums und alternativer Sprachformen auf den gedanklichen

Einbezug von Frauen', Psychol. Rundsch., 52, 131–140; Horvath and Sczesny (2016); Sczesny, Formanowicz and Moser (2016)

24. Stout and Dasgupta (2011); Sczesny, Formanowicz and Moser (2016)

25. Gygax, Gabriel, Sarrasin, Oakhill and Garnham (2008)

26. Vainapel, Shamir, Tenenbaum and Gilam (2015)

27. Ignacio Bosque, 'Sexismo lingüístico y visibilidad de la mujer', http://www.rae.es/sites/default/files/Sexismo_linguistico_y_visibilidad_de_la_mujer_0.pdf

28. Vainapel, Shamir, Tenenbaum and Gilam (2015)

29. https://www.theguardian.com/uk-news/2018/feb/01/dany-cotton-london-fire-chief-sexist-abuse-over-firefighter-sam-campaign

30. Horvath and Sczesny (2016)

31. Ibid.

32. Ibid.

33. Prewitt-Freilino, Caswell and Laakso (2012)

34. https://www.emogi.com/insights/view/report/1145/2016-emoji-report

35. http://www.adweek.com/digital/report-92-of-online-consumers-use-emoji-infographic/

36. https://unicode.org/L2/L2016/16160-emoji-professions.pdf

37. http://www.adweek.com/digital/report-92-of-online-consumers-use-emoji-infographic/

38. http://www.unicode.org/L2/L2016/16181-gender-zwj-sequences.pdf

39. Bradley, Adam, MacArthur, Cayley, Carpendale, Sheelagh and Hancock, Mark, 'Gendered or Neutral? Considering the Language of HCI', Graphics Interface Conference 2015, 3–5 June, Halifax, Nova Scotia, Canada, http://graphicsinterface.org/wp-content/uploads/gi2015-21.pdf

40. https://genderedinnovations.stanford.edu/institutions/bias.html

41. Naureen Durrani (2008), 'Schooling the 'other': the representation of gender and national identities in Pakistani curriculum texts', Compare: A Journal of Comparative and International Education, 38:5, 595–610

42. Lambdin, Jennifer R., Greer, Kristen M., Jibotian, Kari Selby, Wood, Kelly Rice and Hamilton, Mykol C. (2003), 'The Animal=Male Hypothesis: Children's and Adults' Beliefs About the Sex of Non-Sex-Specific Stuffed Animals', Sex Roles, 48:11–12, 471–482

43. http://www.br-online.de/jugend/izi/deutsch/forschung/gender/IZI_Guidelines_WEB.pdf

44. http://seejane.org/wp-content/uploads/key-findings-gender-roles-2013.pdf

45. http://wmc.3cdn.net/dcdb0b-cb4b0283f501_mlbres23x.pdf

46. http://www.news.com.au/finance/money/australia-a-world-leader-in-female-representation-on-banknotes/news-story/3cf-7c3b5ed3838075d571a64c7fcdff6

47. http://cdn.agilitycms.com/who-makes-the-news/Imported/reports_2015/highlights/highlights_en.pdf

48. Silvina Bongiovanni (2014), "No se preocupe la señora marquesa': A study of gender bias in example sentences in the RAE grammar textbook', *IULC Working Papers*, 14:1, https://www.indiana.edu/~iulcwp/wp/article/viewFile/14–05/146

49. Clark, Roger, Allard, Jeffrey and Mahoney, Timothy (2004) 'How Much of the Sky? Women in American High School History Textbooks from the 1960s, 1980s and 1990s', Social Education, 68:1, 57–62

50. Amy L. Atchison (2017), 'Where Are the Women? An Analysis of Gender Mainstreaming in Introductory Political Science Textbooks', *Journal of Political Science Education*, 13:2, 185–199

51. Iveta Silova (2016), 'Gender Analysis of Armenian School Curriculum and Textbooks Policy Brief', PhD (June 2016), Arizona State University, https://openknowledge.worldbank.org/bitstream/handle/10986/24948/Gender0analysi0ooks000policy0brief.pdf?sequence=1&isAllowed=y; Chiponda, Annie F and Wassermann, Johann (2016), 'The depiction of women in the verbal text of a junior secondary Malawian history textbook– an analysis', *Yesterday & Today*, 16, 40–59; https://ei-ie.org/en/woe_homepage/woe_detail/15405/curriculum-textbooks-and-gender-ste-reotypes-the-case-of-pakistan; Durrani (2008); Ullah, Hazir and Skelton, Christine (2013), 'Gender representation in the public sector schools textbooks of Pakistan', *Educational Studies* 39:2; 2006, 2007, 2009 and 2010 studies cit. Chiponda, Annie F and Wassermann, Johann (2016)

52. http://www.siliconera.com/2016/12/02/metroid-developers-discuss-decided-make-samus-aran-woman-new-interview/

53. http://www.pewinternet.org/2015/12/15/gaming-and-gamers/

54. http://wmc.3cdn.net/dcdb0b-cb4b0283f501_mlbres23x.pdf

55. https://feministfrequency.com/2015/06/22/gender-break-down-of-games-showcased-at-e3-2015/

56. http://www.kotaku.co.uk/2015/07/15/fifas-struggle-to-include-women-reveals-a-lot-about-gamings-problems-with-diversity

57. https://feministfrequency.com/2016/06/17/gender-break-down-of-games-showcased-at-e3-2016/

58. http://www.nytimes.com/1991/03/03/nyregion/campus-life-georgetown-white-male-writ-ers-is-the-title-of-english-112.html

59. https://www.theguardian.com/film/2015/sep/05/suffragette-re-view-historical-drama-tub-thumps-hard-despite-having-your-vote

60. https://ai2-s2-pdfs.s3.amazonaws.

com/05e1/0638aab94ca0d46ddd-
e8083ff69859a0401e.pdf

61. https://www.theguardian.com/
lifeandstyle/womens-blog/2016/
aug/17/normal-soci-
ety-means-male-andy-murray-ve-
nus-serena-williams?CMP=fb_gu

62. https://www.ussoccer.com/sto-
ries/2016/08/05/19/54/160805-wnt-
a-history-of-the-usa-at-the-olympic-
games

63. http://www.independent.co.uk/
arts-entertainment/books/
news/thor-as-woman-marvel-re-
veals-new-incarnation-of-superhe-
ro-in-comic-series-9608661.html

64. https://www.wired.com/2015/10/
hugo-awards-controversy/

65. http://www.mamamia.com.au/
star-wars-movie-features-a-female-
lead.,; http://screencrush.com/
rogue-one-female-lead-angry-fans/

66. http://www.telegraph.co.uk/
news/2017/07/21/former-doctor-
peter-davison-says-female-choice-
role-means-loss/

67. http://uk.businessinsider.com/doc-
tor-who-first-woman-jodie-whittak-
er-sexist-reactions-2017–7

68. https://www.theguardian.com/
books/2014/nov/25/readers-prefer-
authors-own-sex-goodreads-survey

69. https://kotaku.com/ubisoft-cut-
plans-for-female-assassins-in-uni-
ty-1589278349

70. http://www.kotaku.
co.uk/2014/06/16/whole-assassins-
creed-thing

71. 더 자세한 내용은 다음을 참조해라.
Anna Beer (2016): *Sounds and

*Sweet Airs: The Forgotten Women of
Classical Music*, London

72. http://www.bbc.co.uk/news/enter-
tainment-arts-39191514

73. https://www.theguardian.com/
commentisfree/2017/sep/18/bat-
tle-prejudice-warrior-women-an-
cient-amazons

74. https://www.theguardian.com/
world/2017/feb/01/caroline-loui-
sa-daly-art-men-attribution

75. https://news.nationalgeographic.
com/news/2013/13/130519-wom-
en-scientists-overlooked-dna-histo-
ry-science/

76. http://www.newn.cam.ac.uk/
about/history/biographies/

77. Beer (2016)

78. 신동이라는 극찬을 받았음에도 파니
헨젤은 아버지에게서 "음악은 네 동생
(펠릭스 멘델스존)의 직업이 될지는 몰
라도 너에게는 기껏해야 장신구나 될
수 있을 것이고 그래야만 한다"라는 말
을 들었다.

79. http://www.telegraph.co.uk/wom-
en/womens-life/9790633/Will-
Goves-posh-white-blokes-history-
curriculum-ignore-women.html

80. http://www.telegraph.co.uk/edu-
cation/educationopinion/9973999/
Sorry-NUT-Goves-history-reforms-
are-no-pub-quiz.html

81. http://www.telegraph.co.uk/cul-
ture/tvandradio/5077505/History-
has-been-feminised-says-David-
Starkey-as-he-launches-Henry-VIII-
series.html

82. https://teachingwomenshistory.
com/teaching-resources/medie-
val-women/

83. https://www.nytimes.
com/2016/11/20/opinion/sunday/
the-end-of-identity-liberalism.
html?_r=0

84. http://www.wbur.org/politick-
er/2016/11/21/bernie-sand-
ers-berklee

85. http://thehill.com/homenews/
campaign/307014-sand-
ers-dems-must-move-beyond-iden-
tity-politics

86. http://www.theaustralian.com.au/
opinion/columnists/paul-kelly/
donald-trumps-election-a-re-
jection-of-identity-politics/
news-story/147b11c08b64702d3f-
9be1821416cb72

87. https://twitter.com/RichardBurgon/
status/822417591713075201

88. https://www.theguardian.com/
commentisfree/2016/dec/01/
blame-trump-brexit-identity-liberal-
ism

89. https://www.bls.gov/oes/current/
naics4_212100.htm#00-0000

90. https://www.bls.gov/oes/current/
oes372012.htm

91. Bourdieu, Pierre (1972) *Outline of
a Theory of Practice*, Nice, Richard
trans. (1977), Cambridge

92. http://theconversation.com/don-
ald-trump-and-the-rise-of-white-
identity-in-politics-67037

93. http://www.vox.
com/2016/11/1/13480416/
trump-supporters-sexism

1장

1. https://openknowledge.
worldbank.org/bitstream/han-
dle/10986/28542/120500.pdf?se-
quence=6

2. http://planphilly.com/arti-
cles/2015/01/26/septa-has-largest-
percentage-of-female-riders-64-
among-large-transit-agencies?utm_
content=buffer97258&utm_
medium=social&utm_
source=twitter.com&utm_
campaign=buffer

3. Ceccato, Vania (2017), 'Women's
victimisation and safety in transit
environments', *Crime Prevention
and Community Safety*, 19:3–4,
163–167

4. http://ec.europa.eu/commfron-
toffice/publicopinion/archives/
ebs/ebs_422a_en.pdf; World Bank
(2007), *Gender and Urban Trans-
port: Fashionable and Affordable
Module 7a Sustainable Transport:
A Sourcebook for Policy-makers in
Developing Cities*

5. http://www.wnyc.org/sto-
ry/283137-census-data-show-pub-
lic-transit-gender-gap/

6. Ceccato (2017)

7. http://content.tfl.gov.uk/trav-
el-in-london-understanding-our-di-
verse-communities.pdf 2015

8. http://content.tfl.gov.uk/gen-
der-equality-scheme-2007-2010.pdf

9. Sánchez de Madariaga, Inés,
'Mobility of Care: Introducing New
Concepts in Urban Transport', in
Roberts, Marion and Sánchez de
Madariaga, Inés (eds.) (2013), *Fair*

Shared Cities: The Impact of Gender Planning in Europe, Farnham

10. http://media.leidenuniv.nl/legacy/leru-paper-gendered-research-and-innovation.pdf
11. http://ssmon.chb.kth.se/volumes/vol16/5_Rolfsman_Bylund.pdf 2012
12. https://lucris.lub.lu.se/ws/files/6151586/2295991.pdf
13. http://media.leidenuniv.nl/legacy/leru-paper-gendered-research-and-innovation.pdf
14. https://www.chicksontheright.com/feminist-snow-plowing-disrupts-traffic-and-normal-life-for-people-in-sweden/; https://heatst.com/world/feminist-snow-plowing-system-brings-stockholm-to-a-standstill/
15. https://heatst.com/world/feminist-snow-plowing-system-brings-stockholm-to-a-standstill/
16. https://www.dn.se/arkiv/stockholm/jamstalld-snorojning-blev-ett-fiasko-i-ovadret/
17. http://thecityfix.com/blog/brasilia-brazil-women-bus-stop-night-safety-sexual-assault-luisa-zottis/
18. http://ec.europa.eu/commfrontoffice/publicopinion/index.cfm/ResultDoc/download/DocumentKy/61244
19. Sánchez de Madariaga (2013)
20. https://www.newstatesman.com/politics/uk/2017/07/unless-living-standards-improve-theresa-mays-cameron-tribute-act-will-continue
21. https://www.unison.org.uk/content/uploads/2014/06/On-line-Catalogue224222.pdf
22. https://www.itdp.org/wp-content/uploads/2014/07/7aGenderUT-Sept300.pdf; World Bank (2007)
23. Review of World Bank infrastructure projects 1995–2009, http://siteresources.worldbank.org/EXTSOCIALDEVELOPMENT/Resources/e244362-1265299949041/6766328-1270752196897/Gender_Infrastructure2.pdf
24. Sánchez de Madariaga (2013); Tran, Hoai Anh and Schlyter, Ann (2010), 'Gender and class in urban transport: the cases of Xian and Hanoi', *Environment and Urbanization,* 22:1, 139–155
25. http://wricitieshub.org/sites/default/files/Final_Report_24082015_0.pdf; http://content.tfl.gov.uk/travel-in-london-understanding-our-diverse-communities.pdf
26. http://content.tfl.gov.uk/travel-in-london-understanding-our-diverse-communities.pdf
27. http://genderedinnovations.stanford.edu/case-studies/urban.html
28. https://tfl.gov.uk/campaign/hopper-fare
29. http://humantransit.org/2010/02/the-power-and-pleasure-of-grids.html
30. http://humantransit.org/2014/08/charging-for-connections-is-insane.html
31. https://las.depaul.edu/centers-and-institutes/chaddick-institute-for-metropolitan-development/

research-and-publications/Docu-
ments/Have%20App%20Will%20
Travel%20Uber%20-%20CTA.pdf
32. Ibid.
33. http://webfoundation.org/
docs/2015/10/womens-rights-on-
line_Report.pdf
34. http://www3.weforum.org/docs/
GGGR16/WEF_Global_Gender_
Gap_Report_2016.pdf
35. http://conversableeconomist.blog-
spot.co.uk/2015/10/unpaid-care-
work-women-and-gdp.html
36. World Bank (2007)
37. https://www.gov.uk/govern-
ment/uploads/system/uploads/
attachment_data/file/576095/
tsgb-2016-report-summaries.pdf
38. http://wricitieshub.org/
sites/default/files/Final_Re-
port_24082015_0.pdf 2015 Bhopal
39. http://civitas.eu/sites/default/files/
civ_pol-an2_m_web.pdf
40. https://www.rita.dot.gov/bts/sites/
rita.dot.gov.bts/files/TSAR_2016r.
pdf
41. Sánchez de Madariaga (2013)
42. http://hdr.undp.org/sites/default/
files/chapter4.pdf
43. http://www.imf.org/external/pubs/
ft/sdn/2013/sdn1310.pdf (duffle
2012)
44. http://siteresources.worldbank.org/
INTAFRREGTOPGENDER/Resourc-
es/gender_econ_growth_ug.pdf
45. https://www.habitatforhumanity.
org.uk/what-we-do/where-we-
work/latin-america-and-caribbean/
brazil
46. http://abeiradourbanismo.blog-

spot.co.uk/2012/02/habitacao-em-
prego-e-mobilidade.html
47. https://lsecities.net/media/objects/
articles/relocating-homes-and-lives-
in-rios-olympic-city/en-gb/
48. https://www.boell.de/
en/2014/06/11/we-were-not-invit-
ed-party-women-and-world-cup
49. http://www.rioonwatch.
org/?p=6527
50. https://www.lincolninst.edu/sites/
default/files/pubfiles/koch_wp-
13jk1.pdf
51. https://www.boell.de/
en/2014/06/11/we-were-not-invit-
ed-party-women-and-world-cup
52. https://lsecities.net/media/objects/
articles/relocating-homes-and-lives-
in-rios-olympic-city/en-gb/
53. http://www.rioonwatch.
org/?p=6527
54. http://www.rioonwatch.
org/?p=25015
55. https://www.boell.de/
en/2014/06/11/we-were-not-invit-
ed-party-women-and-world-cup
56. http://www.citylab.com/com-
mute/2013/09/how-design-city-
women/6739/
57. Ibid.
58. http://www3.weforum.org/docs/
GGGR16/WEF_Global_Gender_
Gap_Report_2016.pdf
59. Alexis Grenell (2015), 'Sex & the
Stadt: Reimagining Gender in the
Built Environment', http://www.
academia.edu/10324825/Sex_and_
the_Stadt_Reimagining_Gender_in_
the_Built_Environment
60. Architekturzentrum Wien (2008),

Housing in Vienna: Innovative, Social, Ecological, Vienna

61. http://usatoday30.usatoday.com/news/nation/2007–12-25-Designingwomen_N.htm

2장

1. https://twitter.com/SamiraAhmedUK/status/849338626202886144
2. https://www.barbican.org.uk/about-barbican/people
3. Banks, Taunya Lovell (1991), 'Toilets as a Feminist Issue: A True Story', *Berkeley Women's Law Journal*, 6:2 263–289
4. Greed, Clara (2014), 'Global gendered toilet provision', in 'More Public than Private: Toilet Adoption and Menstrual Hygiene Management II', AAG Annual Conference, Tampa, Florida, USA, 8–12 April 2014
5. https://www.ncbi.nlm.nih.gov/pmc/articles/PMC3749018/
6. Greed (2014)
7. http://www.unric.org/en/latest-un-buzz/29530-one-out-of-three-womenwithout-a-toilet
8. http://womendeliver.org/2016/yale-study-examines-link-sexual-violenceaccess-sanitation/
9. http://indianexpress.com/article/india/india-news-india/india-has-60-4-per-cent-people-without-access-to-toilet-study/
10. Greed (2014)
11. Ibid.
12. http://www.huffingtonpost.com/rose-george/open-defecation-india_b_7898834.html; https://www.theguardian.com/global-development/2014/aug/28/toilets-india-health-rural-women-safety
13. https://www.hrw.org/sites/default/files/report_pdf/wrdsanitation0417_web_0.pdf 2017
14. Sommer, Marni, Chandraratna, Sahani, Cavill, Sue, Mahon, Therese, and Phillips-Howard, Penelope (2016), 'Managing menstruation in the workplace: an overlooked issue in low- and middle-income countries', *Int. J. Equity Health*, 15:86
15. https://www.hrw.org/sites/default/files/report_pdf/wrdsanitation0417_web_0.pdf 2017
16. http://ohrh.law.ox.ac.uk/bombay-high-court-makes-right-to-clean-toilets-a-fundamental-right-for-women-in-india/
17. https://www.pri.org/stories/2014-11-25/women-india-agitate-their-right-pee
18. Ibid.
19. http://indianexpress.com/article/cities/mumbai/women-in-slums-forced-to-defecate-in-open-say-community-toilets-are-unsafe-at-night/
20. https://www.theguardian.com/global-development/2014/aug/28/toilets-india-health-rural-women-safety; https://womennewsnetwork.net/2012/12/19/india-women-new-delhi-slum-toilets/
21. https://www.newsdeeply.com/womenandgirls/articles/2017/02/03/without-access-

clean-safe-toilets-women-face-assault-illness

22. Jadhav, A., Weitzman, A. and Smith-Greenaway, E. (2016), 'Household sanitation facilities and women's risk of non-partner sexual violence in India', *BMC Public Health*, 16:1139

23. https://www.npr.org/sections/parallels/2014/06/02/318259419/double-rape-lynching-in-india-exposes-caste-fault-lines

24. http://www.dnaindia.com/mumbai/report-right-to-pee-bombay-high-court-gives-municipal-corporations-deadline-in-pil-on-toilets-forwomen-2045476

25. https://broadly.vice.com/en_us/article/the-women-in-india-fighting-for-the-right-to-pee

26. http://mumbaimirror.indiatimes.com/mumbai/civic/BMCs-promise-for-womens-toilets-goes-down-the-drain/articleshow/50801316.cms

27. http://journals.plos.org/plosone/article?id=10.1371/journal.pone.0122244

28. https://www.pri.org/stories/2014-11-25/women-india-agitate-their-right-pee

29. https://www.newsdeeply.com/womenandgirls/articles/2017/02/03/without-access-clean-safe-toilets-women-face-assault-illness

30. Greed (2014)

31. http://www.phlush.org/wp-content/uploads/2009/02/americanrestroomcalltoactionpaper.pdf

32. https://blogs.ucl.ac.uk/ucloo-festival-2013/2013/09/17/toilets-gender-and-urbanism/

33. http://transweb.sjsu.edu/sites/default/files/2611-women-transportation.pdf 2009

34. http://transweb.sjsu.edu/sites/default/files/2611-women-transportation.pdf

35. Gardner, Natalie, Cui, Jianqiang and Coiacetto, Eddo (2017), 'Harassment on public transport and its impacts on women's travel behaviour', *Australian Planner*, 54:1, 8–15

36. Ibid.

37. Ibid.

38. http://transweb.sjsu.edu/sites/default/files/2611-women-transportation.pdf

39. Gardner, Cui and Coiacetto (2017)

40. Ceccato, Vania and Paz, Yuri (2017), 'Crime in São Paulo's metro system: sexual crimes against women', *Crime Prevention and Community Safety*, 19:3–4, 211–226

41. http://www.cbgaindia.org/wp-content/uploads/2017/01/Women-safety-in-delhi.pdf

42. http://www.hindustantimes.com/delhi-news/need-to-make-public-transport-in-delhi-women-friendly-study/story-Eq8h997zRiq8XTdIr7dQ0H.html

43. Ceccato and Paz (2017)

44. Gardner, Cui and Coiacetto (2017)

45. https://www.bbc.co.uk/news/uk-england-nottinghamshire-44740362

46. Ceccato and Paz (2017)

47. Gardner, Cui and Coiacetto (2017)

48. http://www.huffingtonpost.com/
soraya-chemaly/for-women-rape-
isnt-a-mom_b_9997350.html
49. http://www.bbc.co.uk/news/
uk-england-london-29818435
50. https://www.itdp.org/wp-content/
uploads/2017/01/8.-Beyond-the-
Women-Only-Train-Car-Gender-
and-Sustainable-Transport.pdf
51. Ceccato and Paz (2017)
52. http://www.nytimes.
com/2013/05/25/world/americas/
rapes-in-brazil-spur-class-and-gen-
der-debate.html?pagewanted=all&_
r=0; http://thecityfix.com/blog/
women-public-safety-demands-yas-
min-khan/
53. http://www.unwomen.org/en/
news/stories/2016/11/improv-
ing-womens-safety-in-mexico-city
54. http://thecityfix.com/blog/wom-
en-public-safety-demands-yas-
min-khan/
55. https://www.thelocal.fr/20160615/
half-of-french-woman-alter-clothes-
to-avoid-harassment
56. https://www.thelocal.fr/20160615/
half-of-french-woman-alter-clothes-
to-avoid-harassment
57. http://www.thehoya.com/met-
ro-surveys-sexual-harassment-cas-
es/
58. http://www.huffingtonpost.com/
soraya-chemaly/for-women-rape-
isnt-a-mom_b_9997350.html
59. http://www.nbcwashington.com/
news/local/Man-Accused-of-Met-
ro-Assault-Was-Indecent-Expo-
sure-Suspect-380782091.html
60. https://www.washingtonpost.com/

news/dr-gridlock/wp/2017/10/20/
why-the-metoo-movement-is-a-
public-transportation-issue/?utm_
term=.09b8335a38b6
61. Ceccato, Vania (2017), 'Women's
transit safety: making connections
and defining future directions
in research and practice', Crime
Prevention and Community Safety,
19:3–4 (September 2017), 276–287
62. Gardner, Cui and Coiacetto (2017)
63. http://wricitieshub.org/
sites/default/files/Final_Re-
port_24082015_0.pdf
64. Ceccato (2017)
65. https://twitter.com/awlilnatty/sta-
tus/860142443550957568
66. http://www.hindustantimes.com/
delhi-news/why-delhi-s-public-
transport-is-still-a-war-zone-for-
women/story-0bzla56HO3BIg-
I9LQqSSJI.html
67. Ceccato and Paz (2017)
68. http://www.slate.com/articles/
double_x/doublex/2016/08/what_
happens_when_sexual_assault_
happens_on_a_long_haul_flight.
html
69. http://www.independent.
co.uk/travel/news-and-advice/
woman-masturbating-passen-
ger-cabin-crew-american-air-
lines-paris-a7839186.html?cmpid=-
facebook-post
70. Ceccato (2017)
71. http://transweb.sjsu.edu/sites/de-
fault/files/2611-women-transporta-
tion.pdf
72. Gardner, Cui and Coiacetto (2017)
73. https://matadornetwork.com/life/

make-public-transportation-saf-
er-women/
74. https://matadornetwork.com/life/
make-public-transportation-saf-
er-women/
75. http://wricitieshub.org/
sites/default/files/Final_Re-
port_24082015_0.pdf
76. https://link.springer.com/arti-
cle/10.1057/sj.2014.9; http://
wricitieshub.org/sites/default/files/
Final_Report_24082015_0.pdf
77. http://content.tfl.gov.uk/trav-
el-in-london-understanding-our-di-
verse-communities.pdf
78. https://matadornetwork.com/life/
make-public-transportation-saf-
er-women/
79. http://news.trust.org/spotlight/
most-dangerous-transport-sys-
tems-for-women/
80. http://indiatoday.intoday.in/story/
delhi-gangrape-victims-friend-re-
lives-the-horrifying-84-minutes-of-
december-16-night/1/309573.html
81. https://www.nytimes.
com/2017/05/05/world/asia/death-
sentence-delhi-gang-rape.html
82. http://www.reuters.com/article/
us-india-rape-attack-idUSBRE-
8BU02E20121231
83. Goodney, Suzanne, D'Silva, Lea
Elsa and Asok, Abhijith (2017),
'Women's strategies addressing
sexual harassment and assault on
public buses: an analysis of crowd-
sourced data', Crime Prevention
and Community Safety, 19:3–4,
227–239
84. https://www.theguardian.com/

global-development-profession-
als-network/2016/oct/13/why-ar-
ent-we-designing-cities-that-work-
for-women-not-just-men
85. https://www.theguardian.com/
cities/2014/dec/05/if-women-built-
cities-what-would-our-urban-land-
scape-look-like
86. http://www.dailytitan.
com/2013/11/workout-cul-
ture-subconsciously-reinforc-
es-sexist-norms/; http://www.
telegraph.co.uk/women/wom-
ens-life/11587175/Womens-fitness-
What-men-really-think-about-wom-
en-in-the-gym.html
87. Irschik, Elisabeth and Kail, Eva,
'Vienna: Progress Towards a Fair
Shared City', in Roberts, Marion
and Sánchez de Madariaga, Inés
(eds.) (2013)
88. http://www.wpsprague.com/
research-1/2017/1/6/more-girls-
to-parks-case-study-of-einsiedler-
park-viennamilota-sidorova
89. http://civitas.eu/sites/default/files/
civ_pol-an2_m_web.pdf
90. https://malmo.se/down-
load/18.1388f79a149845ce3b9
ff3/1491301765672/F%C3%B6rstud-
ie+j%C3%A4mstalld+stadsplaner-
ing+Add+Gender+2013.pdf
91. https://malmo.se/down-
load/18.1388f79a149845ce3b9
102b/1491300931437/Presenta-
tion+20120913.pdf
92. http://webbutik.skl.se/bilder/
artiklar/pdf/7164–987-4.pdf?is-
suusl=ignore

3장

1. https://www.theguardian.com/world/2005/oct/18/gender.uk
2. http://www.bbc.co.uk/news/magazine-34602822
3. https://eng.fjarmalaraduneyti.is/media/Gender_Equality_in_Iceland_012012.pdf
4. http://www.smh.com.au/lifestyle/health-and-wellbeing/wellbeing/what-is-life-really-like-for-women-in-iceland-the-worlds-most-womanfriendly-country-20161031-gsez8j.html
5. http://www3.weforum.org/docs/WEF_GGGR_2017.pdf
6. https://www.economist.com/blogs/graphicdetail/2016/03/daily-chart-0
7. McKinsey Global Institute (2015), *The Power of Parity: how advancing women's equality can add $12 trillion to global growth*
8. https://ourworldindata.org/women-in-the-labor-force-determinants
9. Veerle, Miranda (2011), 'Cooking, Caring and Volunteering: Unpaid Work Around the World', *OECD Social, employment and migration working papers no.116*, OECD
10. http://www.pwc.com.au/australia-in-transition/publications/understanding-the-unpaid-economy-mar17.pdf
11. Chopra, D. and Zambelli, E. (2017), 'No Time to Rest: Women's Lived Experiences of Balancing Paid Work and Unpaid Care Work', *Institute of Development Studies*
12. Veerle (2011)
13. Dinh, Huong, Strazdins, Lyndall and Welsh, Jennifer (2017), 'Hourglass ceilings: Work-hour thresholds, gendered health inequities', *Social Science & Medicine* 176, 42–51
14. http://www.oecd.org/dev/development-gender/Unpaid_care_work.pdf
15. https://www.alzheimersresearchuk.org/wp-content/uploads/2015/03/Women-and-Dementia-A-Marginalised-Majority1.pdf
16. Ibid.
17. Ibid.
18. Ibid.
19. https://www.bls.gov/opub/ted/2015/time-spent-in-leisure-activities-in-2014-by-gender-age-and-educational-attainment.htm
20. https://www.ons.gov.uk/peoplepopulationandcommunity/wellbeing/articles/menenjoyfivehoursmoreleisuretimeperweekthanwomen/2018–01-09
21. Dinh, Strazdins and Welsh (2017)
22. http://www3.weforum.org/docs/GGGR16/WEF_Global_Gender_Gap_Report_2016.pdf
23. http://siteresources.worldbank.org/EXTSOCIALDEVELOPMENT/Resources/244362–1265299949041/6766328–1270752196897/Gender_Infrastructure2.pdf
24. L. Schiebinger and S. K. Gilmartin (2010), 'Housework is an academic issue', *Academe*, 96:39–44
25. https://www.newscientist.com/article/2085396-childcare-and-housework-are-what-give-women-more-

heart-problems/

26. Kilpi, F., Konttinen, H., Silventoin-en, K., Martikainen, P. (2015) 'Living arrangements as determinants of myocardial infarction incidence and survival: A prospective regis-ter study of over 300,000 Finnish men and women', *Social Science & Medicine*, 133, 93–100

27. http://www.independent.co.uk/life-style/husbands-create-extra-seven-hours-of-housework-a-week-a6885951.html

28. https://theconversation.com/cen-sus-2016-women-are-still-disadvan-taged-by-the-amount-of-unpaid-housework-they-do-76008

29. https://www.inc.com/tom-po-pomaronis/science-says-you-shouldnt-work-more-than-this-number-of-hours-a-day.html?cid=cp01002wired

30. https://www.theguardian.com/life-andstyle/2018/jan/15/is-28-hours-ideal-working-week-for-healthy-life

31. http://www.hse.gov.uk/statistics/causdis/stress/stress.pdf?pdf=stress

32. http://www.ilo.org/dyn/normlex/en/f?p=NORMLEX-PUB:12100:0::NO::P12100_ILO_CODE:C030

33. Virtanen, M., Ferrie, J. E., Singh-Ma-noux, A. et al. (2011), 'Long work-ing hours and symptoms of anxiety and depression: a 5-year follow-up of the Whitehall II study', *Psycho-logical Medicine*, 41:12, 2485–2494

34. Shields, M. (1999) 'Long working hours and health', Health Reports, 11:2, 33–48

35. Dinh, Strazdins and Welsh (2017)

36. Dembe, Allard E. and Yao, Xiaoxi (2016), 'Chronic Disease Risks From Exposure to Long-Hour Work Schedules Over a 32-Year Period', *MPH Journal of Occupational & Environmental Medicine*, 58:9, 861–867

37. Ibid.

38. https://www.usatoday.com/story/life/entertainthis/2017/01/08/ryan-gosling-golden-globes-acceptance-speech-eva-mendes/96330942/

39. https://www.theguardian.com/life-andstyle/2018/mar/03/spot-work-ing-mother-happy-busy-caretaker

40. http://www.fawcettsociety.org.uk/wp-content/uploads/2016/04/Clos-ing-the-Pensions-Gap-Web.pdf

41. Fawcett Society (2018), *Sex Dis-crimination Law Review*

42. http://www.fawcettsociety.org.uk/wp-content/uploads/2016/04/Clos-ing-the-Pensions-Gap-Web.pdf

43. https://www.closethegap.org.uk/content/gap-statistics/

44. https://www.ons.gov.uk/employ-mentandlabourmarket/peoplein-work/earningsandworkinghours/bulletins/annualsurveyofhoursan-dearnings/2017provisionaland-2016revisedresults

45. https://www.statista.com/statis-tics/280691/median-hourly-earn-ings-for-part-time-employees-in-the-uk-since-2006/

46. Levanon, Asaf, England, Paula and Allison, Paul (2009) 'Occupational Feminization and Pay: Assessing Causal Dynamics Using 1950–2000

U.S. Census Data', *Social Forces*, 88:2, 865–891

47. Pan, Jessica (2015), 'Gender Segregation in Occupations: The Role of Tipping and Social Interactions', *Journal of Labor Economics*, 33:2, 365–408

48. https://www.oecd.org/dev/development-gender/Unpaid_care_work.pdf

49. Fawcett Society (2018), *Sex Discrimination Law Review*

50. Ibid.

51. http://newlaborforum.cuny.edu/2017/03/03/recognize-reduce-redistribute-unpaid-care-work-how-to-close-the-gender-gap/

52. http://progress.unwomen.org/en/2015/pdf/UNW_progressreport.pdf

53. Ibid.

54. Ibid.

55. https://www.unisa.edu.au/Global/EASS/HRI/Austen,%20Sharp%20and%20Hodgson%202015.pdf

56. http://www.fawcettsociety.org.uk/wp-content/uploads/2016/04/Closing-the-Pensions-Gap-Web.pdf

57. http://www.bbc.co.uk/news/business-39040132

58. http://www.fawcettsociety.org.uk/wp-content/uploads/2016/04/Closing-the-Pensions-Gap-Web.pdf

59. http://progress.unwomen.org/en/2015/pdf/UNW_progressreport.pdf

60. http://newlaborforum.cuny.edu/2017/03/03/recognize-reduce-redistribute-unpaid-care-work-how-to-close-the-gender-gap/

61. http://progress.unwomen.org/en/2015/pdf/UNW_progressreport.pdf

62. Kalb, Guyonne (2018), 'Paid Parental Leave and Female Labour Supply: A Review', Economic Record, 94:304, 80–100; Strang, Lucy and Broeks, Miriam (2016), 'Maternity leave policies: Trade-offs between labour market demands and health benefits for children', European Union; https://www.dol.gov/wb/resources/paid_parental_leave_in_the_united_states.pdf(2014)

63. Rossin-Slater, Maya, Ruhm, Christopher J. and Waldfogel, Jane (2011), 'The Effects of California's Paid Family Leave Program on Mothers' Leave-Taking and Subsequent Labor Market Outcomes', *NBER Working Paper No. 17715*; Kalb (2018)

64. Kalb (2018)

65. Strang and Broeks (2016)

66. https://www.nytimes.com/2012/08/23/technology/in-googles-inner-circle-a-falling-number-of-women.html

67. https://www.oecd.org/els/soc/PF2_1_Parental_leave_systems.pdf

68. Kalb (2018)

69. https://www.maternityaction.org.uk/2017/03/the-truth-is-that-uk-maternity-pay-is-amongst-the-lowest-in-europe/

70. https://www.oecd.org/els/soc/PF2_1_Parental_leave_systems.pdf

71. https://www.chathamhouse.org/publications/twt/brexit-isn-t-just-blokes

72. http://www.europarl.eu-
ropa.eu/RegData/etudes/
ATAG/2016/593543/EPRS_
ATA(2016)593543_EN.pdf
73. https://politicalscrapbook.
net/2017/10/mays-new-brexit-
minister-wants-to-ditch-eu-laws-
protecting-pregnant-women-and-
vulnerable-workers/#more-67848
74. https://www.fawcettsociety.org.
uk/Handlers/Download.ashx-
?IDMF=0de4f7f0-d1a0-4e63-94c7-
5e69081caa5f
75. https://www.standard.
co.uk/news/politics/coun-
cillor-dumped-from-author-
ity-over-time-off-after-giv-
ing-birth-prematurely-10122410.
html
76. https://www.weforum.org/agen-
da/2016/08/these-10-countries-
have-the-best-parental-leave-poli-
cies-in-the-world
77. http://uk.businessinsider.com/
maternity-leave-worldwide-2017–
8/#us-the-family-and-medical-
leave-act-provides-up-to-12-weeks-
unpaid-leave-but-it-doesnt-apply-
to-everyone-5
78. https://www.brookings.edu/
wp-content/uploads/2017/06/
es_20170606_paidfamilyleave.pdf
79. https://www.bloomberg.com/
news/articles/2017–11-09/malaysia-
s-giving-working-moms-a-better-
maternity-deal-than-u-s
80. http://prospect.org/article/beware-
paid-family-leave-fig-leaf-gop-tax-
plan
81. https://www.bls.gov/ncs/ebs/bene-

fits/2017/ebbl0061.pdf
82. https://www.independent.co.uk/
news/world/americas/paid-ma-
ternity-leave-us-worst-countres-
world-donald-trump-family-
leave-plan-women-republican-
social-a7606036.html
83. Blau, Francine D. and Kahn,
Lawrence M. (2013), 'Female Labor
Supply: Why is the US Falling
Behind?', The American Economic
Review, 103:3, 251–256
84. https://www.nytimes.
com/2018/02/20/upshot/why-a-
republican-plan-for-paid-leave-
has-stirred-concern-about-social-
security.html
85. http://crr.bc.edu/working-pa-
pers/how-much-does-mother-
hood-cost-women-in-social-securi-
ty-benefits/
86. 10장 참조
87. http://www.slate.com/blogs/xx_
factor/2017/05/17/cdc_data_says_
women_in_their_thirties_are_
having_more_babies_than_women.
html
88. https://www.theatlantic.com/
sexes/archive/2013/07/for-female-
scientists-theres-no-good-time-to-
have-children/278165/
89. http://www.slate.com/articles/dou-
ble_x/doublex/2013/06/female_
academics_pay_a_heavy_baby_
penalty.html
90. http://www.slate.com/articles/dou-
ble_x/doublex/2013/06/female_
academics_pay_a_heavy_baby_
penalty.html
91. https://www.nytimes.

com/2016/06/26/business/
tenure-extension-poli-
cies-that-put-women-at-a-disadvan-
tage.html

92. https://www.nytimes.
com/2016/06/26/business/
tenure-extension-poli-
cies-that-put-women-at-a-disadvan-
tage.html

93. https://hardsci.wordpress.
com/2016/06/28/dont-change-
your-family-friendly-tenure-exten-
sion-policy-just-yet/

94. http://ec.europa.eu/eurostat/
statistics-explained/imag-
es/3/39/Employment_rate_
by_sex%2C_age_group_20–
64%2C_1993–2016_%28%25%29.
png

95. https://qz.com/266841/econom-
ic-case-for-paternity-leave/

96. https://www.oecd.org/poli-
cy-briefs/parental-leave-where-are-
the-fathers.pdf

97. https://www.theguardian.com/
world/2015/may/28/swedish-fa-
thers-paid-paternity-parental-leave

98. https://www.oecd.org/poli-
cy-briefs/parental-leave-where-are-
the-fathers.pdf

99. https://www.theguardian.com/
money/2017/mar/22/force-men-
to-take-father-only-parental-leave-
experts-urge-mps

100. https://qz.com/266841/econom-
ic-case-for-paternity-leave/

101. https://www.ft.com/content/
f3154b96-e0c5-11e5-8d9b-
e88a2a889797

102. https://www.nytimes.

com/2014/11/09/upshot/paterni-
ty-leave-the-rewards-and-the-re-
maining-stigma.html

103. http://www.nytimes.
com/2010/06/10/world/eu-
rope/10iht-sweden.html

104. http://fortune.com/2014/10/25/7-
companies-with-the-best-perks-
for-parents/

105. https://www.nytimes.
com/2012/08/23/technology/
in-googles-inner-circle-a-falling-
number-of-women.html

106. http://www.businessinsider.com/
evernote-pays-for-its-employees-
to-have-their-houses-cleaned-
2012–10?IR=T

107. https://www.elle.com/culture/
career-politics/g28143/the-best-
lactation-rooms-across-america/

108. http://time.com/mon-
ey/4972232/12-compa-
nies-with-the-most-luxurious-em-
ployee-perks/

109. http://www.slate.com/blogs/xx_
factor/2017/05/16/apple_s_new_
headquarters_apple_park_has_
no_child_care_center_despite_
costing.html

110. https://www.kff.org/other/
poll-finding-kaiser-fami-
ly-foundationnew-york-times-
cbs-news-non-employed-poll/

111. https://www.flexjobs.com/blog/
post/stats-about-remote-and-flexi-
ble-work-2017-predictions/

112. https://www.nbcnews.com/busi-
ness/business-news/why-are-big-
companies-calling-their-remote-
workers-back-office-n787101

113. https://timewise.co.uk/wp-content/uploads/2017/06/Timewise-Flexible-Jobs-Index-2017.pdf
114. Goldin, Claudia (2014), 'A Grand Gender Convergence: Its Last Chapter,' *American Economic Review*, American Economic Association, 104:4, 1091–1119
115. https://fivethirtyeight.com/features/why-women-are-no-longer-catching-up-to-men-on-pay/
116. European Parliament (2017), *Gender Equality and Taxation in the European Union*
117. http://www.undp.org/content/dam/undp/library/gender/Gender%20and%20Poverty%20Reduction/Taxation%20English.pdf
118. Schiebinger and Gilmartin (2010)
119. https://www.ft.com/content/60729d68-20bb-11e5-aa5a-398b2169cf79
120. http://www.economist.com/news/briefing/21599763-womens-lowly-status-japanese-workplace-has-barely-improved-decades-and-country
121. http://stats.oecd.org/index.aspx?queryid=54757
122. http://money.cnn.com/2016/10/16/news/economy/japan-companies-women-careers-nissan/index.html
123. http://www.economist.com/news/briefing/21599763-womens-lowly-status-japanese-workplace-has-barely-improved-decades-and-country
124. https://www.oecd.org/japan/japan-improving-the-labour-market-outcomes-of-women.pdf
125. https://ec.europa.eu/research/science-society/document_library/pdf_06/structural-changes-final-report_en.pdf
126. https://www.theatlantic.com/sexes/archive/2013/07/for-female-scientists-theres-no-good-time-to-have-children/278165/
127. https://work.qz.com/1156034/nobel-prize-winner-christiane-nusslein-volhard-is-helping-women-scientists-pay-to-outsource-household-chores/
128. http://genderpolicyreport.umn.edu/tax-proposals-a-missed-opportunity-for-addressing-implicit-gender-bias/; European Parliament (2017), *Gender Equality and Taxation in the European Union*
129. https://www.irs.gov/businesses/small-businesses-self-employed/deducting-business-expenses
130. http://fortune.com/2016/07/23/expense-policies-hurt-women/
131. https://www.gingerbread.org.uk/policy-campaigns/publications-index/statistics/
132. https://singlemotherguide.com/single-mother-statistics/
133. Fawcett Society (2017), *Does Local Government Work for Women?*

4장

1. Goldin, Claudia and Rouse, Cecilia (2000), 'Orchestrating Impartiality: The Impact of 'Blind' Auditions on Female Musicians', *American Economic Review*, 90:4, 715–741

2. http://www.stltoday.com/entertainment/arts-and-theatre/in-orchestras-a-sea-change-in-gender-proportions/article_25cd8c54-5ca4-529f-bb98-8c5b08c64434.html
3. https://nyphil.org/about-us/meet/musicians-of-the-orchestra
4. Kunovich, Sheri and Slomczynski, Kazimierz M. (2007), 'Systems of Distribution and a Sense of Equity: A Multilevel Analysis of Meritocratic Attitudes in Post-industrial Societies', *European Sociological Review*, 23:5, 649–663; Castilla., Emilio J. and Benard, Stephen (2010), 'The Paradox of Meritocracy in Organizations', *Administrative Science Quarterly*, 55:4, 543–676
5. Reynolds, Jeremy and Xian, He (2014), 'Perceptions of meritocracy in the land of opportunity', *Research in Social Stratification and Mobility*, 36, 121–137
6. Castilla and Benard (2010)
7. http://fortune.com/2014/08/26/performance-review-gender-bias/
8. Castilla and Benard (2010)
9. http://stateofstartups.firstround.com/2016/#highlights-diversity-prediction
10. Uhlmann, Eric Luis and Cohen, Geoffrey L. (2007), '"I think it, therefore it's true": Effects of self-perceived objectivity on hiring discrimination', *Organizational Behavior and Human Decision Processes*, 104:2, 207–223; Castilla and Benard (2010)
11. https://www.newyorker.com/magazine/2017/11/20/the-tech-industrys-gender-discrimination-problem
12. https://www.newyorker.com/magazine/2017/11/20/the-tech-industrys-gender-discrimination-problem
13. https://hbr.org/2014/10/hacking-techs-diversity-problem
14. https://www.theatlantic.com/magazine/archive/2017/04/why-is-silicon-valley-so-awful-to-women/517788/
15. http://www.latimes.com/business/la-fi-women-tech-20150222-story.html#page=1
16. Reynolds and Xian (2014)
17. Handley, Ian M., Brown, Elizabeth R., Moss-Racusin, Corinne A. and Smith, Jessi L. (2015), 'Quality of evidence revealing subtle gender biases in science is in the eye of the beholder', *Proceedings of the National Academy of Sciences of the United States of America*, 112:43, 13201–13206
18. https://erc.europa.eu/sites/default/files/document/file/Gender_statistics_April_2014.pdf; Wenneras, C. and Wold, A. (1997), 'Nepotism and sexism in peer-review', *Nature*, 387:341; Milkman, Katherine L., Akinola, Modupe and Chugh, Dolly (2015), 'What Happens Before? A Field Experiment Exploring How Pay and Representation Differentially Shape Bias on the Pathway Into Organizations', *Journal of Applied Psychology*, 100:6, 1678–1712; Knobloch-Westerwick, Silvia, Glynn, Carroll J. and Huge, Michael (2013), 'The Matilda Effect in Science Communication', *Science*

Communication, 35:5, 603–625; Kaatz, Anna, Gutierrez, Belinda and Carnes, Molly (2014), 'Threats to objectivity in peer review: the case of gender', *Trends Pharmacol Sci.*, 35:8, 371–373; Women and Science Unit (2011), *White Paper on the Position of Women in Science in Spain*, UMYC

19. Women and Science Unit (2011); https://foreignpolicy.com/2016/04/19/how-to-get-tenure-if-youre-a-woman-academia-stephen-walt/

20. Roberts, Sean G. and Verhoef, Tessa (2016), 'Double-blind reviewing at EvoLang 11 reveals gender bias', *Journal of Language Evolution*, 1:2, 163–167

21. Budden, Amber E., Tregenza, Tom, Aarssen, Lonnie W., Koricheva, Julia, Leimu, Roosa and Lortie, Christopher J. (2008), 'Double-blind review favours increased representation of female authors', Trends in Ecology & Evolution, 23:1, 4–6

22. Knobloch-Westerwick, Glynn and Huge (2013); Maliniak, Daniel, Powers, Ryan and Walter, Barbara F. (2013), 'The Gender Citation Gap in International Relations', International Organization; Mitchell, Sara McLaughlin, Lange, Samantha and Brus, Holly (2013), 'Gendered Citation Patterns in International Relations', *Journal of International Studies Perspectives*, 14:4, 485–492

23. King, Molly M., Bergstrom, Carl T., Correll, Shelley J., Jacquet, Jennifer, and West, Jevin D. (2017), 'Men Set Their Own Cites High: Gender and Self-citation across Fields and over Time', *Socius: Sociological Research for a Dynamic World*, 3:1–22

24. Bagilhole, Barbara and Goode, Jackie (2001), 'The Contradiction of the Myth of Individual Merit, and the Reality of a Patriarchal Support System in Academic Careers: A Feminist Investigation', *European Journal of Women's Studies*, 8:2, 161–180

25. Krawczyk, Michał (2017), 'Are all researchers male? Gender misattributions in citations', *Scientometrics*, 110:3, 1397–1402

26. https://www.nytimes.com/2015/11/12/upshot/even-famous-female-economists-get-no-respect.html

27. https://www.nytimes.com/2016/01/10/upshot/when-teamwork-doesnt-work-for-women.html?mcubz=1

28. Knobloch-Westerwick, Glynn and Huge (2013)

29. https://foreignpolicy.com/2016/04/19/how-to-get-tenure-if-youre-a-woman-academia-stephen-walt/

30. https://www.chronicle.com/article/Thanks-for-Listening/233825

31. http://www.cbc.ca/news/canada/british-columbia/female-profs-more-work-1.4473910

32. Mitchell, Sara McLaughlin and Hesli, Vicki L., 'Women Don't Ask? Women Don't Say No? Bargaining and Service in the Political Science Profession', PS: Political Science &

Politics, 46:2, 355–369; Guarino, Cassandra M. and Borden, Victor M. H. (2017), 'Faculty Service Loads and Gender: Are Women Taking Care of the Academic Family?', *Research in Higher Education*, 58:6 672–694

33. https://hbr.org/2018/03/for-women-and-minorities-to-get-ahead-managers-must-assign-work-fairly; Laperrière, Ève, Messing, Karen and Bourbonnais, Renée (2017), 'Work activity in food service: The significance of customer relations, tipping practices and gender for preventing musculoskeletal disorders', *Applied Ergonomics*, 58, 89–101

34. Guarino and Borden (2017); Baker, Maureen (2012), *Academic Careers and the Gender Gap*, Canada; Gibney, Elizabeth (2017), 'Teaching load could put female scientists at career disadvantage', *Nature*, https://www.nature.com/news/teaching-load-could-put-female-scientists-at-career-disadvantage-1.21839; Women and Science Unit (2011), *White Paper on the Position of Women in Science in Spain*, UMYC

35. Amy Bug (2010), 'Swimming against the unseen tide', *Phys. World*, 23:08; Boring, Anne, Ottoboni, Kellie and Stark, Philip B. (2016), 'Student evaluations of teaching (mostly) do not measure teaching effectiveness', *Science-Open Research*

36. Boring, Anne, Ottoboni, Kellie and Stark, Philip B. (2016)

37. http://activehistory.ca/2017/03/shes-hot-female-sessional-instructors-gender-bias-and-student-evaluations/

38. MacNell, Lillian, Driscoll, Adam and Hunt, Andrea N. (2015), 'What's in a Name: Exposing Gender Bias in Student Ratings of Teaching', *Innovative Higher Education*, 40:4, 291–303

39. https://www.theguardian.com/lifeandstyle/womens-blog/2015/feb/13/female-academics-huge-sexist-bias-students

40. http://activehistory.ca/2017/03/shes-hot-female-sessional-instructors-gender-bias-and-student-evaluations/

41. Storage, Daniel, Home, Zachary, Cimpian, Andrei and Leslie, Sarah-Jane (2016), 'The Frequency of "Brilliant" and "Genius" in Teaching Evaluations Predicts the Representation of Women and African Americans across Fields', *PLoS ONE* 11:3; Leslie, Sarah-Jane, Cimpian, Andrei, Meyer, Meredith and Freeland, Edward (2015), 'Expectations of brilliance underlie gender distributions across academic disciplines', *Science*, 347:6219, 262–265; Meyer, Meredith, Cimpian, Andrei and Leslie, Sarah-Jane (2015), 'Women are underrepresented in fields where success is believed to require brilliance', *Frontiers in Psychology*, 6:235

42. Banchefsky, Sarah, Westfall, Jacob, Park, Bernadette and Judd, Charles

M. (2016), 'But You Don't Look Like A Scientist!: Women Scientists with Feminine Appearance are Deemed Less Likely to be Scientists', *Sex Roles*, 75:3–4, 95–109

43. Bian, Lin, Leslie, Sarah-Jane and Cimpian, Andrei (2017), 'Gender stereotypes about intellectual ability emerge early and influence children's interests', *Science*, 355: 6323, 389–391

44. https://genderedinnovations.stanford.edu/institutions/bias.html

45. https://www.theguardian.com/commentisfree/2016/may/31/women-science-industry-structure-sexist-courses-careers

46. Grunspan, Daniel Z., Eddy, Sarah L., Brownell, Sara E., Wiggins, Benjamin L., Crowe, Alison J., Goodreau, Steven M. (2016), 'Males Under-Estimate Academic Performance of Their Female Peers in Undergraduate Biology Classrooms', *PLoS ONE*, 11:2

47. Schmader, Toni, Whitehead, Jessica and Wysocki, Vicki H. (2007), 'A Linguistic Comparison of Letters of Recommendation for Male and Female Chemistry and Biochemistry Job Applicants', *Sex Roles*, 57:7–8, 509–514; Madera, Juan M., Hebl, Michelle R. and Martin, Randi C. (2009), 'Gender and letters of recommendation for academia: Agentic and communal differences', *Journal of Applied Psychology*, 94:6, 1591–1599; Dutt, Kuheli, Pfaff, Danielle L., Bernstein, Ariel F., Dillard, Joseph S. and Block, Caryn J. (2016), 'Gender differences in recommendation letters for postdoctoral fellowships in geoscience', *Nature Geoscience*, 9, 805–808

48. Madera et al. (2009)

49. https://www.nature.com/news/women-postdocs-less-likely-than-men-to-get-a-glowing-reference-1.20715

50. Trix, Frances and Psenka, Carolyn (2003), 'Exploring the Color of Glass: Letters of Recommendation for Female and Male Medical Faculty', *Discourse & Society*, 14:2, 191–220

51. Ibid.

52. Madera at al. (2009)

53. Nielsen, Mathias Wullum, Andersen, Jens Peter, Schiebinger, Londa and Schneider, Jesper W. (2017), 'One and a half million medical papers reveal a link between author gender and attention to gender and sex analysis', *Nature Human Behaviour*, 1, 791–796

54. http://gap.hks.harvard.edu/effects-gender-stereotypic-and-counter-stereotypic-textbook-images-science-performance

55. https://www.cs.cmu.edu/afs/cs/project/gendergap/www/papers/anatomyWSQ99.html

56. Light, Jennifer S. (1999), 'When Computers Were Women', *Technology and Culture*, 40:3, 455–483

57. Ensmenger, Nathan L. (2010), *The Computer Boys Take Over: Computers, Programmers, and the Politics of Technical Expertise*, Cambridge MA

58. https://www.theatlantic.com/
business/archive/2016/09/what-
programmings-past-reveals-about-
todays-gender-pay-gap/498797/

59. http://thecomputerboys.com/
wp-content/uploads/2011/06/cos-
mopolitan-april-1967-1-large.jpg

60. https://www.theatlantic.com/
business/archive/2016/09/what-
programmings-past-reveals-about-
todays-gender-pay-gap/498797/

61. Ensmenger, Nathan L. (2010)

62. Ibid.

63. https://www.hfobserver.com/exclu-
sive-content/q4-top-recruiting-de-
partment-hires-and-an-acquisition/

64. https://www.theguardian.com/sci-
ence/2016/sep/01/how-algorithms-
rule-our-working-lives

65. https://www.theatlantic.com/tech-
nology/archive/2013/11/your-job-
their-data-the-most-important-un-
told-story-about-the-future/281733/

66. https://onlinelibrary.wiley.
com/doi/abs/10.1111/j.1471-
6402.2008.00454.x; Hannah Riley
Bowles, Linda Babcock and Lei Lai
(2007), 'Social incentives for gender
differences in the propensity to
initiate negotiations: Sometimes it
does hurt to ask', *Organizational
Behavior and Human Decision
Processes*, 103, 84–103.

67. https://www.nytimes.
com/2012/08/23/technology/in-
googles-inner-circle-a-falling-num-
ber-of-women.html

68. https://www.physiology.org/
doi/10.1152/advan.00085.2017

69. https://www.newyorker.com/mag-
azine/2017/11/20/the-tech-indus-
trys-gender-discrimination-problem

70. https://medium.com/@trike-
tora/where-are-the-numbers-
cb997a57252

71. http://www.independent.co.uk/
news/business/news/work-
place-gender-quotas-incompe-
tence-efficiency-business-organ-
isations-london-schoole-conom-
ics-lse-a7797061.html

72. http://web.mit.edu/fnl/vol-
ume/184/hopkins.html

73. http://www.cwf.ch/uploads/press/
ABusinessCaseForWomen.pdf

74. https://madebymany.com/stories/
can-a-few-well-chosen-words-im-
prove-inclusivity

75. Gaucher, D., Friesen, J. and Kay, A.
C. (2011), 'Evidence that gendered
wording in job advertisements ex-
ists and sustains gender inequality',
*Journal of Personality and Social
Psychology*, 101:1, 109–128

76. https://www.theatlantic.com/busi-
ness/archive/2015/12/meritocra-
cy/418074/

77. Castilla, Emilio J. (2015), 'Account-
ing for the Gap: A Firm Study Ma-
nipulating Organizational Account-
ability and Transparency in Pay
Decisions', Organization Science,
26:2, 311–333

5장

1. Kingma, Boris and Marken Licht-
enbelt, Wouter van (2015), 'Energy
consumption in buildings and
female thermal demand,' *Nature*

Climate Change, 5, 1054–1056
2. https://www.nytimes.
com/2015/08/04/science/chilly-at-
work-a-decades-old-formula-may-
be-to-blame.html?_r=0
3. http://www.hse.gov.uk/statistics/
history/historical-picture.pdf
4. Ibid.
5. https://www.cdc.gov/mmwr/pre-
view/mmwrhtml/mm4822a1.htm
6. https://www.bls.gov/news.release/
cfoi.nr0.htm
7. https://www.equaltimes.org/
the-invisible-risks-facing-work-
ing?lang=en#.W0oUw9gzrOT
8. Ibid.
9. http://www.hazards.org/vulnera-
bleworkers/ituc28april.htm
10. https://www.equaltimes.org/
the-invisible-risks-facing-work-
ing?lang=en#.WsyCV9MbPOS
11. Messing, K. (in press), 'Fighting
invisibility in the workplace: the
struggle to protect health and
support equality in the workplace'
in Greaves, Lorraine (ed.) *A History
of Women's Health in Canada*,
Second Story Press
12. Côté, Julie (2012), 'A critical review
on physical factors and functional
characteristics that may explain a
sex/gender difference in work-re-
lated neck/shoulder disorders',
Ergonomics, 55:2, 173–182
13. http://www.hse.gov.uk/statistics/
causdis/cancer/cancer.pdf?pdf=-
cancer
14. Rochon Ford, Anne (2014), "Over-
exposed, Underinformed": Nail Sa-
lon Workers and Hazards to Their

Health / A Review of the Literature
National Network on Environments
and Women's Health', RPSFM (Ré-
seau pancanadien sur la santé des
femmes et le milieu)
15. http://www.hazards.org/vulnera-
bleworkers/ituc28april.htm
16. 'Breast Cancer and Occupation:
The Need for Action: APHA Policy
Statement Number 20146, Issued
November 18, 2014', *NEW SOLU-
TIONS: A Journal of Environmental
and Occupational Health Policy*;
Rochon Ford (2014)
17. 'Breast Cancer and Occupation:
The Need for Action: APHA Policy
Statement Number 20146, Issued
November 18, 2014'; Brophy, James
T., Keith, Margaret M. et al. (2012),
'Breast cancer risk in relation to
occupations with exposure to car-
cinogens and endocrine disruptors:
a Canadian case-control study',
Environmental Health, 11:87
18. Rochon Ford (2014)
19. http://www.passblue.
com/2017/07/05/females-exposed-
to-nuclear-radiation-are-far-likelier-
than-males-to-suffer-harm/
20. Phillips, Ann M. (2014), 'Wonder-
ings on Pollution and Women's
Health', in Scott, Dayna Nadine
(ed.), *Our Chemical Selves: Gender,
Toxics, and Environmental Health*,
Vancouver
21. Scott, Dayna Nadine and Lewis,
Sarah (2014), 'Sex and Gender in
Canada's Chemicals Management
Plan', in Scott, Dayna Nadine (ed.),
Our Chemical Selves: Gender,

Toxics, and Environmental Health,
Vancouver

22. Rochon Ford (2014)
23. Scott and Lewis (2014)
24. Rochon Ford (2014)
25. Scott and Lewis (2014)
26. Ibid.
27. Rochon Ford (2014)
28. Scott and Lewis (2014)
29. 'Breast Cancer and Occupation:
    The Need for Action: APHA Policy
    Statement Number 20146, Issued
    November 18, 2014', *NEW SOLU-
    TIONS: A Journal of Environmental
    and Occupational Health Policy*
30. Rochon Ford (2014)
31. Brophy et al. (2012)
32. 'Breast Cancer and Occupation:
    The Need for Action: APHA Policy
    Statement Number 20146, Issued
    November 18, 2014', *NEW SOLU-
    TIONS: A Journal of Environmental
    and Occupational Health Policy*
33. https://www.theguardian.com/life-
    andstyle/2015/may/05/osha-health-
    women-breast-cancer-chemicals-
    work-safety
34. https://www.theguardian.com/
    lifeandstyle/2015/apr/30/fda-cos-
    metics-health-nih-epa-environmen-
    tal-working-group
35. Rochon Ford (2014); Brophy et al.
    (2012); Scott and Lewis (2014)
36. Scott and Lewis (2014)
37. Brophy et al. (2012)
38. Scott and Lewis (2014)
39. http://www.hazards.org/compen-
    sation/meantest.htm
40. 'Designing Tools and Agricultural
    Equipment for Women', poster pro-
    duced by Aaron M. Yoder, Ann M.
    Adams and Elizabeth A. Brensing-
    er, for 2014 Women in Agriculture
    Educators National Conference
41. http://nycosh.org/wp-content/
    uploads/2014/09/Women-in-Con-
    struction-final-11–8-13–2.pdf
42. Myles, Kimberly and Binseel, Mary
    S. (2007), 'The Tactile Modality: A
    Review of Tactile Sensitivity and
    Human Tactile Interfaces', Army
    Research Laboratory
43. http://www.afpc.af.mil/About/
    Air-Force-Demographics/
44. https://www.gov.uk/government/
    uploads/system/uploads/attach-
    ment_data/file/389575/20141218_
    WGCC_Findings_Paper_Final.pdf
45. https://www.theguardian.com/uk-
    news/2013/nov/24/female-raf-re-
    cruits-compensation-marching-inju-
    ries
46. Laperrière, Ève, Messing, Karen
    and Bourbonnais, Renée (2017),
    'Work activity in food service: The
    significance of customer relations,
    tipping practices and gender for
    preventing musculoskeletal dis-
    orders', *Applied Ergonomics*, 58,
    89–101
47. Friedl, Karl E. (2012), 'Military
    Quantitative Physiology: Problems
    and Concepts in Military Oper-
    ational Medicine', Office of the
    Surgeon General, Department of
    the Army, United States of America;
    Knapik, Joseph and Reynolds, Katy
    (2012), 'Load Carriage in Military
    Operations: A Review of Historical,
    Physiological, Biomechanical, and

Medical Aspects', Walter Reed Army Medical Center, US Army Medical Department Center & School
48. https://assets.publishing.service.gov.uk/government/uploads/system/uploads/attachment_data/file/389575/20141218_WGCC_Findings_Paper_Final.pdf
49. Ibid.
50. Ibid.
51. http://www.independent.co.uk/news/world/americas/dressed-to-kill-us-army-finally-designs-a-female-uniform-that-fits-2274446.html
52. https://www.washingtontimes.com/news/2015/may/14/military-pressed-to-design-line-of-women-friendly-/
53. https://www.tuc.org.uk/sites/default/files/PPEandwomenguidance.pdf
54. https://blogs.scientificamerican.com/voices/one-more-barrier-faced-by-women-in-science/
55. https://www.tuc.org.uk/sites/default/files/PPEandwomenguidance.pdf
56. https://www.wes.org.uk/sites/default/files/WES%20safety%20survey%20results%20March%202010.pdf
57. https://library.prospect.org.uk/id/2016/01301?display=article&revision=2&_ts=1
58. https://www.tuc.org.uk/sites/default/files/2016–01299-Leaflet-booklet-Women%27s-PPE–One-Size-Does-Not-Fit-All-Version-26–09-2016%20%282%29.pdf
59. http://nycosh.org/wp-content/uploads/2014/09/Women-in-Construction-final-11–8-13–2.pdf
60. https://library.prospect.org.uk/id/2016/01301?display=article&revision=2&_ts=1
61. https://www.tuc.org.uk/sites/default/files/PPEandwomenguidance.pdf
62. https://www.theguardian.com/world/2016/sep/25/spain-guardia-civil-sexism-women-bulletproof-jackets?client=safari
63. https://www.theguardian.com/world/2016/sep/25/spain-guardia-civil-sexism-women-bulletproof-jackets?client=safari
64. https://www.tuc.org.uk/sites/default/files/PPEandwomenguidance.pdf

6장

1. Vogel, Sarah A. (2009), The Politics of Plastics: The Making and Unmaking of Bisphenol A 'Safety', *American Journal of Public Health*. 99:3, 559–566
2. http://www.washingtonpost.com/wp-dyn/content/article/2008/04/15/AR2008041501753.html
3. Vogel, Sarah A. (2009)
4. Ibid.
5 Ibid.
6. https://www.nytimes.com/2015/05/11/nyregion/nail-salon-workers-in-nyc-face-hazardous-chemicals.html; 'Breast Cancer and Occupation: The Need for Action: APHA Policy Statement Number

20146, Issued November 18, 2014',
NEW SOLUTIONS: A Journal of Environmental and Occupational Health Policy

7. Vogel, Sarah A. (2009)
8. https://www.nytimes.com/2015/05/10/nyregion/at-nail-salons-in-nyc-manicurists-are-underpaid-and-unprotected.html
9. https://www.nytimes.com/2015/05/10/nyregion/at-nail-salons-in-nyc-manicurists-are-underpaid-and-unprotected.html
10. https://www.theguardian.com/world/2017/sep/11/slavery-report-sounds-alarm-over-vietnamese-nail-bar-workers
11. https://www.theguardian.com/commentisfree/2018/jan/05/nail-bars-modern-slavery-discount-salons-booming-exploitation
12. https://www.theguardian.com/world/2017/sep/11/slavery-report-sounds-alarm-over-vietnamese-nail-bar-workers
13. https://www.tuc.org.uk/sites/default/files/the-gig-is-up.pdf
14. https://www.tuc.org.uk/sites/default/files/Women_and_casualisation_0.pdf
15. https://www.ituc-csi.org/IMG/pdf/Women_8_march_EN.pdf
16. https://www.unison.org.uk/content/uploads/2014/06/On-line-Catalogue224222.pdf
17. https://www.unison.org.uk/content/uploads/2014/06/On-line-Catalogue224222.pdf
18. http://survation.com/women-on-low-paid-zero-hours-contracts-survation-for-fawcett-society/
19. https://www.tuc.org.uk/sites/default/files/the-gig-is-up.pdf
20. http://www.ucu.org.uk/media/6882/Zero-hours-contracts-a-UCU-briefing-Mar-14/pdf/ucu_zerohoursbriefing_mar14.pdf
21. https://www.hesa.ac.uk/files/pre-release/staff_1516_table_B.xlsx
22. Best, Kathinka, Sinell, Anna, Heidingsfelder, Marie Lena and Schraudner, Martina (2016), 'The gender dimension in knowledge and technology transfer - the German case', *European Journal of Innovation Management*, 19:1, 2–25
23. A. Hellum and H. Aasen (eds.) (2013), *Women's Human Rights: CEDAW in International, Regional and National Law (Studies on Human Rights Conventions)*, Cambridge University Press, Cambridge
24. https://www.oecd.org/japan/japan-improving-the-labour-market-outcomes-of-women.pdf
25. https://krueger.princeton.edu/sites/default/files/akrueger/files/katz_krueger_cws_-_march_29_20165.pdf
26. TUC (2017), 'The gig is up', https://www.tuc.org.uk/sites/default/files/the-gig-is-up.pdf
27. Rubery, Jill, Grimshaw, Damian and Figueiredo, Hugo (2005), 'How to close the gender pay gap in Europe: towards the gender mainstreaming of pay policy', *Industrial*

Relations Journal, 36:3, 184–213
28. https://www.tuc.org.uk/sites/default/files/Women_and_casualisation.pdf
29. Ibid.
30. Ibid.
31. Ibid.
32. https://www.nytimes.com/interactive/2014/08/13/us/starbucks-workers-scheduling-hours.html
33. Ibid.
34. https://www.brookings.edu/wp-content/uploads/2017/10/es_121917_the51percent_ebook.pdf
35. https://www.ituc-csi.org/IMG/pdf/women.pdf; https://publications.parliament.uk/pa/cm201719/cmselect/cmwomeq/725/72504.htm
36. https://www.tuc.org.uk/sites/default/files/Women_and_casualisation.pdf
37. http://endviolence.un.org/pdf/pressmaterials/unite_the_situation_en.pdf
38. http://www.scmp.com/news/china/society/article/2054525/young-chinese-women-dare-say-no-workplace-sexual-harassment-says
39. https://www.ncbi.nlm.nih.gov/pubmed/19862867
40. https://www.tuc.org.uk/sites/default/files/SexualHarassmentreport2016.pdf
41. https://www.elephantinthevalley.com/
42. Brophy, James T., Keith, Margaret M. and Hurley, Michael (2018), 'Assaulted and Unheard: Violence Against Healthcare Staff', *NEW SOLUTIONS: A Journal of Environmental and Occupational Health Policy*, 27:4, 581–606
43. Ibid.
44. https://www.tuc.org.uk/sites/default/files/SexualHarassmentreport2016.pdf; https://qz.com/931653/indias-long-history-with-sexual-harassment-at-workplaces/; http://economictimes.indiatimes.com/magazines/panache/predators-at-the-workplace-india-inc-yet-to-commit-to-law-against-sexual-harassment/articleshow/57830600.cms; http://indianexpress.com/article/india/38-per-cent-women-say-they-faced-sexual-harassment-at-workplace-survey-4459402/; https://today.yougov.com/news/2017/04/25/nearly-third-women-have-been-sexually-harassed-work/; https://www.theguardian.com/money/2016/jul/22/sexual-harassment-at-work-roger-ailes-fox-news; https://www.elephantinthevalley.com/; https://interagencystandingcommittee.org/system/files/hwn_full_survey_results_may_2016.pdf
45. https://www.theguardian.com/money/2016/jul/22/sexual-harassment-at-work-roger-ailes-fox-news; https://www.elephantinthevalley.com/; https://interagencystandingcommittee.org/system/files/hwn_full_survey_results_may_2016.pdf
46. https://www.tuc.org.uk/sites/default/files/SexualHarassmentreport2016.pdf

47. https://hbr.org/2014/10/hack-
ing-techs-diversity-problem;
https://hbr.org/2008/06/stopping-
the-exodus-of-women-in-science

7장

1. https://blog.oup.com/2013/06/
agriculture-gender-roles-norms-
society/
2. Ibid.
3 Sağiroğlu, İsa, Kurt, Cem,
Ömürlü, İmran Kurt and Çatikkaş,
Fatih (2017), 'Does Hand Grip
Strength Change With Gender?
The Traditional Method vs. the
Allometric Normalisation Method',
European Journal of Physical
Education and Sports Science, 2:6,
84–93
4. Leyk, D., Gorges, W., Ridder, D.,
Wunderlich, M., Ruther, T., Sievert,
A. and Essfeld, D. (2007), 'Hand-
grip strength of young men,
women and highly trained female
athletes', European Journal of
Applied Physiology, 99, 415–421
5. Lewis, D. A., Kamon, E.
and Hodgson, J. L. (1986),
'Physiological Differences Between
Genders Implications for Sports
Conditioning', Sports Medicine,
3, 357–369; Rice, Valerie J. B.,
Sharp, Marilyn A., Tharion,
William J. and Williamson, Tania
L. (1996), 'The effects of gender,
team size, and a shoulder harness
on a stretcher-carry task and
post-carry performance. Part
II. A mass-casualty simulation',
International Journal of Industrial
Ergonomics, 18, 41–49; Miller, A. E.,
MacDougall, J. D., Tarnopolsky, M.
A. and Sale, D. G. (1993), 'Gender
differences in strength and muscle
fiber characteristic', European
Journal of Applied Physiology, 66:3,
254–262
6. Lewis et al. (1986)
7. Zellers, Kerith K. and Hallbeck,
M. Susan (1995), 'The Effects of
Gender, Wrist and Forearm Position
on Maximum Isometric Power
Grasp Force, Wrist Force, and their
Interactions', Proceedings of the
Human Factors and Ergonomics
Society Annual Meeting, 39:10,
543–547; Bishu, Ram R., Bronkema,
Lisa A, Garcia, Dishayne, Klute,
Glenn and Rajulu, Sudhakar (1994),
'Tactility as a function of Grasp
force: effects of glove, orientation,
pressure, load and handle', NASA
technical paper 3474 May 1994;
Puh, Urška (2010), 'Age-related
and sex-related differences in
hand and pinch grip strength in
adults', International Journal of
Rehabilitation Research, 33:1
8. https://www.ft.com/
content/1d73695a-266b-11e6-8b18-
91555f2f4fde
9. Leyk et al. (2007)
10. Alesina, Alberto F., Giuliano,
Paola and Nunn, Nathan (2011),
'On the Origins of Gender Roles:
Women and the Plough', Working
Paper 17098, National Bureau of
Economic Research (May 2011)
11. Ibid.

12. Gella, A. A., Tadele, Getnet (2014), 'Gender and farming in Ethiopia: an exploration of discourses and implications for policy and research', FAC Working Paper, *Future Agricultures*, 84:15

13. http://www.fao.org/3/a-am309e. pdf; http://www.greenpeace.org/ international/en/news/Blogs/ makingwaves/international- womens-day-2017-change/ blog/58902/; https://www. theguardian.com/global- development/2014/oct/16/world- food-day-10-myths-hunger; http:// cmsdata.iucn.org/downloads/ climate_change_gender.pdf

14. Doss, Cheryl (2011), 'If women hold up half the sky, how much of the world's food do they produce?', *ESA Working Paper No. 11*, Agricultural Development Economics Division, FAO

15. World Bank (2014), 'Levelling the Field: Improving Opportunities for Women Farmers in Africa'

16. https://openknowledge. worldbank.org/bitstream/ handle/10986/15577/wps6436. pdf?sequence=1&isAllowed=y

17. Ibid.

18. https://www.theguardian.com/ global-development/2016/apr/07/ leaving-women-girls-out-of- development-statistics-doesnt-add- up

19. Doss (2011)

20. Petrics, H. et al. (2015), 'Enhancing the potential of family farming for poverty reduction and food security through gender-sensitive rural advisory services', UN/FAO

21. Ibid.

22. Ibid.

23. Ibid.

24. https://www.gatesfoundation.org/ What-We-Do/Global-Development/ Agricultural-Development/ Creating-Gender-Responsive- Agricultural-Development- Programs, 우리에게는 남녀 차이를 고려하지 않는 제안, 농촌 개발계획이 어떻게 여자 또는 남자에게 혜택이나 불이익을 주는지 개의치 않는 보조금 제안이 들어온다.

25. http://data2x.org/wp-content/ uploads/2014/08/What-Is-Wrong- with-Data-on-Women-and-Girls_ November-2015_WEB_1.pdf

26. Petrics et al. (2015)

27. http://people.brandeis. edu/~nmenon/Draft04_Womens_ Empowerment_and_Economic_ Development.pdf

28. https://docs.gatesfoundation.org/ documents/gender-responsive- orientation-document.pdf

29. Doss (2011)

30. http://www.poverty-action.org/ study/demand-nontraditional- cookstoves-bangladesh

31. http://greenwatchbd.com/70000- improved-stoves-distributed-to- combat-indoor-pollution/

32. http://www.sciencedirect. com/science/article/pii/ S0160412016307358

33. Crewe, Emma et al. (2015), 'Building a Better Stove: The Sri Lanka Experience', Practical Action,

Sri Lanka

34. http://www.sciencedirect.com/science/article/pii/S0160412016307358
35. Ibid.
36. Ibid.; https://www.unicef.org/health/files/health_africamalaria.pdf
37. http://greenwatchbd.com/70000-improved-stoves-distributed-to-combat-indoor-pollution/
38. https://www.unicef.org/environment/files/Bangladesh_Case_Study_2014.pdf
39. http://www.unwomen.org/en/news/stories/2012/4/green-cook-stoves-improving-women-s-lives-in-ghana#sthash.IZM4RsCG.dpuf
40. http://www.sciencedirect.com/science/article/pii/S0160412016307358
41. Crewe, Emma (1997), 'The Silent Traditions of Developing Cooks', in R. D. Grillo and R. L. Stirrat (eds.), *Discourses of Development*, Oxford
42. Ibid.
43. http://www.gender-summit.eu/images/Reports/Gender_and_inclusive_innovation_Gender_Summit_report.pdf
44. http://www.unwomen.org/-/media/headquarters/attachments/sections/library/publications/2014/unwomen_surveyreport_advance_16oct.pdf?vs=2710
45. Fatema, Naureen (2005), 'The Impact of Structural Gender Differences and its Consequences on Access to Energy in Rural Bangladesh', Asia Sustainable and Alternative Energy Program (ASTAE), Energy Wing of the World Bank Group
46. Crewe (1997), in Grillo and Stirrat (eds.)
47. http://www.washplus.org/sites/default/files/bangladesh-consumer_preference2013.pdf
48. http://answers.practicalaction.org/our-resources/item/building-a-better-stove-the-sri-lanka-experience#
49. Crewe (1997), in Grillo and Stirrat (eds.)
50. http://www.ideasrilanka.org/PDFDownloads/Cook%20Stoves%20in%20Sri%20LAnka.pdf
51. http://www.gender-summit.eu/images/Reports/Gender_and_inclusive_innovation_Gender_Summit_report.pdf
52. http://www.gender-summit.eu/images/Reports/Gender_and_inclusive_innovation_Gender_Summit_report.pdf
53. http://www.poverty-action.org/study/demand-nontraditional-cookstoves-bangladesh
54. https://www.se4all-africa.org/fileadmin/uploads/se4all/Documents/Abidjan_workshop_2016/SE_gender_GACC.PDF
55. https://news.yale.edu/2012/06/29/despite-efforts-change-bangladeshi-women-prefer-use-pollution-causing-cookstoves
56. Petrics et al. (2015)
57. http://answers.practicalaction.org/our-resources/item/building-

참고 자료

a-better-stove-the-sri-lanka-experience#

58. https://www.se4all-africa.org/fileadmin/uploads/se4all/Documents/Abidjan_workshop_2016/SE_gender_GACC.PDF

59. https://www.thesolutionsjournal.com/article/how-a-simple-inexpensive-device-makes-a-three-stone-hearth-as-efficient-as-an-improved-cookstove/

60. Parigi, Fabio, Viscio, Michele Del, Amicabile, Simone, Testi, Matteo, Rao, Sailesh, Udaykumar, H. S. (2016), 'High efficient Mewar Angithi stove testing in rural Kenya', 7th International Renewable Energy Congress (IREC)

61. http://www.green.it/mewar-angithi/

8장

1. https://www.ncbi.nlm.nih.gov/pubmed/5550584; http://www.who.int/gender/documents/Genderworkhealth.pdf; Boyle, Rhonda and Boyle, Robin (2009), 'Hand Size and the Piano Keyboard: Literature Review and a Survey of the Technical and Musical Benefits for Pianists using Reduced-Size Keyboards in North America', 9th Australasian Piano Pedagogy Conference, Sydney; Boyle, Rhonda, Boyle, Robin and Booker, Erica (2015), 'Pianist Hand Spans: Gender and Ethnic Differences and Implications For Piano Playing', 15th Australasian Piano Pedagogy Conference, Melbourne 2015

2. Boyle, Boyle and Booker (2015); Boyle and Boyle (2009)

3. Boyle, Boyle and Booker (2015)

4. Ibid.

5. Ibid.

6. http://www.smallpianokeyboards.org/hand-span-data.html

7. 'Small hands? Try this Keyboard, You'll Like It', Piano & Keyboard Magazine (July/August 1998)

8. Boyle, Boyle and Booker (2015)

9. https://deviceatlas.com/blog/most-popular-smartphone-screen-sizes-2017

10. http://www.telegraph.co.uk/technology/apple/iphone/11335574/Women-more-likely-to-own-an-iPhone-than-men.html

11. https://medium.com/technology-and-society/its-a-mans-phone-a26c6-bee1b69#.mk7sjtewi

12. http://www.sciencedirect.com/science/article/pii/S1013702515300270

13. http://www.sciencedirect.com/science/article/pii/S1050641108001909

14. http://www.sciencedirect.com/science/article/pii/S1013702515300270

15. http://ac.els-cdn.com/S0169814115300512/1-s2.0-S0169814115300512-main.pdf?_tid=4235fa34-f81e-11e6-a430-00000aab0f26&acd-nat=1487672132_c2148a0040de-

f1129abc7acffe03e57d

16. Ibid.

17. http://www.sciencedirect.
com/science/article/pii/
S0169814116300646; http://ac.els-
cdn.com/S0003687011000962/1-
s2.0-S0003687011000962-main.
pdf?_tid=f0a12b58-f81d-11e6-
af6b-00000aab0f26&acdnat=14
87671995_41cfe19ea98e87fb7e
3e693bdddaba6e; http://www.
sciencedirect.com/science/article/
pii/S1050641108001909

18. https://www.theverge.com/cir-
cuitbreaker/2016/7/14/12187580/
keecok1-hexagon-phone-for-wom-
en

19. https://www.theguardian.com/
technology/askjack/2016/apr/21/
can-speech-recognition-software-
help-prevent-rsi

20. https://makingnoiseandhearing
things.com/2016/07/12/googles-
speech-recognition-has-a-gender-
bias/

21. http://blog-archive.griddynamics.
com/2016/01/automatic-speech-
recognition-services.html

22. https://www.autoblog.
com/2011/05/31/women-voice-
command-systems/

23. https://www.ncbi.nlm.nih.gov/
pubmed/27435949

24. American Roentgen Ray Society
(2007), 'Voice Recognition Systems
Seem To Make More Errors With
Women's Dictation', ScienceDaily,
6 May 2007; Rodger, James
A. and Pendharkar, Parag C.
(2007), 'A field study of database

communication issues peculiar to
users of a voice activated medical
tracking application', Decision
Support Systems, 43:1 (1 February
2007), 168–180, https://doi.
org/10.1016/j.dss.2006.08.005

25. American Roentgen Ray Society
(2007)

26. http://techland.time.
com/2011/06/01/its-not-you-
its-it-voice-recognition-doesnt-
recognize-women/

27. https://www.ncbi.nlm.nih.gov/
pmc/articles/PMC2994697/

28. http://www.aclweb.org/anthology/
P08-1044

29. https://www.ncbi.nlm.nih.gov/
pmc/articles/PMC2790192/

30. http://www.aclweb.org/anthology/
P08-1044

31. http://groups.inf.ed.ac.uk/ami/
corpus/; http://www1.icsi.berkeley.
edu/Speech/papers/gelbart-ms/
numbers/; http://www.voxforge.
org/

32. http://www.natcorp.ox.ac.uk/
corpus/index.xml?ID=intro

33. http://www.natcorp.ox.ac.uk/docs/
URG/BNCdes.html#body.1_div.1_
div.5_div.1

34. https://corpus.byu.edu/bnc/5

35. 예를 들면: he=633,413개,
she=350,294개, himself=28,696개,
herself=15,751개

36. he=3,825,660개, she=2,002,536개,
himself=140,087개,
herself=70,509개

37. Chang, K., Ordonez, V., Wang, T.,
Yatskar, M. and Zhao, J. (2017),
'Men Also Like Shopping: Reducing

Gender Bias Amplification using Corpus-level Constraints', *CoRR*, abs/1707.09457, 2017

38. https://www.eurekalert.org/pub_releases/2015–04/uow-wac040915.php

39. Caliskan, A., Bryson, J. J. and Narayanan, A. (2017), 'Semantics derived automatically from language corpora contain human-like biases', Science, 356:6334, 183–186, https://doi.org/10.1126/science.aal4230

40. Bolukbasi, Tolga, Chang, Kai-Wei, Zou, James, Saligrama, Venkatesh and Kalai, Adam (2016), 'Man is to Computer Programmer as Woman is to Homemaker? Debiasing Word Embeddings', 30th Conference on Neural Information Processing Systems (NIPS 2016), Barcelona; http://papers.nips.cc/paper/6228-man-is-to-computer-programmer-as-woman-is-to-homemaker-debiasing-word-embeddings.pdf

41. Chang et al. (2017)

42. https://www.wired.com/story/machines-taught-by-photos-learn-a-sexist-view-of-women?mbid=social_fb

43. https://metode.org/issues/monographs/londa-schiebinger.html

44. https://phys.org/news/2016–09-gender-bias-algorithms.html

45. https://www.theguardian.com/science/2016/sep/01/how-algorithms-rule-our-working-lives

46. https://www.theguardian.com/technology/2018/mar/04/robots-screen-candidates-for-jobs-artificial-intelligence?CMP=twt_gu

47. https://www.techemergence.com/machine-learning-medical-diagnostics-4-current-applications/

48. http://www.bbc.co.uk/news/health-42357257

49. Bolukbasi et al. (2016)

9장

1. https://www.bloomberg.com/amp/news/articles/2017–09-21/a-smart-breast-pump-mothers-love-it-vcs-don-t

2. Ibid.

3. https://www.newyorker.com/business/currency/why-arent-mothers-worth-anything-to-venture-capitalists/amp

4. Ibid.

5. Ibid.

6. Ibid.

7. https://hbr.org/2017/05/we-recorded-vcs-conversations-and-analyzed-how-differently-they-talk-about-female-entrepreneurs

8. https://www.newyorker.com/business/currency/why-arent-mothers-worth-anything-to-venture-capitalists/amp

9. https://www.bcg.com/publications/2018/why-women-owned-startups-are-better-bet.aspx

10. https://www.bi.edu/research/business-review/articles/2014/03/personality-for-leadership/

11. https://www.bcg.com/publications/2018/how-diverse-leadership-teams-boost-innovation.

aspx

12. http://www.bbc.co.uk/news/ health-39567240
13. http://blogs.wsj.com/ accelerators/2014/08/08/theresia-gouw-no-more-pipeline-excuses/
14. http://science.sciencemag.org/ content/355/6323/389
15. http://www.theverge. com/2014/9/25/6844021/apple-promised-an-expansive-health-app-so-why-cant-i-track
16. https://www.theatlantic.com/ technology/archive/2014/12/ how-self-tracking-apps-exclude-women/383673/; http://www. theverge.com/2014/9/25/6844021/ apple-promised-an-expansive-health-app-so-why-cant-i-track; http://www.techtimes.com/ articles/16574/20140926/apple-healthkit-period-tracker.htm; http:// nymag.com/thecut/2014/09/new-iphone-grossed-out-by-our-periods. html
17. http://www.telegraph.co.uk/ technology/news/8930130/Apple-iPhone-search-Siri-helps-users-find-prostitutes-and-Viagra-but-not-an-abortion.html
18. https://well.blogs.nytimes. com/2016/03/14/hey-siri-can-i-rely-on-you-in-a-crisis-not-always-a-study-finds/
19. https://medium.com/hh-design/ the-world-is-designed-for-men-d06640654491#.piekpq2tt
20. https://www.theatlantic.com/ technology/archive/2014/12/ how-self-tracking-apps-exclude-women/383673/
21. Lupton, Deborah (2015), 'Quantified sex: a critical analysis of sexual and reproductive self-tracking using apps', *Culture, Health & Sexuality*, 17:4
22. Nelson, M. Benjamin, Kaminsky, Leonard A., D. Dickin, Clark and Montoye, Alexander H. K. (2016), 'Validity of Consumer-Based Physical Activity Monitors for Specific Activity Types', *Medicine & Science in Sports & Exercise*, 48:8, 1619–1628
23. Murakami, H, Kawakami, R., Nakae, S., Nakata, Y., Ishikawa-Takata, K., Tanaka, S. and Miyachi, M. (2016), 'Accuracy of Wearable Devices for Estimating Total Energy Expenditure: Comparison With Metabolic Chamber and Doubly Labeled Water Method', *JAMA Internal Medicine*, 176:5, 702–703
24. http://genderedinnovations. stanford.edu/case-studies/robots. html#tabs-2
25. Wolfson, Leslie, Whipple, Robert, Derby, Carl A., Amerman, Paula and Nashner, Lewis (1994), Gender Differences in the Balance of Healthy Elderly as Demonstrated by Dynamic Posturography, *Journal of Gerontology*, 49:4, 160–167; Stevens, J. A. and Sogolow, E. D. (2005), 'Gender differences for non-fatal unintentional fall related injuries among older adults', *Injury Prevention*, 11, 115–119
26. Ibid.
27. https://www.ncbi.nlm.nih.gov/

pmc/articles/PMC4750302/

28. Chang, Vicky C. and Minh, T. (2015), 'Risk Factors for Falls Among Seniors: Implications of Gender', *American Journal of Epidemiology*, 181:7, 521–531

29. Yin, Hujun et al eds. (2016) *Intelligent Data Engineering and Automated Learning*, Proceedings of the 17th International Conference, Yangzhou, China

30. https://www.theatlantic.com/technology/archive/2014/12/how-self-tracking-apps-exclude-women/383673/

31. https://www.afdb.org/en/blogs/investing-in-gender-equality-for-africa%E2%80%99s-transformation/post/technology-women-and-africa-access-use-creation-and-leadership-13999/]

32. https://www.bloomberg.com/news/articles/2016–06-23/artificial-intelligence-has-a-sea-of-dudes-problem

33. http://interactions.acm.org/archive/view/january-february-2014/are-you-sure-your-software-is-gender-neutral

34. http://foreignpolicy.com/2017/01/16/women-vs-the-machine/

35. https://www.bloomberg.com/news/articles/2016–06-23/artificial-intelligence-has-a-sea-of-dudes-problem

36. https://www.ncwit.org/sites/default/files/resources/btn_03232017_web.pdf

37. https://www.ft.com/content/ca324dcc-dcb0-11e6-86ac-f253db7791c6

38. https://www.theverge.com/2016/1/11/10749932/vr-hardware-needs-to-fit-women-too

39. https://mic.com/articles/142579/virtual-reality-has-a-sexual-harassment-problem-what-can-we-do-to-stop-it#.ISQgjAanK

40. https://mic.com/articles/157415/my-first-virtual-reality-groping-sexual-assault-in-vr-harassment-in-tech-jordan-belamire#.5lnAqHFW1

41. http://uploadvr.com/dealing-with-harassment-in-vr/

42. Ibid.

43. https://www.newscientist.com/article/2115648-posture-could-explain-why-women-get-more-vr-sickness-than-men/

44. https://www.newscientist.com/article/dn3628-women-need-widescreen-for-virtual-navigation

45. https://qz.com/192874/is-the-oculus-rift-designed-to-be-sexist/

46. https://www.washingtonpost.com/local/trafficandcommuting/female-dummy-makes-her-mark-on-male-dominated-crash-tests/2012/03/07/gIQANBLjaS_story.html?utm_term=.5ec23738142a

47. 'Gendered Innovations: How Gender Analysis Contributes to Research' (2013), report of the Expert Group 'Innovation Through Gender' (chairperson: Londa Schiebinger, rapporteur: Ineke Klinge), Directorate General for Research and Innovation, Luxembourg: Publications Office of

the European Union

48. https://crashstats.nhtsa.
dot.gov/Api/Public/
ViewPublication/811766

49. https://www.washingtonpost.com/
local/trafficandcommuting/female-
dummy-makes-her-mark-on-male-
dominated-crash-tests/2012/03/07/
gIQANBLjaS_story.html?utm_
term=.5ec23738142a

50. http://genderedinnovations.
stanford.edu/case-studies/crash.
html#tabs-2

51. Ibid.

52. https://www.washingtonpost.com/
local/trafficandcommuting/female-
dummy-makes-her-mark-on-male-
dominated-crash-tests/2012/03/07/
gIQANBLjaS_story.html?utm_
term=.5ec23738142a

53. Linder, Astrid and Svedberg,
Wanna (2018), 'Occupant Safety
Assessment in European Regulatory
Tests: Review of Occupant Models,
Gaps and Suggestion for Bridging
Any Gaps', 18th RS5C Conference
Paper, South Korea

54. http://sciencenordic.com/gender-
equality-crash-test-dummies-too

55. Linder and Svedberg (2018)

56. United States Government
Publishing Office, 'U.S. Code of
Federal Regulations. 2011. 49 CFR
U, -2RE Side Impact Crash Test
Dummy, 50th Percentile Adult
Male', http://www.gpo.gov/fdsys/
granule/CFR-2011-title49-vol7/CFR-
2011-title49-vol7-part572-subpartU

57. Linder and Svedberg (2018)

58. http://genderedinnovations.

59. http://media.leidenuniv.nl/legacy/
leru-paper-gendered-research-and-
innovation.pdf; Londa Schiebinger
and Martina Schraudner (2011),
'Interdisciplinary Approaches to
Achieving Gendered Innovations
in Science, Medicine, and
Engineering', *Interdisciplinary
Science Reviews*, 36:2 (June 2011),
154–167

60. http://genderedinnovations.
stanford.edu/case-studies/crash.
html#tabs-2

61. 'Gendered Innovations: How
Gender Analysis Contributes to
Research' (2013)

62. http://genderedinnovations.
stanford.edu/case-studies/crash.
html#tabs-2

63. https://www.washingtonpost.com/
local/trafficandcommuting/female-
dummy-makes-her-mark-on-male-
dominated-crash-tests/2012/03/07/
gIQANBLjaS_story.html?utm_
term=.5ec23738142a

64. 'Gendered Innovations: How
Gender Analysis Contributes to
Research' (2013)

65. http://content.tfl.gov.uk/travel-in-
london-understanding-our-diverse-
communities.pdf; http://www.
wnyc.org/story/283137-census-
data-show-public-transit-gender-
gap/

66. https://eur-lex.europa.eu/resource.
html?uri=cellar:41f89a28-1fc6-
4c92-b1c8-03327d1b1ecc.0007.02/
DOC_1&format=PDF

stanford.edu/case-studies/crash.
html#tabs-2

10장

1. Marts, Sherry A. and Keitt, Sarah (2004), 'Principles of Sex-based Differences in Physiology: Foreword: a historical overview of advocacy for research in sex based biology', *Advances in Molecular and Cell Biology*, 34, 1–333
2. 의학문헌분석검색시스템에서 검색해 보면 남성 표준은 여전하다. 실행 지침이나 연구 사례에서 일반적인 체중 70kg의 남자로 표현되는 경우가 많다, Marts and Keitt (2004)
3. 17–18쪽
4. Plataforma SINC (2008), 'Medical Textbooks Use White, Heterosexual Men As A 'Universal Model', *ScienceDaily*, https://www.sciencedaily.com/releases/2008/10/081015132108.htm
5. Dijkstra, A. F, Verdonk, P. and Lagro-Janssen, A. L. M. (2008), 'Gender bias in medical textbooks: examples from coronary heart disease, depression, alcohol abuse and pharmacology', *Medical Education*, 42:10, 1021–1028
6. http://www.marieclaire.com/health-fitness/a26741/doctors-treat-women-like-men/
7. Dijkstra et al. (2008)
8. Henrich, Janet B. and Viscoli, Catherine M. (2006), 'What Do Medical Schools Teach about Women's Health and Gender Differences?' *Academic Medicine*, 81:5
9. Song, Michael M. Jones, Betsy G. and Casanova, Robert A. (2016), 'Auditing sex- and gender-based medicine (SGBM) content in medical school curriculum: a student scholar model', *Biology of Sex Differences*, 7:Suppl 1, 40
10. Marts and Keitt (2004)
11. Karp, Natasha A. et al. (2017), 'Prevalence of sexual dimorphism in mammalian phenotypic traits', *Nature Communications*, 8:15475
12. Martha L. Blair (2007), 'Sex-based differences in physiology: what should we teach in the medical curriculum?', *Advanced Physiological Education*, 31, 23–25
13. Ibid.
14. https://www.ncbi.nlm.nih.gov/pmc/articles/PMC4800017/
15. https://theconversation.com/man-flu-is-real-but-women-get-more-autoimmune-diseases-and-allergies-77248
16. https://www.washingtonpost.com/national/health-science/why-do-autoimmune-diseases-affect-women-more-often-than-men/2016/10/17/3e224db2-8429-11e6-ac72-a29979381495_story.html?utm_term=.acef157fc395
17. http://www.nature.com/news/infections-reveal-inequality-between-the-sexes-1.20131?WT.mc_id=TWT_NatureNews
18. Ibid.
19. https://www.ncbi.nlm.nih.gov/pmc/articles/PMC4157517/
20. Ibid.
21. http://docs.autismresearchcentre.com/papers/2010_Schwartz_SexSpecific_MolAut.pdf

22. Clayton, Janine Austin (2015), 'Studying both sexes: a guiding principle for biomedicine', http://www.fasebj.org/content/early/2015/10/28/fj.15-279554.full.pdf+html

23. Ibid.

24. Ibid.

25. https://theconversation.com/not-just-about-sex-throughout-our-bodies-thousands-of-genes-act-differently-in-men-and-women-86613

26. Holdcroft, Anita, Snidvongs, Saowarat and Berkley, Karen J. (2011), 'Incorporating Gender and Sex Dimensions in Medical Research', *Interdisciplinary Science Reviews*, 36:2, 180–192

27. 'Gender and Health Knowledge Agenda', May 2015, ZonMw, Netherlands, http://www.genderportal.eu/sites/default/files/resource_pool/Gender%20%26%20Health%20Knowledge%20Agenda_0.pdf

28. Pollitzer, Elizabeth (2013), 'Cell sex matters', *Nature*, 500, 23–24

29. Londa Schiebinger (2014), 'Gendered innovations: harnessing the creative power of sex and gender analysis to discover new ideas and develop new technologies', *Triple Helix*, 1:9

30. Cristiana Vitale et al. (2017), 'Under-representation of elderly and women in clinical trials', *International Journal of Cardiology*, 232, 216–221

31. The Henry J. Kaiser Family Foundation (2014), 'Women and HIV/AIDS in the United States'

32. http://www.who.int/gender/hiv_aids/hivaids1103.pdf

33. Curno, Mirjam J. et al. (2016), 'A Systematic Review of the Inclusion (or Exclusion) of Women in HIV Research: From Clinical Studies of Antiretrovirals and Vaccines to Cure Strategies', *Journal of Acquired Immune Deficiency Syndrome*, 1:71(2) (February 2016),. 181–188

34. http://www.wpro.who.int/topics/gender_issues/Takingsexandgenderintoaccount.pdf

35. Ibid.

36. Hughes, Robert N. (2007), 'Sex does matter: comments on the prevalence of male-only investigations of drug effects on rodent behaviour', *Behavioural Pharmacology*, 18:7, 583–589

37. http://helix.northwestern.edu/article/thalidomide-tragedy-lessons-drug-safety-and-regulation

38. https://www.smh.com.au/national/the-50-year-global-cover-up-20120725-22r5c.html

39. http://broughttolife.sciencemuseum.org.uk/broughttolife/themes/controversies/thalidomide

40. Marts and Keitt (2004)

41. http://foreignpolicy.com/2014/08/20/why-are-so-many-women-dying-from-ebola/

42. R. D. Fields (2014), 'Vive la différence requiring medical researchers to test males and

females in every experiment sounds reasonable, but it is a bad idea', *Scientific American*, 311, 14

43. Richardson, S. S., Reiches, M., Shattuck-Heidorn, H., LaBonte, M. L. and Consoli, T. (2015), 'Opinion: focus on preclinical sex differences will not address women's and men's health disparities', *Proceedings of the National Academy of Science*, 112, 13419–13420

44. Holdcroft, Anita (2007) 'Gender bias in research: how does it affect evidence based medicine?', *Journal of the Royal Society of Medicine*, 100

45. Ibarra, Manuel, Vázquez, Marta and Fagiolino, Pietro (2017), 'Sex Effect on Average Bioequivalence', *Clinical Therapeutics*, 39:1, 23–33

46. Mergaert, Lut and Lombardo, Emanuela (2014), 'Resistance to implementing gender mainstreaming in EU research policy', in Weiner, Elaine and MacRae, Heather (eds.), 'The persistent invisibility of gender in EU policy', European Integration online Papers (EIoP), special issue 1, Vol. 18, Article 5, 1–21

47. Ibid.

48. Ibid.

49. Hughes (2007)

50. Pinnow, Ellen, Herz, Naomi, Loyo-Berrios, Nilsa and Tarver, Michelle (2014), 'Enrollment and Monitoring of Women in Post-Approval Studies for Medical Devices Mandated by the Food and Drug Adminstration',

Journal of Women's Health, 23:3 (March 2014), 218–223

51. http://www.sciencedirect.com/science/article/pii/S0002870310000864

52. Labots, G., Jones, A., Visser, S. J. de, Rissmann, R. and Burggraaf, J. (2018), 'Gender differences in clinical registration trials: is there a real problem?', *British Journal of Clinical Pharmacology*

53. McGregor, Alyson J. (2017), 'The Effects of Sex and Gender on Pharmacologic Toxicity: Implications for Clinical Therapy', *Clinical Therapeutics*, 39:1

54. Ibid.

55. Ibid.

56. Ibid.

57. Bruinvels, G. et al. (2016), 'Sport, exercise and the menstrual cycle: where is the research?', *British Journal of Sports Medicine*, 51:6, 487–488

58. Zopf, Y. et al. (2008), 'Women encounter ADRs more often than do men', *European Journal of Clinical Pharmacology*, 64:999

59. https://www.ncbi.nlm.nih.gov/pmc/articles/PMC198535/

60. Soldin, Offie P., Chung, Sarah H. and Mattison, Donald R. (2011), 'Sex Differences in Drug Disposition', *Journal of Biomedicine and Biotechnology*, 2011:187103; Anderson, Gail D. (2005), 'Sex And Racial Differences In Pharmacological Response: Where Is The Evidence? Pharmacogenetics, Pharmacokinetics, and

Pharmacodynamics', *Journal of Women's Health*, 14:1, http://online.liebertpub.com.libproxy.ucl.ac.uk/doi/pdf/10.1089/jwh.2005.14.19

61. Anderson (2005)

62. Hughes (2007)

63. Yoon, Dustin Y. et al. (2014), 'Sex bias exists in basic science and translational surgical research', *Surgery*, 156:3, 508–516

64. https://thinkprogress.org/scientists-avoid-studying-womens-bodies-because-they-get-periods-3fe9d6c39268/

65. Yoon et al. (2014)

66. Karp (2017)

67. Hughes (2007)

68. Yoon et al. (2014)

69. Ibid.

70. Ibid.

71. Ortona, Elena, Delunardo, Federica, Baggio, Giovannella and Malorni, Walter (2016), 'A sex and gender perspective in medicine: A New Mandatory Challenge For Human Health', *Ann Ist Super Sanità*, 52:2, 146–148

72. J. Peretz et al. (2016), 'Estrogenic compounds reduce influenza A virus in primary human nasal epithelial cells derived from female but not male donors', *American Journal of Physiology*, 310:5, 415–425

73. http://protomag.com/articles/pain-women-pain-men

74. https://www.newscientist.com/article/dn28064-female-viagra-has-been-approved-heres-what-you-need-to-know/

75. Anderson (2005); Whitley, Heather P. and Lindsey, Wesley (2009), 'Sex-Based Differences in Drug Activity', *American Family Physician*, 80:11 (December 2009), 1254–1258

76. https://www.accessdata.fda.gov/drugsatfda_docs/label/2015/022526REMS.pdf

77. https://www.ncbi.nlm.nih.gov/pmc/articles/PMC4800017/; https://www.ncbi.nlm.nih.gov/pubmed/20799923; Howard, Louise M., Ehrlich, Anna M., Gamlen, Freya and Oram, Sian (2017), 'Gender-neutral mental health research is sex and gender biased', *Lancet Psychiatry*, 4:1, 9–11

78. Marts and Keitt (2004)

79. Parekh, A., Sanhai, W., Marts, S. and Uhl, K. (2007), 'Advancing women's health via FDA Critical Path Initiative', *Drug Discovery Today: Technologies*, 4:2

80. http://www.nature.com/news/infections-reveal-inequality-between-the-sexes-1.20131?WT.mc_id=TWT_NatureNews

81. Yoon et al. (2014)

82. http://genderedinnovations.stanford.edu/case-studies/colon.html#tabs-2

83. Devries, Michaela C. (2016), 'Sex-based differences in endurance exercise muscle metabolism: impact on exercise and nutritional strategies to optimize health and performance in women', *Experimental Physiology*, 101:2, 243–249

84. Schiebinger (2014)
85. Zusterzeel, R. et al. (2014), 'Cardiac Resynchronization Therapy in Women: US Food and Drug Administration Meta-analysis of Patient-Level Data', *JAMA Internal Medicine*, 174:8, 1340–1348
86. Woodruff, Teresa K. (2014), 'Sex, equity, and science', *PNAS*, 111:14, 5063–5064
87. Nowak, Bernd et al. (2010), 'Do gender differences exist in pacemaker implantation?–results of an obligatory external quality control program', *Europace*, 12, 210–215
88. http://www.smithsonianmag.com/innovation/the-worlds-first-true-artificial-heart-now-beats-inside-a-75-year-old-patient-180948280/?no-ist
89. http://www.syncardia.com/medical-professionals/two-sizes-70cc-50cc.html
90. Sardeli, Amanda Veiga and Chacon-Mikahil, Mara Patricia T. (2016), 'Exercise-Induced Increase as a Risk Factor for Central Arterial Stiffness', *Journal of Archives in Military Medicine;* http://circ.ahajournals.org/content/110/18/2858; http://www.medscape.com/viewarticle/728571; https://www.ncbi.nlm.nih.gov/pubmed/22267567
91. Collier, Scott R. (2008), 'Sex Differences in the Effects of Aerobic and Anaerobic Exercise on Blood Pressure and Arterial Stiffness', *Gender Medicine*, 5:2
92. Ibid.
93. Devries (2016)
94. Tarnopolsky, M. A. (2008), 'Sex Differences in Exercise Metabolism and the Role of 17-Beta Estradiol', *Medicine and Science in Sports and Exercise*, 40:4, 648–654
95. Dick, R. W. (2009), 'Is there a gender difference in concussion incidence and outcomes?', *British Journal of Sports Medicine*, 43, Suppl. I, i46–i50, DOI:10.1136/bjsm.2009.058172
96. https://thinkprogress.org/scientists-avoid-studying-womens-bodies-because-they-get-periods-3fe9d6c39268/
97. Hunter, Sandra K. (2016), 'Sex differences in fatigability of dynamic contractions', *Experimental Physiology*, 101:2, 250–255
98. Jutte, Lisa S., Hawkins, Jeremy, Miller, Kevin C., Long, Blaine C. and Knight, Kenneth L. (2012), 'Skinfold Thickness at 8 Common Cryotherapy Sites in Various Athletic Populations', *Journal of Athletic Training*, 47:2, 170–177
99. Costello, Joseph T., Bieuzen, François and Bleakley, Chris M. (2014), 'Where are all the female participants in Sports and Exercise Medicine research?', *European Journal of Sport Science*, 14:8, 847–851; https://www.sciencenews.org/blog/scicurious/women-sports-are-often-underrepresented-science
100. Faulkner, S. H., Jackson, S., Fatania, G. and Leicht, C. A.

(2017), 'The effect of passive
heating on heat shock protein
70 and interleukin-6: A possible
treatment tool for metabolic
diseases?', *Temperature*, 4, 1–13
101. https://theconversation.com/
a-hot-bath-has-benefits-similar-
to-exercise-74600; http://
www.huffingtonpost.com/
entry/hot-bath-may-have-
similar-benefits-as-exercise_
us_58d90aa8e4b03692bea7a930
102. 'Gender and Health Knowledge
Agenda', May 2015 (ZonMw,
Netherlands); http://www.health.
harvard.edu/heart-health/gender-
matters-heart-disease-risk-in-
women; Dallongeville, J. et al.
(2010), 'Gender differences in the
implementation of cardiovascular
prevention measures after an
acute coronary event', *Heart*, 96,
1744–1749
103. 'Gender and Health Knowledge
Agenda', May 2015 (ZonMw,
Netherlands)
104. https://theconversation.com/
medicines-gender-revolution-
how-women-stopped-being-
treated-as-small-men-77171
105. https://orwh.od.nih.gov/clinical/
women-and-minorities/
106. https://orwh.od.nih.gov/
sites/orwh/files/docs/NOT-
OD-15-102_Guidance.pdf
107. Yoon et al. (2014)
108. Rees, Teresa (2011), 'The
Gendered Construction
of Scientific Excellence',
Interdisciplinary Science Reviews,

36:2, 133–145
109. Howard, Ehrlich, Gamlen and
Oram (2017)
110. Holdcroft (2007)
111. Ibid.
112. Marts and Keitt (2004)
113. http://www.nature.com/news/
infections-reveal-inequality-
between-the-sexes-1.20131?WT.
mc_id=TWT_NatureNews
114. Ortona, Delunardo, Baggio and
Malorni (2016)
115. http://www.goretro.com/2014/08/
mothers-little-helper-vintage-drug-
ads.html
116. https://www.ncbi.nlm.nih.gov/
pmc/articles/PMC198535/
117. Ibid.
118. 'Gender and Health Knowledge
Agenda', May 2015 (ZonMw,
Netherlands)
119. https://www.ncbi.nlm.nih.gov/
pmc/articles/PMC198535/
120. Ibid.
121. Ibid.
122. http://www.ajmc.com/newsroom/
women-taking-statins-faced-
increased-diabetes-risk
123. http://www.health.harvard.edu/
heart-health/gender-matters-heart-
disease-risk-in-women
124. Pollitzer (2013)
125. https://www.ncbi.nlm.nih.gov/
pmc/articles/PMC4800017/
126. Whitley and Lindsey (2009)
127. https://www.washingtonpost.
com/news/wonk/wp/2014/06/07/
bad-medicine-the-awful-drug-
reactions-americans-report/?utm_
term=.1a7067d-40dce

128. Tharpe, N. (2011), 'Adverse Drug Reactions in Women's Health Care', *Journal of Midwifery & Women's Health*, 56, 205–213

129. https://www.washingtonpost.com/news/wonk/wp/2014/06/07/bad-medicine-the-awful-drug-reactions-americans-report/?utm_term=.1a7067d-40dce

130. Marts and Keitt (2004)

131. Carey, Jennifer L. et al. (2017), 'Drugs and Medical Devices: Adverse Events and the Impact on Women's Health', *Clinical Therapeutics*, 39:1

132. Yoon et al. (2014)

133. 'Gender and Health Knowledge Agenda', May 2015 (ZonMw, Netherlands)

134. https://www.ncbi.nlm.nih.gov/pmc/articles/PMC198535/

135. https://www.hindawi.com/journals/bmri/2011/187103/

136. Ibid.

137. Anderson (2005)

138. Wang, Lishi et al. (2017), 'Sex Differences in Hazard Ratio During Drug Treatment of Non-small-cell Lung Cancer in Major Clinical Trials: A Focused Data Review and Meta-analysis', *Clinical Therapeutics*, 39:1

139. Ibarra, Vázquez and Fagiolino (2017)

140. Whitley and Lindsey (2009)

141. Ibid.

142. Ibid.

11장

1. https://www.georgeinstitute.org/media-releases/disadvantaged-women-at-greater-risk-of-heart-disease-than-men-0

2. https://www.ncbi.nlm.nih.gov/pmc/articles/PMC4800017/ Jan 2016; http://circ.ahajournals.org/content/133/9/916?sid=beb5f268-4205-4e62-be8f-3caec4c4d9b7

3. http://heart.bmj.com/content/102/14/1142

4. http://circ.ahajournals.org/content/133/9/916?sid=beb5f268-4205-4e62-be8f-3caec4c4d9b7

5. Ridker, Paul M. et al. (2005), 'A Randomized Trial of Low-Dose Aspirin in the Primary Prevention of Cardiovascular Disease in Women', *New England Journal of Medicine*, 352, 1293–1304

6. Johannes, A. N. et al. (2011), 'Aspirin for primary prevention of vascular events in women: individualized prediction of treatment effects', *European Heart Journal*, 32:23, 2962–2969

7. Kruijsdijk, R. C. M. van et al. (2015), 'Individualised prediction of alternate-day aspirin treatment effects on the combined risk of cancer, cardiovascular disease and gastrointestinal bleeding in healthy women', *Heart*, 101, 369–376

8. Wu, J. et al. (2016), 'Impact of initial hospital diagnosis on mortality for acute myocardial infarction: A national cohort study', *European Heart Journal*, 7:2

9. https://www.nytimes.

com/2014/09/28/opinion/sunday/
womens-atypical-heart-attacks.
html?_r=0
10. http://heart.bmj.com/
content/102/14/1142
11. Ibid.
12. Yoon et al. (2014)
13. http://circ.ahajournals.org/
content/133/9/916?sid=beb5f268-
4205-4e62-be8f-3caec4c4d9b7
14. https://www.england.nhs.uk/wp-
content/uploads/2013/06/a09-
cardi-prim-percutaneous.pdf
15. https://www.hqip.org.uk/wp-
content/uploads/2018/02/national-
audit-of-percutaneous-coronary-
intervention-annual-public-report.
pdf
16. https://www.sciencedaily.com/
releases/2016/03/160304092233.
htm
17. http://heart.bmj.com/
content/102/14/1142
18. https://www.sciencedaily.com/
releases/2016/03/160304092233.
htm
19. Motiwala, Shweta R., Sarma, Amy,
Januzzi, James L. and O'Donoghue,
Michelle L. (2014), 'Biomarkers
in ACS and Heart Failure: Should
Men and Women Be Interpreted
Differently?', Clinical Chemistry,
60:1
20. 'Gender and Health Knowledge
Agenda', May 2015 (ZonMw,
Netherlands)
21. http://media.leidenuniv.nl/legacy/
leru-paper-gendered-research-and-
innovation.pdf
22. Ibid.

23. 'Gender and Health Knowledge
Agenda', May 2015 (ZonMw,
Netherlands)
24. Schiebinger, Londa (2014),
'Gendered innovations: harnessing
the creative power of sex and
gender analysis to discover
new ideas and develop new
technologies', Triple Helix, 1:9
25. Dijkstra, A. F, Verdonk, P. and
Lagro-Janssen, A. L. M. (2008),
'Gender bias in medical textbooks:
examples from coronary heart
disease, depression, alcohol abuse
and pharmacology', Medical
Education, 42:10, 1021–1028;
'Gender and Health Knowledge
Agenda', May 2015 (ZonMw,
Netherlands); https://link.springer.
com/article/10.1007/s10459-008-
9100-z; Holdcroft (2007)
26. Sakalihasan, N., Limet, R. and
Defawe, O. D. (2005), 'Abdominal
aortic aneurysm', Lancet, 365,
1577–1589
27. 'Gender and Health Knowledge
Agenda', May 2015 (ZonMw,
Netherlands)
28. http://genderedinnovations.
stanford.edu/case-studies/colon.
html#tabs-2
29. Ibid.
30. Ibid.
31. http://www.wpro.who.
int/topics/gender_issues/
Takingsexandgenderintoaccount.
pdf
32. United Nations Development
Programme (2015), Discussion
Paper: Gender and Tuberculosis

33. ACTION (Advocacy to Control TB Internationally), 'Women and Tuberculosis: Taking a Look at a Neglected Issue', ACTION, Washington DC, 2010
34. Ibid.
35. United Nations Development Programme (2015), *Discussion Paper: Gender and Tuberculosis*
36. ACTION (Advocacy to Control TB Internationally), 'Women and Tuberculosis: Taking a Look at a Neglected Issue', ACTION, Washington DC, 2010
37. Ibid.; United Nations Development Programme (2015), *Discussion Paper: Gender and Tuberculosis*
38. ACTION (Advocacy to Control TB Internationally), 'Women and Tuberculosis: Taking a Look at a Neglected Issue', ACTION, Washington DC, 2010; United Nations Development Programme (2015), *Discussion Paper: Gender and Tuberculosis*
39. http://www.wpro.who.int/topics/gender_issues/Takingsexandgenderintoaccount.pdf
40. ACTION (Advocacy to Control TB Internationally), 'Women and Tuberculosis: Taking a Look at a Neglected Issue', ACTION, Washington DC, 2010
41. United Nations Development Programme (2015), *Discussion Paper: Gender and Tuberculosis*
42. ACTION (Advocacy to Control TB Internationally), 'Women and Tuberculosis: Taking a Look at a Neglected Issue', ACTION, Washington DC, 2010
43. Schiebinger (2014)
44. http://genderedinnovations.stanford.edu/case-studies/hiv.html#tabs-2
45. https://www.scientificamerican.com/article/autism-it-s-different-in-girls/
46. https://www.um.edu.mt/library/oar/handle/123456789/15597
47. https://www.scientificamerican.com/article/autism-it-s-different-in-girls/
48. https://www.um.edu.mt/library/oar/handle/123456789/15597
49. https://www.scientificamerican.com/article/autism-it-s-different-in-girls/
50. https://www.theguardian.com/society/2016/oct/21/m-in-the-middle-girls-autism-publish-novel-limpsfield-grange
51. https://www.gov.uk/government/consultations/adult-autism-strategy-guidance-update
52. https://www.theguardian.com/society/2016/oct/21/m-in-the-middle-girls-autism-publish-novel-limpsfield-grange
53. https://www.theatlantic.com/health/archive/2013/04/adhd-is-different-for-women/381158/?utm_source=quartzfb
54. Hoffman, Diane E. and Tarzian, Anita J. (2001), 'The Girl Who Cried Pain: A Bias Against Women in the Treatment of Pain', *Journal of Law, Medicine & Ethics*, 29, 13–27
55. http://thinkprogress.org/

health/2015/05/11/3654568/
gender-roles-women-health/
56. https://www.theguardian.com/
society/2017/sep/06/listen-to-
women-uk-doctors-issued-with-
first-guidance-on-endometriosis
57. https://www.endofound.org/
endometriosis
58. https://www.theguardian.
com/society/2015/sep/28/
endometriosis-hidden-suffering-
millions-women
59. https://www.theguardian.com/
society/2017/sep/06/listen-to-
women-uk-doctors-issued-with-
first-guidance-on-endometriosis
60. http://www.independent.co.uk/
news/science/stephen-hawking-
says-women-are-the-most-
intriguing-mystery-in-reddit-
ama-a6687246.html
61. https://www.birdvilleschools.net/
cms/lib/TX01000797/Centricity/
Domain/1013/AP%20Psychology/
Femininity.pdf
62. Showalter, Elaine (1985), *The
Female Malady: Women, Madness
and English Culture 1830–1980*,
London, 1987
63. https://www.health.harvard.
edu/blog/astounding-increase-
in-antidepressant-use-by-
americans-201110203624
64. http://pb.rcpsych.org/content/
pbrcpsych/early/2017/01/06/
pb.bp.116.054270.full.pdf
65. https://academic.oup.com/
painmedicine/article/10/2/289/
article
66. Hoffman and Tarzian (2001)

67. Fillingim, R. B., King, C. D.,
Ribeiro-Dasilva, M. C., Rahim-
Williams, B. and Riley, J. L. (2009),
'Sex, Gender, and Pain: A Review
of Recent Clinical and Experimental
Findings', *Journal of Pain: Official
Journal of the American Pain
Society*, 10:5, 447–485
68. https://www.med.unc.edu/ibs/
files/educational-gi-handouts/
IBS%20in%20Women.pdf
69. https://www.npr.
org/sections/health-
shots/2012/04/16/150525391/why-
women-suffer-more-migraines-
than-men
70. https://migraine.com/migraine-
statistics/
71. http://www.independent.co.uk/
life-style/health-and-families/
health-news/will-this-hurt-
doctor-much-more-if-you-are-a-
woman-907220.html
72. Greenspan, Joel D. et al. (2007),
'Studying sex and gender
differences in pain and analgesia:
A consensus report', *Pain*, 132,
S26–S45
73. Hoffmann and Tarzian (2001)
74. Clayton, Janine Austin (2016),
'Studying both sexes: a guiding
principle for biomedicine', *The
FASEB Journal*, 30:2, 519–524
75. http://www.independent.co.uk/
life-style/health-and-families/
health-news/will-this-hurt-
doctor-much-more-if-you-are-a-
woman-907220.html
76. http://www.npr.org/templates/
story/story.php?storyId=18106275

77. Ibid.
78. https://www.ncbi.nlm.nih.gov/books/NBK92516/
79. http://www.gendermedicine.com/1st/images/Oral02.pdf
80. Kindig, David A. and Cheng, Erika R. (2013), 'Even As Mortality Fell In Most US Counties, Female Mortality Nonetheless Rose In 42.8 Percent Of Counties From 1992 To 2006', *Health Affairs*, 32:3, 451–458
81. 'Gender and Health Knowledge Agenda', May 2015 (ZonMw, Netherlands)
82. http://ajph.aphapublications.org/doi/10.2105/AJPH.2016.303089
83. Ibid.
84. https://www.newscientist.com/article/2081497-women-live-longer-than-men-but-suffer-more-years-of-poor-health/
85. https://link.springer.com/article/10.1007%2Fs10433-008-0082-8
86. http://www.demographic-research.org/volumes/vol20/19/20-19.pdf
87. http://www.euro.who.int/__data/assets/pdf_file/0006/318147/EWHR16_interactive2.pdf?ua=1
88. https://www.researchgate.net/blog/post/why-do-we-still-not-know-what-causes-pms
89. https://www.nhs.uk/conditions/erection-problems-erectile-dysfunction/treatment/
90. https://www.health.harvard.edu/womens-health/treating-premenstrual-dysphoric-disorder
91. https://www.researchgate.net/blog/post/why-do-we-still-not-know-what-causes-pms
92. http://grantome.com/grant/NIH/R03-TW007438-02
93. https://qz.com/611774/period-pain-can-be-as-bad-as-a-heart-attack-so-why-arent-we-researching-how-to-treat-it/
94. Ibid.
95. http://grantome.com/grant/NIH/R03-TW007438-02
96. Dmitrovic, R., Kunselman, A. R. and Legro, R. S. (2013), 'Sildenafil citrate in the treatment of pain in primary dysmenorrhea: a randomized controlled trial', *Human Reproduction*, 28:11, 2958–2965
97. http://edition.cnn.com/2013/03/27/health/viagra-anniversary-timeline/index.html
98. http://www.clevelandclinicmeded.com/medicalpubs/diseasemanagement/endocrinology/erectile-dysfunction/
99. http://edition.cnn.com/2013/03/27/health/viagra-anniversary-timeline/index.html
100. http://www.telegraph.co.uk/women/life/period-pain-can-feel-bad-heart-attack-ignored/
101. http://www.who.int/mediacentre/factsheets/fs348/en/
102. https://www.pri.org/stories/2017-05-05/how-trumps-latest-budget-impacts-women-and-girls-classrooms-cops
103. https://livestream.com/refinerytv/physiology2016/videos/131487028
104. https://www.propublica.org/article/nothing-protects-black-

women-from-dying-in-pregnancy-and-childbirth
105. https://edition.cnn.com/2018/02/20/opinions/protect-mother-pregnancy-williams-opinion/index.html
106. https://www.ncbi.nlm.nih.gov/pubmed/26444126

12장

1. https://www.thetimes.co.uk/article/review-the-growth-delusion-the-wealth-and-wellbeing-of-nations-by-david-pilling-b322223kc
2. https://www.chathamhouse.org/expert/comment/g20-must-push-more-inclusive-gdp
3. https://www.theguardian.com/uk-news/2016/nov/10/doing-the-chores-valued-at-1tn-a-year-in-the-uk
4. http://databank.worldbank.org/data/download/GDP.pdf
5. http://www.oecd.org/dev/development-gender/Unpaid_care_work.pdf
6. http://progress.unwomen.org/en/2015/pdf/UNW_progressreport.pdf
7. https://www.theatlantic.com/business/archive/2016/03/unpaidcaregivers/474894/
8. https://www.theatlantic.com/business/archive/2016/03/unpaidcaregivers/474894/
9. http://progress.unwomen.org/en/2015/pdf/UNW_progressreport.pdf
10. http://www.pwc.com.au/australia-in-transition/publications/understanding-the-unpaid-economy-mar17.pdf
11. http://hdr.undp.org/sites/default/files/folbre_hdr_2015_final_0.pdf
12. Ibid.
13. Sánchez de Madariaga, Inés, 'Mobility of Care: Introducing New Concepts in Urban Transport', in Marion Roberts and Inés Sánchez de Madariaga (eds.) (2013), *Fair Shared Cities: The Impact of Gender Planning in Europe*, Farnham
14. http://hdr.undp.org/sites/default/files/folbre_hdr_2015_final_0.pdf
15. http://progress.unwomen.org/en/2015/pdf/UNW_progressreport.pdf
16. 2011년 OECD 연간 사회지표 보고서에서는 무급 노동에 한 장(章)이 할애되었으나 이후에는 한 번도 다뤄진 적이 없다. http://www.oecd-ilibrary.org/docserver/download/8111041e.pdf?expires=1500914228&id=id&accname=guest&checksum=CD8E8A5F-41FA84BE66F2291FF893E9F0
17. https://theconversation.com/gender-neutral-policies-are-a-myth-why-we-need-a-womens-budget-55231
18. Himmelweit, Susan (2002), 'Making Visible the Hidden Economy: The Case for Gender-Impact Analysis of Economic Policy', *Feminist Economics*, 8:1, 49–70, http://dx.doi.org/10.1080/13545700110104864
19. https://www.unison.org.uk/content/uploads/2014/06/On-line-

Catalogue224222.pdf

20. http://wbg.org.uk/wp-content/
uploads/2017/03/WBG_briefing_
Social-Care_Budget-2017_final_
JDH_SH_EN_20Mar.pdf
21. Ibid.
22. Ibid.
23. https://www.theguardian.com/
lifeandstyle/2012/mar/18/public-
sector-cuts-hit-prudent-houseife
24. https://www.unison.org.uk/
content/uploads/2014/06/On-line-
Catalogue224222.pdf
25. http://wbg.org.uk/wp-content/
uploads/2017/03/WBG_briefing_
Soc-Security_pre_Budget.pdf
26. https://www.theguardian.com/
commentisfree/2017/may/01/
conservatives-universal-credit-hard-
work
27. https://wbg.org.uk/news/low-
income-women-lose-2000-tax-
benefit-changes/
28. http://progress.unwomen.org/
en/2015/pdf/UNW_progressreport.
pdf; http://wbg.org.uk/wp-
content/uploads/2016/12/WBG_
Budget2017_Fullresponse-1.pdf
29. http://wbg.org.uk/wp-content/
uploads/2016/12/Budget_
pressrelease_9Mar17.pdf
30. https://www.legislation.gov.uk/
ukpga/2010/15/section/149
31. https://www.theguardian.com/
commentisfree/2017/may/01/
conservatives-universal-credit-hard-
work
32. Barsh, Joanna and Yee, Lareina
(2011), 'Unlocking the full potential
of women in the U.S. Economy',
McKinsey
33. http://reports.weforum.org/global-
gender-gap-report-2015/the-case-
for-gender-equality/
34. http://ec.europa.eu/eurostat/
statistics-explained/index.php/
Gender_statistics#Labour_market
35. https://data.worldbank.
org/indicator/SL.TLF.CACT.
FE.ZS?locations=US, 2018년 3월
13일 접속
36. Ibid.; https://data.worldbank.org/
indicator/SL.TLF.CACT.MA.ZS,
2018년 3월 13일 접속
37. http://reports.weforum.org/global-
gender-gap-report-2015/the-case-
for-gender-equality/
38. McKinsey (2015), 'The Power of
Parity: how advancing women's
equality can add $12 trillion to
global growth'
39. Ibid.
40. Ibid.
41. http://progress.unwomen.org/
en/2015/pdf/UNW_progressreport.
pdf
42. Himmelweit (2002)
43. http://cep.lse.ac.uk/pubs/
download/dp1464.pdf
44. https://www.researchgate.net/
publication/269288731_Business_
training_plus_for_female_
entrepreneurship_Short_and_
medium-term_experimental_
evidence_from_Peru
45. http://www.salute.gov.it/imgs/
C_17_pagineAree_431_listaFile_
itemName_1_file.pdf
46. http://progress.unwomen.org/
en/2015/pdf/UNW_progressreport.

pdf

47. http://www.who.int/mediacentre/
news/releases/2014/lancet-ageing-
series/en/
48. Ibid.
49. https://www.kingsfund.org.uk/
projects/time-think-differently/
trends-disease-and-disability-long-
term-conditions-multi-morbidity
50. http://ec.europa.eu/eurostat/
tgm/table.do?tab=table&lan-
guage=en&pcode=tps00001&table-
Selection=1&footnotes=yes&label-
ing=labels&plugin=1
51. http://www.salute.gov.it/imgs/
C_17_pagineAree_431_listaFile_
itemName_1_file.pdf
52. Ibid.
53. http://caringeconomy.org/wp-
content/uploads/2015/08/care-
crisis-means-big-trouble.pdf
54. Ibid.
55. http://www.slate.com/blogs/xx_
factor/2017/06/20/the_gop_s_
plan_to_slash_medicaid_will_shift_
a_costly_burden_onto_women_
who.html
56. http://progress.unwomen.org/
en/2015/pdf/UNW_progressreport.
pdf
57. https://www.alzheimersresearchuk.
org/wp-content/uploads/2015/03/
Women-and-Dementia-A-
Marginalised-Majority1.pdf
58. Ibid.
59. http://www.mckinsey.com/global-
themes/gender-equality/the-power-
of-parity-advancing-womens-
equality-in-the-united-kingdom
60. http://www.nytimes.
com/2010/06/10/world/
europe/10iht-sweden.html
61. https://iwpr.org/publications/
impact-equal-pay-poverty-
economy/
62. http://wbg.org.uk/wp-content/
uploads/2016/11/De_Henau_
Perrons_WBG_CareEconomy_
ITUC_briefing_final.pdf
63. http://wbg.org.uk/wp-
content/uploads/2016/11/
De_Henau_WBG_childcare_
briefing3_2017_02_20-1.pdf
64. http://progress.unwomen.org/
en/2015/pdf/UNW_progressreport.
pdf
65. http://wbg.org.uk/wp-
content/uploads/2016/11/
De_Henau_WBG_childcare_
briefing3_2017_02_20-1.pdf
66. Kim, Kijong and Antonopoulos,
Rania (2011), 'Working Paper No.
691: Unpaid and Paid Care: The
Effects of Child Care and Elder
Care on the Standard of Living',
Levy Economics Institute of Bard
College
67. Ibid.
68. http://hdr.undp.org/sites/default/
files/folbre_hdr_2015_final_0.pdf
69. http://newlaborforum.cuny.
edu/2017/03/03/recognize-reduce-
redistribute-unpaid-care-work-
how-to-close-the-gender-gap/
70. http://wbg.org.uk/wp-content/
uploads/2016/11/De_Henau_
Perrons_WBG_CareEconomy_
ITUC_briefing_final.pdf
71. http://newlaborforum.cuny.
edu/2017/03/03/recognize-reduce-

redistribute-unpaid-care-work-
how-to-close-the-gender-gap/
72. http://wbg.org.uk/wp-content/
uploads/2016/11/De_Henau_
Perrons_WBG_CareEconomy_
ITUC_briefing_final.pdf
73. Ibid.
74. http://wbg.org.uk/wp-
content/uploads/2016/11/
De_Henau_WBG_childcare_
briefing3_2017_02_20-1.pdf
75. http://www.mckinsey.com/global-
themes/gender-equality/the-power-
of-parity-advancing-womens-
equality-in-the-united-kingdom
76. http://wbg.org.uk/wp-
content/uploads/2016/11/
De_Henau_WBG_childcare_
briefing3_2017_02_20-1.pdf
77. http://www.mckinsey.com/global-
themes/gender-equality/the-power-
of-parity-advancing-womens-
equality-in-the-united-kingdom
78. http://wbg.org.uk/wp-
content/uploads/2016/11/
De_Henau_WBG_childcare_
briefing3_2017_02_20-1.pdf
79. Ibid.
80. http://www.gothamgazette.com/
city/6326-pre-k-offers-parents-
opportunity-at-economic-gain
81. Ibid.
82. https://ourworldindata.org/women-
in-the-labor-force-determinants
83. http://wbg.org.uk/wp-
content/uploads/2016/11/
De_Henau_WBG_childcare_
briefing3_2017_02_20-1.pdf; http://
progress.unwomen.org/en/2015/
pdf/UNW_progressreport.pdf

84. http://www.mckinsey.com/
global-themes/gender-equality/
the-power-of-parity-advancing-
womens-equality-in-the-united-
kingdom; http://wbg.org.uk/
wp-content/uploads/2016/11/
De_Henau_WBG_childcare_
briefing3_2017_02_20-1.pdf
85. http://wbg.org.uk/wp-
content/uploads/2016/11/
De_Henau_WBG_childcare_
briefing3_2017_02_20-1.pdf
86. http://newlaborforum.cuny.
edu/2017/03/03/recognize-reduce-
redistribute-unpaid-care-work-
how-to-close-the-gender-gap/

13장

1. https://twitter.com/alex6130/
status/872937838488281088
2. https://twitter.com/MaliaBouattia/
status/872978158135508992
3. https://twitter.com/DavidLammy/
status/873063062483357696
4. https://www.buzzfeed.com/ikrd/
we-dont-actually-know-how-many-
young-people-turned-out-to?utm_
term=.yw9j2lr8l#.cqOlx8Aa8
5. https://blog.oxforddictionaries.
com/2017/12/14/youthquake-
word-of-the-year-2017-
commentary/
6. http://blogs.lse.ac.uk/
politicsandpolicy/the-myth-of-the-
2017-youthquake-election/
7. https://www.prospectmagazine.
co.uk/blogs/peter-kellner/the-
british-election-study-claims-there-
was-no-youthquake-last-june-its-

wrong

8. https://twitter.com/
simonschusterUK/
status/973882834665590785

9. https://oxfamblogs.org/fp2p/are-
women-really-70-of-the-worlds-
poor-how-do-we-know/; http://
www.politifact.com/punditfact/
article/2014/jul/03/meet-zombie-
stat-just-wont-die/

10. https://www.americanprogress.
org/issues/poverty/
news/2013/03/11/56097/
gender-equality-and-womens-
empowerment-are-key-to-
addressing-global-poverty/;
https://www.theguardian.com/
global-development-professionals-
network/2013/mar/26/empower-
women-end-poverty-developing-
world; https://www.globalcitizen.
org/en/content/introduction-to-the-
challenges-of-achieving-gender/;
https://www.pciglobal.org/
womens-empowerment-poverty/;
https://reliefweb.int/report/
world/women-and-development-
worlds-poorest-are-women-and-
girls; http://www.ilo.org/global/
about-the-ilo/newsroom/news/
WCMS_008066/lang--en/index.
htm; https://www.oecd.org/
social/40881538.pdf

11. https://oxfamblogs.org/fp2p/are-
women-really-70-of-the-worlds-
poor-how-do-we-know/

12. http://www.politifact.com/
punditfact/article/2014/jul/03/
meet-zombie-stat-just-wont-die/

13. http://ideas4development.org/

en/zombie-facts-to-bury-about-
women-and-girls/

14. https://www.researchgate.
net/profile/Rahul_Lahoti/
publication/236248332_Moving_
from_the_Household_to_the_
Individual_Multidimensional_
Poverty_Analysis/
links/5741941d08aea45ee8497aca/
Moving-from-the-Household-to-
the-Individual-Multidimensional-
Poverty-Analysis.
pdf?origin=publication_list

15. 가장에 대한 메모. 가장의 성별은
그와 함께 사는 사람들의 성별에 의해
결정된다. 남자가 가장일 경우 성인
여자가 가구원일 수 있으며 그런
경우가 많다. 반면 여자가 가장일 경우
성인 남자가 가구원인 경우는 거의
없다. 즉 디폴트 가장은 여자가 아니다.

16. Lundberg, Shelly J., Pollak, Robert
A. and Wales, Terence J. (1997),
'Do Husbands and Wives Pool
Their Resources? Evidence from
the United Kingdom Child Benefit',
Journal of Human Resources, 32:3,
463–480, http://www.jstor.org/
stable/146179

17. http://www.cpahq.org/
cpahq/cpadocs/Feminization_
of_Poverty.pdf; http://
eprints.lse.ac.uk/3040/1/
Gendered_nature_of_natural_
disasters_%28LSERO%29.pdf

18. https://www.jstor.org/
stable/145670?seq=1#page_scan_
tab_contents; https://blogs.wsj.
com/ideas-market/2011/01/27/
the-gender-of-money/; François
Bourguignon, Martin Browning,

Pierre-André Chiappori and Valérie Lechene (1993), 'Intra Household Allocation of Consumption: A Model and Some Evidence from French Data', *Annales d'Économie et de Statistique*, 29, Progrès récents en théorie du consommateur (소비이론의 최근 발전), 137–156; http://jezebel.com/5744852/money-has-a-gender

19. https://www.theguardian.com/commentisfree/2017/may/01/conservatives-universal-credit-hard-work

20. https://docs.gatesfoundation.org/documents/gender-responsive-orientation-document.pdf

21. Ibid.

22. Gauff, Tonya Major (2009), 'Eliminating the Secondary Earner Bias: Lessons from Malaysia, the United Kingdom, and Ireland', *Northwestern Journal of Law and Social Policy*, 4:2

23. European Parliament (2017), *Gender Equality and Taxation in the European Union*, http://www.europarl.europa.eu/RegData/etudes/STUD/2017/583138/IPOL_STU%282017%29583138_EN.pdf

24. Andrienko, Yuri, Apps, Patricia and Rees, Ray (2014), 'Gender Bias in Tax Systems Based on Household Income', Discussion Paper, Institute for the Study of Labor

25. https://www.gov.uk/marriage-allowance/how-it-works

26. https://www.bloomberg.com/news/articles/2016–08-18/japan-may-finally-end-10–000-cap-on-women-s-incentive-to-work

27. http://www.undp.org/content/dam/undp/library/gender/Gender%20and%20Poverty%20Reduction/Taxation%20English.pdf

28. European Parliament (2017), *Gender Equality and Taxation in the European Union*, http://www.europarl.europa.eu/RegData/etudes/STUD/2017/583138/IPOL_STU%282017%29583138_EN.pdf

29. Ibid.

30. Ibid.

31. Institute of Development Studies (2016), 'Redistributing Unpaid Care Work–Why Tax Matters for Women's Rights'

32. https://wbg.org.uk/wp-content/uploads/2017/11/taxation-pre-Budget-nov-2017-final.pdf

33. Ibid.

34. Ibid.

35. Institute of Development Studies (2016), 'Redistributing Unpaid Care Work–Why Tax Matters for Women's Rights'

36. http://www.taxjustice.net/2016/11/03/switzerland-un-hot-seat-impact-tax-policies-womens-rights/

37. http://cesr.org/sites/default/files/downloads/switzerland_factsheet_2nov2016.pdf

38. http://www.undp.org/content/dam/undp/library/gender/Gender%20and%20Poverty%20Reduction/Taxation%20English.pdf 2010

39. Institute of Development Studies (2016), 'Redistributing Unpaid

Care Work–Why Tax Matters for Women's Rights'

40. European Parliament (2017), *Gender Equality and Taxation in the European Union*

14장

1. https://www.politicalparity.org/wp-content/uploads/2015/08/Parity-Research-Women-Impact.pdf
2. http://www.historyandpolicy.org/policy-papers/papers/women-in-parliament-since-1945-have-they-changed-the-debate
3. 그리스, 네덜란드, 노르웨이, 뉴질랜드, 덴마크, 미국, 벨기에, 스웨덴, 스위스, 아일랜드, 에스파냐, 영국, 오스트레일리아, 오스트리아, 이탈리아, 캐나다, 포르투갈, 프랑스, 핀란드
4. https://www.diva-portal.org/smash/get/diva2:200156/FULLTEXT01.pdf
5. https://economics.mit.edu/files/792
6. https://web.stanford.edu/group/peg/Papers%20for%20call/nov05%20papers/Clots-Figueras.pdf
7. https://www.theatlantic.com/politics/archive/2016/09/clinton-trust-sexism/500489/
8. http://www.telegraph.co.uk/comment/3558075/Irrational-ambition-is-Hillary-Clintons-flaw.html
9. https://www.psychologytoday.com/blog/are-we-born-racist/201010/is-hillary-clinton-pathologically-ambitioust
10. http://query.nytimes.com/gst/fullpage.html?res=9807E3D8123E-F932A15751C0A9619C-8B63&sec=&spon=&pagewanted=2
11. http://www.weeklystandard.com/colin-powell-on-hillary-clinton-unbridled-ambition-greedy-not-transformational/article/2004328
12. http://www.teenvogue.com/story/hillary-clinton-laughs-too-ambitious-attack
13. http://www.dailymail.co.uk/news/article-3900744/Assange-says-Clinton-eaten-alive-ambitions-denies-Russia-Democratic-email-hacks-interview-Kremlin-s-TV-channel.html
14. http://www.theonion.com/blogpost/hillary-clinton-is-too-ambitious-to-be-the-first-f-11229
15. https://www.psychologytoday.com/blog/are-we-born-racist/201010/is-hillary-clinton-pathologically-ambitious
16. http://journals.sagepub.com/doi/10.1177/0146167210371949
17. http://www.sciencedirect.com/science/article/pii/S0022103108000334
18. Cikara, Mina and Fiske, Susan T. (2009), 'Warmth, competence, and ambivalent sexism: Vertical assault and collateral damage', in Barreto, Manuela, Ryan, Michelle K. and Schmitt, Michael T. (eds.), *The glass ceiling in the 21st century: Understanding barriers to gender equality*, Washington
19. https://www.sciencedaily.com/releases/2016/08/160829095050.

htm

20. Hekman, David, Johnson, Stefanie, Foo, Maw-Der and Yang, Wei (2017), 'Does Diversity-Valuing Behavior Result in Diminished Performance Ratings for Non-White and Female Leaders?', *Academy of Management Journal*, 60:2, 771

21. https://www.lrb.co.uk/v39/n02/rebecca-solnit/from-lying-to-leering

22. http://archive.ipu.org/wmn-e/world.htm

23. https://www.parliament.uk/business/committees/committees-a-z/commons-select/women-and-equalities-committee/news-parliament-2017/govt-response-women-hoc-2017–19/

24. https://www.gov.uk/government/uploads/system/uploads/attachment_data/file/642904/Government_Response_-_Women_in_the_House_of_Commons.pdf

25. http://archive.ipu.org/wmn-e/arc/classif010197.htm

26. https://www.fawcettsociety.org.uk/Handlers/Download.ashx?IDMF=2e149e34-9c26-4984-bf64-8989db41a6ad

27. https://www.gov.uk/government/uploads/system/uploads/attachment_data/file/642904/Government_Response_-_Women_in_the_House_of_Commons.pdf

28. Diana Z. O'Brien and Johanna Rickne (2016), 'Gender Quotas and Women's Political Leadership', *American Political Science Review*, 110:1 (February 2016), 112–126

29. https://blogs.eui.eu/genderquotas/wp-content/uploads/sites/24/2015/03/Executive-summary-Sweden-Freidenvall1.pdf

30. Ibid.

31. http://www.europarl.europa.eu/RegData/etudes/note/join/2013/493011/IPOL-FEMM_NT(2013)493011_EN.pdf

32. https://blogs.eui.eu/genderquotas/wp-content/uploads/sites/24/2015/03/Executive-summary-Sweden-Freidenvall1.pdf

33. Yoon, J. and Shin, K. (2015), 'Mixed effects of legislative quotas in South Korea', *Politics & Gender*, 11:1, 186–195

34. O'Brien and Rickne (2016)

35. https://web.archive.org/web/20110605021810/http://www.parliament.the-stationery-office.co.uk/pa/cm200708/cmhansrd/cm080306/debtext/80306-0007.htm

36. https://www.worksopguardian.co.uk/news/politics/man-who-sent-mp-s-wife-dead-bird-in-post-is-given-restraining-order-1-4777574

37. https://christinescottcheng.wordpress.com/publications/women-in-politics/mixed-member-proportional-leads-to-more-women-mps/how-the-electoral-system-matters-for-electing-women/; http://www.europarl.europa.eu/workingpapers/femm/w10/2_en.htm

38. Castillejo, Clare (2016), 'Women political leaders and peacebuilding', http://noref.no/var/ezflow_site/storage/original/application/6c-

caf3f24b120b8004f0db2a767a9dc2.
pdf

39. http://reliefweb.int/sites/re-
liefweb.int/files/resources/6c-
caf3f24b120b8004f0db2a767a9dc2.
pdf

40. Castillejo (2016)

41. http://www.capwip.org/
readingroom/cawp-womenstateleg.
pdf

42. https://www.fawcettsociety.
org.uk/Handlers/Download.
ashx?IDMF=2e149e34-9c26-4984-
bf64-8989db41a6ad

43. Hancock, Adrienne B., Rubin,
Benjamin A. (2015), 'Influence of
Communication Partner's Gender
on Language', *Journal of Language
and Social Psychology*, 34:1, 46–64

44. http://www.pbs.org/newshour/
rundown/for-many-women-
watching-trump-interrupt-clinton-
51-times-was-unnerving-but-
familiar/

45. https://www.vanityfair.com/
news/2017/11/inside-the-fall-of-
todays-matt-lauer

46. https://hbr.org/2016/09/why-
hillary-clinton-gets-interrupted-
more-than-donald-trump

47. https://www.theguardian.com/
commentisfree/2016/mar/28/
hillary-clinton-honest-transparency-
jill-abramson

48. http://www.bbc.co.uk/news/uk-
politics-13211577

49. http://archive.ipu.org/pdf/
publications/issuesbrief-e.pdf

50. https://www.theguardian.com/
politics/2014/feb/09/fawzia-
koofi-afghanistan-mp-turn-off-
microphones

51. https://www.theguardian.
com/technology/datablog/ng-
interactive/2016/jun/27/from-julia-
gillard-to-hillary-clinton-online-
abuse-of-politicians-around-the-
world

52. http://archive.ipu.org/pdf/
publications/issuesbrief-e.pdf

53. Ibid.

54. http://www.medicamondiale.
org/fileadmin/redaktion/5_
Service/Mediathek/Dokumente/
English/Documentations_studies/
medica_mondiale_-_Report_on_
Women__Peace_and_Security_-_
October_2007.pdf

55. https://www.theguardian.com/
politics/2014/feb/09/fawzia-
koofi-afghanistan-mp-turn-off-
microphones

56. https://www.reuters.com/article/
us-afghanistan-women/bomb-
attack-in-eastern-afghanistan-
kills-female-politician-
idUSKBN0LK1EI20150216

57. O'Brien and Rickne (2016)

58. Ibid.

59. http://archive.ipu.org/wmn-e/
classif.htm

60. Kanthak, Kristin and Krause,
George A. (2012), *The
Diversity Paradox: Political
Parties, Legislatures, and the
Organizational Foundations
of Representation in America*,
New York, http://www.pitt.
edu/~gkrause/Kanthak%20&%20
Krause.Diversity%20Paradox.

Book%20Manuscript.09–10-10.pdf

61. O'Brien and Rickne (2016)

62. Kanthak and Krause (2012), 여성 의원의 숫자가 과반수에 가까워지면 남성 의원들이 반격한다.

63. Wittmer, Dana and Bouche, Vanessa (2010), 'The Limits of Gendered Leadership: The Public Policy Implications of Female Leadership on Women's Issues', *The Limits of Gendered Issues*, APSA 2010 Annual Meeting Paper

64. http://archive.ipu.org/pdf/publications/issuesbrief-e.pdf

65. http://www.medicamondiale.org/fileadmin/redaktion/5_Service/Mediathek/Dokumente/English/Documentations_studies/medica_mondiale_-_Report_on_Women__Peace_and_Security_-_October_2007.pdf

66. http://archive.ipu.org/pdf/publications/issuesbrief-e.pdf

67. https://www.cfr.org/article/violence-against-female-politicians

68. http://archive.ipu.org/pdf/publications/issuesbrief-e.pdf

69. https://www.cfr.org/article/violence-against-female-politicians

70. https://www.ndi.org/sites/default/files/not-the-cost-program-guidance-final.pdf

71. https://www.ndi.org/sites/default/files/not-the-cost-program-guidance-final.pdf

72. https://www.cfr.org/article/violence-against-female-politicians

73. Jacobi, Tonja and Schweers, Dylan (2017), 'Justice, Interrupted: The Effect of Gender, Ideology and Seniority at Supreme Court Oral Arguments' (14 March 2017), *Virginia Law Review*, 1379, *Northwestern Law & Econ Research Paper No. 17–03*

74. http://www.bbc.com/capital/story/20170622-why-women-should-interrupt-men

75. http://www.bbc.com/capital/story/20160906-how-rude-the-secret-to-smart-interrupting

76. https://www.nytimes.com/2017/06/13/us/politics/kamala-harris-interrupted-jeff-sessions.html

77. http://edition.cnn.com/2017/06/13/politics/powers-miller-kamala-harris-hysterical-sessions-hearing-ac360-cnntv/index.html

78. http://interactions.acm.org/archive/view/january-february-2014/are-you-sure-your-software-is-gender-neutral

79. https://www.nytimes.com/2016/10/27/upshot/speaking-while-female-and-at-a-disadvantage.html?em_pos=small&emc=edit_up_20161028&nl=upshot&nl_art=3&nlid=67555443&ref=headline&te=1&_r=0&referer=http://m.facebook.com

80. http://time.com/3666135/sheryl-sandberg-talking-while-female-manterruptions/

81. https://www.nytimes.com/2016/10/27/upshot/speaking-while-female-and-at-a-disadvantage.html?em_pos=small&emc=edit_up_20161028&nl=upshot&nl_art=3&nlid=67555443&ref=head-

line&te=1&_r=0&referer=http://
m.facebook.com

82. Karpowitz, C., Mendelberg, T. and
    Shaker, L. (2012) 'Gender Inequality
    in Deliberative Participation',
    American Political Science Review,
    106:3, 533–547

83. https://www.fawcettsociety.
    org.uk/Handlers/Download.
    ashx?IDMF=2e149e34-9c26-4984-
    bf64-8989db41a6ad

84. https://www.bindmans.com/
    insight/updates/when-can-
    the-law-remove-a-councillor-
    without-an-election; http://
    localgovernmentlawyer.co.uk/
    index.php?option=com_content&
    view=article&id=17463%3Acounc
    il-blames-localism-act-for-inability-
    to-remove-councillor-from-
    office&catid=59%3Agovernance-a-
    risk-articles&Itemid=27

85. https://www.fawcettsociety.
    org.uk/Handlers/Download.
    ashx?IDMF=2e149e34-9c26-4984-
    bf64-8989db41a6ad

15장

1. http://www.makers.com/once-and-
   for-all

2. https://www.globalfundforwomen.
   org/wp-content/uploads/2006/11/
   disaster-report.pdf

3. https://www.
   womensrefugeecommission.org/
   gbv/firewood

4. http://gdnonline.org/resources/
   women_will_rebuild_miami.pdf

5. Murakami-Ramalho, E. and

Durodoye, B. (2008), 'Looking
Back to Move Forward: Katrina's
Black Women Survivors Speak',
NWSA Journal, 20(3), 115–137

6. https://iwpr.org/wp-content/
   uploads/wpallimport/files/iwpr-
   export/publications/D506_
   GetToTheBricks.pdf

7. https://www.theguardian.com/
   global-development/2015/jan/22/
   women-rights-war-peace-un-
   resolution-1325

8. http://www.peacewomen.org/
   assets/file/NationalActionPlans/mi-
   ladpournikanalysisdocs/igis_wom-
   eninpeaceandsecuritythroughun-
   sr1325_millerpournikswaine_2014.
   pdf; Data2x

9. https://www.cfr.org/interactive/
   interactive/womens-participation-
   in-peace-processes/explore-the-
   data

10. https://reliefweb.int/sites/
    reliefweb.int/files/resources/UNW-
    GLOBAL-STUDY-1325–2015.pdf

11. United Nations Security Council
    (2017) 'Report of the Secretary-
    General on women and peace and
    security'

12. Clare Castillejo (2016), 'Women
    political leaders and peacebuilding',
    Norwegian Peacebuilding Resource
    Centre

13. Ibid.

14. http://www.unwomen.org/en/
    what-we-do/peace-and-security/
    facts-and-figures#sthash.vq3NnLEu.
    dpuf; O'Reilly, Marie, Súilleabháin,
    Andrea Ó and Paffenholz, Thania
    (2015), 'Reimagining Peacemaking:

Women's Roles in Peace Processes',
International Peace Institute, New
York
15. Castillejo (2016)
16. O'Reilly, Súilleabháin and
Paffenholz (2015)

16장

1. http://www.securitycouncilreport.
org/atf/cf/%7B65BFCF9B-6D27-
4E9C-8CD3-CF6E4FF96FF9%7D/
WPS%202010%20Sidebar2.pdf
2. http://www.un.org/en/
preventgenocide/rwanda/about/
bgsexualviolence.shtml
3. O'Reilly, Marie, Súilleabháin,
Andrea Ó and Paffenholz, Thania
(2015), 'Reimagining Peacemaking:
Women's Roles in Peace Processes,'
International Peace Institute,
New York, June 2015, https://
www.ipinst.org/wp-content/
uploads/2015/06/IPI-E-pub-
Reimagining-Peacemaking.pdf
4. http://www.un.org/en/
preventgenocide/rwanda/about/
bgsexualviolence.shtml
5. O'Reilly, Súilleabháin and
Paffenholz (2015)
6. http://www.unwomen.org/en/
what-we-do/peace-and-security/
facts-and-figures#sthash.vq3NnLEu.
dpuf
7. http://www.nytimes.
com/2013/12/11/world/asia/effort-
to-help-filipino-women-falters-un-
says.html
8. http://www.unfpa.org/press/
women%E2%80%99s-health-

critical-recovery-aftermath-
typhoon-haiyan-says-unfpa-
executive-director
9. Ibid.
10. http://www.nytimes.
com/2013/12/11/world/asia/effort-
to-help-filipino-women-falters-un-
says.html
11. O'Reilly, Súilleabháin and
Paffenholz (2015)
12. http://www.indexmundi.com/facts/
oecd-members/maternal-mortality-
ratio
13. https://www.unicef.org/
childsurvival/sierraleone_91206.
html
14. http://www.
thesierraleonetelegraph.
com/?p=16261
15. https://www.washingtonpost.
com/national/health-
science/2014/08/14/3e08d0c8-
2312-11e4-8593-
da634b334390_story.html?utm_
term=.51eb39dc57dc
16. Ibid.
17. http://www.thelancet.com/
journals/langlo/article/PIIS2214-
109X(15)00065-0/fulltext
18. http://www.wpro.who.
int/topics/gender_issues/
Takingsexandgenderintoaccount.
pdf
19. http://theconversation.com/zika-
and-ebola-had-a-much-worse-
effect-on-women-we-need-
more-research-to-address-this-in-
future-64868
20. Ibid.
21. http://foreignpolicy.

com/2014/08/20/why-are-so-many-women-dying-from-ebola/

22. http://www.unwomen.org/en/news/stories/2016/5/ed-statement-on-whs#sthash.xmKEsOBX.dpuf

23. https://www.washingtonpost.com/national/health-science/2014/08/14/3e08d0c8-2312-11e4-8593-da634b334390_story.html?utm_term=.51eb39dc57dc

24. https://www.buzzfeed.com/jinamoore/ebola-is-killing-women-in-far-greater-numbers-than-men?utm_term=.gpzKwwzJze#.wce6ww292m

25. Ibid.

26. https://www.washingtonpost.com/national/health-science/2014/08/14/3e08d0c8-2312-11e4-8593-da634b334390_story.html?utm_term=.51eb39dc57dc

27. https://www.chathamhouse.org/publication/ia/gendered-human-rights-analysis-ebola-and-zika-locating-gender-global-health

28. http://theconversation.com/zika-and-ebola-had-a-much-worse-effect-on-women-we-need-more-research-to-address-this-in-future-64868

29. https://www.theguardian.com/environment/blog/2014/jul/14/8-charts-climate-change-world-more-dangerous

30. https://www.washingtonpost.com/news/energy-environment/wp/2016/07/25/how-climate-disasters-can-drive-violent-conflict-around-the-world/?utm_term=.8b5c33ad65e7

31. https://www.washingtonpost.com/opinions/another-deadly-consequence-of-climate-change-the-spread-of-dangerous-diseases/2017/05/30/fd3b8504-34b1-11e7-b4ee-434b6d506b37_story.html?utm_term=.e49b6bd86143

32. http://www.thelancet.com/journals/lanplh/article/PIIS2542-5196(17)30082-7/fulltext?elsca1=tlpr

33. http://edition.cnn.com/2017/08/04/health/climate-change-weather-disasters-europe/index.html

34. Neumayer, Eric and Plümper, Thomas (2007) 'The gendered nature of natural disasters: the impact of catastrophic events on the gender gap in life expectancy, 1981–2002', *Annals of the Association of American Geographers*, 97:3, 55–66

35. Ibid.

36. https://www.theguardian.com/society/2005/mar/26/internationalaidanddevelopment.indianoceantsunamidecember2004

37. http://eprints.lse.ac.uk/3040/1/Gendered_nature_of_natural_disasters_%28LSERO%29.pdf

38. Ibid.

39. https://thewire.in/66576/economic-growth-bangladesh-challenge-change-women/

40. http://www.bridge.ids.ac.uk/sites/bridge.ids.ac.uk/files/reports/Climate_Change_DFID.pdf

41. https://www.globalfundforwomen.
org/wp-content/uploads/2006/11/
disaster-report.pdf
42. Ibid.
43. https://iwpr.org/wp-content/
uploads/wpallimport/files/iwpr-
export/publications/D506_
GetToTheBricks.pdf
44. https://qz.com/692711/the-
radically-simple-way-to-make-
female-refugees-safer-from-sexual-
assault-decent-bathrooms/
45. https://www.
womensrefugeecommission.org/
facts-and-figures
46. https://www.globalone.org.uk/wp-
content/uploads/2017/03/SYRIA-
REPORT-FINAL-ONLINE.pdf
47. https://www.amnesty.ie/greece-
refugee-women-coping-fear-
violence-camps/; https://blogs.
cdc.gov/global/2014/11/17/
implications-of-latrines-on-
womens-and-girls-safety/
48. http://refugeerights.org.uk/wp-
content/uploads/2017/03/RRDP_
Hidden-Struggles.pdf
49. http://www.wame2015.org/case-
study/1124/; https://blogs.cdc.gov/
global/2014/11/17/implications-
of-latrines-on-womens-and-girls-
safety/
50. https://www.hrw.org/sites/
default/files/report_pdf/
wrdsanitation0417_web_0.pdf
51. http://refugeerights.org.uk/wp-
content/uploads/2017/03/RRDP_
Hidden-Struggles.pdf
52. https://qz.com/692711/the-
radically-simple-way-to-make-
female-refugees-safer-from-sexual-
assault-decent-bathrooms/
53. https://www.theguardian.com/
lifeandstyle/2018/jul/09/i-couldnt-
even-wash-after-giving-birth-how-
showers-are-restoring-the-dignity-
of-female-refugees
54. 더 뉴 휴매니테리언과 여성난민위원회
55. https://www.hrw.org/sites/
default/files/report_pdf/
wrdsanitation0417_web_0.pdf
56. Ibid.
57. http://www.bbc.co.uk/news/
uk-england-beds-bucks-
herts-36804714
58. https://www.thenewhumanitarian.
org/investigations/2017/05/10/
women-refugees-risk-sexual-
assault-berlin-shelters
59. https://www.buzzfeed.com/
jinamoore/women-refugees-
fleeing-through-europe-are-
told-rape-is-not-a?utm_term=.
lmMmNv6vBq#.tgnEGvDv89
60. https://www.theguardian.com/
world/2017/feb/28/refugee-
women-and-children-beaten-raped-
and-starved-in-libyan-hellholes
61. https://www.thenewhumanitarian.
org/investigations/2017/05/10/
women-refugees-risk-sexual-
assault-berlin-shelters
62. Ibid.
63. http://www.huffingtonpost.com/
soraya-chemaly/women-and-
disaster-relief_b_5697868.html
64. http://odihpn.org/magazine/
linking-food-security-food-
assistance-and-protection-
from-gender-based-violence-

wfp%C2%92s-experience/

65. https://www.telegraph.co.uk/
news/2018/02/17/oxfam-warned-
decade-ago-crisis-sex-abuse-
among-worlds-aid-workers/

66. https://wssagwales.files.wordpress.
com/2012/10/asawoman.pdf

67. https://phys.org/news/2017–04-uk-
hidden-homeless-lone-women.html

68. https://www.theguardian.
com/society/2017/dec/14/
homelessness-women-seeking-
support-outnumber-men-for-first-
time?CMP=share_btn_tw

69. https://phys.org/news/2017–04-uk-
hidden-homeless-lone-women.html

70. http://www.feantsa.org/
download/feantsa-ejh-11–1_a1-
v045913941269604492255.pdf

71. https://www.policyalternatives.
ca/publications/commentary/fast-
facts-4-things-know-about-women-
and-homelessness-canada

72. http://www.feantsa.org/
download/feantsa-ejh-11–1_a1-
v045913941269604492255.pdf

73. https://phys.org/news/2017–04-uk-
hidden-homeless-lone-women.html

74. https://www.theguardian.com/
commentisfree/2017/apr/19/sex-
rent-logical-extension-leaving-
housing-to-market

75. https://www.policyalternatives.
ca/publications/commentary/fast-
facts-4-things-know-about-women-
and-homelessness-canada

76. http://journals.sagepub.com/doi/
abs/10.1177/088626001016008001

77. https://www.bustle.com/
articles/190092-this-is-how-

homeless-women-cope-with-their-
periods

78. https://www.theguardian.com/
housing-network/2016/aug/22/
sex-in-return-for-shelter-homeless-
women-face-desperate-choices-
government-theresa-may

79. https://www.telegraph.co.uk/
women/womens-health/11508497/
TheHomelessPeriod-Campaign-
for-homeless-women-to-have-free-
tampons.html

80. http://thehomelessperiod.com/

81. https://www.change.org/p/help-
the-homeless-on-their-period-
thehomelessperiod/u/19773587

82. https://www.thecut.com/2016/06/
nyc-will-provide-tampons-in-
schools-shelters.html

83. http://www.unhcr.org/uk/
news/latest/2008/4/4815db792/
corporate-gift-highlights-sanitation-
problems-faced-female-refugees.
html; http://www.reuters.com/
article/us-womens-day-refugees-
periods-feature-idUSKBN16F1UU

84. https://www.womensrefugee
commission.org/images/
zdocs/Refugee-Women-on-the-
European-Route.pdf; https://www.
globalone.org.uk/wp-content/
uploads/2017/03/SYRIA-REPORT-
FINAL-ONLINE.pdf;
https://globalone.org.uk/2017/05/
a-14-year-olds-heart-wrenching-
tale/

85. http://www.ifrc.org/en/news-
and-media/news-stories/africa/
burundi/upholding-women-
and-girls-dignity-managing-

menstrual-hygiene-in-emergency-situations-62536/
86. https://www.womensrefugee commission.org/images/zdocs/Refugee-Women-on-the-European-Route.pdf; http://www.nytimes.com/2013/12/11/world/asia/effort-to-help-filipino-women-falters-un-says.html
87. http://www.ifrc.org/en/news-and-media/news-stories/africa/burundi/upholding-women-and-girls-dignity-managing-menstrual-hygiene-in-emergency-situations-62536/
88. http://www.reuters.com/article/us-womens-day-refugees-periods-feature-idUSKBN16F1UU
89. https://www.globalone.org.uk/wp-content/uploads/2017/03/SYRIA-REPORT-FINAL-ONLINE.pdf

맺음말

1. http://discovermagazine.com/2006/mar/knit-theory
2. http://www.cabinetmagazine.org/issues/16/crocheting.php
3. https://www.brainpickings.org/2009/04/24/margaret-wertheim-institute-for-figuring/
4. http://discovermagazine.com/2006/mar/knit-theory
5. Ibid.
6. http://www.cabinetmagazine.org/issues/16/crocheting.php
7. https://www.nytimes.com/2005/07/11/nyregion/professor-lets-her-fingers-do-the-talking.html
8. Cikara, Mina and Fiske, Susan T. (2009), 'Warmth, competence, and ambivalent sexism: Vertical assault and collateral damage', in Barreto, Manuela, Ryan, Michelle K. and Schmitt, Michael T. (eds.), *The glass ceiling in the 21st century: Understanding barriers to gender equality*, Washington DC
9. https://link.springer.com/content/pdf/10.1007%2Fs00004-000-0015-0.pdf
10. https://www.wired.com/2008/06/pb-theory/
11. http://womenintvfilm.sdsu.edu/wp-content/uploads/2017/01/2016_Celluloid_Ceiling_Report.pdf
12. http://wmc.3cdn.net/dcdb0bcb4b0283f501_mlbres23x.pdf
13. http://www.slate.com/articles/news_and_politics/history/2016/01/popular_history_why_are_so_many_history_books_about_men_by_men.html?via=gdpr-consent#methodology
14. https://www.historians.org/publications-and-directories/perspectives-on-history/may-2010/what-the-data-reveals-about-women-historians
15. https://www.historians.org/publications-and-directories/perspectives-on-history/december-2015/the-rise-and-decline-of-history-specializations-over-the-past-40-years
16. http://duckofminerva.com/2015/08/new-evidence-on-

gender-bias-in-ir-syllabi.html

17. https://www.theguardian.com/
    world/2004/jan/23/gender.uk

18. https://www.fawcettsociety.
    org.uk/Handlers/Download.
    ashx?IDMF=e473a103-28c1-4a6c-
    aa43-5099d34c0116

19. Nielsen, Mathias Wullum, Andersen,
    Jens Peter, Schiebinger, Londa and
    Schneider, Jesper W. (2017), 'One
    and a half million medical papers
    reveal a link between author
    gender and attention to gender
    and sex analysis', *Nature Human
    Behaviour*, 1, 791–796

20. https://www.vox.com/policy-and-
    politics/2017/7/18/15991020/3-
    gop-women-tank-obamacare-
    repeal

21. Ransby, B. (2006), 'Katrina, Black
    Women, and the Deadly Discourse
    on Black Poverty in America',
    *Du Bois Review: Social Science
    Research on Race*, 3:1, 215–222

22. https://grist.org/article/hurricane-
    maria-hit-women-in-puerto-rico-
    the-hardest-and-theyre-the-ones-
    building-it-back/

23. https://www.vogue.com/
    projects/13542078/puerto-rico-
    after-hurricane-maria-2/

옮긴이 황가한

서울대학교에서 불어불문학과 언론정보학을 복수전공 한 후 출판사에서 편집자로 근무했으며 이화여자대학교 통역번역대학원에서 한영번역학으로 석사학위를 받았다. 옮긴 책으로 『현대적 사랑의 박물관』, 『보라색 히비스커스』(2019 올해의 청소년 교양 도서), 『아메리카나』, 『제로 K』, 『사랑 항목을 참조하라』(2018 세종도서 교양 부문), 『엄마는 페미니스트』 등이 있다.

보이지 않는 여자들

초판 1쇄 발행 2020년 7월   6일
초판 11쇄 발행 2023년 9월 18일

지은이 캐럴라인 크리아도 페레스 **옮긴이** 황가한

발행인 이재진 **단행본사업본부장** 신동해
편집장 김경림 **디자인** 데시그
마케팅 최혜진 이은미 **홍보** 반여진 허지호 정지연 송임선
국제업무 김은정 김지민 **제작** 정석훈

브랜드 웅진지식하우스
주소 경기도 파주시 회동길 20
문의전화 031-956-7213(편집) 02-3670-1123(마케팅)
홈페이지 www.wjbooks.co.kr
인스타그램 www.instagram.com/woongjin_readers
페이스북 https://www.facebook.com/woongjinreaders
블로그 blog.naver.com/wj_booking

발행처 ㈜웅진씽크빅
출판신고 1980년 3월 29일 제406-2007-000046호

한국어판 출판권© ㈜웅진씽크빅, 2020
ISBN 978-89-01-24264-4 (03330)